开放、共享、创新
——中国高校财经慕课建设探索

李永强　蒋先玲◎主　编
汤火箭　廖春华◎副主编

中国·成都

图书在版编目(CIP)数据

开放、共享、创新:中国高校财经慕课建设探索/李永强,蒋先玲主编.—成都:西南财经大学出版社,2021.9

ISBN 978-7-5504-5057-8

Ⅰ.①开… Ⅱ.①李…②蒋… Ⅲ.①经济学—网络教学—教学研究—高等学校②财政学—网络教学—教学研究—高等学校 Ⅳ.①F0②F810

中国版本图书馆 CIP 数据核字(2021)第 188093 号

开放、共享、创新——中国高校财经慕课建设探索

KAIFANG GONGXIANG CHUANGXIN ZHONGGUO GAOXIAO CAIJING MUKE JIANSHE TANSUO

李永强　蒋先玲　主编

汤火箭　廖春华　副主编

责任编辑:李晓嵩

责任校对:王甜甜

封面设计:墨创文化

责任印制:朱曼丽

出版发行	西南财经大学出版社(四川省成都市光华村街55号)
网　　址	http://cbs.swufe.edu.cn
电子邮件	bookcj@swufe.edu.cn
邮政编码	610074
电　　话	028-87353785
照　　排	四川胜翔数码印务设计有限公司
印　　刷	四川五洲彩印有限责任公司
成品尺寸	185mm×260mm
印　　张	28
字　　数	564 千字
版　　次	2021 年 9 月第 1 版
印　　次	2021 年 9 月第 1 次印刷
书　　号	ISBN 978-7-5504-5057-8
定　　价	98.00 元

前言

慕课与在线教学是高等教育发展的重要方向，也是我国高等教育实现变轨超车的新教学形态。我国高等教育步入普及化阶段，慕课与在线教学已处于世界领跑地位。高等教育迈向高质量发展的新阶段，如何抓好课程"新基建"、大力推动慕课与在线教学创新发展，成为一项重要课题。

目前，新一轮科技革命和产业变革突飞猛进，信息技术对高等教育产生了深远影响，知识传授和获取的方式、教育理念与教育模式都发生了巨大变化，高校慕课与在线教学仍面临课程内容融合更"新"不强、资源协同路径求"新"不足、技术应用与管理革"新"不够等挑战。中国高校财经慕课联盟（E-MOOC联盟）携手全国财经院校、各类大学经管教学单位、平台运营企业等，协同制定课程使用规范、课程交易规则，探索完善在线课程跨校引进与应用机制，推动联盟成员高校建好课程、用好资源，帮助更多高校教师主动参与慕课和在线教学改革实践，促进跨校、跨区域线上优质教育资源集群共建、开放共享，推进适应新阶段、新要求的慕课与在线教学管理制度改革，以"1+1>2"的联盟倍增效应整体提升我国财经教育水平。

《开放、共享、创新——中国高校财经慕课建设探索》是中国高校财经慕课联盟为加强财经慕课建设理论与实践探索而编辑出版的学术著作。征稿启事一经发出，便得到各高校的大力支持与广泛参与。经过专家组严格审核、层层筛选，最终有43篇论文入围并被收录至本论文集。本论文集分为学术观点与理论探索、课程建设与人才培养、教改探索与教学实践三个栏目，不仅收录了已发表并经作者适当修改的文章，还征集到北京大学、对外经济贸易大学、中央财经大学等高校的专家学者的作品。研究论文或是关注中国高校在线教学的发展变革、混合式教学研究热点与发展趋势、在线开放课程建设、教学资源库建设和人工智能背景下基层教学组织建设，或是研究智慧课堂教学评价、学生在线学习效果评价，或是提出财经高校慕课"建-用-管"可持续发展模式等。学者们基于不同的视角，应用多元化的研究方法，展现了教育界同仁对慕课建设的真知灼见与研究热情。

当前，我国高等教育已进入全面提质创新的新发展时期，慕课与在线教育是中国高等教育应对国际竞争的关键。未来，让我们携起手来，以更加开放的姿态，加强跨校协同创新、交流合作，推动财经优质教育资源共建共享、合作共赢，为推动高等教育质量提升做出应有的贡献。

中国高校财经慕课联盟秘书处

二〇二一年九月

目录

学术观点与理论探索

课程建设与人才培养

教改探索与教学实践

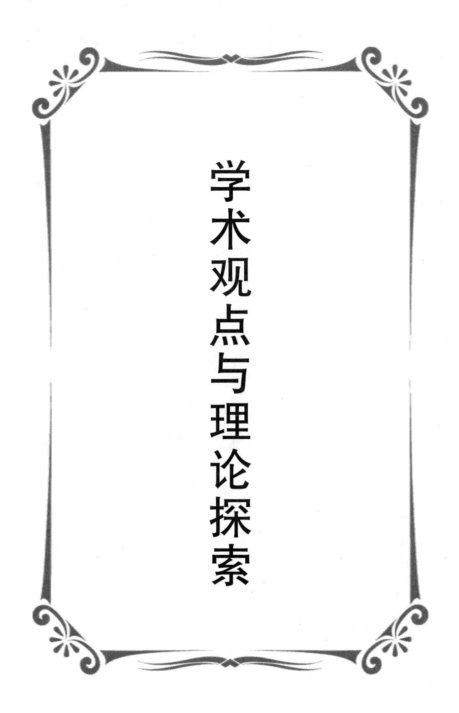

学术观点与理论探索

人类命运共同体理念下的高校在线教学变革与中国方案①

曾骊②

摘　要：在线教学是现代远程教育的新形态，是互联网技术与教学之间深度融合的集中体现。在新冠肺炎疫情防控常态化背景下，在线教学成为全球高等教育改革的又一重大时代课题，需要全人类共同审视、思考与应对。每一次教学方式的变革都不是偶然的，本文对比在线教学与线下教学的变化特征，着力把握学习时空、应用技术、多媒体资源、组织主体、学生体验和过程评价等方面的变化；从现实和理论的多重视角，论证在线教学的演进逻辑"三变两诉求"；依循"教学观念更新-教育技术应用-教师角色转换-教学服务支撑-市场供给选择"的演进要素，逐步探索出一条符合中国国情的在线教学发展之路；在倡导和践行人类命运共同体理念的基本思路下，既为世界各国高校提供了可供借鉴的中国方案和模式选择，又不断为促进全球高等教育教学与重大公共事件治理带来理论效应与实践效能。

关键词：人类命运共同体；在线教学；变革特征；变革逻辑；变革要素；
　　　　中国方案

2020 年，突如其来的新冠肺炎疫情迫使了高校线上教学的推进。值得注意的是，长期没能实现的"用教育技术倒逼教改"，瞬息之间就推进了高校在线教学的大规模开展。现实表明，复课之后高校在线教学从"赶鸭子上架"逐步转向"新常态"，成为我国高校教学史上的一次奇迹。截至 2020 年 5 月 8 日，全国有 1 454 所高校开展了在

---

① 【基金项目】教育部人文社会科学研究专项任务（中国特色社会主义理论体系研究）"马克思主义理论学科定位、领航的研究"（编号：19JD710053）、浙江省高等教育"十三五"教学改革研究项目"浙江'三个地'政治资源优势活化思政课教学的体系探索"（编号：jg20190300）。注：本文已发表于《现代远距离教育》2021 年第 2 期，本次征文投稿略有修改。
② 曾骊（1975—），女，浙江财经大学，教授，硕士研究生导师，主要研究方向：政治战略与网络传播、高等教育教学改革等。

线教学，103 万名高校教师开设了 107 万门在线课程，参加在线学习的大学生达到 1 775万人。自高校复课之后，"互联网+""智能+"的在线教学仍在进行，并且推动了线上线下混合式教学的发展，"停课不停学"的要求和目标得到落实。在全球疫情防控常态化背景下，科学辨析在线教学的概念、本质和特征，回顾高校在线教学的出场逻辑，审视、思考线上教学的五大变革，继续借鉴国外大学在线教学做法，逐步构建出一条符合中国国情的高校在线教学之路，可以为全球在线教学提供"中国方案"（见图1）。

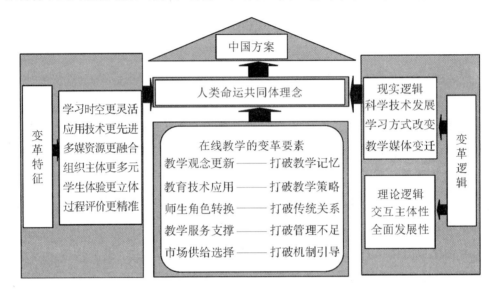

图 1　人类命运共同体理念下的高校在线教学变革与中国方案

一、在线教学的变革特征

教学形态演变是人才价值提升和人才培养质量提升的基本路径。当基本教学需求无法得到满足或被严重抑制时，说明教师形成了"教学惯性"，且处于集体无意识状态，致使教学模式化。从本质上讲，在线教学是基于科技与教学、教师与学生、教育与社会关系转化的结果。因此，在线教学与线下教学相比，主要存在时空、技术、资源、内容、评价五个方面的不同。

（一）在线教学的学习时空更灵活

从学习的时间角度看，线下教学依据固有的课程表安排同步实时进行；而在线教学上课时间相对灵活，不管是同步实时还是异步非实时均可开展，因为线上教学还可以采用录播、点播和回看等形式。从学习的空间角度看，在线下教学状态下，师生在学习场所上处于同一个空间；而在线教学是教学形态和学习方式的革命，师生即使在物理空间分离的情况下，也能运用网络进行交互式的教与学活动。据此，一方面，我们发现线下教学与线上教学在时间与空间上均有较大差异，线下教学师生零距离接触关系更为亲密，教师对课堂把控更为清晰，教学场所更具时间和空间的约束力、掌控力；另一方面，线上教学在时空上具有更加灵活自主的特征，同步或异步的学习方式也为学生提供了更灵活的时间选择。值得一提的是，我们要警惕在线教学对师生视力和身心健康带来的不利影响，科学设计和指导学生选择合适的学习时长。

（二）在线教学的应用技术更先进

线下教学可以不通过互联网开展，也可以部分应用互联网技术开展，但运用的互联网技术相对简单。在线教学是建立在互联网交互平台上的一种全新的教学方式。互联网平台提供的大数据、云计算、人工智能等新技术，为在线教学所需要的广泛、深入和精准的教学材料提供超链接，为在线教学的科学性、教与学的精准性提供了有利的技术支持。互联网交互平台还为在线教学提供了交流、学习、传播、反馈等渠道。同时，数字移动通信技术作为在线教学的基础技术，实现在线教学的"移动教学"基本特征。"移动"的特征表现在传递、接收、反馈、互动等各个环节，并衍生出"移动直播""移动现场教学"等在线教学新现象。因此，从互联网技术角度看，在线教学推动了教学方式的根本性改变，实质上是利用互联网信息技术的网络优势，实现现代信息技术与教育教学深度融合，从"教师怎么教而教"的教师中心教学方式，转向"学生怎么学而教"的学生中心教学方式。

（三）在线教学的多媒资源更融合

线下教学的教学资源以教材为主体，教师辅以板书、电子演示文稿（PPT）和多媒体等形式呈现。而线上教学资源不仅能运用网络共享，更重要的是能实现不同网络平台教学资源的融合。在线教学整合不同网络平台、不同媒体，将PPT、音视频、图片、动漫、虚拟现实等互相融合，采用直播、录播、点播等多种在线方式呈现教学内容，交替或整合运用，实现在线教学丰富变幻的多界面效果。因此，教学资源呈现富媒体化。杨晓哲（2020）认为，师生隔着屏幕以文字、图片、视频和互动媒体等多种方式进行同步或异步问答交流，这也是根据教学资源区别在线教学和线下教学的最明显标志。

（四）在线教学的组织主体更多元

线下教学师生的组织关系是基本固定的，有固定的班级人数，有固定的地点，教学主体也固定为任课教师。在线教学的主体更为多元，根据教学内容和教学方法的需要，教学主体既可以为任课教师，也可以为校外教师，还可以为互联网学习平台的教师。学生可以通过互联网选择课程和教师，但是互联网在线教学平台的教师和学生之间缺乏约束，责任和义务也不清晰。还有一些互联网在线教学课程是以团队的方式呈现的，教学中互相合作，采用"双师"和"多师"的方式进行。因此，在线教学中，教师具有多重主体角色，如在线学习空间的设计师、学生在线学习的引路人、学习共同体的组织者、学习数据的洞察者、学习效果的评价者等。

（五）在线教学的学生体验更立体

线下教学学生体验较为单一，基本是处于单向式、灌输式、被动式的体验。在线教学运用互联网技术和数字移动通信技术的赋能，使学生在参与网络课堂的学习过程中，产生了在线教学情境化生产带来的互动式呈现、目击式呈现、主导式呈现（直播、自拍）等新的教学方式的运用，促进了沉浸式、交互式等新的学生体验，是在线教学的一大特征。和以往将学生的学习态度作为传统教学的重要标准不同，检验在线教学的实施效果，学生的新体验和新感受应是更重要的标准。

（六）在线教学的过程评价更精准

线下教学对学生学业的评价一般以笔试为主，采用标准化测试和考试，或者辅以阶段性任务、课堂表现等，要记录学生学习过程就显得很繁琐，还会影响正常的教学节奏。线上教学可以采用嵌入式评价，统筹考虑各类学习状况和考试方法，灵活运用标准化和特色化相结合的综合测验方式。因为在线教学可以对学生的学习过程、学习时间、学习内容等进行累计，通过互联网新技术实现对学生的学习数据进行自动记录、储存、分析和汇总，实现嵌入式评价、实时评价、分项评价。因此，在线教学不仅对学生的学习数据进行自动累计，还能通过知识图谱对学生开展一对一的学习状况、学习结果的研判与诊断。

二、在线教学的变革逻辑

教学方式的变革不是偶然的，在线教学的出现，有着既定的现实动因和深刻的理论根源，即现实逻辑和理论逻辑。其具体表现为"三变两诉求"。

（一）在线教学产生的现实逻辑——"三变"

其一，互联网技术和知识经济的嬗变。在线教学是伴随着互联网技术的发展和知识经济时代的到来进入人们视野的。众所周知，自第二次世界大战之后，一方面，以电子计算机为主导的新技术革命迅猛发展；另一方面，知识经济时代的到来使知识的生产、储存和传播方式发生了本质改变。20世纪80年代以来，世界各国陆续开启"知识改变命运""科学技术是第一生产力"的强国之梦。1998年10月，全国多媒体教学网络现场会召开，会议的第二年，清华大学、湖南大学、浙江大学和北京邮电大学成为教育部现代远程教育的首批试点高校，这是中国在线教学萌发的标志。2003年，教育部启动精品课程工程建设，要求课程的教学与管理实现网络化。2003年10月，北京大学、清华大学以及中央广播电视大学等12所高校成立中国开放教育资源联合体（CORE），迈出了我国开放教育资源，进行全球化交流、合作、共享的步伐，促进了我国在线教学的发展。

其二，学习方式需求的突变。21世纪，信息互联、移动互联的世界正迈向价值互联的互联网智能新时代，随着云计算、大数据、物联网、人工智能、区块链、卫星互联网和第五代移动通信等互联网新兴技术的发展，学习和传播媒介大大增加。中国互联网信息中心（CNNIC）近年来发布的数据显示，平均每年都新增网民及手机网民上千万人，因此互联网信息技术对变革教育教学的引领作用是非常明显的。在多媒介的视域下，通过互联网进行知识的学习和信息的传播成为人们生活的新常态，人人均可通过电脑端或移动端时刻保持与外界的联系，实现跨时空的零距离互动。作为互联网原住民的"00后"，其是在"数字科技"环境中成长起来的一代，学习者希望随时随地可以进行信息获取、交换与学习，享受无时无处不在的信息服务。技术环境的构建、信息知识的构建、新型认知的方式、互动交流的状态以及学习者追求多样化学习经历，都成为在线教学产生并快速发展的又一重要缘由。

其三，在线教学媒体的改变。信息技术的进步不断催生新媒体，新媒体在教育领域的使用成为教学媒体。高等教育发展到今天，教学媒体大致走过了三个发展阶段，即1.0版本的数字教学媒体，2.0版本的智能教学媒体，3.0版本的智慧教学媒体。2003年，教育部启动的精品课程建设项目，要求课程教学与管理实现网络化，基本可以算是在线教学的1.0版本，也是我国在线教育的起步阶段。2008年，教育部组织的"第二届中外校长论坛"上，麻省理工学院校长苏珊·霍克菲尔德博士向大会做了《慕课在麻省理工的进展》的主题报告，触动、引领了在场世界各国的大学校长，世界一流大学教育改革已经延展到在线教学媒体、教学方法乃至一门课的改变。以2008年4月在我国举办的第四次开放教育国际会议为标志，从国家精品课程项目到精品开放课程建设，本土化的慕课时代旨在满足个性化需求及提高在线教学效果，这是在线教学的2.0版本。从2014年下半年开始，我国"985工程"建设院校、"211工程"建设院校，如北京大学、清华大学、厦门大学等陆续开始建设智慧教室，之后国内大学纷纷开建智慧教室，迎来了在线教学的3.0版本。事实表明，在线教学媒体推进改革传统教学问题，已经成为世界各国认真审视、思考和亟待解决的重大现实课题。

（二）在线教学产生的理论逻辑——"两诉求"

其一，封闭的主体二元对立关系走向互动对话的交互主体性教学理论，为分析和解决传统教学问题提供了教育理论诉求。传统的课堂教学、早期的远程教学，囿于有限的技术，如播放 PPT 的辅助教学、依托电视教育频道或教学栏目专题讲座，还有存储教学视频和学习资料的电子光盘，这些媒介让学生还是滞留在单纯或单向的学习阶段。现代媒介的出现给在线教学带来更多的自信，互联网技术改变知识传播传承的途径和方式的同时，也在改变教与学的实践活动及教学理论，而业已形成的在线教学理论或教学原则又反过来促进和引导师生对现代媒体的使用。

其二，从单方面的知识传递到追求人的全面发展，是在线教学有效性的核心价值诉求。有效性是互联网技术在教学中深入运用的必然要求和合理组成要素。一方面，我们在变革传统课堂教学模式，应用信息化在线教学模式，根本在于我们认为其能够在本质上优化传统课堂的教学结构；另一方面，在线教学的有效性最终要义在于实现人的发展，这里既有学生的发展也有教师的发展。在线教学需要实现快速提高师生的信息素养和培养创新人才的初衷。

在线教学的变化和发展，也引发大量学者对此展开研究并积极进行实践运用的探索。何克抗（2011）提出，我国高校基于现代教育信息化的技术变革起步于 1998 年，一直到 2003 年主要完成软硬件设施建设，2003 年开始展开信息和信息技术在高校的运用。何克抗（2019）认为，2010 年以来，云计算在高校教育中得到运用，对推动优质教育资源运用在线教学共建共享起到重要作用；相较于西方国家，我国教育信息化推迟了 3~4 年时间。王竹立（2014）认为，从 20 世纪 90 年代后期开始至今，我国的教育信息化已经走过十四五个年头，第一阶段是多媒体技术教学的应用，PPT 广泛运用到课堂教学中；第二阶段是网络与数字通信技术的应用，新的信息技术与课程开始整合，视频公开课和大规模网络开放课程（MOOC）开始兴起，有利于课内课外教学整合与补充。近年来，高校运用智慧教室、开展"翻转课堂"、打造线上线下一流课程，不亦乐乎。上述过程可以作为我国在线教学出场的一个现实背景和基本轨迹。

三、在线教学的变革要素

作为身处在线教学实践并一直关注高校教学改革的教师，笔者确实没想到我国在线教学全面出场会在新冠肺炎疫情暴发这一重大公共卫生事件中。对此，反思我国在线教学十余年的历史演进及现阶段状况，我们可以思考如下问题：为什么众多的政策利好、技术革新催生不出大规模的教学改革？自疫情过后，高校还会坚持在线教学、线上线下混合式教学吗？21 世纪的人才培养究竟需要什么样的教学形态？在线教学中师生的角色究竟发生了哪些转换？现有的教学技术能提供哪些服务？应该对在线平台发展建立什么样的机制？西方大学的教育技术应用水平和能力又能为我们提供什么样的借鉴？这些问题都是直接影响在线教学有效构建的关键问题。据此，在线教学推进高校教学变革主要体现在以下五个方面：

（一）推进教学观念更新：打破教学记忆

任何教育教学的变革，教学观念的更新都是首要问题。进入互联网时代以来，我国高校在管理上（如招生、就业、学籍、财务、后勤等）基本实现管理的数字化和计算机化，相比较一看，教学领域的教育技术应用反而进展缓慢。从疫情"倒逼"在线教学全面开展的情况看，实际影响教学改革的是教师固有的"教学观念"或者说"教学惯性"，而且这种"惯性"应该是整个群体的无意识化、模式化、默契化。要打破惯有的"教学记忆"，使用新的教学技术，意味着要改变多年的教学习惯、行为习惯甚至思维模式。特别是中老年教师已经形成了一定的教学方式，接受新技术的意识和能力相比年轻教师要弱，心理上会产生恐惧感乃至排斥感，因此教学观念的革新并不容易。但是正如本文分析在线教学出场部分所言，我们的教学对象"00后"已经习惯使用互联网新技术获取知识和信息，教师如果不能改变教学习惯，那么就可能被时代和学生淘汰。我国高校在线教学准备和呼吁了这么多年，在这次重大疫情应对中才全面铺开，既是仓促上阵，也是高校教学形态改革的必然。因此，下一步我们需要提升在线教学质量，就不能是被动地应用教育技术，而应该从思想上认同在线教学，从内生上探索线上教学的方式方法。这一教学观念的转变，核心是改变"教学惯性"和"教学记忆"，需要一个渐进式的推动。

（二）推进教育技术应用：打破教学策略

影响教学改革的因素，无非是理念和实践两个层面。理念发挥思想先导的引领作用，解决观念问题；实践发挥具体运用的作用，解决技术应用的问题，关键是如何让理念付诸实施。纵观国内外教育理念的发展和演变，在线教学观念、原则和教育技术的应用如影随形。例如，早期的程序教学理论、强调学习者主动性的建构主义、探讨交互作用对人类行为影响的社会学习理论等，都与教育技术发展联系紧密。对此，我们看到技术在改变知识传播、传承途径和方法的同时，也在改变教学实践活动及教学理论和原则。具体来说，在线教学教育技术的应用改变了教师教学策略的选择。根据教育部数据，截至2020年5月8日，我国1 454所高校的103万名教师在线开设107万门课程。老中青教师齐上阵，从紧张、忙乱、抱怨到兴奋、从容的变化，教师的教育技术应用水平和素养得到极大提升。不少教师为能够直播成为"网红"而骄傲和自豪，凝心聚力抓教学改革的热潮突然到来，在线教学"隔靴搔痒"的问题改进不少。在线教学与传承教学是两种完全不同的模式，不是简单地运用教育技术即可，还需要考虑不同的教学策略和方法。高校近20年PPT辅助教学的效果不一带给我们前车之鉴，教师如果还是机械地运用传统线下教学方法开展线上教学活动，效果必然堪忧。因此，有好的教育技术固然重要，教师运用在线教学策略的实践同样重要，这方面的理论研究和实践积累都有待加强。

（三）推进师生角色转型：打破传统关系

知识更新与共享速度加快的时代，教师的"先知"地位在逐渐被削弱，学生如何学会学习比掌握知识更重要。传统线下教学转向在线教学的要义，也在引导学生从学会转向会学。传统教育学普遍认为线下教学师生角色是"学生主体、教师主导"，后来随着"以学生为中心"理念的出现，教育界开始重视学生的学习方式和学习体验。在线教学的出现，学生获取知识路径呈现多元化、便利化、社区化等趋势，教师的主导地位和学生的主体地位如何发挥？师生之间的关系如何处理？本文认为，在线教学中师生"合作者"的关系更紧密，因此提出"三个重视"的建设思路：一是重视教学并举、教学合一的教学理念。有学者提出，建立相互尊重、民主平等的师生关系，将课堂话语权由教师独享转向师生分享。按照习近平总书记的要求，教师要担当好"四个引路人"的角色，那么教师在信息技术飞速发展时代就必须提高"信息素养"，重新调整讲与学的比例，引导学生从被动接受转向主动探究，推动传统课堂转向师生共建共享的"在线学堂"。二是重视有利于学生发展的教学环境构建。教师组织在线教学过程中要注重营造宽松和谐的学习氛围，创造激励性学习环境，善于为学生提供便利、有效的课程学习空间，在此基础上加大学习指导与引导力度，实现教学中的师生共同思考、协同研究。三是重视学生自我研修和深度学习。教师应通过在线教学引导学生充分利用在线教学资源潜心学习，注重学生批判性知识学习与构建，培养学生的学习能力，提高学生的知识迁移和能力发展水平。因此，在线教学时代的教师不仅要提高使用新媒体、新技术的水平，还要有正确的技术认知和价值取向，具备真正的"信息素养"，这样才有可能从传统的知识传授者转变为知识传承的组织者、学习状态的观察者、启发学生探究的引路者。

（四）推进教学服务支撑：打破管理不足

纵观世界各国，自新冠肺炎疫情暴发以来，还没有一个国家能够像中国一样迅速、全面开展线上教学，实现高校在线教学实践的全区域、全覆盖，实现"停课不停教、停课不停学"。这么短的时间内在全国高校铺开在线教学，师生们可以说是"赶鸭子上架"，正常状态下教育技术支撑都会有困难，更不要说非常时刻的紧急出场。在线教学既是对技术的软件和硬件的双重考验，同时也对高校教学管理应对能力提出实践挑战。这次新冠肺炎疫情对各行各业都是一次大考，在师生都不熟悉在线教学状况的前提下，各地和各高校既有选择性地引进网络在线教学平台，又给予教师网络平台选择自主权；

既对线上课程申请进行严格把关和备案，进行教学质量督导调研，又建立了在线教学课程指导组。尽管如此，还是暴露出硬件配备、软件管理等方面的不足，教学服务支撑不足，具体表现为重硬件轻软件建设、线上教学资源储备不足、教育技术服务人员不足、在线教学保障能力薄弱等。因此，在线教学不仅仅需要保障好、维护好网络，非常重要的是拥有一批教育技术人员，能够及时引入、支持和全方位服务各类教学技术。我们看到，教学技术支撑人员的不足和先进教学技术使用的不普及，阻碍了我国在线教学质和量的推进与提升，也影响了我国在线教学的新进展。在新冠肺炎疫情背景下，我们确保学生都能有课上，下一步如何保证线上教与学的质量，应是线上教学更难却是马上要思考解决的问题。

（五）推进市场供给选择：打破机制引导

从教育部召开的大中小学在线教学情况发布会及对高校相关调研数据表明，我国高校在线教学主要依靠市场化运作的教育技术公司、在线课程平台、网络互动工具开展，走的是"政府主导、高校主体、社会力量参与"的中国特色在线教育之路。这与国外高校在线教学资源主要源于高校，不少还是高校通过收费或进行共建共享，进而在高校围墙外形成海量的教学资源是不同的。有两个方面的问题特别需要重视：一方面，在这次新冠肺炎疫情发生之前，我国教育行政管理部门花了不少人力、物力、财力集聚了一些线上资源，但利用率低下。不少高校在精品课程、MOOC建设时以申报奖项为目的，存在课程设计理念与实际脱节、线上教学方法单一枯燥、课程使用率低等问题。再加上高校长期以来强化科研导向，教师不愿意在线上教学中投入更多精力。另一方面，我们要注意在线教学平台的良莠不齐、鱼龙混杂。2020年，因为疫情延迟举办的央视"3·15"晚会，就曝光了"嗨学网"虚假宣传退款困难的典型案例，政府对在线教学平台的主导方向和监管措施还是不能放松。为此，提升在线教学的质量，除了需要教育行政部门的全面引导和监管外，还需要引入市场化机制，发挥"鲶鱼"作用。2020年春季招聘会上，新职业之一"在线学习服务师"成为热门的招聘岗位，不少头部在线教育公司招聘中，"在线学习服务师"占相当比重。实质上，在线教学改变市场机制，从微观上讲说是教育管理政策的选择，从宏观上讲就是人才培养模式的改变。

四、在线教学的中国方案

在线教学是21世纪高等教育共同面临的一项崭新课题。中国作为世界高等教育大国，开展在线教学改革的意义十分重大。自全球新冠肺炎疫情发生以来，中国共产党坚持以国际合作共同战胜疫情、谋求人类共同幸福为己任，在线教学也在实践中开辟出一条更加符合中国实际、具有中国特点的学习革命之路，为应对和解决疫情之下的远程教学贡献了中国方案。

（一）牢固树立"人类命运共同体"的根本理念

在世界疫情依然严峻的情况下，学习革命不仅关乎每一个国家、民族的切身利益，更关乎人类的前途命运。习近平总书记提出："事实再次表明，人类是休戚与共的命运共同体。各国必须团结合作，共同应对"。新冠肺炎疫情发生以来，中国在高等教育领域弘扬守望相助、同舟共济的传统美德，积极主动地开放在线教学相关实践，分享在线教学的中国方案，为应对与日俱增的全球风险和全球学习问题提供了新理念、新思路。

当面临重大社会风险时，无论是西方发达国家，还是广大发展中国家，都会不同程度存在学校教学问题。只有牢固树立"你中有我，我中有你"的人类命运共同体理念，才能实现全人类的共同进步、共创美好生活的目标。第一，提出中国方案。我国推出了首批包括爱课程和学堂在线两个高校在线教学英文版的国际平台。联合国教科文组织效仿中国做法，发布应对疫情的远程学习解决方案，第一批入选联合国教科文组织的中国线上学习平台包括爱课程、云班课、钉钉、飞书等。第二，提供中国技术。全球移动通信协会将中国慕课大会虚拟仿真实验列入第五代移动通信技术行业应用案例。第三，分享中国经验。国外政府、高校纷纷与我国进行在线教学和合作交流，如黑龙江教育厅向哈萨克斯坦共和国介绍在线教学组织管理经验，我国数十门课程上线"edX""Cousera""AMEE"等平台的疫情期间的远程教学项目，清华大学组织全球高校在线教学"云分享"，与亚欧十几所高校代表共享经验。第四，做出中国贡献。据教育部2020年8月27日新闻发布会消息，2021年11月将在中国召开首次世界慕课大会，发布《世界慕课发展北京宣言》，倡议成立世界慕课联盟。改革开放40多年来，中国高等教育从世界其他国家学到了许多，我们是努力的学习者；以2020年大规模在线教学实践为标志，中国高等教育将提供中国经验，世界各国高等教育能够共同分享，我们是努力的贡献者。从这个意义上看，中国在线教学推动了高等教育从世界走向中国、从中国走向世界。

（二）不断探索"停课不停教、不停学"的在线教学新路

正确处理好疫情防控与教育教学工作的关系，是提高防控治理能力和育人水平的重要体现。细究大学发展史不难发现，全球高等教育的重大变革历程，几乎每一次都是以突发事件为"导火索"。例如，在政治制度的变迁方面，美国赠地法案之后，州立农工大学崛起；在科学技术的进步方面，自苏联卫星上天之后，美国开始重视高等教

育，出台国防教育法；在经济和社会制度的转型方面，普法战争后德国研究型大学崛起，第二次世界大战之后，法国、日本高等教育飞速发展。除此之外，还有知识分化和更新、人口数量激增、重大公共事件的突发等。因此，全球高等教育的每次变革，都是世界大变局中的政治、经济、科技和人口等要素推动的。自进入 21 世纪之后，政治、经济和人口引发全球高等教育变革的作用式微，而科技尤其是互联网引领着大学教育教学的巨大变革。

全球新冠肺炎疫情期间，中国在线教学实践可以说实现了"四全"，即全范围、全学科、全课程和全世界的共享。一是全范围。中国所有省、自治区、直辖市的所有高校均开展在线教学。根据教育部统计，截至 2020 年 5 月 8 日，参加在线学习的大学生总计 1 775 万人，合计 23 亿人次。二是全学科。在线课程开设涉及理、工、农、医、经、管、法、文、史、哲、艺、教 12 个学科门类。三是全课程。在线教学课程类型包括公共课、专业基础课、专业课、理论课、实验课等各种类型，授课形式也包括直播、录播、慕课、远程指导等多种形态。四是全世界。中国开放教育资源联合体（CORE）常态化推动中国开放教育资源运动在全球大学间的交流与合作，通过共享网络平台、计算机软件技术共同推动中外高校在线教学的发展。例如，CORE 的高校优质课程双语网站是免费开放共享的，既利用美国等西方发达国家的先进教学技术、信息化的教学手段、优秀课程资源填补我国高校在线教学资源的不足，又搭建国内外高校优秀在线教学资源平台，促进在线教学资源的国际共享。因此，这次在线教学的规模之大、范围之广、层次之深，均为全球高等教育史上的伟大创举，成为应对重大社会风险的典范，有效化解停课、停教、停学的危机，还探索了在线教学的新实践、新范式，将会深刻影响中国和全球高等教育教学方法的变革方向。

（三）积极构建"在线教学共同体"的协同参与

发展在线教学，需要整合和凝聚教育行政部门、高校和平台的智慧与力量，不断促进线上教学改革机制创新。

第一，充分发挥教育行政部门的主导作用，把在线教学纳入高等教育的总体发展战略。21 世纪以来，尤其是 2021 年以来，中国高等教育面对繁重的"停课不停教、不停学"的任务和复课目标，史无前例的大规模在线教学实践，充分展示了政府、高校和社会万众一心、凝心聚力的伟大力量，让我们更加坚定了高等教育超前识变、积极应变、主动求变的战略布局。教育部组织了广泛动员社会力量，支撑和鼓励市场、社会组织积极参与在线教学，形成了灵活多样的线上教学形式。2020 年，教育部组织了 37 家在线课程平台和技术平台率先免费提供课程资源、社会服务，带动了 100 多家在线教育平台的主动参与。同时，各地行政部门和高校制定"一地一案""一校一策"

"一校多策"等在校教学预案，层层落实责任制，尤其是对教育技术薄弱或偏远地区的高校和大学生，实施教育扶贫的基本策略，实现高校有预案不乱、教师有准备不慌、学生有事做不急，确保将全国高校的大局稳定作为疫情防控的重要内容和关键环节。基于中国在线教学的实践方案，我们至少可以得出以下两个重要结论：其一，传统教学的变革在充分发挥政府主导作用、高校主动设计的基础上，需要不断加大社会力量参与的力度，采取灵活多样的在线教学形式；其二，进行在线教学改革必须把促进人的全面发展作为促进高等教育发展的基本前提，把提升教师教育技术素养摆在同提高学生能力水平同等重要的战略地位。

第二，积极推动建立以合作共赢为核心的全球在线教学合作机制。高等教育在线教学变革不仅是一国政府的责任，还是联合国教科文组织的职责，更是全球各国的共同追求。在具体实施中，一方面，中国政府将国内在线教学与国际在线教学相结合，积极支持联合国教科文组织等国际组织在国际在线教学中发挥引领作用。2021 年以来，中国自觉践行 2020 年 3 月 13 日联合国教科文组织发布的全球远程教学解决方案，不断探索在线教学的新理念、新路径，为全球在线教学做出了重大贡献。另一方面，中国秉持牢固树立人类命运共同体理念，推出高校在线教学国际服务，在危机时刻支持世界高等教育共渡难关。例如，中国通过推出高校在线教学国际平台，提供能代表中国水平、中国质量的英文版国际平台和课程资源，通过爱课堂、学堂在线平台分享中国的国家级精品慕课、国家级虚拟仿真实验项目，与世界各国在师资信息素养提升、技术分享、基础设施建设、课程资源等方面展开深入合作，进一步提升了中国在线教学的可持续发展水平。2020 年在中国召开的世界慕课大会，促进高校课程在国际著名平台和更多国家的平台上线，从而打破西方发达国家主导的现代远程教育体系，为世界高等教育技术革命、改变高等教育形态提供了新方案。

总而言之，这次高校在线教学全面铺开受命于"危难时刻"，极大地促进了教育技术的应用、教育理念的更新、教学惯性的摈弃，不仅推进了我国高等教育的迭代更新，也向"无论何时何地何人都能学习"的教育环境又迈出了一大步。中国作为世界高等教育大国，对重大公共危机问题给予了足够重视，弘扬人类命运共同体的根本价值理念，逐步探索出一条符合中国国情的高校在线教学之路。尽管中国的在线教学仍在继续探索和改进中，组织经验和模式不可完全复制，但不可否认的是，这既为发展中国家提供了可供借鉴和选择的教学革命之路，也为促进全球在线教学发展进程贡献了中国方案。

参考文献

[1] 高校复学后这样上课成常态！教育部最新表态[EB/OL].（2020-05-15）[2020-07-15].https://www.sohu.com/a/395542581_669373.

[2] 杨晓哲. 在线教育：从权宜之计到融合式教学［J］. 教育科学，2020（3）：17-18.

[3] 蒋平. 我国高校在线课程不同发展阶段的技术性特征分析［J］. 河北科技大学学报（社会科学版），2018（3）：93-99.

[4] 何克抗. 我国教育信息化理论研究新进展［J］. 中国电化教育，2011（1）：1-19.

[5] 何克抗. 21世纪以来新兴技术对教育深化改革的重大影响［J］. 电化教育研究，2019（3）：5-12.

[6] 王竹主. 我国教育信息化的困局与出路：兼论网络教育模式的创新［J］. 远程教育杂志，2014（2）：3-12.

[7] 邬大光. 教育技术演进的回顾与思考［J］. 中国高教研究，2020（4）：1-6，11.

[8] 杨启亮. 教学对话之"道"的特殊性［J］. 教育研究，2013（7）：81-87.

[9] 习近平. 回八一学校拜访师生，四个"引路人"领航科教兴国战略［N］. 中国青年报，2016-09-10（02）.

[10] 吴岩. 应对危机，化危为机，主动求变，做好在线教学国际平台及课程资源建设［J］. 中国大学教学，2020（4）：4-16，60.

[11] 习近平. 团结合作是国际社会战胜疫情最有力武器［J］. 党史文汇，2020（5）：1.

[12] 全国高效益请期间在线教学实践取得成效：教育部讲启动高校在线教学英文版国际平台建设项目[EB/OL].（2020-04-10）[2020-07-15].http://www.moe.gov.cn/jyb_xwfb/gzdt_gzdt/s5987/202004/t20200410_442294.html.

提高高校教师混合教法适应性的应对策略研究

冯菲①　汪琼②　王宇③　于青青④

摘　要：混合式教学现已成为中国高校教学改革的主要形式。本文基于文献研究和访谈数据，总结了高校在实施和推进混合式教学的过程中常见的适应性问题，指出造成师生对于混合式教学不适应的原因是实施过程中师生对混合式教学出现了一些认识理解偏差。本文通过对8位成功实施混合式教学教师的访谈总结和案例分析，提出了四条应对策略，即调整课内课时、提供学习支持、设计适量活动和管理学习过程。这些策略交相验证了国内外混合教学的有关研究发现，具有普遍适用性。

关键词：混合式教学；翻转课堂；实施问题；适应性策略；一流本科课程

一、引言

近年来，混合式教学成为高校教学改革的热点话题之一。随着《教育部关于一流本科课程建设的实施意见》（以下简称《实施意见》）的出台和国家级一流本科课程认证的推进，越来越多的高校教师开始建设线上线下混合式一流课程（"混合式金课"）。《实施意见》对线上线下混合式一流课程有着这样的界定：线上线下混合式一流课程主要指基于慕课、专属在线课程（SPOC）或其他在线课程，运用适当的数字化教学工具，结合本校实际对校内课程进行改造，安排20%~50%的教学时间实施学生线上自主学习，与线下面授有机结合开展翻转课堂、混合式教学，打造在线课程与本校

---

① 冯菲（1981—），女，北京大学教师教学发展中心，高级工程师，主要研究方向：在线教育、混合式教学。
② 汪琼（1965—），女，北京大学教育学院，教授，主要研究方向：在线教育、数字化学习、教学设计。
③ 王宇（1991—），男，国家开放大学教育教学部，讲师，主要研究方向：数字化学习，教学设计。
④ 于青青（1987—），女，北京大学教师教学发展中心，工程师，主要研究方向：教师发展。

课堂教学相融合的混合式"金课"。翻转课堂教学法作为混合式教学的一种类型,其结构特征相对易于理解且操作性强,逐步成为混合式一流课程的重要表现形式之一。在2019年和2020年的两届全国高校混合式教学设计大赛中,很多教师也是采用翻转课堂教学模式来组织混合式教学。考虑到过去几年来,翻转课堂在很多学校都有所使用,并已形成有代表性的教学模式,而混合式教学对于很多教师来说仍然是一个新概念,因此本文所探讨的问题会将混合式教学和翻转课堂放到一起进行讨论。

在混合式教学和翻转课堂具体实施上,教师常面临一系列问题,如实施混合教学或翻转课堂后,课堂变得有些"混乱",教师难以掌握课堂进度;因为要准备学生使用的教学资源,教师的教学准备工作量繁重;有些学生不配合参与学习活动,尤其是需要更多学习自律的活动,学生表现往往达不到设计期望;学生不适应新的教学方法,认为学习负担太重等。美国国家科学基金(National Science Foundation)资助的一系列关于翻转课堂成效的研究中也发现不少失败的案例,表现出来的问题包括单纯依赖视频教学、只是形式上的翻转课堂等。也有不少学者和实践者批判翻转课堂教学法,认为其只是偷换概念,其实只是传统教学方法——讲授法的一个高科技版本而已。

实践中的问题也有来自学生的阻力,有学生认为尽管在混合式教学和翻转课堂模式下能够学得更有效率,但不希望教师在后续的课程中继续使用这种模式,甚至会因此在教学评估中给出差评,其原因主要是学生感受到新模式所带来的较大的学习压力。有学者在对比翻转课堂和传统讲授课堂的效果的实证研究中发现,学生反馈翻转课堂需要花额外的时间进行自主学习、解决问题、准备课堂分享和讨论,只关注短期学习效果的学生会认为这些学习活动是没有必要的学习负担。还有的学生直接表示不喜欢课前自己学习,认为课前学习是额外的学习任务。在针对翻转课堂学习满意度的研究中,研究者也发现作业量多是反馈频次最高的不满意因素。

这些实施中出现的问题直接影响到教师采用混合式教学的意愿,甚至会成为决定混合式教学和翻转课堂能否成功的关键。明确这些问题并提供有针对性的解决办法,对于建设混合式一流课程的教师而言,既适时,又至关重要。为此,本文在分析已有相关研究和观察一线教学实践的基础上,归纳总结出混合式教学和翻转课堂在具体实施过程中的现实挑战,指出教师对混合教法的适应性是造成很多问题的根本原因,基于对8位成功实施混合教学的教师访谈,总结教师在适应新教法过程中形成的一系列应对策略。这些策略与国内外相关研究有很好的呼应,具有普遍适用性。

二、混合式教学实施中的教师适应性问题

一些研究指出,开展混合式教学和翻转课堂要更多地关注教学理念的更新,不断

提高教师的教学知识储备和能力素养，实现教师专业角色的转化。这样的结论大多是从教学设计的角度出发对开展混合式教学和翻转课堂提出的建议。然而，高校一线教师在基本了解了新教法的概念和模式后，往往更需要的是解决具体操作层面上的现实问题。很多教师因为对这些问题的担忧而不去尝试新教法，即便开始实践，如果不能较好地解决这些问题，可能会导致教法改革较难取得预期成效。对这些问题的关注和解决都可以归纳为教师对新教法的适应性，需要通过教学设计和实施策略的不断调整与优化进行调节。

为更加全面地反映真实教学实践场域的具体实施问题，本文一方面重点整理了近年来有关混合式教学和翻转课堂教学实证研究中的真实反馈，另一方面收集了高校一线教师在实施混合式教学和翻转课堂过程中遇到的一系列问题与困惑，并按照"课前→课上"的教学流程顺序，归纳汇总了实施混合式教学和翻转课堂的现实挑战（见表1）。

表1　混合式教学和翻转课堂教学实施中面临的现实挑战

种类	挑战	来源
课前	认为课前学习是额外的学习任务，既不喜欢也不配合	学生
	看视频学习效率不高	学生
	不能按照要求完成课前学习任务	学生
	课前学习任务太重，花费时间多	学生
	担心学生课前作业或慕课作业抄袭	教师
	准备课前学习资料费时费力	教师
	用上课时间给学生看视频，不敢增加学生学习负担	教师
	不确定学生的课前学习效果	教师
课上	小组讨论效率低，合作流于形式	学生
	老师不讲课是不尽职	学生
	不清楚有些课堂活动具体如何参与	学生
	学生课前都学完了，课上教学等于重复教学，这是浪费时间	教师
	过去习惯了讲课，翻转课堂实施后要设计课上的活动，伤脑筋	教师
	课堂活动等同于答疑，认为学生会主动提出很多有价值的问题，然后引起全班热烈讨论	教师
	课堂组织混乱，效率低	学生
	有些活动学生愿意参与，有些活动学生不感兴趣	教师
	面对翻转动态生成型课堂，有种因不确定而带来的紧张感	教师
	由学生主导课堂活动，作为教师不清楚该做什么	教师

对这些问题与挑战进一步分析和总结，我们可以发现这些现象背后的原因主要来自两个方面，即教师对新教法的适应性以及教师对学生适应性的关注度，教师对新教法的适应性首先体现在教师对新教法的认识与理解上，而对学生适应性的关注度则进一步体现出教师从以教为中心到以学为中心的转变。这些认识和理解会进一步指导和影响教学设计的决策以及具体的教学实践。

（一）教师对新教法的适应程度

实施混合式教学，教师需要转变在传统教学环境中的角色规范。不少教师反馈，学生在课前学完了，课堂上再去讲授就等于重复教学、浪费时间，但过去习惯了讲课，重新设计教学活动本身就有挑战。在课堂上引导学生分享、组织小组学习、开展项目探究等对很多教师来说都是新任务。教师还要面对新的动态生成的教学流程，这种不确定性给教师带来了很大的适应压力。

与此同时，一些教师在开展混合式教学和翻转课堂上还面临理解误区，如表 1 中列举的教师把课堂活动等同于答疑，认为学生会主动提出很多有价值的问题，之后引起全班热烈讨论，如果没有太多问题，那么教师就可以"偷懒"。也有教师将学生的"自己学习"当作"自主学习"，对学生的学习情况缺乏监管，一些课堂活动也缺乏必要的指导和反馈，导致教学效果不佳。还有一些教师的做法是将课堂讲授过程录制下来供学生学习，相较于传统的灌输式的教学方法，这样的方式只是将学习任务在时空上进行了互换，在教育理念、教育目标和教学方法上并没有产生真正意义上的变革。这些做法都可能会导致课堂组织混乱、时间利用率低、教学效果一般等问题，同时也会让学生感觉到学习压力大。

教师对混合式教学和翻转课堂的理解同样也会体现在对教学工作量的认识上。对教师来说，首先，准备混合式教学或翻转课堂的各类学习资源与学习活动就需要投入大量的时间和精力，由此感觉自己难以胜任。在 2015 年的一次有关高校教师实施翻转课堂的现状调查中也曾发现，教学模式转换、课程设计与内容制作需要的时间和精力方面的问题亟待教师摸索出对应的方法与策略。其次，在混合式教学和翻转课堂的教学过程中，活动的空间场所扩展至线上和线下，时间覆盖了课前、课上和课后，因此对教学管理也提出了更高的要求；同时，由于强调主动学习，项目学习、小组探究、案例研讨等活动形式与教师已经习惯的讲授式教学相比，教师也需要投入更多的时间和精力（如对学生进行个性化的指导、评阅学生在学习过程中产生的多样化作品等）。

（二）教师对学生适应性的关注度

从实施的层面看，学生对混合式教学和翻转课堂的适应程度直接影响到教学能否取得预期成效。在传统讲授式教学模式下，学生更加习惯被动听讲，而混合式教学和翻转课堂等新教学模式则以建构主义和掌握学习理论为指导，强调学生自主学习，这也为学生带来了一系列适应性挑战。

从表1中也可以发现，学生的适应性问题集中反映在其学习动机和学习能力方面，从教学流程上则涵盖课前和课上。在课前，有些学生不能按照要求完成课前学习任务，看视频课程学习效率不高，也不喜欢额外的网络学习，甚至教师也在担心学生的课前作业抄袭；在课上，有些学生不知道活动如何开展以及怎样进行讨论和合作，最终导致课堂组织混乱、效率低下，这些都表明学生并没有做好新教学模式下的学习准备。

有研究也指出了学习准备水平是影响翻转课堂中学习满意度和学习动机的重要因素。学习准备水平包括学生自我调节学习能力、在线学习能力、合作学习能力等。自我调节学习能力强调学习者能够很好地制定学习目标和学习计划，主动控制自己的学习过程，选择合理的学习策略；在线学习能力是指学生能够在混合式教学中正确认识网络学习、课前学习的价值和意义，并采用正确的方法与策略完成网络学习；合作学习能力则更多关注混合式教学和翻转课堂中有关小组讨论、小组合作的学习活动，使学生有效合作，通过分工减轻工作量同时保证学习质量。对于教师来说，其要想保证混合式教学和翻转课堂的实施效果，就必须要关注学生的适应性和学习准备水平，通过活动设计提供学习支持，帮助学生在心理上、认知上和能力上投入新的教学模式中来。

此外，教师还需要帮助学生正确理解混合式教学中的学习工作量。很多学生感觉在混合式教学和翻转课堂模式下，在原有课堂教学时间外又增加了不少课前学习任务，那些主动学习策略也要求自己付出更多的时间而远没有直接听讲来得轻松。如果在一学期内有多门课程使用了混合式教学或翻转课堂，那么新接触混合学习的学生很可能会因为没掌握合作学习技巧，而感到工作量剧增，从而产生不适感。

三、混合式教学模式下的教师应对策略

上述两类问题体现了教师对实施新教法的理念适应性和行动适应性问题，有效解决这些问题可以帮助教师更好地适应新教法，进而成功落实教学设计的理念和思路。为了了解教师都有哪些应对策略，本研究采用目的抽样的方式，针对成功实施混合式教学和翻转课堂的8位一线教师进行了访谈（见表2）。这些教师都有多年教学经验，大部分教师有相对成熟的课前学习资源及平台。访谈问题涉及课程概况、具体做法、教师和学生的态度、实施效果等。接受访谈的教师涵盖理学、信息工程学、社会科学、医学等不同的学科门类，且至少成功实施两轮混合式教学或翻转课堂，基本形成了较

为稳定的教学模式，并在课程设置、活动设计、师生互动等方面积累了很多成熟经验。为获取更加丰富的信息，本研究还在一对一访谈的基础上，开展了焦点小组讨论，要求教师围绕混合式教学和翻转课堂的实施问题与解法进行观点交换和碰撞。

表 2　访谈教师信息

访谈教师	教龄/年	学科分类	课程类型	线上资源	本科/研究生	学生人数/人
教师 A	10 以上	理工科	通选课	自己主讲的 MOOC	本科	20~40
教师 B	10 以上	理工科	学科大类平台课	自己主讲的 MOOC	本科	50~60
教师 C	10 以上	理工科	专业课（选修）	自己主讲的 MOOC	本科/研究生	100 及以上
教师 D	5~10	人文社科	专业课（必修）	自己主讲的 MOOC	本科/研究生	200 及以上
教师 E	5~10	理工科	专业课（必修）	校内课程管理平台	本科	200 及以上
教师 F	10 以上	人文社科	专业课（选修）	校内课程管理平台	本科	20~30
教师 G	10 以上	医学	专业课（选修）	自己主讲的 MOOC	本科	50~60
教师 H	5~10	医学	专业课（选修）	自己主讲的 MOOC	本科	100 及以上

我们从访谈中发现，针对上文提到的问题，尤其是学生适应性问题和学习负担的问题，教师主要通过调整课内课时、提供学习支持、设计适量活动以及管理学习过程的策略，帮助学生逐步适应混合式教学和翻转课堂。

（一）调整课内课时

调整课内课时是教师在适应和推进混合式教学过程中的常见策略。从目前来看，在大多数高校中，一门课程的课时数主要是指课内教学时长，很多学生也习惯性地认为学习一门课就是到课堂上完成这些课时，课下的学习属于附加性的要求，学时等于课时。但是，就很多国外名校来说，课时和学时并不完全对等。在一般情况下，一门两学分的课程，对应课时是每周两节课，对应的学时可能是 5~8 学时，只不过这 5~8 学时中有 2 学时是在课堂，其余的学时是在课下。在这样的设置下，采用混合式学习的方法，让学生在课前开展一部分学习，学生是可以理解和完成的。但是，如果学生认为 2 学分的课程就是指上 2 学时的课堂课程，那么开展混合式教学就面临如何让学生产生对课时的理性认知的挑战，因为课时问题也直接与学生对学习负荷的感知相关联，最终影响到学生对教学模式的接受度。

在调整课时方面，不同课程有不同的做法。在所访谈的教师中，有的教师选择了减少课内课时安排，包括缩减教学周、每周上课次数以及每次上课时间。例如，变每周上课为隔周上课，或者每周由 2 次课变为 1 次课，或者将 3 小时连上的一次课改为 2 小时等。这主要是考虑到学生在课前学习需要花费比传统教学更多的时间和精力，相当于学生原来用在课堂学习上的时间，拿出一部分用来做课下学习或线上学习，学时总量相较于以往的课程没有发生过多的增加，对学生来说相对容易接受。

有的课程坚持不调整课时安排，面对面的教学时间保持不变。这样做的教师一般认为课程的课时数本身就不够，要想高质量完成培养方案中的目标设定，学生需要付出更多的时间完成更多的学习任务，而恰恰是因为混合式教学采用线上自主学习的方法补充了学时，才确保或提高了教学质量。但这些教师也表示需要向学生明确说明和解释这样做的原因，帮助学生培养课前学习和线上学习的习惯，避免其产生抵触情绪和对线上学习蒙混过关。

有的教师则会在原有课时的基础上增加课时数，将课时安排明确分为课堂学习课时和课下学习课时或线上学习课时和线下学习课时，并且明确告诉学生增加的课时数是小组学习的时间。

总体来说，课内课时数是否调整一方面取决于课程培养目标的要求，另一方面受到师生双方对合理学习时间的认知的影响。在访谈中，一些教师表示在开展混合式教学或翻转课堂教学时，要根据课程培养目标对学生的整体学习时间进行预估，在此基础上设定教学安排并合理分配课内外和线上线下课时。如果对学生课外学习要求比较高，教师就应该适当减少课内课时安排。如果从教学目标达成的角度，课内外都需要有大量的活动，教师就需要考虑如何合理分配课内外的时间。调整课时安排可能并不会一次成功，有教师表示在混合式教学的时间和任务安排上，教师和学生都有一个摸索和相互再适应的过程。为此，也有教师会根据学期课程的逐步推进，逐步减少课内课时数，这样灵活的处理方式对学生适应新的教学模式也起到了引导作用。

需要注意的是，调整课内课时数也需要得到学校政策的支持。教育部一流本科课程评定规定要求，混合式教学课程可以有 20%~50% 的课时安排线上教学，各高校也将会针对课内课时的调整提出相应的要求，以支持教师开展相关实践。例如，原有 2 学分的课程，在以往的教务规定中要求教学周每周完成 2 课时的线下教学，现在就可以调整为学分不变，减少教学周线下教学次数，增加线上教学次数；或者继续保持教学周每周完成 2 课时的线下教学，但是在学分认定时根据线上教学的课时量将课程总学分调整为 3~4 学分。

（二）提供学习支持

混合式教学和翻转课堂由于强调高阶目标的达成，关注"金课"建设中的高阶性、创新性和挑战度，因此也对学生的学习能力和学习方法提出了较高的要求。在混合式教学和翻转课堂实施的过程中，由于学生的学习能力并不完全相同，也有一部分学生没有掌握如何学习和如何完成任务的方法，因此很可能导致教学无法达到预先设定的目标，最终设计看起来没问题，但实施起来问题重重，不尽如人意。在访谈中，也有教师提到，以前教学只是要求学生出勤，现在要求学生有较强的自学能力，对学生要求更高了。越是自学能力强的学生越喜欢翻转课堂，自学能力差的学生相对不是那么喜欢翻转课堂。也有教师会通过课前发放问卷来了解学生的学习风格，尤其是学习主动性。教师通过问卷调查发现，如果学生学习主动性强，即便以往成绩处于中等水平，课堂上的表现还是比较好；如果学生自主学习能力不佳，学习表现并不好，自我感受也不好，这样的学生最终会自愿转入传统教学班。因此，从实施层面来说，教师需要在教学过程中帮助学生逐步适应混合式教学和翻转课堂的模式，并为各类教学活动的顺利展开和教学目标的高质量完成提供抓手，也就是要提供学习支持。

为帮助学生适应，有的教师会制定清晰的学习规则，向学生提出明确的要求，如学生在课前需要看完哪些视频、完成哪些习题、课上如何进行讨论。在访谈中，有教师建议最好在第一堂课就告诉学生课程教与学的流程是什么，结合教学流程帮助学生理解课堂规则。不少教师都表示在混合式教学和翻转课堂中第一次课非常重要。只有当学生对教师的上课方式、课程安排有了清晰的认识后，才能更好地参与到混合式教学和翻转课堂中来，教师也需要不断在教学中强化这种学习的规则意识，而不是一味妥协性地进行减负或完全遵循学生的看法。

由于在混合式教学和翻转课堂中往往会出现一些教学方法、教学模式、教学活动的创新，这也是"金课"中创新性的主要体现。这些方法、模式、活动不同于传统的讲授式教学，学生也可能会不适应、不知道怎样才能学得更好。为此，有教师会利用课外辅导或答疑时间指导学生，帮助学生学会这门课程和完成学习任务。例如，对于采用项目式学习的课程，教师就需要学生学会开展项目探究的方法与策略，包括怎样提出问题、怎样实施计划等；对于课内活动以小组讨论为主的课程，教师就需要帮助学生学会如何高效地开展讨论；如果课内活动要求学生进行报告展示，教师也需要为学生提供支持，让报告内容更加优质和准确。

也有教师在课堂上开展一些学习示范活动，或者为学生提供完成任务的模板以及引导性的问题或工作单。例如，有的课程要求对学生写的报告进行同伴互评，互相找问题、互相提建议，但是对于处于新手阶段的学生来说，完成这一类的任务是有挑战的，他们很可能不会把互评和知识的学习与应用整合起来。为此，教师会在课堂上首先拿出一份学生写的报告进行评阅示范，说明在评阅的过程中需要关注哪些要点，同时提供评阅的规则和参考。还有的教师发现学生在混合式教学中不习惯在课前看视频学习，于是在前几次课程带着学生在课上集中完成视频学习任务，直到学生明白怎样更好地利用教学视频和网络课程后，再安排学生课前自己看视频完成学习。有些时候，教师对学习方法的指导甚至可以是简单的提醒，如教师可以鼓励学生在课前学习时勤做笔记，并引导学生分享交流笔记；也可以提醒学生通过习题进行试错学习，并引导学生在论坛中讨论学习方法、分享学习经验等。这些都属于教师在学习支持方面可以借鉴的策略。

在尝试新教法的过程中，教师需要树立信心，要相信如果教学活动目标明确、活动指令清晰、提供资源充分、使学生获取方法指导、有效引导学生了解要求，学生是可以按照目标去努力的。本科教学的重要原则之一就是向学生提出高期待，学生就会有较好的学习表现。但需要注意的是，学习支持（指导）应该循序渐进，帮助学生逐步适应学习过程。

（三）设计适量活动

有研究表示，教师在实施混合式教学和翻转课堂时，需要利用情境、协作、会话等要素充分发挥学生的主体性，组织、引导学生去解决问题。为此，教师也需要引入一系列新的教学方法和教学活动。但是，教师也需要注意到，如果教学中提供的主动学习活动形式太多，也容易给学生带来额外的学习压力和负担，一味增加活动形式、片面突出活动形式的多样性，并不是正确的选择。

因此，教师在开展混合式教学和翻转课堂时需要考虑最适合课程学习内容和学生的活动形式，并通过一段时间地坚持开展和逐步深入，来引导学生逐步适应这样的学习形式。在这样的背景下，每门课程的要求与特点不同，采用的主要学习活动也应该有所区别。表3总结了被访谈教师在自己的课程中所采用的教学流程，可以发现每门课程的教学流程基本稳定，并不追求活动的多样性和丰富性。经过一段时间的实践，他们形成了属于自己的混合式教学模式，如讲练结合模式、案例教学模式、技能精熟模式、项目式学习模式、讲授式教学模式。这些教师也都强调教学活动和教学目标的一致性，在已有的有关教学设计的研究中，也证明只有教学方法与教学目标相匹配，才能真正促进学习。

可以发现，表3中列出的活动形式都是十分常见的教学活动形式和学习活动形式，如观看视频、做客观练习、同伴互评、完成作品、小组活动等。对于混合式教学和翻转课堂实施过程中的教学活动来说，重要的是形成更加流畅、环环相扣的学习活动序列，并且把每一项活动的细节设计充分、开展充分，而不是单纯增加学习活动的类型。教师不能因为活动的多样性而给学生增加额外负担。教师根据不同的教学目标，通过适量的学习活动，也就形成了不同的教学序列和不同的混合模式，课程在教法上的特色也由此而来。

表3　不同混合式教学的流程与模式

流程与模式	课前	课上	课外
讲练结合模式	观看视频 做客观练习	做练习 听讲	无
案例教学模式	观看视频 做客观练习 论坛讨论	小组讨论 （案例分析） 小组汇报	无
技能精熟模式	观看视频 做客观练习 完成作品 同伴互评 修改作品	讨论作品	完成作品
项目式学习模式	观看视频 做客观练习 小组活动	小组汇报 听讲	小组活动
讲授式教学模式	观看视频 做客观练习	听讲 做练习	完成作业

（四）管理学习过程

在实施混合式教学的过程中，教师还需要科学管理学生的学习过程。在访谈中，有很多教师提到了管理学习过程的重要性。其原因在于混合式教学在学习资源和学习活动上覆盖了课前、课上、课后以及线上和线下。与传统的讲授式教学相比，这给学生和教师都带来了更大的学习管理挑战，学生需要更加便利地展开学习，教师需要更加高效地掌握学生的学习状态并做出有针对性的教学决策。

从目前来看，很多教师都在使用数字化工具来实现对混合式教学中学习过程的管理。具体来看，数字化工具，如雨课堂、慕课堂、学习通等可以一站式集中管理各类学习资源，避免因为学习资源和学习过程中产生的各类生成性作品的零散化而造成学生学习负荷和教师管理负荷。通过及时反馈的习题库，教师也可以为学生的练习提供相关指导，利用随时随地交流的论坛促进学生互助解决问题。这些工具还可以为课堂教学活动的组织和开展提供支持。例如，在传统课堂中，由于物理空间的限制，教师很难实现全班范围内的发言和学生互评，但借助数字化工具的头脑风暴、弹幕等功能，教师抛出问题，所有学生都可以回复该问题，学生之间还可以进行点评、点赞，这就体现了数字化工具对学习活动的赋能。很多数字化学习工具和学习平台对于学生的学习行为（如教学视频的观看情况等）都能自动记录，形成学生的学习数据并在此基础上构建学生画像。这些数据可以帮助教师更好地了解学生的学习情况，便于教师发现需要表扬和预警的学生，同时也为安排课堂活动提供了重要依据。但是需要注意的是，教师也不能盲目使用数字化工具，片面追求数字化工具的种类、数量以及应用的频次，教师要充分了解各种数字化工具的优势，并将其整合在教学过程之中，从而实现对教学和学习环境的优化部署。

混合式教学和翻转课堂往往都需要学生自主完成课前学习，课前学习的完成度和完成质量会直接影响课堂内学习活动的开展，因此很多教师都十分关注对学生课前学习过程的管理。除了通过数字化工具获取学生的学习行为数据或要求学生完成指定的课前学习成果（如完成课前学习测验等）外，教师也需要对学生的课前学习进行个别化的学习指导，从而帮助学生学会课前学习。

同时，教师还可以通过成绩的评定来引导学生完成各类学习任务，如设定学生在论坛讨论中的表现占总成绩的5%~10%来激发学生参与论坛讨论的积极性，课前学习完成练习的成绩可以占总成绩的10%~20%等。教师需要重视形成性的学习评价，要让学生在整个学习过程中不断获取课程成绩，最终拿到课程高分。

四、总结与讨论

本文将高校在实施混合式教学和翻转课堂过程中遇到的现实问题归因到教师在实施新教法时的适应性问题，具体体现在教师对新教法的理解程度以及对学生适应性的关注度这两个方面。本文通过访谈成功实施混合式教学和翻转课堂的教师，总结出四条适应性应对策略，分别是调整课内课时、提供学习支持、设计适量活动和管理学习过程（见图1）。

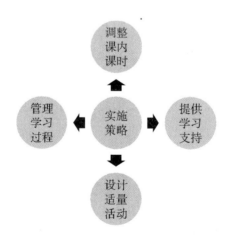

图1　教师在混合式教学实施过程中的应对策略

翻转学习网络（flipped learning network）提出了一个翻转课堂实施框架，其中包括四个关键要素，分别是灵活的教学环境（flexible environment）、学习型的文化（learning culture）、精心策划的学习内容（intentional content）以及专业的教师（professional educators）。从某种程度上看，本文提出的四条策略也是对这四个关键要素的具体化。

调整课内课时是对教学过程中时间框架的灵活设置，设计适量活动是在规划学生的学习流程，这都是灵活教学环境的重要组成部分。实践中也有教师指出"一门课如何上好，是内容、环节和时间方面的优化分配。"教师不仅仅要关注一次课的时间规划策略，也要关注学生整个学期的学习时间安排，如果所有课程都集中在某几周开展工作量比较大的任务，学生很难应对。设计适量活动需要基于教学目标选择合适的学习活动，最大化集体教学时间（课堂时间）的使用效率。强调适量是为了避免教师过度关注新方法、新形式的使用数量，而忽略了每一项活动的完成质量。不少教师都希望努力创造一种让尽量多的学生保持积极参与状态，同时没有焦虑和压迫感的课堂。从某种程度上看，合理安排教学流程和教学活动也是有效降低学生学习压力的重要保证。

提供学习支持和管理学习过程是建立学习型文化的重要手段。"金课"建设要求教师从直接教学转向以学生为中心的教学，这不仅需要教师的角色转变，也需要教师引导和激发学生的兴趣，培养学生的主动学习能力。在教学过程中，关注学生学习能力、关注学习过程是教师和学生逐步适应混合式教学和翻转课堂的切入点，在此基础上还需要把握教与学的路径、节奏。混合式教学和翻转课堂对教师角色有多样化的要求，在访谈中也有教师提到课前要对学生"适当督促和强调"，课堂上"教师依然是驾驶员，主导课堂活动以及课程进展的走向"。

本文提出的四条策略的实现需要专业的教师素质。教师需要理解教学法背后的教学理念，并将其灵活运用到教学实践中，重塑教学流程，提高教学效果。这就要求教师一方面保持对新教法的敏锐性和开放探索的精神，能够将新教法、新工具与自身的教学实际相结合；另一方面在实践中进行反思，对实施过程中遇到的问题进行分析和解决，实现教学模式的优化迭代。实际上，在伯格曼等人提出的翻转课堂成功实施的关键要素中，尤其指出教师需要开展反思性实践，进行教学的持续改进。

伴随着一流课程（"金课"）建设的逐步推进，混合式教学和翻转课堂的方法将会被越来越多的高校教师使用。新的教学模式下蕴含着新的教学和学习规律，而对这些新规律的发现和掌握程度，也直接影响教学效果。对于教师来说，其在完成教学设计的基础上，也需要客观地理解与认识实施混合式教学和翻转课堂过程中出现的现实问题与挑战，分析带来这些挑战的原因并对症下药。这不仅能帮助我们改进教学实践、提升教学质量，也能够帮助我们更好地理解混合式教学和翻转课堂的本质以及教与学的规律。本文所总结的策略，由于是对在一线教师的成功经验进行的归纳，因此更加适用于那些已经初步开展混合式教学和翻转课堂并遇到了一些问题、产生困惑的教师，或者是已经形成了混合式教学和翻转课堂设计需要检验与优化自己教学的教师。

参考文献

［1］CHEN L-L. Impacts of flipped classroom in high school health education ［J］. Journal of Educational Technology Systems，2016，44（4）：411-420.

［2］LOPES A P，SOARES F. Perception and performance in a flipped financial mathematics classroom ［J］. The International Journal of Management Education，2018，16（1）：105-113.

［3］MASON G S，SHUMAN T R，COOK K E. Comparing the effectiveness of an inverted classroom to a traditional classroom in an upper-division engineering course ［J］. IEEE Transactions on Education，2013，56（4）：430-435.

［4］HANSON JULIE. Surveying the experiences and perceptions of undergraduate nursing students of a flipped classroom approach to increase understanding of drug science and its application to clinical practice ［J］. Nurse Education in Practice，2016，16（1）：79-85.

［5］BLAIR E，MAHARAJ C，PRIMUS S. Performance and perception in the flipped classroom ［J］. Education and Information Technologies，2016，21（6）：1465-1482.

［6］DAVIES R S，DEAN D L，BALL N. Flipping the classroom and instructional technology integration in a college-level information systems spreadsheet course ［J］. Educational Technology Research and Development，2013，61（4）：563-580.

［7］ASH K. Educators view 'flipped' model with a more critical eye：Benefits and drawbacks seen in replacing lectures with on-demand video ［J］. Education Week，2012，32（2）：56-57.

［8］TANG F，CHEN C，ZHU Y，et al. Comparison between flipped classroom and lecture-based classroom in ophthalmology clerkship ［J］. Medical Education Online，2017，22（1）：1395679.

［9］于文浩. "翻转课堂"的学习满意度：高校课程教学行动研究 ［J］. 开放教育研究，2015（3）：67-75.

［10］吴仁英，王坦. 翻转课堂：教师面临的现实挑战及因应策略 ［J］. 教育研究，2017（2）：114-124.

［11］朱宏洁，朱赟. 翻转课堂及其有效实施策略刍议［J］. 电化教育研究，2013（8）：79-83.

［12］SCHULTZ D，DUFFIELD S，RASMUSSEN S C，et al. Effects of the flipped classroom model on student performance for advanced placement high school chemistry students［J］. Journal of Chemical Education，2014，91（9）：1334-1339.

［13］LISA N. Five reasons I'm not flipping over the flipped classroom［J］. Technology & Learning，2012，32（10）：46.

［14］张建桥. 课堂真的能翻转吗：兼谈课堂改革的技术界限［J］. 比较教育研究，2017（10）：28-34.

［15］张萍，LIN D，张文硕. 翻转课堂的理念、演变与有效性研究［J］. 教育学报，2017（1）：46-55.

［16］KECSKEMETY K，MORIN B. Student perceptions of inverted classroom benefits in a First-Year Engineering Course［C］. 2014 ASEE Annual Conference & Exposition，2014.

［17］HERREID，CLYDE，FREEMAN. Case studies and the flipped classroom［J］. Journal of College Science Teaching，2013，42（5）：62-66.

［18］缪静敏，汪琼. 高校翻转课堂：现状、成效与挑战：基于实践一线教师的调查［J］. 开放教育研究，2015（5）：74-82.

［19］YILMAZ R. Exploring the role of e-learning readiness on student satisfaction and motivation in flipped classroom［J］. Computers in Human Behavior，2017，70（5）：251-260.

［20］朱宏洁，朱赟. 翻转课堂及其有效实施策略刍议［J］. 电化教育研究，2013（8）：79-83.

［21］苏姗·A. 安布罗斯. 聪明教学 7 原理：基于学习科学的教学策略［M］. 庞维国，等译. 上海：华东师范大学出版社，2012.

［22］SAMS A. Flipped learning：Gateway to student engagement［C］. Washton：International Society for Technology in Education，2014.

［23］朱宏洁，朱赟. 翻转课堂及其有效实施策略刍议［J］. 电化教育研究，2013（8）：79-83.

混合式教学的系统挑战与制度迭代

李政辉①

摘 要：我国已将混合式教学作为教学改革的重要方式，并广泛开展相应实践。已有的混合式教学在课程层面展开，研究多局限于课程运行模式。但内置于大学固有教学环境的混合式教学已经构成对现有制度的系统挑战，在教学周期、教学管理、教学业绩、教学效果、教学能力、教学环境等方面与既有体系存在不一致的方面。混合式教学对既有制度体系的挑战源于时代发展。高校应将混合式教学制度化，构建"一体三元多维"的制度体系，实现教学管理制度适应信息时代的整体升级。

关键词：混合式教学；教学制度；教学相关者

信息技术与教育教学的融合为大势所趋，《中国教育现代化2035》明确提出利用现代技术加快推动人才培养模式改革。在教育部评选的五类"金课"中，在线开放课程、线上线下混合式课程、虚拟仿真实验教学课程都与信息技术密切相关，其中尤以线上线下混合式课程内涵丰富、模式多样。混合式教学受到高度重视。有研究报告指出，混合学习将在未来1~2年内成为推动高等教育信息化发展的核心。

一直以来，混合式教学定位为教学模式创新。已有研究对其内部的结构与功能进行了充分探讨，但缺乏从高校整体的、外部性的审视。混合式教学作为一个新生事物被对待，更关键的是作为一项教学活动被孤立。这不但不利于混合式教学的发展与优化，而且对我国人才培养的整体推进与各教学方式的功能协调也产生了日益明显的负面影响。

本文以高校为预设主体，将混合式教学置于真实的教学环境中，分析混合式教学对既有制度体系的冲击，从有利于混合式教学功能优化的角度，提出高校教学制度迭代升级的建议，从而构建各课程类型相互配合、功能聚合的新型制度体系。

---

① 李政辉（1974—），男，浙江财经大学教务处处长，教授，主要研究方向：民商法、教育管理。

一、混合式教学的研究进展与不足

作为一个概念，"混合式教学"的内涵丰富、外延宽泛，这源于"混合"两字几乎无所不包的能力。在广义上，融合各类教育理念的教学安排皆可称为混合式教学，如有的学者认为混合学习是认知主义、行为主义、建构主义理论的混合，有的学者认为混合学习强调的是多种教学媒体的混合，有的学者认为混合学习是"以教为中心"和"以学为中心"的教学模式的混合。在一般含义上，混合式教学是"在线学习与面授教学的混合"，是同时包含了在线教学与面对面教学两种方式的融合型安排。对这种含义的混合式教学，有学者进一步将其分为了三个发展阶段，即技术应用阶段、技术整合阶段与"互联网+"阶段。在狭义上，作为新近发展的教学模式，混合式教学更多地指向 SPOC，是在线开放课程与线下教学的结合，也被称为基于 MOOC 的混合式学习。这种教学方式以在线开放课程的建设为先导，结合了在线教学与线下教学的优势，是一种更有竞争力的教学模式，有学者将其称为适应"第四次工业革命"的教学模式创新。我国学者也认为促进 MOOC 与传统课堂教学的深度融合，代表了 MOOC 的未来发展方向。本文所讨论的混合式教学采用狭义的定义。一方面，这种教学模式内涵相对清晰，并被寄予厚望；另一方面，教育部也倾向这种界定。《教育部关于一流本科课程建设的实施意见》明确大力倡导基于国家精品在线开放课程应用的线上线下混合式优质课程申报。

中外教育学界对混合式教学进行了广泛的研究，并取得了显著的进展。但如果不从内容归纳总结的角度，而是从整体推进的角度审视，可以发现既有的研究存在如下特征：

第一，以课程改革为单元进行研究。大学公共课程因面大量广、教学组织完备，采用混合式教学的内部动力强，相应的教学改革较多，如思政课程、英语课程、计算机课程、大学物理等。大量一般性研究其实也建立在课程教学改革的基础之上，如基于 C 语言程序设计、财务管理课程的混合式教学模式。

第二，对混合式教学的模式进行研究。混合式教学如何开展，即混合式教学模式，一直是研究的重点。对此，不同的学者有不同的分析与研究进路：一种是依照教学开展的顺序，按照"课前""课中""课后"三个阶段来逐步开展混合式教学，各阶段以信息技术为依托进行教学设计；另一种是以教学构成要件构建教学模式，如混合式教学模式具有课程平台功能的混合性、线上资源建设的混合性、学生学习方式的混合性、教学过程的混合性、考核方法的混合性等。第一种分析进路为混合式教学的主流。在该进路下，强调课堂教学的"翻转"几乎为一致的认识，翻转课堂为挂在"云"端的MOOC资源提供了一种在大学课堂落"地"的有效途径。

第三，对混合式教学的主体进行研究。将混合式教学分解为教师、学生、教学效果等要素构成的一种研究模式。混合式教学对教师提出了新的要求，并不局限于教学技术的掌握，更涉及教学理念的更新。对学生的研究与教学效果分析具有内在的一致性。

从上述特定角度的研究综述可以得出的结论是：目前，关于混合式教学的研究基本是在一个封闭的系统内展开，混合式教学作为独立的教学方式，以课程为依托，其内部的运行、组成元素被精心研究。该研究范式以混合式教学的独立存在为预设，忽略了其置身于大学教学模式传承与相应制度体系安排的事实。具体而言，已有的研究存在以下不足之处：

第一，忽视了混合式教学法与固有教学法并存的现实。虽然混合式教学法包含了面对面教学与在线教学，但它与传统的面对面教学法的差异非常明显。不同于完全在线的慕课，混合式教学正因为结合了线上线下因素而被认为具有内嵌于大学教学的功能，这反而突出了其与传统教学方式的差异。

第二，忽视了与整体制度环境的协调性。现有的高校教学运行管理制度都是针对面对面授课发展起来的，相应规则依此设计。混合式教学作为一种异质性的教学方式，植入日常教学活动，将与固有制度发生系统性的碰撞。这种制度上的冲突与不适应在教学运行的整体中反复出现，从而不断磨损消耗混合式教学的功效，降低了教师的教学热情。

第三，忽视了混合式教学自身的规制可能。任何一种教学法都具有自身的优势，同时也带有一定的弱点。以慕课为例，从出现时的赞誉不断，到后来发现其对人才培养的不足。混合式教学作为一种兼容并包的教学模式，在教学安排组织上存在相应的难度，这导致其既可能吸收线上线下两种教学模式的优点，也可能同时兼有这两种模式的不足。混合式教学在好坏两极之间的摇摆，决定性因素就是制度规范的效果体现。现有研究几乎一边倒地为混合式教学唱赞歌，忽视了其内在的缺陷。

当混合式教学作为一种新生事物被引入，"试验品"的运行有赖于教师的主动性与积极性，将混合式教学作为一个独立的对象进行封闭式的研究具有发展阶段上的正当性。当混合式教学作为一种正式的教学方式，被教育主管部门与大学主动采纳时，它被内置于固有的大学教学环境中，这时采用大学视角审视混合式教学所带来的制度挑战就非常有必要了。

二、混合式教学的系统挑战

现代大学从创立以来已经形成高度稳定的制度体系，大学与其内在制度成为不可分离的统一体。作为组织体的大学基于目的与结构特征，具有相应的品质。大学的重要使命就是储存、传递和创造人类文明。大学的这一使命赋予了大学保守的文化品格。保守性突出表现在大学超稳定性上，历经几个世纪，大学仍以一贯的组织结构与运作方式屹立于社会上。这种组织上的稳定也带来一定程度的惯性，包括行政管理惯性、教师组织惯性、作业运作惯性，大学教师教学"套路化"，行政人员工作模式化，他们很少考虑这些工作方法、工作流程是否仍然合理有效。尤其值得注意的是，大学里的具体制度大部分是工业革命时代的产物，它所预设的教学场景是师生面对面的讲授、讨论。这一点是讨论混合式教学带来挑战的前提。

混合式教学之所以构成对现有制度的系统挑战，基于如下原因：首先，作为一种教学方式，混合式教学确实具有技术属性，但一旦作为一种教学制度被置于本已经高度成熟的大学教学体系中，"内嵌"为大学教学模式，它与既有制度的张力就不可避免地表现了出来。其次，混合式教学是信息时代的产物，利用了网络的力量，但又结合了传统的教学方式。这种复合属性一方面使得这种教学方式具有各种不同的结构，从而难以被规范；另一方面使得混合式教学与传统制度的冲突更为激烈。最后，混合式教学属于外来的教学模式，其内含的网络学习、翻转课堂等教学要求与我国师生的教学、学习习惯存在差异，从而对制度的需求具有特殊性。

以我国通行的教学体系为基础，混合式教学在教学周期、教学管理、教学业绩、教学效果、教学能力、教学环境等方面与既有制度、体系存在不一致的地方。

大学的教学周期是学期，课程一般以学期为时间长度。一学期通常为18~20周，每门课程的教学长度在16~18周。这是长期以来形成的课程"厚度"。它决定了教科书的内容、教学计划的含量，甚至是教学组织的规模、专业人才培养方案的结构。但是混合式教学引用了在线开放课程，在线开放课程的时长一般不超过14周，普遍是10周。在线课程比线下课程的学习周数要少，这给混合式教学带来难度，因为混合式教学的内部结构是线上线下平行推进。事实上，在教学周期上，混合式教学法的不匹配只是该模式与现有体系冲突的起点，根源为偏于灵活的网络教学与现有整齐划一的教学管理体系存在模式上的偏差，而这一差异将在教学各环节中表现出来。

在教学管理上，对于现存制度而言，混合式教学具有较大的不确定性，最为突出的表现就是线上与线下教学的比例。高校通过教务管理系统排课、多主体听课制度、严格的调停课制度、对迟到早退及旷教教师的处罚等一系列制度构建了严谨的课堂教学规范，基本表现就是师生遵守统一的课程表进行教学。混合式教学包含了线上教学，由此带来的问题——线上教学是属于固有的课时数，还是属于额外增加的课时数？如果计入固有课时数，则线下实体课堂教学的时间势必减少，由此对前述的教学制度形成体系性冲击；如果属于额外增加的课时数，则教师负担增加，开展混合式教学的积极性将大受影响。对此的解决办法是划分线上线下教学的比例。《教育部关于一流本科课程建设的实施意见》规定，安排20%~50%的教学时间实施学生线上自主学习。但落实到具体的教学运行中，姑且不论该处的线上比例过高或过低，首先遇到的问题是该比例的确定主体是谁、审批主体是谁。最为理想的状态是各门课程依据线上线下的资源与学情，决定各自的线上线下占比。但该种理想状态显然不现实，基于经济人的基本假设，如果将比例分配的权限放开，则现实中的混合式教学的场景将难以预估。

与教学内容安排密切相关的是教学业绩。现有制度计算教师工作量是以课堂教学作为依据的，这一数据体现在教师的课时费、年度工作业绩考核、职称评聘及各类奖励评审中。例如，教育部门严格要求的教授上讲台，转化为规范形态就是"教授应为本科生授课若干节"。在高校，教师工作量占有基础性数据的地位。混合式教学带来的问题是线上教学工作量如何计算。这一问题具有相当的复杂性：一方面，线上教学在给学生带来时间与空间便利性的同时，将教师捆绑于教学之中，相应的教学付出增多；另一方面，线上教学工作量难以衡量，与教师个人负责任的程度、课程难易程度、课程开设的次数等都密切相关。针对这一问题出现了不同的解决方法：增加教师教学工作量、固定教师教学工作量、减少线下教学工作量。再一次出现了以课堂教学工作量为尺子衡量线上线下教学的窘境。

教学效果本是混合式教学得以确立的主要优势，线上教学有形成性成绩，而线下教学侧重能力培养，从而达到更优的人才培养效果。从学生角度看，教学效果体现为期末成绩，混合式课程的成绩是线上成绩与线下成绩的综合计算。但是线上学习以慕课为主，慕课的不足突出表现为慕课成绩的可信度不变。相较于传统的线下考试，慕课平台的测试本就偏容易，并且有作弊的可能。这使得线上成绩是否可采信存在争议。混合式教学并不仅仅是对教师提出了要求，这种教学模式对学生也提出了更高的要求，特别是学生的主动性。学生不但要按照要求学习线上内容，而且要按时完成相应测试，积极参与相应的讨论答疑。这种全过程的参与是混合式教学效果的保证，但同时也是管理者的担心之所在。另外，衡量教学效果，混合式教学相对于面对面的传统模式是否只是在特定的课程上存在优势、大量需要实验的课程或高年级的综合性课程是否适合混合式教学存在争论。对混合式教学的适用范围能否做出界定，也是学校层面需要决策的事项。

混合式教学给教师的教学能力带来了较大挑战，这是不少研究者注意到的问题。新技术引入教学过程，音频和视频剪辑、图文处理、教学平台、移动设备等都对教师的信息化能力提出要求。有学者将其概括为"身体与认知的负担"。一般性对策是进行相应的教学培训，提高教师的信息化技能。但与前面教学业绩相关，问题的关键并不在于培训，而在于教师掌握信息化技术的意愿。混合式教学的线下教学也已经变化，翻转课堂对教师同样提出了更高要求。教师需要进行专门的设计，从而充分利用已经压缩的课堂时间，调动学生的积极性，培训学生更高阶的目标，这对于学生培养效果的影响最为关键。更深层的转变在于教师的教学理念与定位，翻转课堂转变了教师和学生的角色，使教师由传统的知识传授者转变为学生学习的推进者和指导者；学生由传统的被动的知识接受者转变为学习的主体。

教学环境需要与混合式教学相适应也成为共识。网络连接、信息设备的人均拥有率等与技术相关的指标受到重视，但从高校建设角度而言，这些还远远不够。对于在线教学，教学平台的设置与维护同样重要。从前面的论述可以看出，一方面，混合式教学增加了线上学习的时间，将师生从现实的课堂移入了云端，对教学环境提出的要求是增加可供网络学习的空间；另一方面，线下教学向翻转课堂的转变也要求改造已有的剧场式教室，组合自由的智慧教室逐渐成为主流。事实上，混合式教学下教学环境的改造需求是全面的，既涉及软件，也对硬件提出要求。依照混合式教学所勾勒的大学校园必定迥异于传统的校园。

我们必须清醒地认识到，当混合式教学作为一种正式的教学模式被引入大学时，它所带来的对学校既有管理制度的冲击是全面的，对教师、学生的影响是深远的，对学校的软件与硬件都提出了相应要求。依托于传统面对面授课方式的教学管理制度并不能有效涵盖混合式教学，其无能为力并不在于制度边界的扩充，而在于混合式教学所需制度的性质本就不同。

三、教学管理制度迭代升级

混合式教学对既有制度体系的挑战可以视为信息时代对工业时代的需求与呼吁。这种源于时代发展的制度需求对于既有制度是全面的转型升级，而不是局部的适应性改造。如果说已有的教学管理制度是工业时代 1.0 版，混合式教学需要的则是信息时代的 2.0 版。显而易见，现有的制度对于混合式教学处于"体系性缺失"，也就是前文所揭示的混合式教学的内在需求不能得到制度支持。有混合式教学的实施者已观察到这种现象。由于过分注重形式而非理念，又缺乏系统的管理体制和持续改进机制，混合式教学在我国应用中出现了教学成效不显著、教学投入不足、教学秩序待规范、学生负担加重等问题。其中"系统的管理体制"直指核心、切中要害。

作为我国高校所采纳并意在规模化推广的教学模式，混合式教学并非教师的个体行为，应该进行制度规范。只有高校将混合式教学制度化，才脱离了理念倡导层面，而形成对混合式教学的正式推动力。包含线下教学与线上教学的混合式教学对于技术、支持、规范的要求较之传统教学肯定更高，对制度的需求更为迫切。国内外多项实证研究表明，学校重视、制度建设之于混合式教学具有重要的意义，确立混合式学习的学校层面的目标对教师采纳该新形式的比例有显著影响。但因为混合式教学出现时间短，内部运作模式多样，这使得相应制度的建立颇为不易。借鉴法律的制定流程，混合式教学相应制度的建立应原则先行。具体原则如下：

第一，整体原则。混合式教学并非特立独行，而是与传统的面授教学法有机共存。学校的制度应该对不同教学法进行整体考量，不能拘泥于一时一事的优先判断而设定特殊规则。慕课的学分银行、混合式教学、线下教学作为不同的教学形态，制度建设应激发各教学方式的优势，同时设定教学要求，形成"赏罚分明"的规则体系。不同教学方式间构成协同效应，在竞争中形成适应时代的教学结构。

第二，目标导向原则。无论何种教学方式，目标都是立德树人。混合式教学虽然内部结构较为复杂多元，但并不能模糊"以生为本"的考量标准。混合式教学的制度设计应从有利于学生价值观确立、能力培养与知识积累的角度展开，合理确定线上线下的教学结构，科学测量学生学习效果。

第三，分层原则。对应于混合式教学的特征，以学校为单元的制度建设应该分层进行，从引入该项教学方式的制度入手，逐步确立激励采用该教学方式的相关制度，并最终建立涵盖教学相关者的制度群。制度的建设前后有序，逐步深入，有利于体系化制度的形成。

依照上述原则，适合于混合式教学的制度可以展望为"一体三元多维"。"一体"，即信息时代的教学管理体系，它完整包含各类教学方式，有针对性地设计教学要求。"三元"，即教学相关者，包括学校、教师、学生。不同教学相关者在混合式教学中的定位不同，权利义务也不同。学校应该在全校性文件，特别是规划类文件中设定混合式教学的目标与举措，以明确自身责任。对教师、学生，学校可以制定有关混合式教学的管理规定，如在混合式教学处于探索阶段，教学结构的管理权限可以适度下放至院系一级；对学生进行成绩管理与学分认定。"多维"，即开展混合式教学所涉及高校的不同方面。综合分析，我国高校开展混合式教学可以分解为五个维度：文化、制度、技术、硬件、教学模式。各个维度具有不同的功能。文化是开展混合式教学的理念基础，制度是规范、保障混合式教学的规则，技术是开展混合式教学的软件，硬件是上文介绍的适合混合式教学的环境，教学模式是各校形成的混合式教学开展的路径与安排。各个维度共同支撑起有成效的混合式教学。上述五个维度中的制度是指学校制定专门的规范混合式教学的制度，是从组织定位对混合式教学的推动。管理与组织提供机构性的承诺与领导，被认为是关键的。该种制度依照功能可以划分为三种：一是混合式教学的一般规定。作为学校的正式教学构成，学校应制定关于混合式教学的一般性制度，给予该种教学方式正式的地位。二是混合式教学的管理制度。管理包括激励与监管两个方面。对于开展混合式教学的教师，学校应在运行初期以激励为方向，在工作量计算等方面承认在线工作时间；设定适合混合式教学的监管方式，对教学效果进行评价。三是混合式教学的综合性制度。为了获取优质的教学效果，学校应通过制度激励混合式教学相关者参与教学过程，建立信息收集与反馈机制，丰富完善混合式教学各维度的内涵。

必须承认，混合式教学管理制度的内容并没有"标准答案"。学校定位、学科专业、课程属性、教师与学生情况各不相同，理想的混合式教学方案也应有所差异，制度的功能不在于混合式教学的整齐划一，而应在于形成混合式教学有序运行、功能趋优的格局。

四、结语

教学中新技术的采用，随着时间的推移都会变成制度需求。混合式教学融合了慕课等在线资源，采用线下教学，博采了各种教学方式之长，被寄予了厚望。教育部高等教育司吴岩司长讲："如果我们的老师能够打造越来越多的翻转课堂、混合式教学的'金课'，中国高等教育的人才培养质量会实现一个质的飞跃。"但囿于教师层面的实践探索、局限于混合式教学内部的学理探究注定不能将这种教学方式规模化。站在学校立场，建立适应混合式教学的制度，方为混合式教学高质量发展的必由之路。但是，混合式教学构成多元化，特别是与传统教学方式运行迥异，使得制度化具有相当的难度。制度的建立体现的是机构能力，能力的高低体现于制度运行的顺畅与否、人才培养的效果好坏。混合式教学需要对既有制度进行全面改造升级，对学校能力的测试更为直观。当然，混合式教学也依托校情调适自身的运行模式，形成各具特色的教学安排，制度与混合式教学相互促进，形成有机融合的共同体，这是制度建设的理想状态。

参考文献

[1] 陈然，杨成. SPOC 混合学习模式设计研究 [J]. 中国远程教育，2015（5）：42-47，67.

[2] 詹泽慧，李晓华. 混合学习：定义、策略、现状与发展趋势：与美国印第安纳大学柯蒂斯·邦克教授的对话 [J]. 中国电化教育，2009（12）：1-5.

[3] 冯晓英，王瑞雪，吴怡君. 国内外混合式教学研究现状述评：基于混合式教学的分析框架 [J]. 远程教育杂志，2018（3）：13-24.

[4] JAYALUXMI NAIDOO, ASHEENA SINGH－PILLAY. Teachers' perceptions of using the blended learning approach for STEM－related subjects within the fourth industrial revolution [J]. Journal of Baltic Science Education，2020，19（4）：583-593.

[5] 李逢庆. 混合式教学的理论基础与教学设计 [J]. 现代教育技术，2016（9）：18-24.

[6] 谭永平. 混合式教学模式的基本特征及实施策略 [J]. 中国职业技术教育，2018（32）：5-9.

[7] 朱桂萍，于歆杰. 基于翻转课堂的主动学习促进策略 [J]. 中国大学教学，2018（5）：29-32.

[8] 白玫. 大学的品质：保守、适应与超越 [J]. 国家教育行政学院学报，2009（8）：30-35.

[9] 郑丽娜，张丽珍. 大学变革中的组织惯性分析 [J]. 浙江师范大学学报（社会科学版），2007（6）：101-103.

[10] MAAROP A H, EMBI M A. Implementation of blended learning in higher learning institutions：A review of the literature [J]. International Education Studies，2016，9（3）：41-52.

[11] 张其亮，王爱春. 基于"翻转课堂"的新型混合式教学模式研究 [J]. 现代教育技术，2014（4）：27-32.

[12] 韩晓刚. 纠偏：混合式教学的应用与思考 [J]. 中国成人教育，2019（12）：73-76.

[13] JOVAN G, SHEHZAD G, ALINE GERMAIN-RUTHERFORD, et al. Institutional adoption of blended learning：Analysis of an initiative in action [J]. The Canadian Journal for the Scholarship of Teaching and Learning，2020（11）：1-17.

[14] GARRISON D R, VAUGHAN N D. Institutional change and leadership associated

with blended learning innovation：Two case studies ［J］. The Internet and Higher Education，2013（18）：24-28.

［15］吴岩. 建设中国"金课"［J］. 中国大学教学，2018（12）：4-9.

新时代高校基层教学组织的改革路径探索

魏华①　　廖春华②　　李永强③

摘　要：结合新时代教育教学改革发展要求，特别是人工智能背景下慕课教学发展态势，教学组织层面亟须完善，以推动慕课教学高质量可持续发展。本文从高校基层教学组织发展的历史演进出发，重拾高校基层教学组织的时代价值和重要意义，并围绕教师教学共同体打造、虚实协同机制构建、组织生态系统创立、组织团队文化培育等角度提出基层教学组织建设的改革路径，以期最大限度地挖掘基层教学组织作用，从而为优化大学教学治理结构、提高人才培养质量作出有益探索。

关键词：教学改革；基层教学组织；信息技术；组织文化

高校基层教学组织是高校最基本的教师教学共同体，肩负承担教学任务、推进教育教学改革、促进教师教学发展的重任。总体来看，中华人民共和国成立以来，受经济体制、政治体制以及文化观念等因素影响，基层教学组织变迁呈现渐进式演进过程。在形态上，最初的教研组、教研室逐步发展为如今的系（所、中心）。在不断发展的过程中，高校基层教学组织在人才培养与教学研究方面发挥了积极作用。但是，随着我国高校的院系组织机制调整和科研路径转向，我国高校基层教学组织逐渐陷入边缘化的境地，其促进教师专业发展的功能不同程度地被忽视。与此同时，信息技术的发展也给教育教学发展带来了巨大的变革与挑战。因此，在高等教育进入普及化的今天，关注智能时代下基层教学组织的演化，并重建其理论价值与实践路径尤为重要。

---

①　魏华（1982—），男，西南财经大学教师教学发展中心，主要研究方向：课程与教学论。

②　廖春华（1978—），女，西南财经大学教务处副处长，副研究员，主要研究方向：高等教育管理、教育经济与管理。

③　李永强（1969—），男，西南财经大学副校长，教授，主要研究方向：高等教育管理、社会网络与营销组织行为。

一、高校基层教学组织的历史演进

有效构建科学合理的教学组织机制，事关教育教学改革的深度推进，也影响着人才培养质量。基层教学组织是聚焦高校教育教学和学科专业培养目标，围绕"教学"这一主体功能，按照相应结构设立的机构或组建的专项教学活动。从构成来看，基层教学组织有广义和狭义之分。广义的基层教学组织涵盖了院系、教学部、教学团队、教学基地、教研室、教研组、课程组和实验教学中心等，狭义的基层教学组织通常指传统意义上的教研室或课程组。从历史发展来看，高校基层教学组织先后经历了萌芽期、兼容期、无序期、结构优化期这几个阶段，根据高等教育发展要求不断进行调整和完善。从实践功能来看，基层教学组织的主要职能有以下几个方面：基于专业或课程教学目标、落实课堂教学和实践教学各项安排、进行课程资源建设、组织教学观摩与教学研讨、进行集体备课、推进具体教学研究与改革、传承教学经验与教学文化等。从基层教学组织的历史价值来看，作为高校落实教学任务、促进教师教学发展、组织开展学术研究、承担群体性教学活动的最基本教学单位，基层教学组织一方面在学校教育教学工作中发挥着一线落实与具体推进的重要作用，是教学组织管理目标深入教育实践的组织终端；另一方面又为学校教育教学工作提供反馈信息，并及时进行教育教学调整，以便有效响应学生的学习需求，在教育教学工作中发挥承上启下、枢纽衔接的作用。

改革开放以来，我国高等教育高速发展，精英教育演变为普及化教育，高校人才培养改革持续推进和大学治理结构不断调整，但基层教学组织的组织结构未能及时变革，学科和专业自我封闭，以致基层教学组织"力小任重"，管理职能弱化、组织运转效率低下，其教学组织职能和研究职能的发挥极大受阻。同时，现代信息技术深度融入教育教学领域，深刻改变着高等教育教学的实践形态和组织模式，传统基层教学组织管理模式和运作方式已无法完全满足新时代人才培养的需求。因此，高校基层教学组织必须紧紧跟随中国高等教育教学发展规律，主动采用现代信息技术，革新传统基层教学组织形态和实践模式，从而更好地发挥其促进教学研讨、教学发展、教学学术进步的作用，为高等教育人才培养奠定坚实的实践基础。

二、新时代高校基层教学组织的价值逻辑

高等教育中更佳的端点是基层。大学的教学功能是其他功能的原始点和基础。基层教学组织在高校质量发展中的特殊地位和意义并没有因其存在诸多问题而消失，反而因为时代面临的教育问题，在人才培养中的作用再次被发掘出来，价值更加凸显。

（一）大学教学质量是新时代基层教学组织建设的价值来源

截至 2020 年年底，我国高等教育在学人数超过 4 000 万人，毛入学率超过 50%，已成为世界上高等教育规模最大的国家，并进入了高等教育普及化阶段。从高等教育精英化到大众化，再到高等教育普及化，如何保障教育质量便成为人们关注的重点，保障教育质量是未来教育改革发展的核心任务。提高教育教学质量成为国家和社会的共识，也是高等教育必须解决的首要问题。党的十九届五中全会更是明确提出"建设高质量教育体系"。为提高高等教育质量，建设高等教育强国，近年来，国家先后出台了一系列重要文件，如《教育部关于加快建设高水平本科教育全面提高人才培养能力的意见》《教育部关于深化本科教育教学改革全面提高人才培养质量的意见》。在这一系列文件中，高校基层教学组织建设成为文件提及的高频词。由此可见，基层教学组织已成为国家深化教育改革和提高教育教学质量的重要抓手，在大学教育质量"四个回归"中扮演着至关重要的角色。但是，我国高校基层教学组织权力有限，职责却很多，基层教学组织职能的行政化、事务化、科研化倾向严重，组织运行的同质化、形式化、功利化现象突出。基于此，高等教育领域的学者和管理者普遍认为，提升教育教学质量需要进一步完善高校基层教学组织，着重发挥好基层教学组织在人才培养中的积极作用，进而优化教育教学工作的组织体系和生态系统。

（二）大学教学学术是新时代高校基层教学组织建设的内在要求

教育是一个复杂的过程，教师必须具有扎实的专业知识，并掌握一定的教育学、心理学等综合知识，教师不仅要使研究教学贯穿教学过程的方方面面，还需要在与同行交流互动中进行自我反思，促进自我发展，从课程知识的传播者转变为开发者、反思者、实践者。大学教学本质上是一种学术活动，是实现知识传播、学术传承的重要方式，具有独特的学术逻辑和内在价值。也正是因为大学教学所具有的学术内涵，促使人们以新的视角和思维方式去认识、解释、评价大学教师的教学工作，给教学学术以新的尊严和地位，使得教学与科研在大学场域中具有同样的价值和作用。根据教学学术的要求，比照学术交流模式，作为教育工作者的教师之间需要围绕教学实践广泛开展相互合作、深度交流、实践研讨、相互借鉴、同行评议等活动。只有深刻理解教学学术的内涵和实践价值，明确教学具有独特的学术价值，开展教师教学观摩和讨论，组织教育教学改革研究，积极营造民主开放、彼此信赖、互助共建、共同探索、合作共赢的基层教学组织文化氛围，才能有效推进教学学术这一理念生根发芽。当然，这反过来需要高校为教学学术落地提供与之相适应的组织体系和机制平台，从制度设计、机制建设、人员队伍等方面保障教学的学术地位，形成教师重视教学、注重合作、积极教研、努力提升教学质量的可持续发展教学生态。

（三）大学治理变革是新时代高校基层教学组织建设的实践动能

组织变革是指当组织对内外环境的变化无法适应时，为提高组织效能，实现组织生存与发展，基层教学组织作为一种组织形式，必然面临提高组织效能的要求。根据组织变革理论，组织变革通常会在两种情况下产生：一是组织进入生命周期的僵化期，出现决策失灵、沟通不畅、机能失效、缺乏创新等问题，需要进行变革；二是组织环境发生改变，组织为了适应环境的变化，需要进行变革。就基层教学组织存在的问题而言，一方面，传统基层教学组织比较偏重固化的组织结构，灵活性和开放性不够，难以满足现代大学人才培养中多样化、个性化的需求；同时，传统基层教学组织的组织管理偏重指令接受，自主性和自发性不够，难以进行自我调整和主动创新，无法对出现的教育教学问题及时做出调整和反映，应然作用得不到充分发挥。另一方面，随着在线教学的大范围应用，教学呈现出人机协同、交叉跨界、数字信息、虚拟交互等特点，因此重组与再造高等教育教学方式、教学结构、教学手段乃至整个教育生态成为非常急迫的事情。具体而言，治理变革需要在遵循教育教学发展规律的前提下，从"机构观"迈向"功能观"，对高校基层教学组织进行深度调整与全面改革，着力从组织结构、组织机制、职能功能、技术引入和组织文化等方面进行系统重构，以充分提升效能，有效适应大学治理变革要求，满足人才培养的多元化需要。

（四）人工智能应用是新时代基层教学组织建设的催化元素

人工智能引发了第四次工业革命，促成了科技、产业和社会等方面的全局性变革。同样，新兴技术以具有革命性的力量改变了教育教学实践，促使高等教育教学进行着深层次变革。近年来，我国先后发布了《教育信息化十年发展规划（2011—2020年）》《教育信息化2.0行动计划》《新一代人工智能发展规划》等重要文件，在认识层面、政策层面和行动层面体现出人工智能发展对教育的影响。教育教学改革需要从全局上进行系统推进，特别是做好基层组织的响应。具体到教育教学实践领域，人工智能中的虚拟现实（VR）与人工智能（AI）不断升级迭代，适用于分布式虚拟仿真条件下的教育场景，虚拟课堂、虚拟实验、虚拟培训场景的智能交互。教育可以轻而易举地突破时间和空间的限制，实现虚拟和现实的融合，进而促成高阶的探究式、自适应学习的达成。得益于互联网技术的充分利用，信息传递层次减少，可以以更加快捷高效的方式完成。同时，技术变革催生教学组织形式的变革，传统僵化封闭的、实体性的"单位制"基层学术组织结构模式被打破，逐渐转变为灵活开放的、柔性的"社区型"基层教学组织。因此，充分运用人工智能等信息化手段，不仅有助于基层教学组织中的成员进行跨时空、非对称时间点的信息交互，更有利于基层教学组织在虚拟化、网状化、跨时空、大数据过程中不断迭代升级，进而创造出新型基层教学组织形态。

三、高校基层教学组织的改革路径

在人工智能时代，面对现代信息技术高度集成的慕课、跨学科交叉课等课程教学形态变革，高校需要建强建好基层教学组织，并充分依靠和发挥基层教学组织的作用以提高教育教学质量。总体而言，在基层教学组织改革过程中，高校需要以立德树人为根本任务，以"以人为本"为教育教学要求，遵循教学规律，打造"金课"，淘汰"水课"。具体而言，高校需要以打造教师教学共同体为切入点，以构建虚实协同机制为依托，以创立组织生态系统为抓手，最终促成组织团队文化的培育。

（一）打造教师教学共同体

基层教学组织建设的核心是着力支撑教师教学群体的深度联系，为此，如何让教师教学群体成为一个紧密合作的共同体，便成为高校基层教学组织建设需要解决的重要问题，也成为推进高校教师教学学术发展的新路径。依据教师教学工作的内容和开展教学实践的基本场域，高校可以从三个方面着手促进基层教学组织共同体发展：一是建设以专业（系、所）为单位的基层教学组织，选拔具有一定行政职务的教授，统筹专业建设和教学实践，并围绕具体学科专业的人才培养目标，开展有深度的交流与研究；二是建设以课程群为单位的基层教学组织，教师可以根据自身意愿，结合教学工作自由选择参与某个或多个课程群的矩阵式虚拟教学组织，主要面向自由选修课程和专业基础类课程，以课程群为基础，设立首席负责制度，并由首席负责人进行课程教学活动的组织统筹工作，系统推进课程教学实施和教学研究；三是建设专项教学任务为单位的基层教学组织，围绕某一单个或多个课程群组，构建科学合理的组织体系，设定合适的组织规模和发展目标，选择优秀的领头人和梯队合理的成员，强调教师间的合作与共享，重视组织的归属感，实现教学共同体成员的跨学科、跨专业、跨课程整合。教学组织形式可以多样化、多元化，总体根据实际需要，坚持因地制宜的原则，虽不拘泥于具体形式，但核心是鼓励教师开展教学创新，为教师教学提供帮助，分享大家的教学经验和教学智慧，增进不同教师之间的教学联系、信任和交流，进行教师教学学术发展的常态化活动。

（二）构建虚实协同机制

在人工智能时代，传统课堂等物理空间已经逐渐让位于虚拟教育教学空间，学生可以基于网络平台等大数据功能，便捷地获取丰富的信息和知识，学习模式逐渐从教室课堂接受知识，转向了依据学习需求和学习兴趣搜寻网络课程资源自主学习。作为学习者和授业者的教师，其同样需要改变传统获取信息的手段和方式，积极应对信息技术带来的新挑战和新要求。如何在人工智能时代强化角色危机意识，及时找准信息化教学条件下的角色定位，并处理好教育教学与人工智能的关系，已成为摆在广大教师面前的重要任务。正是如此，处于机制层面的基层教学组织任重道远。一方面，高校基层教学组织应主动引入现代信息技术，创新组织运行方式和组织架构，重塑基层教学组织的组织形态；主动运用信息技术手段改造组织运行方式，通过运用人工智能技术，建立有利于探索教学学术和发展的长效机制，升级信息化特质的基层教学组织，以便实现基层教学组织从"物理实体"向"网络虚拟"的升级转换，建立人机协同、跨界共享、数据畅通、充分沟通的智能化教学场景和组织机制。另一方面，高校基层教学组织应充分借力信息化手段，支持教师教学发展，提升教师教学的投入和效能感，增强信息技术对教师教学实践的支撑力；鼓励和帮助教师积极提升信息技术水平，利用技术加强对反馈策略的选择和输出，积极开展师生反馈循环，并通过训练、指导以及塑造有意义的反馈行为来为学生提供支持。

（三）创立组织生态系统

以跨领域、跨时空、虚拟化、大数据为特征的人工智能，打破了原有的物理界限和组织界限，使人们的思想、信息、资源可以更加流畅地传递和交换。因此，与时代发展相适应的基层教学组织，势必要从组织理念、组织结构、实践方式、具体内容等方面进行组内全面设计，进而创建具有良好发展潜力的生态系统，以促进基层教学组织的目标达成，并朝着更好的发展态势发展。落实到实践中，基层教学组织必须遵循教育教学发展的时代路径，以现代信息技术为底层逻辑架构，多方发力。基层教学组织应从以下三个方面发力：一是以平等的姿态尊重组织内教师，调动广大教师的积极性，提高其参与度；二是面对复杂的教育教学环境和多重交织的教学任务，明确共同的目标，让组织内外的相关者形成方向性共识，并为之共同努力，协同配合探索解决方案；三是建立教师的常态化联系和有效互动机制，进行专题性教学项目设计，开展课程互听、课题共研、经验分享、反思教学等活动，加强基层教学组织的工作和提升教师之间的情感黏度，促进教师教学不断取得进步。

此外，基层教学组织不能仅仅关注内部生态系统建设，还应从组织战略发展的角度出发，进行基层教学组织与基层教学组织间的合作共建，形成信息与资源的跨界交流，优化基层教学组织的外部生态关系，促进基层教学组织的持续发展。实现基层教学组织之间交流的方式多种多样，如可以以基层教学组织的名义与其他教学组织联合开展教学学术研究或教学交流活动，可以邀请基层教学组织外的教师个体参与基层教学组织的活动。创建基层教学组织的外部生态环境，有利于基层教学组织获得更广阔的交流网，借鉴和汲取教学学术资源，重塑理念、文化和生态，克服组织内部的僵化和保守，激发自身的活力。

（四）培育组织团队文化

组织成员自身的自觉性和主动性是其他主体的努力产生实际效果的决定因素，而组织文化是影响一个组织健康发展的重要隐性力量，影响着组织成员的价值判断和行为选择。因此，高校必须高度重视基层教学组织的内部文化建设。可以说，作为大学教学组织结构中最末端的组织，基层教学组织一方面是维系教师教学活动组织体系的正式平台，另一方面通过凝聚教师对学校教学工作的关注与认同，使得教师集合成一个相对稳定的团队组织，形成了一定的价值取向和行为规范。作为知识密集型的组织团队，基层教学组织的团队文化已逐渐成为促进教学基层组织发展的重要基础，并且对高质量开展组织活动起到关键性作用。可以说，基层教学组织的文化特色是一所高校教学文化的具体体现，具有一所大学文化的共性之处。当然，基层教学组织因自身学科专业特点、历史发展传承、人际关系情况等的发展，不断强化着或调适着自身特有的文化气质，呈现出具有辨识度的文化特质。

在基层教学组织建设中，良好的团队文化的纽带作用为基层教学组织各项活动顺利实施提供了必要的思想保障，从而促进了基层教学组织在人才培养中重要作用的有效发挥。为此，要培育出具有正向作用的组织文化，高校可以从以下几个方面来推进：一是重视和尊重人才，强调以人为中心的组织原则，凝聚起所有教师的使命感和责任感，实现共同参与、有效合作；二是多措并举地营造和谐友爱的组织氛围，积极引导教师向共同价值观迈进，形成开放包容、信息畅通的教学实践观，构建起有利于基层教学组织不断前进的行为规约和交流方式；三是立足基层教学组织的学科专业和课程特色，实现教学学术与科研学术的有机融合，促进教师职业内容的多重协同发展，吸纳更多的具有生机活力的元素融入组织建设中去；四是建立基层教学组织的组织机制和教师团队，合理设置岗位，遵循组织有力、行动高效、有序推进的原则，优化基层教学组织构成元素，基于跨校跨界、多元合作的师资构成，汇聚校内外优质教师，持续保持基层教学组织的活力，为提高人才培养质量提供坚实的组织基础。

参考文献

［1］陆国栋，张存如. 基层教学组织建设的路径、策略与思考：基于浙江大学的实践与探索［J］. 高等工程教育研究，2018（3）：130-136，141.

［2］项聪. 我国高校基层学术组织变迁的制度逻辑：基于历史制度主义的分析［J］. 中国高教研究，2011（6）：23-28.

［3］吴能表，邹士鑫，罗欢. 加强基层教学组织建设 实施分层次管理［J］. 中国大学教学，2019（2）：32-36.

［4］陆国栋，孙健，孟琛，等. 高校最基本的教师教学共同体：基层教学组织［J］. 高等工程教育研究，2014（1）：58-65，91.

［5］俞师，沈红. 我国高校基层行政组织变迁的制度逻辑：基于历史制度主义的分析范式［J］. 河北师范大学学报（教育科学版），2021，23（4）：45-51.

［6］崔延强，朱晓雯. 我国大学基层教学组织的学术制度构建研究［J］. 西南大学学报（社会科学版），2018，44（5）：77-83.

［7］伯顿·克拉克. 高等教育系统：学术组织的跨国研究［M］. 王承绪，译. 杭州：杭州大学出版社，1994：25.

［8］朱国仁. 高等学校职能论［M］. 哈尔滨：黑龙江教育出版社，1999：134.

［9］马陆亭. 迈向高等教育普及化的理论要点［J］. 现代教育管理，2017（1）：1-14.

［10］欧内斯特·L. 博耶. 关于美国教育改革的演讲［M］. 涂艳国，方彤，译. 北京：教育科学出版社，2003：78.

［11］郭冬娥. 组织变革视阈下新建本科院校基层教学组织重构［J］. 江苏高教，2016（1）：68-71.

［12］郭冬娥. 技术应用型人才培养视域下的学生社团建设探析：基于新型应用型本科院校视角［J］. 江苏高教，2014（5）：127-129.

［13］王怀勇. 高校教学基层组织建设的改革与实践［J］. 高教探索，2015（2）：75-79.

［14］黄蔚，宋述强，刘军. 趋势 2020，构建智能化教育体系［N］. 中国教育报，2020-01-12（03）.

［15］张欣，陈新忠. 人工智能时代教育的转向、价值样态及难点［J］. 电化教育研究，2021，42（5）：20-25，69.

［16］王秀梅，韩靖然，马海杰. 新时期高校基层教学组织的改革与发展［J］. 中国大学教学，2020（10）：62-68.

［17］WINSTONE N，CARLESS D. Designing effective feedback processes in higher education：A learning-focused approach［M］. New York：Routledge，2019.

［18］易连云，邹太龙. 大数据时代的教师德育胜任力及其转向与培养路径［J］. 湖南师范大学教育科学学报，2017（5）：64-68.

智慧教育背景下我国混合式教学的研究热点与发展趋势分析①

宋世俊②

摘　要：混合式教学已成为当前教育信息化实践与研究的热点。本文以中国知网（CNKI）数据库收录的 2 043 篇混合式教学相关的期刊论文为研究对象，通过高频关键词的词频分析、聚类分析、多维尺度分析和社会网络分析等的可视化呈现，解读了国内混合式教学研究的热点和趋势。研究结果表明，国内混合式教学研究的热点包括教学理论的混合、教学资源的混合、教学环境的混合和教学设计的混合四个方面，混合式教学的背景理论体系研究、混合式教学的比较研究、混合式教学的教学设计研究可能成为未来研究的趋势。

关键词：混合式教学；词频分析法；研究热点；发展趋势

一、引言

关于混合式教学的研究现状，不同学者从不同视角给出了不同解释，如江凤娟讨论了混合式教学环境中影响大学生学习的行为意愿的因素；曹海艳等基于"以学生为中心"思想对高校混合式教学课程学习进行了设计；翟苗等通过问卷调查法和因子分析法，对高校混合式教学进行形成性评价指标研究。以上研究从不同视阈下呈现了混合式教学的研究现状，但存在文章数量少、研究方法单一、尚无对国内混合式教学的综合研究等不足。基于此，本文综合采用词频分析、聚类分析、多维尺度分析和社会网

---

① 【基金项目】四川省哲学社会科学重点研究基地、四川省教育厅人文社科重点研究基地四川省教师教育研究中心项目（项目编号：TER2016-010）和西南财经大学教师教学发展中心教师教学发展协同建设项目（项目编号：2017-js-61）。注：本文已发表于《黑龙江畜牧兽医》2018 年第 16 期，本次征文投稿略有修改。
② 宋世俊（1985—），男，西南财经大学公共管理学院，本科教学干事，主要研究方向：高等教育管理。

络分析等科学知识图谱方法，梳理并解析了国内混合式教学研究热点，以便进一步把握国内混合式教学的发展趋势，为后续混合式教学的研究和实践提供借鉴。

二、研究设计

（一）研究框架

本文以中国知网（CNKI）数据库收录的有关"混合式教学"的期刊论文为研究对象，检索过程中选择"高级检索"并在"期刊"中进一步检索。检索条件如下：以"混合式教学""混合教学""blending learning""B-Learning"为"检索词"在"主题"中进行"精确"检索，检索发表时间设为"不限"，截止时间设为 2017 年 8 月 7 日，共检索到 2 167 篇相关文献。为确保所选论文具有较高的信效度，首先，笔者根据研究需要设定筛选条件（如删除征稿启事、产品信息、通知、会议讲话、书讯以及重复的文献）对检索出的论文进行了 2 轮筛选，得到较为一致的筛选结果。其次，笔者请 2 位学生根据上述条件进行同样的筛选工作，并计算其 Kappa 系数值为 0.97，说明其筛选结果已具有相当高的一致性。最后，对于有争议的论文，笔者请第三位学生通过仔细阅读再次筛选，最终确定出研究所需的论文共计 2 043 篇。研究方案如图 1 所示。

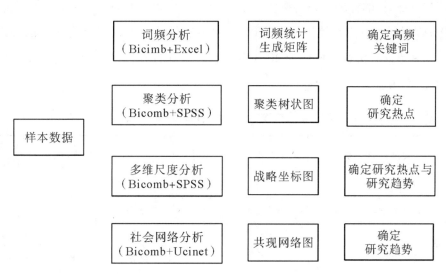

图 1　研究方案

（二）研究方法与工具

共词分析法属于内容分析法的一种，是根据文献数据中的主题词或关键词出现的情况来确定该文献所代表学科中各主题之间的关系的方法。其运算原理是两个不同的统计主题词在同一篇文献中出现的次数——出现的次数越多，则代表两个主题的关系越密切。本文采用的共词分析法主要包括词频分析、聚类分析、多维尺度分析和社会网络分析，即借助书目共现分析系统（Bicomb）、数据统计分析软件（SPSS 22.0）和社会网络分析工具（Ucinet）等研究工具，对样本数据进行多维度的可视化分析；同时，结合聚类树状图和共词网络图来呈现国内混合式教学研究的热点与趋势。

三、研究过程

（一）筛选高频关键词

从文章内容浓缩和提炼出的关键词在整篇文章中起到了关键作用，不仅能够反映出某一领域的研究热点，而且体现出该领域的发展方向。为避免筛选高频关键词过程中出现关键词的同义、偏义、泛义、转义、命名不规范等问题，本研究通过 Bicomb 2.0 书目分析软件进行提取关键词分析，首先对关键词进行数据清洗处理：第一步，合并同义关键词，如将"慕课"与"MOOCs"合并为"MOOC"等；第二步，删除无关泛义词汇，如"思考""行动研究""研究""应用"等，以保证下一步进行频数统计分析的规范性。接下来，本文将进行频数统计分析，为进一步保证研究的规范性，根据高频关键词选择的标准——高频词的累积频次占总频次的 40% 左右，对纳入研究的 2 043 篇文献的关键词进行统计，通过 Bicomb2.0 软件从中提取出频数≥50 的关键词共计 42 个，其累计频次百分比约为 40.33%。符合上述选择标准，可以初步反映出混合式教学的研究热点和发展趋势（见表 1）。

表 1　混合式教学研究的高频关键词（部分）

序号	关键词	频次/次	累计百分比/%	序号	关键词	频次/次	累计百分比/%
1	混合式教学	142	11.111 1	14	信息技术	10	35.759 0
2	混合式学习	60	15.805 9	15	课堂教学	9	36.463 2
3	MOOC	54	20.031 3	16	信息化	9	37.167 4
4	教学模式	36	22.848 2	17	微信	8	37.793 4
5	翻转课堂	30	25.195 6	18	在线学习	8	38.419 4
6	网络教学	22	26.917 1	19	高校	8	39.045 4
7	教学设计	21	28.560 3	20	移动学习	7	39.593 1
8	SPOC	19	30.046 9	21	建构主义	6	40.062 6
9	微课	13	31.064 2	22	改革	6	40.532 1

表1（续）

序号	关键词	频次/次	累计百分比/%	序号	关键词	频次/次	累计百分比/%
10	教学改革	13	32.081 4	23	思想政治理论课	5	40.923 3
11	自主学习	13	33.098 6	24	高职院校	5	41.314 6
12	Moodle	12	34.037 6	25	行动研究	5	41.705 8
13	大学英语	12	34.976 5	26	网络课程	5	42.097 0

表1显示，除了"混合式教学"主题关键词外，排在前10位的高频关键词依次是混合式学习（60次）、MOOC（54次）、教学模式（36次）、翻转课堂（30次）、网络教学（22次）、教学设计（21次）、SPOC（19次）、微课（13次）、教学改革（13次）。这10个核心高频关键词反映了国内混合式教学所关注的热点领域和研究方向。目前，研究者关注的重点已从先前的引介和基本概念的研究，逐渐深入发展到关注混合式教学在具体教育教学领域的应用、教学设计等方面。

（二）构建矩阵

笔者在Bicomb2.0书目分析软件中关键字段选择"关键词"，通过"频次阈值"设定频次范围为"（≥5，≤142）"生成高频关键词的"26×345的词篇矩阵"和"26×26的共现矩阵"（见表2、表3）。"词篇矩阵"是针对"关键词-文献矩阵"而言的一种简便称呼。从本质上来看，"词篇矩阵"是一种数据矩阵。该矩阵的结构为：关键词作为第一列，文献记录的号码作为第一行，矩阵中的数字（"0"和"1"）分别代表该关键词在对应的文献中是否出现，"0"代表未出现，"1"代表出现。例如，该矩阵中第三行（混合式学习）与第五列（V4）的值为"1"，这表示"混合式学习"是编号为V4的文献的关键词之一。

表2 词篇矩阵（部分）

	V1	V2	V3	V4	V5	V6	V7	V8	V9	V10
混合式教学	1	1	1	0	0	1	0	0	0	1
混合式学习	0	0	0	0	1	0	0	1	1	0
MOOC	0	0	0	1	0	0	0	0	0	0
教学模式	0	0	0	0	1	0	0	0	0	0
翻转课堂	0	0	0	0	0	0	0	0	0	0
网络教学	0	0	0	0	0	0	0	0	0	0
教学设计	0	0	0	0	0	0	0	0	0	0

表2(续)

	V1	V2	V3	V4	V5	V6	V7	V8	V9	V10
SPOC	0	1	0	1	0	0	0	0	1	0
微课	0	0	0	0	0	0	0	0	0	0
教学改革	0	0	0	0	0	0	1	0	0	0

表3 共现矩阵(部分)

	混合式教学	混合式学习	MOOC	教学模式	翻转课堂	网络教学	教学设计	SPOC
混合式教学	142	0	24	3	11	11	5	9
混合式学习	0	60	6	5	6	1	10	4
MOOC	24	6	54	10	5	4	3	9
教学模式	3	5	10	36	4	2	3	0
翻转课堂	11	6	5	4	30	1	3	4
网络教学	11	1	4	2	1	22	0	1
教学设计	5	10	3	3	3	0	21	1
SPOC	9	4	9	0	4	1	1	19

"共现矩阵"从形式上看是对角线对称矩阵,该矩阵第一列和第一行分别代表提取出的高频关键词,某一关键词的词频的共现频次则通过矩阵对角线上的数值表示,两个不同关键词之间的共现频次则通过矩阵非对角线上的数值表示。矩阵中行与列的交点的数值表示这两个关键词出现在同一篇文献中的频次,数值大小代表这两个关键词的关系的紧密程度。例如,"共现矩阵"中第4行与第5列的交点的数值是10,说明"MOOC"与"教学模式"在同一篇文献中同时出现的频次为10。限于篇幅,本文仅列举其中的部分高频关键词共词矩阵。

(三)高频词聚类分析

聚类分析作为共词分析中常用的分析手段,以共词矩阵的频率为研究对象,按照一定的分类标准,将不同的观察体加以分类,同一集群内部相似度越高越好,不同集群内部相异度越高越好,从而将关联度高的主题形成概念相对独立的类团。为了更直观地展示26个高频关键词之间的亲疏关系,本文将高频关键词相异矩阵导入统计软件SPSS 22.0进行系统聚类分析(hierarchical cluster),选择"组间联接法"聚类,度量标准为区间"ochiai",绘制高频关键词聚类树状图(见图2)。

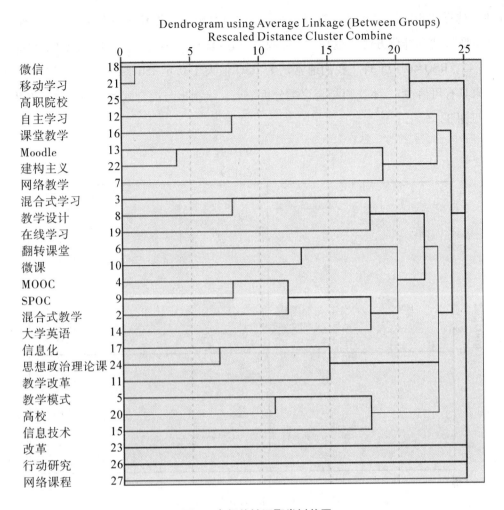

图2　高频关键词聚类树状图

（四）多维尺度分析

聚类分析可以从中梳理得到国内混合式教学研究的主题结构，但没法明确各个主题在混合式教学研究过程中所处的阶段和趋势，因此需要进行多维尺度分析以便补充说明，以达到从结构到关键词的位置的全方位分析，进而分析混合式教学在国内的研究热点。多维尺度分析是将"多维空间"的研究对象分配到"低维空间"，而因其"低维空间"的特殊性一般是二维或三维。"低维空间"中的点与点之间的距离代表研究对象的不相似性。笔者通过将向心度和密度作为二维坐标，根据相关参数绘制成二维坐标——领域或亚领域的二维坐标结构。

本文在统计软件 SPSS 22.0 中将 26×26 相似矩阵进行数据处理，采用统计软件 SPSS 22.0 进行多维尺度分析（ALSCAL），选取方形对称的图形（square symmetric）描述关键词的数据结构。具体设置过程如下："度量水平"选择"序数（ordinal）"，"条件性"选择"矩阵","维度"选择"2维","度量模型"选择"欧几里得（euclidean）距离模型","标准化方法"选择"Z分数",最终输出多维尺度分析图。其中,Stress = 0.036 42、RSQ = 0.875 34（我们通常认为 RSQ 值大于 0.6、Stress 值小于 0.1,则表示该结果具有可信性）。本文再结合聚类分析结果,绘制出与混合式教学研究热点知识图谱（见图 3）。

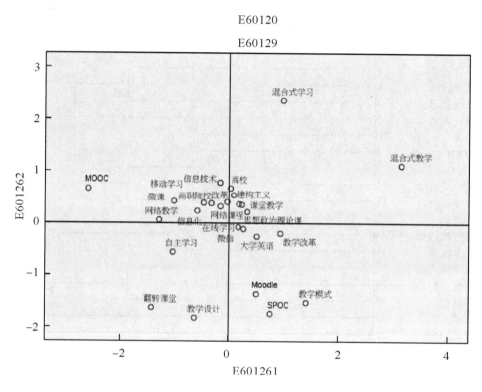

图 3　混合式教学研究热点知识图谱

（五）社会网络分析

起源于 20 世纪 30 年代的社会网络分析（social network analysis,SNA）又被称为结构分析,是对社会中的每个个体以网络的形式联结起来的各种关系结构及其属性的分析方法。为了进一步分析国内"混合式教学"研究热点的关键词之间的内部关系特征,本文在对高频词进行统计分析的基础上,通过软件 BICOMB 2.0 提取"高频关键词共现矩阵",利用社会网络分析软件 UCINET 6.0 对相关数据进行可视化,并对关系图进行节点中介中心度（betweeness）和 K-Core 分析,最终形成国内混合式教学研究高频关键词共词社会网络关系图谱（见图 4）。

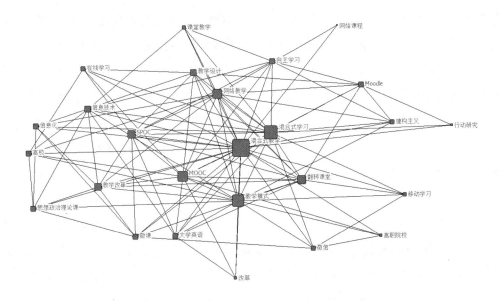

图 4 高频关键词共词社会网络关系图谱

从图 4 可以看出，混合式教学、混合式学习、MOOC、教学模式、翻转课堂、网络教学、SPOC 等处于社会网络关系图谱的核心，其他研究大多围绕这些核心展开；教学设计、信息技术、教学改革、自主学习等处于网络的中间位置，是联系网络边缘与核心的桥梁；建构主义、Moodle、微信、改革、高职院校、行动研究、思想政治理论课、高校、信息化、微课、大学英语、课堂教学、在线学习、移动学习、网络课程等属于网络边缘的节点，表明这些关键词很可能成为未来研究发展的方向与趋势。

四、我国混合式教学研究热点分析

根据高频关键词聚类树状图和混合式教学研究热点知识图谱，本文将混合式教学的研究热点分为以下几类：

（一）教学理论的混合

该领域涉及的关键词主要包括"建构主义""自主学习""混合式学习""移动学习"和"在线学习"等。混合式教学模式以学习理论、教育传播理论、媒体选择理论等理论为基础。学习理论自 20 世纪 50 年代以来，其发展经历了行为主义、认知主义和建构主义等不同阶段，每个阶段形成了各自的学习理论，而混合式教学的各个理论基础各有侧重。具体来看，从行为主义学习理论来看，学习行为是"刺激-反应"行为，源于对外部刺激的反应而独立于内部心理过程，因此通过控制刺激进而控制学习行为以达到对学习效果的有效预测。冯晓英等用建构主义理论解释了个性化知识的习得，用联通主义理论解释了创造性知识的生成。"互联网+"时代的混合式学习促使教师角色定位由学科专家、知识传授者转变为学习设计者和学习促进者。社区模型和混合式教学动态支架模型是混合式学习的教法学基础，为教师有效设计混合式学习、促进混合式学习提供了理论与方法框架。董庆华等根据在线合作学习数据分析结果，提出了以认知主义与建构主义为理论指导的混合式学习环境下的合作学习模型，认为教师要根据最近发展去精心设计学习任务并平等参与学生合作学习活动，推动合作学习迈向创新性和批判性等高阶思维。方轶群将建构主义与电大本科英语专业某课程相结合提出英语混合式教学的模式，探讨了该模式开放教育英语专业对开展混合式教学的适应性。从教育传播理论来看，课堂教学传播有三种常见的模式——"以教师为中心""以学生为中心"和"以问题为中心"。刘芳将翻转课堂教学困境作为问题，借鉴课堂教学传播"以问题为中心"的模式提出混合式教学模式，以进一步促进翻转课堂的发展。从美国著名传播学家 W. 施拉姆（W. Schramm）的媒体选择理论来看，媒体选择源于媒体在完成教学任务中的重要性及制作媒体所付出的成本。吉兵认为，教师在混合式教学中理性地选择了教学媒体并降低教学过程所付出的成本以实现教学效果的效用最大化，这一选择过程是通过课堂教学的进度和学习效果双向调节来实现的。从整体来看，我国混合式教学尚未形成一套较为完整的理论体系，该方面仍需学者深入研究。

（二）教学资源的混合

该领域涉及的关键词主要包括"MOOC""微课""Moodle""微信""翻转课堂"和"SPOC"等。随着"互联网+"时代的到来，我国不断涌现出 SPOC、Moodle、微课等新型的混合式教学方式，引发了传统教学的变革与创新。张成龙等认为，学习资源作为教学活动有序开展的重要组成部分，其作用在于提供学习者所需的学习媒体，而基于 MOOC 的混合式教学环境中的学习资源是实现混合式教学的前提和保障，该类学习资源形式主要由 MOOC 课程中的媒体资源和其他网络资源构成。步雅芸强调 SPOC 教学中在线资源库对混合式教学的专业核心课程和选修课程两类课程起着重要作用。具体来讲，对专业核心课程来说，课前布置自学任务掌握基础知识和基本理论，课中互动答疑，课后复习巩固；对选修课程来说，学生学习选择权与学校教学资源的限制之间的矛盾越来越凸显，采用混合式教学模式则使得上述矛盾得到了有效的缓解。徐丽华等提出微课因其自身的精炼、破碎化的特点借助思维导图工具在微课课程资源所涉及的知识点之间建立有效连接，从而构建出"在线预习"-"课堂教学"-"在线复习和提升"的混合式教学模式。何情以图形图像处理课程作为分析个案，利用 Moodle平台的各种学习资源提升混合式教学有效性以方便学生在教学各个环节中使用。刘立云等借助微信公众号建立线上学习平台的混合式教学方式，采用信息汇集、订阅推送和自动回复等人机交互功能，以方便师生及时高效互动。陈一等基于计算机基础课程教学面临的困境提出了翻转课堂混合式教学改革方式，通过自建课程资源库，从教学方式、教学内容、教学流程等方面着手进行教学改革。

（三）教学环境的混合

该领域涉及的关键词主要包括"信息技术""互联网""信息化"等。教育信息化及互联网的快速发展，改变了传统课堂教学的教学方式、教学方法。目前，我国混合式教学以"线上+线下"为主要形式，并在高等教育、职业教育、社会职业培训等领域的应用实践中不断深化。王祖源等基于信息技术与教学活动深度融合的背景分析了混合式教学的影响因素和教学评价方法；王萍霞提出在"互联网+"时代背景下高校思想政治理论课的"三位一体"的混合式教学模式——"课堂教学+网络教学+实践教学"，该模式的出发点为师生共同发展，中心为学生发展，目标为提升思政课的针对性和实效性，路径为互联网重构与优化思政课教学结构。2021年，教育部等六部门出台《教育部等六部门关于推进教育新型基础设施建设构建高质量教育支撑体系的指导意见》，提出要"推动各级各类教育平台融合发展，构建互联互通、应用齐备、协同服务的互联网+教育大平台""推动数字资源的供给侧结构性改革，创新供给模式，提高供给质量""到2025年，基本形成结构优化、集约高效、安全可靠的教育新型基础设施体系"。混合式教学模式不仅体现了"互联网+教育"的全新的教育理念，也顺应了以信息化引领教育理念和教育模式创新的客观要求，更是构建高质量教育支撑体系的客观需要。

（四）教学设计的混合

该领域涉及的关键词主要包括"课堂教学""教学模式""网络教学""网络课程""教学改革"和"教学设计"等，主要的研究基于混合式教学的教学设计整体构建、混合式教学环境因素下的教学设计和应用等。李逢庆不仅提出混合式教学的 ADDIE 教学设计模型具有通用教学设计典型特征，还提出了混合式教学的课前、课中、课后三阶段式教学实施流程；孙莹丽强调了教学设计在混合式教学中的重要性，并从课程整体架构设计、每节课的设计方案和学生人数纳入教学设计体系中的三个角度具体分析；李晓丽等提出在虚拟学习环境支持下如何开展混合式教学活动的设计、对教学活动的解释说明以及教学策略的合理使用等内容，同时强调学习者的评价对混合式教学起着重要的作用。

五、我国混合式教学的发展趋势

综上所述，国内混合式教学研究主要围绕两条主线和四个热点领域进行。两条主线是混合式教学的理论和实践应用研究，四个热点领域分别是教学理论的混合、教学资源的混合、教学环境的混合和教学设计的混合。

　　未来，我国关于混合式教学的研究可以将重点放在以下方面：第一，结合多维尺度和社会网络分析角度，继续围绕教育信息化背景下混合式教学研究和理论体系展开系统化研究。关于混合式教学的教育信息化背景研究，由混合式教学研究热点知识图谱可知，该主题离中心较近，是研究的热点和核心内容。但从现有的文献来看，该领域的论文数量相对较少，因此该方面研究依旧是未来研究的重点。关于混合式教学理论体系的研究，与其相关的文献数量也不多，因此研究者需要进一步加强对混合式教学理论体系的研究，从而构建出一套较为完善的混合式教学理论体系。第二，混合式教学的比较研究趋势分析，当前混合式教学研究已步入正轨，但相关研究成果仍具有很大的离散性；相关国际混合式教学的比较研究尚无，目前仅有少量文献介绍了国外混合式教学的现状。随着混合式教学研究在全球范围内实践领域的发展以及理论研究的深入，国际上的混合式教学比较研究或将成为今后我国混合式教学研究的重点方向。第三，混合式教学的教学设计研究趋势分析虽然已引起国内学者的高度重视，但是从经典的教学设计模式——"迪克-凯瑞"模型角度来看，国内学者主要侧重设计和开发环节的研究，对分析、实施和评价等环节的关注度有待进一步提高。与此同时，对于混合式教学的教学设计的历史回顾、混合式教学的教学设计的定位以及混合式教学的教学设计的未来展望等方面尚缺乏相关研究成果。

参考文献

　　［1］教育部. 教育信息化十年发展规划（2011—2020 年）［EB/OL］.（2016-06-22）［2021-09-15］. http://www. moe. edu. cn/srcsite/A16/s3342/201606/t20160622_269367. html.

　　［2］S. 亚当斯贝克尔，M. 卡明斯，A. 戴维斯，等. 新媒体联盟地平线报告：2017 高等教育版［J］. 开放学习研究，2017（2）：1-20，62.

　　［3］江凤娟. 混合式教学环境中大学生学习的行为意愿影响因素研究［J］. 电化教育研究，2021，42（6）：105-112，128.

　　［4］曹海艳，孙跃东，罗尧成，等."以学生为中心"的高校混合式教学课程学习设计思考［J］. 高等工程教育研究，2021（1）：187-192.

　　［5］翟苗，张睿，刘恒彪. 高校混合式教学形成性评价指标研究［J］. 现代教育技术，2020，30（9）：35-41.

　　［6］宋世俊，顾绚，孟琳琳. 21 世纪国内劳动关系研究可视化分析［J］. 中国人力资源开发，2016（23）：95-103.

［7］郭文斌，方俊明. 关键词共词分析法：高等教育研究的新方法［J］. 高教探索，2015（9）：15-21，26.

［8］陈瑜林. 我国教育技术主要研究领域的历史演进：基于CNKI"两刊"关键词、主题词的类团分析［J］. 电化教育研究，2012（8）：36-42，53.

［9］李中国，黎兴成. 我国高校教师教学研究的热点状况分析：基于2005—2015年CNKI文献的共词分析［J］. 教育研究，2015（12）：59-66.

［10］江吉林，黄秋生. 我国微课研究的热点与趋势分析［J］. 现代教育技术，2016（7）：57-63.

［11］卜彩丽，张宝辉. 国外翻转课堂研究热点、主题与发展趋势：基于共词分析的知识图谱研究［J］. 外国教育研究，2016（9）：93-106.

［12］冯晓英，孙雨薇，曹洁婷. "互联网+"时代的混合式学习：学习理论与教法学基础［J］. 中国远程教育，2019（2）：7-16，92.

［13］董庆华，郭广生. 混合式学习环境下合作学习模型的建构及实证研究［J］. 高等工程教育研究，2020（6）：176-181.

［14］方轶群. 基于建构主义和元认知策略的混合式课程教学设计：以跨文化交际课程为例［J］. 牡丹江教育学院学报，2013（6）：123-124.

［15］刘芳. 翻转课堂"翻而不转"：基于传播学的释疑［J］. 江苏高教，2017（5）：47-51.

［16］吉兵. 远程教育中混合式学习模式转型发展路径探析［J］. 继续教育研究，2017（2）：69-71.

［17］张成龙，李丽娇. 论基于MOOC的混合式教学中的学习支持服务［J］. 中国远程教育，2017（2）：66-71.

［18］步雅芸. 面向SPOC的职业教育专业教学资源库建设与运用［J］. 职业技术教育，2015（11）：12-15.

［19］徐丽华，李兵，张勇. 基于微课和思维导图的混合式实验教学研究［J］. 实验技术与管理，2016（12）：180-182.

［20］何倩. 基于Moodle平台的混合式教学设计：以图形图像处理课程为例［J］. 中国教育信息化，2016（22）：84-86.

［21］刘立云，赵慧勤，冯丽露，等. 基于微信公众号的O2O学习资源设计与应用研究：以"C程序设计"课程为例［J］. 中国教育信息化，2016（21）：55-59.

［22］陈一，卜永波. 基于翻转课堂的混合式教学改革研究：以计算机基础课程为例［J］. 内蒙古农业大学学报（社会科学版），2016（5）：61-65.

［23］王祖源，张睿，徐小凤. 混合式教学：信息技术与教学活动深度融合［J］. 物理与工程，2016（6）：43-47.

［24］王萍霞. "互联网+"时代高校思想政治理论课混合式教学模式探析［J］. 广西社会科学，2017（4）：211-214.

［25］教育部. 教育部等六部门关于推进教育新型基础设施建设 构建高质量教育支撑体系的指导意见［EB/OL］.（2021-07-20）［2021-09-15］. http://www.moe.gov. cn/srcsite/A16/s3342/202107/t20210720_545783. html.

［26］李逢庆. 混合式教学的理论基础与教学设计［J］. 现代教育技术，2016（9）：18-24.

［27］孙莹丽. 混合式教学应重视教学设计［J］. 中国教育学刊，2017（5）：107.

［28］李晓丽，李蕾，徐连荣，等. 虚拟学习环境支持的课程教学设计及应用成效研究［J］. 中国电化教育，2014（2）：119-122.

我国财政学类慕课建设与使用的几点思考

周克清①

摘　要： 截至 2021 年 8 月底，我国财税学界在爱课程网建设了 45 门财政学类慕课，有力地助推了国内财税专业学科建设。但从现实情况看，各高校慕课建设的合作协调明显不足，课程内容选择与组织有待提高，课程重建设、轻维护使用的情况普遍，课程内容制作粗制滥造现象严重。为此，我国必须发挥教指委等组织对财政学类慕课建设的协调功能，努力加强课程内容选择与组织建设，大力加强慕课课程的维护和使用，不断提高课程内容的制作水平。

关键词： 财政学类慕课；建设；维护；使用

一、财政学类慕课建设发展概况

伴随着信息化和互联网的飞速发展，大型开放式网络课程（massire open online courses，MOOC），即慕课教学，彻底颠覆了传统教学模式，在高等教育领域掀起了一场革命。慕课借助互联网的技术优势，打破了传统教育的时空界限，打破了优质教育资源的垄断，促进了优质教育资源开放共享。教育部先后评选精品在线课程及线上一流课程，更是助推了各级各类高校争相建设慕课。近年来，财政学类专业相继建设了一批慕课，本文以爱课程网（中国大学 MOOC）平台的财政学类课程为例，分析财政学类慕课的建设与使用情况，期望能够对我国的慕课建设有所助益。

在国内大规模建设慕课之前，财政学界建设过精品课程、精品视频公开课和精品资源共享课。按照教育行政部门的要求，国家和省级精品课程需要配套课程教学视频，后来则逐渐演变为精品资源共享课程。无论是精品课程还是精品资源共享课程，其课

---

① 周克清（1972—），男，西南财经大学财税学院，教授，博士生导师，主要研究方向：财政理论与实践、税收理论与实践。

程教学视频主要是随堂录制，即按照课程教学进度在教室里直接录制教师的教学过程。上海财经大学、厦门大学、中南财经政法大学、浙江财经大学、北京大学等高校先后建设了一批财政学精品资源共享课；厦门大学、西南财经大学、江西财经大学、浙江财经大学等高校建设了中国税制、税收筹划、国家税收等精品资源共享课。精品资源共享课的特点在于课程内容与线下课程几乎完全一致，或者说直接将线下课程搬到了网上，但精品资源共享课每节课的时长为四五十分钟，难以满足信息化时代碎片化学习的需求。因此，2014—2015年，各高校逐渐转向慕课建设。

截至2021年8月底，中国大学MOOC平台共有18所高校开设了45门财政学类专业慕课（各门慕课至少完成一轮开课）。其中，西南财经大学、中南财经政法大学和浙江大学位列前三，分别建设了8门、7门和6门课程；江西财经大学、南京财经大学、南京审计大学均建设了3门课程；东北财经大学、中央财经大学、首都经贸大学均建设了2门课程；山东大学、四川大学、暨南大学、河北经贸大学、天津财经大学、西南政法大学、常州大学、安康学院、洛阳理工学院均建设了1门课程（见表1）。

在上述45门慕课中，财政学（含公共财政概论、财政学基本原理）共有12门；中国税制和税法各有5门；国家税收、国际税收和财税法（学）各有3门；税务管理和国家（政府）预算管理各有2门；另有政府会计实务、税收筹划、公共财政管理、比较税制、财税计量方法与应用、财政绩效评价、财政审计、税票鉴赏、税务会计、中国财税史各1门。如果仔细观察的话，我们可以发现偏财政的课程有18门，占比40%，其中仅财政学就有12门，占比达到了26.6%；税收类课程22门，占比达到了48.9%，其中中国税制、税法、国家税收共13门，占比达到了28.8%；课程名称以"财税"命名的有5门，占比达到了11.1%。

从建设时间上看，最早上线的慕课是中南财经政法大学于2016年开设的国家预算管理，随后中南财经政法大学、江西财经大学、浙江财经大学、南京审计大学于2017年开设了财政学、中国税制、税法等课程，西南财经大学于2018年年初开设了财政学、国家税收。2019年开始，国内高校建设慕课的热情高涨，相继建设了一大批慕课。2019年建设了24门慕课，2020年建设了11门慕课，2021年建设了2门慕课。其中，10门课程完成了第一轮开课，9门课程完成了第二轮开课，其余课程开设的轮次更多。

总体来说，财政学界同仁在慕课建设的浪潮中开拓进取，建设了不少高质量的慕课，为财政学高等教育提供了非常优秀的课程资源。截至2020年年底，学界获批的国家级精品在线开放课程（国家一流线上课程）共有6门，分别是西南财经大学的财政学、中南财经政法大学的财政学、国家预算管理、中国税制，江西财经大学的中国税制和浙江财经大学的财政学；获批省级精品在线课程（线上一流课程）共有20余门。

以上述课程为载体建设的国家级和省级线上线下混合式课程达到 30 余门（不同省份的高校可以利用一门源课程申请混合式课程，由此导致混合式课程多于在线课程）。

表1　各高校财政学类课程开设情况

学校名称	开课门数/门	课程名称
西南财经大学	8	财政学、国家税收、税法、税收筹划、政府会计实务、财政绩效评价、国际税收、公共财政管理
中南财经政法大学	7	财政学、国家预算管理、中国税制、税务会计、中国财税史、财税计量方法与应用、财税法
浙江财经大学	6	财政学、中国税制、比较税制、国际税收、税务管理、财税法学
江西财经大学	3	中国税制、税法、税票鉴赏
南京财经大学	3	财政学、中国税制、税务管理
南京审计大学	3	财政学、税法、财政审计
东北财经大学	2	财政学、中国税收
中央财经大学	2	政府预算管理、国际税收
首都经贸大学	2	财政学基本原理、财税法学
山东大学	1	国家税收
四川大学	1	公共财政概论
暨南大学	1	中国税法
河北经贸大学	1	中国税制
天津财经大学	1	财政学
西南政法大学	1	财政学
常州大学	1	财政学
安康学院	1	税法
洛阳理工学院	1	财政学

注：本文仅统计了爱课程平台的开课情况，而部分高校在其他在线教育平台开课则没有统计。

二、财政学类慕课建设与使用中存在的问题

尽管学界建设了 40 余门慕课，基本覆盖了财政学类专业的主要课程，但建设与使用过程中存在的问题也非常明显，需要业界高度重视。

（一）高校财政学类慕课建设的合作协调不足

在慕课建设的初期，各高校建设慕课大多各自为政，很少沟通，导致有的课程建设有大量慕课，而有些课程却鲜有人问津。

调查发现，现有慕课主要集中在财政学、中国税制、国家税收、税法。比如财政学有 12 个高校开设，如果考虑到其他平台，估计国内开设的财政学慕课应该不少于 20 门。如此众多的财政学慕课虽然给学员提供了充足的选择，但也给学员带来了选择的困难。

如果说同一门课由众多高校开设会带来一致性不足的问题，那么也有部分课程开课高校太少，导致课程多样性不足。比如，爱课程网仅有一所高校开设的课程包括政府会计实务、税收筹划、财政绩效评价、公共财政管理、比较税制、财税计量方法与应用、财政审计、税票鉴赏、税务会计、中国财税史 10 门课程。另外，公债经济学、地方财政学、教育财政学、比较财政学等课程尚未有高校制作慕课。

我国近年来多有提倡的双语课程和全英文课程也比较少见，在爱课程网仅有一门浙江财经大学开设的国际税收双语课程，而全英文课程尚待各高校积极补充。

（二）课程内容选择与组织有待进一步提高

尽管各门慕课均由具有丰富经验的教师授课，课程内容也较为丰富，但毕竟大多数教师并没有太多的在线教学经验，因此在课程内容选择与组织方面仍有较大的提升空间。

第一，课程内容精炼性与逻辑性有待提高。线上慕课教学的最大特点是碎片化，要求慕课必须选取课程中的关键与重要知识点，并按照科学的方式组合起来形成具有较强逻辑性的知识体系。调查发现，部分课程选取的知识点太多，每个知识点内容也太多，导致学员的学习积极性受到打击；课程内容之间欠缺逻辑性，对学员知识体系的塑造不利。

第二，课程思政育人主渠道作用发挥不够充分。按照要求，线上课程也需要发挥思政育人主渠道的作用。但从现实情况来看，大部分课程还没有能够从课程思政育人角度思考其内容的选择与组织。

第三，课程辅助材料有待进一步补充。通常，一门慕课除课程视频外，还需提供课程配套课件、相关阅读材料、相关案例材料和支撑性视频材料。调查发现，不少课程缺乏配套课件，导致学员仅看视频不能有效掌握相关教学内容；配备课程阅读材料及案例材料的课程较少；提供支撑性视频材料的课程更是凤毛麟角。

第四，课程内容更新速度较慢。近年来，财政税收改革不断，相关法律文件及制度更新速度较快，而不少课程却未能及时更新，致使课程内容与实际情况不同步，特别是税法及相关税收制度变化较大，相关课程亟须进一步完善。

（三）课程重建设轻维护使用的情况普遍

在慕课建设浪潮中，财税学界建设了 40 余门慕课，如果再考虑其他平台上线的相关课程，那么慕课的数量则有可能翻番。但调查发现，慕课的使用情况与建设热情却不匹配。换句话说，现有大部分课程并没有实现大规模在线教育的目标。调查发现，财政学类慕课每个轮次选课数量过万的只有为数不多的几门课，而2021年春季学期有的课程的选课量甚至只有三位数。选课人数较少，一方面反映了课程建设质量可能有待提高，另一方面反映了课程使用和推广不够。

第一，慕课建设与维护需要进一步加强。慕课建设与维护的质量也影响到相关高校及社会学员的使用频率。例如，所有慕课都建有讨论区，供学员参与课程内容的讨论，教师也会在讨论区提出相关问题，启发学生加深对课程内容的理解。但调查发现，部分课程在讨论区只提了两三个问题，不足以让学生讨论；学生提出的问题也没有得到教师的解答和回复。对于这样的慕课，显然是不会有太多高校学生及社会学员参与学习的。

第二，校内利用自建慕课进行混合式教学的效果有待提高。调查发现，课程负责人及参与慕课建设的教师大多会主动利用自建慕课进行线上线下混合式教学，而其他教师的参与度则相对较低，在一定程度上浪费了教学资源。

第三，慕课的非建设高校利用程度不高。通常而言，慕课的非建设高校利用慕课主要有两种方式：一是直接利用慕课进行混合式教学。调查发现，一般使用同一本教材或教学内容体系基本相同的高校可能会直接利用其他高校的慕课进行混合式教学，这在有一定学缘关系的高校教师之间比较常见。但总体来看，如果没有相关高校或机构（如教指委）的组织，这种情况并不多见。二是利用"慕课+SPOC"（小规模私有在线课程）进行混合式教学。2020年春季受疫情影响，大部分高校不能正常开课，主要采用在线教学方式；同时，教育部鼓励各平台免费提供相关教学资源，促成了很多高校开设SPOC，有效地利用了在线慕课资源。但2020年秋季学期线下课堂教学正常化以后，各高校开设SPOC的数量就明显减少，当然这也与在线平台不再免费有关。

（四）课程内容制作粗制滥造现象严重

一门慕课能否成功，受课程制作水平的影响很大。一门慕课的制作除前期的课程内容选择、教案编写与教学设计之外，主要有两个环节：一是课程录像；二是课程后期制作。从现有课程来看，教师读"课件"而不是真正讲课的情形较为普遍。这在早期的慕课制作过程中最为常见，也最被广大学员诟病。同时，部分课程的授课教师比较多，课程负责人协调起来非常困难，导致课程教学风格复杂，课程的接受度较低。这在系所或教研室教师全体参与的课程中最为普遍。团队作战、集体参与，虽然能够降低每位教师的工作量，但每位教师都有自己的想法，课程制作与协调的难度反而加大了。如果课程负责人没有强大的号召力，那么课程内容五花八门的现象就难以避免。

课程录像解决了视频内容来源的问题，但课程的后期制作也非常重要。部分教师认为，课程后期制作全部都是课程制作公司的事情，因此将后期制作全部交给了制作公司，对相关的呈现方式、文字和图片的准确性等把关不严，致使课程内容制作粗制滥造现象严重。

三、财政学类慕课建设发展的路径选择

（一）发挥教指委等组织对慕课建设的协调功能

截至 2021 年 8 月底，财税学界开设的慕课已有 40 余门，盲目扩张、跑马圈地的慕课建设时代已经过去了，提高慕课质量已经摆在面前。在统筹财税专业建设等方面，教育部财政学类教指委做出了很大的努力和贡献，也应该可以在慕课建设方面发挥指导性作用。例如，财政学慕课有 12 门，可以协调各高校对相关课程内容进行讨论，选择合适的呈现方式，进而建设更优质的财政学慕课。特别是教育部在组织中国财政学的编写，后期也可以根据教材来建设相应的慕课。又如，尚有部分课程仅有一所高校开设慕课，甚至还有部分课程配套的慕课尚为空白，教指委可以协调具有较高教学科研能力的高校及教师制作高水平的相关慕课，以支持相关高校的专业建设及学科建设。另外，教育部目前在推行虚拟教研室建设，后期也可以在虚拟教研室的基础上联合各高校加强对课程开设的协调合作。

（二）努力加强课程内容选择与组织建设

第一，加强课程内容设计，把握好课程内容关。只有课程内容优化了，课程知识体系合理了，一门课程才能真正"立"起来，也才能真正帮助学员学到相关知识。各课程团队要进一步审视现有课程内容，不够精练的课程内容要优化、查漏补缺，保证课程内容的逻辑性和知识体系的完整性，特别是要通过课程内容选择发挥课程思政主渠道的作用。

第二，进一步补充完善课程辅助材料。除本身需要补充的课程辅助材料外，各课程还需要根据课程思政育人的需要补充蕴含习近平新时代中国特色社会主义思想，反映社会主义核心价值观和中国优秀传统文化的案例材料、阅读材料及其他相关材料。

第三，适度加快课程内容更新频率。各课程要根据财政税收制度改革与实践的需要，不断更新相关课程内容，对课程讨论区、单元检测以及作业中涉及的相关内容要及时更新完善。

（三）大力加强慕课课程维护和使用

第一，加大慕课开课过程中的维护力度。上文提到，某些课程只是挂在线上，而实际使用效果如何，部分教师根本就没有关注。部分原因在于相关课程是在学校的督促下完成的，教师只是为了完成任务而已，而到底有多少学员选课、学员对课程有什么反馈，教师则很少去考虑。实际上，慕课的维护是课程建设本身应有的内容，与课程录制和后期制作同样重要。一方面，学校要督促教师做好课程维护，关注课程讨论区，与学员深入交流；另一方面，学校要根据课程的维护程度进行考核评价，并根据考核效果给予工作量的认定。

第二，加强自建慕课的校内推广应用。任何产品只有在使用过程中才能发现问题，才能得到改进。校内加大慕课的推广使用，既能找到问题所在并及时优化，也能增强其他高校及社会学员使用该慕课的信心。学校对使用过程中出现问题较多的课程，要督促相关团队进行及时整改；对校内自建优质课程资源，则要采取相关措施及时推广应用。

第三，加大精品慕课（线上一流课程）的校外推广力度。国家和各省（自治区、直辖市）每年都在评选精品慕课，但更重要的是推广这些精品在线课程。目前，国家只是在形式上鼓励各高校选用这些精品在线课程，尚缺乏有力的推手。实际上，各教指委及各类教学教育协会可以考虑对这些精品在线课程进行推广，鼓励相关高校选用以助推相关专业建设。

（四）不断提高课程内容制作水平

一门慕课能否成功，不仅取决于课程内容是否具有吸引力，并且也受到课程制作水平高低的影响。在互联共享的网络时代，碎片化学习成为学员获取知识的常态。如果慕课视频制作水平不高，则很难吸引到足够多的学员，当然也就无法发挥大规模在线教学的优势。

第一，切实提高课程教师的"讲课"效果，即将"读课件"转变为"真讲课"。慕课的制作既是表演课，也是公开课。所谓表演课，就是要求课程教师在前期必须做好相关设计，不是想讲什么就讲什么，不是想到哪就讲到哪。如果说在线下讲课教师可以有很多口头禅，那么在慕课讲授过程中教师则必须极力克服口头禅，教师讲课的任何"小遗憾"都可能成为慕课的"硬伤"。所谓公开课，就是要求课程教师必须讲给所有学员听，必须接受学员的检视，只有具备相当水准的课程才能被学员接受。

第二，花大力气做好课程后期制作。部分教师认为，课程后期制作全部都是课程制作公司的事情，实际上是大错特错的。课程制作公司能够帮助实现课程内容呈现效果的美观大方，但并不清楚课程内容的真实性和准确性。如果考虑到大部分课程制作公司接了很多订单而人手不足，或者某些制作人员经验可能不足，那么课程负责人及相关教师就更得投入较多精力在课程后期制作上与制作公司沟通，指导监督后期制作。

进一步说，课程最后呈现的是相关高校及教师的名字，因此最需要对课程负责的是相关教师。因此，课程相关教师必须对后期制作投入大量精力，一是要对课程内容的准确性把关，二是要审视课程内容的表现形式会否产生歧义、是否符合美学要求。

"互联网+"背景下高校教学管理改革研究[①]

任丽蓉[②]　兰雅慧[③]　李桂君[④]　李季[⑤]

摘　要： "互联网+"时代的快速变革对高等教育改革和发展提出新的要求，高校教学管理作为高等教育工作的重要环节，如何适应时代发展的需要，主动求变，不断改革创新发展，是高校亟待解决的重大课题。本文基于"互联网+"背景下高校教学管理面临的挑战和机遇，以华中师范大学为例，总结现阶段高校教学管理信息化建设实践探索的经验，并提出"互联网+"背景下高校教学管理的改革路径。

关键词： "互联网+"；高校教学管理；改革创新

"互联网+"是指以互联网、云计算、大数据、人工智能等为代表的一系列信息技术和工具应用在社会、经济各领域和各部门的过程。在这一过程中，信息技术改变传统产业的内在运行逻辑，对其进行升级改造，产生新的业态。运用到教育领域，"互联网+教育"就是将信息技术与传统教育理念进行深度融合，对传统教育产业进行流程再造，推动教育理念、教育资源、教学模式、教学管理、教学评价的深度变革，形成新的教育生态。在此背景下，慕课、微课、翻转课堂等新型教育形态纷纷涌现。

"互联网+教育"背景重塑了高等教育理念，凸显了建构主义学习理论中"以学生为中心"的价值理念，教师在准确把握学生需求的基础上，利用信息技术收集、整合、分析学生的知识、兴趣、能力、目标、素养等，对教学过程进行整体再造，从而向学生提供最有效的教学。在"互联网+教育"背景下，教学资源有效配置、数据自由流

---

① 【基金项目】2020 年北京高等教育"本科教学改革创新项目"重点项目"知识、能力、素养、内生动力：财经类大学创新创业人才培养机制研究"。

② 任丽蓉（1993—），女，中央财经大学教务处教学计划科副主任科员，助理研究员，主要研究方向：高等教育管理。

③ 兰雅慧（1986—），女，中央财经大学教务处教学计划科科长，助理研究员，主要研究方向：高等教育管理。

④ 李桂君（1973—），男，中央财经大学教务处处长，教授，主要研究方向：高等教育管理、城市可持续发展、城市资源系统工程。

⑤ 李季（1980—），女，中央财经大学教务处副处长，教授，主要研究方向：高等教育管理、大数据营销。

动、信息实现共享，颠覆了传统教学中教师的"知识的垄断者""教学的主导者"的角色，创造了一种开放共享的教育生态，对教师教学和教学管理提出了更高的挑战。

"互联网+"时代的快速变革对高等教育改革和发展提出了新的要求，高校教学管理作为高等教育工作的重要环节。高校教学管理如何适应时代发展的需要，主动求变，不断改革创新发展，是高校亟待解决的重大课题。基于此，本文将对"互联网+"背景下高校教学管理改革进行研究，并提出相应的改革路径。

一、文献综述

高校教学管理是指运用现代教学管理理论来计划、组织、协调、控制、配置各种教学资源，统筹管理教学过程中的各要素，以保障教学活动有序进行，实现教学目标的过程。高校教学管理是高等教育工作的重要环节，是维持高校教学秩序平稳有序运转的保障。

高校教学管理主要包括教学资源与条件建设、教学研究与计划设置、教学组织与运行管理、教学监控与质量保障、教师教学培训等环节。其中，教学资源与条件建设包括智慧教室、录播教室、实验室、网络教学平台等软硬件教学环境的搭建以及在线开放课程等网络教学资源的建设；教学研究与计划设置具体包含教学规划制定、教学计划制定、人才培养方案制定、专业设置与建设、课程建设等内容；教学组织与运行管理包括教学任务的落实与安排、排课、选课、调停课、日常教学活动（理论教学、实验教学、实践教学等）的组织、考核管理、学籍管理等；教学监控与质量保障包括教学督导与检查、教学质量评价、教学质量提升工程建设等；教师教学培训包括对专业教师教学能力的培训和对教学管理人员管理能力的培训。

我们以"高校教学管理"为关键词进行文献检索，通过对文献的梳理研究，发现国内对高校教学管理的研究主要集中在教学管理模式比较、教学管理制度改革、教学管理信息化建设、教学质量评价等方面。学术界对于高校教学管理模式的研究较早，已经形成国内学者公认的比较划分。根据西方教育管理理论的划分，高校教学管理分为经验型、行政型和科学型三种基本类型（黄崴，2005）。根据世界各大高校的教学管理实践，高校教学管理形成了科层型、社团型、市场型三种教学管理模式，分别以法德、英国、美国为代表（程晋宽，1998）。随着高校教学管理体制改革的推进，国内形成了学年制、学分制、学年学分制等高校教学管理模式，很多高校提出了完全学分制的目标（朱永新，2020）。近年来，学术界对高校教学管理的研究逐渐转移到教学管理制度的改革和教学管理信息化建设上来，提出高校要利用教育教学与信息技术的深度融合，转变教学管理思维方式、创新教学管理制度（刘刚等，2017）。教育评价体系改革逐步深化，高校教学管理中的教学质量评价、教学督导制度研究、内涵式发展等成为当前研究的重点内容。

随着"互联网+"的不断发展和高校教学管理环境的改变，相关专家学者、高校教学管理人员等开始展开"互联网+"和高校教学管理的关联性研究。一方面，"互联网+"改变了传统教学管理的理念，对高校教学管理提出更多挑战和更高要求，高校教学管理必须通过理念革新和技术创新来适应"互联网+"时代的发展（乔玉婷等，2015）。另一方面，"互联网+"时代多元包容、开放共享、跨界融合的特征使高等教育"以人为本"的理念成为可能，促进了教学管理的理念革新，同时大数据技术在微课、翻转课堂、直播课堂等领域的应用也为高校教学管理中的教学过程管理、教学监督、教学评价、科学决策等提供了技术手段（潘旦，2021）。

二、"互联网+"背景下高校教学管理新形势

（一）"互联网+"时代高校教学管理面临的挑战

1. 网络信息多样增加高校教学管理风险

在"互联网+"背景下，网络信息多样，知识内容呈现碎片化。由于高校大学生个体信息素养相对薄弱，信息判断、甄别能力不足，不良的网络文化、网络信息、网络资源与知识内容对大学生的道德品质、理想信仰、价值观念带来不利影响，给高校思想教育工作带来挑战，也增加了教学管理工作的风险。高校教学管理工作要更加注重加强意识形态审核和意识形态教育，甄别纷繁复杂的网络教学资源。

2. 师生关系、管理者与被管理者关系转变对教学管理方式提出新要求

在传统教育背景下，教师、教学管理者具有天然的年龄优势、知识优势、信息优势、经验优势，而在"互联网+"背景下，知识和信息可以随时通过网络获取，教师和教学管理者的这些优势被削弱。师生间的差异不再是知识本身，而是经验、阅历、知识结构、思维方式、能力等。这就对教学管理的方式提出了新的要求。教学管理人员不再处于经验优势和信息优势的主导地位上，管理者的权威性被削弱，教学管理主体呈现多元化，教学管理职能向服务职能转变。

3. 教学过程管理、教学评价体系发生变化

在"互联网+"背景下，教学内容由注重学生的知识获取转变为更加注重学生学习过程中的创新思维和思考体验，课程成绩由传统的期中、期末试卷为主转向课堂讨论、课堂展示、课程作业、期末试卷相结合的方式，教学更注重过程管理，考勤更加柔性，

对学生的学业评价呈现全面、科学、动态的趋势。在学业评价过程中，如何保证学习成果的原创性、如何避免抄袭、如何进行过程性学习评价等新的问题也随之出现。在教师教学评价方面，教师的课程设计能力、教学方法、技术应用、教学过程中的师生互动性、教师的育人能力等越来越成为教学评价中的关键指标。

（二）"互联网+"为高校教学管理带来的机遇

1. "互联网+"创新教学管理理念

在"互联网+"时代，用户体验为王。利用大数据技术可以精准分析用户偏好、准确把握用户需求，从而提供更有针对性的服务。这与高等教育建构主义学习理论中"以学生为中心"的理念相契合，即利用信息技术，从教学目标、教学过程、教学评价等全流程实现对教学活动的升级改造。学生成为教学活动的中心，从被动"接受知识"转变为主动"发现知识"。教师不是"知识的讲授者"，而是"学生探索知识的引导者"；学生不是"知识的接受者"，而是"知识的发现者"。与之对应，高校的教学管理理念得以创新。"互联网+"为高校教学管理工作的转型赋予了生机和活力，在"互联网+教育"的合力之下，高校教学管理工作势必会从思维理念方面着手，全方位实现"以人为本"的教学目标。

2. 学习边界打破实现教学资源共享

"互联网+"打破了传统高等教育的时空边界，优质教学资源实现全球共享。信息技术的快速发展使师生之间实现多方互动，虚拟仿真技术可以使人有身临其境之感。再加上直播、录播、录屏、慕课、微课、线上讨论等多种教学方式的选择和使用，教学形式得以丰富，教学效果得以优化，教学质量得以提高。这为高校教学管理工作带来了新的机遇，高校可以通过优质教学资源的建设和共享获得高校竞争自主权，通过教学方式的变革与创新实现教学质量的提升等。

3. 技术赋能丰富教学管理手段

在"互联网+"时代，信息技术不仅仅是教学的媒介，在教学管理领域，信息技术更多地被应用于课堂点名、收发作业、小组讨论、作业分析、教学监控等环节。高校通过实施教学管理信息化的标准制度，降低教学管理人员工作强度的同时，显著提升管理的工作水平和效率，为教学质量分析提供精确数据来源。对部分管理流程、细节，互联网技术能够提供明确化、规范化的方案和举措，有助于高校教学管理工作精细化开展和实施。在"互联网+"背景下，利用数据挖掘、大数据分析等技术，教学管理人员可以更加方便地对教师教学、学生学习等信息进行深度挖掘和分析，从而作出更科学的决策。随着管理软件终端，如超星等在线教学平台的应用，学籍管理、在线点名、收发作业、小组讨论、课程作业留痕、班级管理等均实现科学化和智能化。

三、"互联网+"背景下高校教学管理实践探索

在"互联网+"背景下，面对高校教学管理新形势，国内各大高校进行了推进教育信息化的实践探索，积累了宝贵的教学管理实践经验。2017年，教育部公布了第一批教育信息化试点单位验收结果，华中师范大学作为高校代表，树立了"互联网+教学管理"的典范，提供了很多可借鉴、可推广的经验。

（一）融合信息技术，重构教学环境

华中师范大学融合信息技术，创造性地提出了"三空间融合理论"，打造了"线上线下打通、课内课外一体、实体虚拟结合"的智能型教学环境。华中师范大学制定统一标准，建成一批云端一体化智慧教室，构建了"物理空间"；整合优秀教学资源，打造了优质数字课程库，构建了"资源空间"；自主开发了可以随时随地移动学习的教学云平台，构建了师生"社交空间"。

（二）优化管理服务，构建育人生态

华中师范大学进行机构改革，成立信息化教学的专门机构，统筹推进教育信息化的规划、建设、运营、组织、管理等工作，优化管理服务。华中师范大学提出了"流程一张表""数据一个库""认证一个口""服务一个站""决策一键通"的"五个一"工程，构建了以信息化为支撑的思政、通识、专业、实践教育和管理服务"五位一体"的育人生态。

（三）依托信息数据，改革教学评价

华中师范大学开展了基于信息数据的教学评价改革。华中师范大学建立了教学基本状态数据库，充分利用大数据技术，对教学基本数据进行分析研究，为学生教学评价、学业评价、学情检测、学校政策制定提供支持。华中师范大学集中教务管理部门、教学资源支持部门、教学单位、第三方评价机构等多方力量，构建了多元主体参与的教学质量监测体系。

（四）开展分类培训，提升教学能力

为提高教师信息化教学能力，华中师范大学针对不同年龄段、不同信息化水平、不同学科的教师，分类、分阶段对专业教师开展了教学能力培训，对教师在教育教学理念、教学效果提升、教学资源设计、教学技术运用、教学方法提升等方面展开培训，并为教师提供海外交流的机会，提升教师的信息化教学能力。

四、"互联网+"背景下高校教学管理改革路径

（一）加强教学管理制度建设

制度建设是规范工作的前提条件。在"互联网+"背景下，高校应结合信息技术的时代特征和高等教育的理念变革，制定科学合理的教学管理制度，使教学管理工作有法可依，有制度可遵守。在教学管理工作中，高校要细化教学管理流程，明确教学管理主体责任，规范教学管理行为，制定科学合理的教学管理制度，并严格遵照管理制度开展工作，维护教学管理制度的权威性和可行性。在涉及师生切身权益的教学管理环节，如教师新开课程申请、课酬发放、教学课题管理、教学事故认定、听课巡课，学生退课选课、重修补考、成绩管理、毕业论文管理、学业预警等工作中，高校需要坚持以人为本，在多方征求意见的基础上，制定科学可行的管理制度，明确管理流程，严格按照制度执行各节点工作，提升管理服务水平与能力。

（二）推进教学管理资源建设

资源环境是高校建设与发展的基础保障。教学管理资源环境建设包括教学资源的建设和教学管理支撑资源的建设。在教学资源建设方面，高校应推进大学慕课、在线开放课程等优质教学资源库建设，集中支持能体现高校学科特色、由经验丰富的教学名师团队开发的优质精品课程，打造高校教学名片，为高校在新一轮的高等教育竞争中赢取优势。在教学管理支撑资源建设方面，高校要充分利用新一代信息技术，加快智慧教室、录播教室、虚拟仿真实验室等硬件资源建设，教务管理系统、线上教学平台、教学管理类小程序等软件资源的建设，提高教学管理的数字化、网络化和智能化水平。

（三）优化教学质量评价体系

教学质量评价是保障教学质量的重要手段，教学质量评价体系是评价教师教学效果的标准。在教学质量监控方面，高校应推进教学督导和监管信息化，依托"互联网+监管"系统，探索基于大数据分析的教学督导，推进教学督导工作从单方督导转向多元共治。在教师教学评价方面，高校应通过领导评价、学生评价、教师自评、同行评价、专家评价等方式展开多元评价，评价标准包含教学过程、教学效果、学生满意度等各个方面。在学生学业评价方面，高校应加强动态评价、过程评价，多元评价，依托现代信息技术，建立学生学习情况个人档案，全面细致了解学生学习基本情况，及时发现学生在学习中产生的问题及根本原因，提前介入，帮助学生及时解决学习中遇到的问题。

（四）强化教学管理人员的地位及能力培训

高校教学管理工作的改革措施最终要落实到教学管理人员身上，加强教学管理队伍建设是实现高校教学管理改革创新的重要途径。高校教学管理工作的琐碎性和重复性使得教学管理人员工作压力大、容易产生倦怠心理，长期以来，高校教学管理队伍离职率高、人员流动大、工作队伍不稳定。"互联网+"时代的教育理念变革要求高校教学管理人员不仅要革新教学管理理念，更要具备对新技术的快速接受能力、对教学数据的总结分析能力。这就要求高校要保障好教学管理工作人员的职业地位，为教学管理人员创造良好的职业发展环境，加强对教学管理人员的培训，增强教学管理人员的管理理念、服务意识和工作能力。

参考文献

［1］王婉. 探究高校教学管理的改革与发展［J］. 太原城市职业技术学院学报，2021（7）：78-80.

［2］黄威. 教育管理学概念与原理［M］. 广州：广东高等教育出版社，2005：105.

［3］程晋宽. 欧美高校三种不同教学管理模式的比较高等教育研究［J］. 高等教育研究，1998（3）：99.

［4］朱永新. 中国高等教育改革大系（高等教育卷）［M］. 武汉：湖北教育出版社，2020：328.

［5］刘刚，李佳，梁晗. "互联网+"时代高校教学创新的思考与对策［J］. 中国高教研究，2017（2）：93-98.

［6］乔玉婷，鲍庆龙，曾立. "互联网+"时代高等教育管理模式创新及启示［J］. 高等教育研究学报，2015，38（4）：83-87.

［7］潘旦. 人工智能和高等教育的融合发展：变革与引领［J］. 高等教育研究，2021，42（2）：40-46.

［8］杨宗凯. 高校"互联网教育"的推进路径与实践探索［EB/OL］.（2019-01-09）［2021-08-20］.https：//www.sohu.com/a/287668079_657974.

高校慕课建设与应用中存在的管理问题及对策研究

——以对外经济贸易大学为例

王铭娴①

摘　要：加强慕课的建设与应用已成为高等教育的既定政策。近年来，各高校在慕课的建设和应用方面都做了很多尝试，但如何将新的教学方法从试点阶段顺利过渡到推广应用阶段，是高校教学管理面临的新课题。本文以对外经济贸易大学为例，梳理了慕课建设与应用管理过程中的实践经验和存在的问题，并提出了相关的对策及建议，为各高校慕课管理提供参考。

关键词：慕课；教学管理；责任机制；质量评价

随着慕课的兴起，大规模的在线学习资源被广泛使用；同时，翻转课堂和混合式教学的实践逐步贯穿教育过程的各个环节。高校有序运行的核心环节是教学管理，教学管理的好坏直接影响高校人才培养的质量。近年来，慕课在高等教育中扮演了越来越重要的角色，教学管理工作的效率与水平也是影响慕课教学质量和应用效果的关键因素。目前，针对慕课的讨论与研究已经比较充分了，但是从现有的研究中看，将慕课与教学管理相结合的研究还相对不足。2015 年，对外经济贸易大学在前期视频公开课、资源共享课等教学示范课和教学方法改革课程建设的基础上，广泛开展了慕课的建设与应用，通过多年的探索与实践，借力慕课促进教育与技术融合，推进课堂教学模式改革和课堂再造，开展混合式教学的实践与创新。本文从对外经济贸易大学慕课建设与应用管理的实践出发，了解高校慕课建设与应用管理的现状，挖掘和剖析高校目前普遍存在的问题，并试图找到问题的解决对策。

---

① 王铭娴（1991—），女，对外经济贸易大学，助理研究员，主要研究方向：教育信息化。

一、高校慕课建设与应用管理现状

近年来，在教育部的大力推动下，各高校的慕课建设得到了迅猛发展，课程数量快速增加，慕课应用规模也不断扩大。本文以对外经济贸易大学为例，介绍目前高校慕课建设与应用的管理现状。

（一）建章立制

对外经济贸易大学出台了《对外经济贸易大学在线开放课程建设与运行管理办法（试行）》和《对外经济贸易大学在线开放课程应用实施细则》，在慕课建设与应用的建设标准及要求、经费支持、教师工作量认定、学生学分认定等方面给予一定的政策保障。

（二）课程建设

对外经济贸易大学采用校内自建课程和校外引进课程相结合的形式。对外经济贸易大学自建课程是指由对外经济贸易大学出资对本校的优质课程的建设和上线运行进行支持，采取校级建设、院校共建和院系自建三种建设模式，目前共有41门自建的在线开放课程得到立项并上线运行，其中获得"国家级在线开放课程"3门。此类课程除上线慕课平台面向社会型学习者免费开放外，也在校内开展混合式教学或翻转课堂等教学活动使用。校外引进课程是指对外经济贸易大学从慕课平台引进其他高校的优质课程，供本校学生学习和开展翻转课堂教学活动使用。

（三）课程管理

高校对认定学分的慕课课程的应用方式主要分为两种：一种方式是作为独立的课程供学生自主开展线上学习，这种类型的课程一般由学校统一组织与管理，教务处根据人才培养方案需求引用校内外优质慕课课程，并根据学习时间、学习难度以及课程内容等因素确定认定的课程学分，以1~2学分为主。学生自行通过教务处指定平台进行选课后，开展线上学习，课程学习完成80%以上方可参加学校组织的期末考试。考试成绩一般不计算具体分数，以课程通过与否认定学分。另一种方式是引用校内外优质慕课课程开展翻转课堂教学。此种方式一般由任课教师自行选择慕课资源，并按照课程特点设计翻转课堂教学活动，其中不超过1/3的教学时间可以开展线上教学，选课管理、学分管理、考试管理与常规课程相同。

二、高校慕课建设与应用过程中存在的问题

（一）慕课教学管理队伍专业水平较低

加强慕课建设与应用在政策层面虽已基本形成共识，但在思想认识层面仍存在认知水平参差不齐的现象。在高校中，校级教学管理部门（如教务处）人员往往注重学习和理解教育主管部门最新的教育政策和教学理念，并形成学校政策。但在政策的具体执行过程中，院级教学管理人员是学校政策与执行政策的教师之间重要的信息通道，教师和学生是慕课建设与应用的主要参与者。慕课的出现对教学管理人员提出了新的挑战，对教学管理队伍的专业化水平提出了更高的要求。然而，在推动慕课建设与应用过程中，一方面，教学管理人员，尤其是院级教学管理人员缺乏对慕课教学管理的理论研究和实践研究；另一方面，学校开展的相关培训主要以教师和学生为培训对象，使得院级教学管理人员对慕课的认识和实际开展情况并不了解，造成了学校政策制定与管理者、院级教学管理人员、教师和学生对慕课认知水平参差不齐的局面，在面对慕课教学管理实践中不断涌现的新问题和新情况时，存在信息不对称、工作效率低下等问题。

（二）缺乏科学的慕课课程质量评价制度

对于校内建设的慕课课程，一方面，慕课课程质量评价主体单一化，慕课的审核评定主要由慕课评审委员会承担，评审过程中仅能从课程运行的相关数据来判断，难免出现评审片面等情况；另一方面，高校缺少对慕课课程质量的评价机制和退出机制，对慕课的评价仅仅以选课人数为指标。课程运行的指标往往更能反映慕课的质量，如教师与学生、学生与学生之间互动讨论的活跃程度，学生学习的完成度，慕课教学内容的持续性建设与更新等，这些都是体现慕课课程持续良性运行的重要指标。同时，必要的退出机制能够淘汰运行停滞、质量不优、内容陈旧的课程，不仅能避免学校的资源浪费，而且可以保证课程内容的质量和教学效果。对于引进的校外课程来说，大部分课程是由慕课平台提供的，课程来源的学校层次不一、教学内容各有侧重、课程质量高低不等，各类课程汇聚在一起形成了巨大的资源库。但学校在引进课程的过程中，在课程内容、课程时长、课程难度、评价方式等方面的选择标准并不明确，受限于过多的课程列表，缺乏对于不同层次高校课程质量的全面评价，使得引进的课程很难与人才培养目标和学生学习需求相匹配。

（三）学生的慕课学习方法指导不足

慕课学习是学生自主学习的过程。作为慕课学习的主体，学生能够掌握正确的学

习方法、及时适应新型的教学方法，是提高课程目标完成度的重要环节。但高校在学生慕课学习指导方面仍然存在以下问题：首先，学生选课前对慕课相关信息的了解渠道单一。可替代学分的慕课课程往往被学校添加到选课系统中，学生仅能通过学校选课系统中呈现的课程名称、开课学校、授课教师、学分等少量信息为参考进行选课，这使得学生在选课前对慕课课程教学目标了解不够，在正式的学习过程中容易出现课程学习与个人需求不匹配等情况。其次，学校缺乏对学生慕课学前培训与指导。慕课学习与线下课堂教学有很大差别，由于缺少相关的培训，学生没能掌握合理的慕课学习方法，缺乏时间管理能力，不能激发出学习的主观能动性。这导致很多学生不能够按时、保质、保量地完成慕课的课程学习。最后，学校缺乏对慕课课程助教的统一指导与培训。慕课课程的选课人数众多，学生的提问无论是数量上还是类型上相较于常规的课堂教学都超出很多，助教需要较强的组织管理能力，协助慕课教师进行一定的教学辅助工作。但是目前高校对于慕课助教的专门培训较少，大多是助教自行摸索，在开展工作时专业性不足。

(四) 课程供给与需求匹配度低

凯恩斯定律认为，需求决定供给，脱离了需求的供给会导致资源的低效配置。课程的设置应满足教学模式和人才培养模式改革发展的需求。近年来，高校慕课建设在数量上取得了突破，很大程度上是受到国家政策的引导，教师参与慕课课程建设与应用，一部分是出于自身对教学方法改革的兴趣和爱好，另一部分则是以申报省部级及以上相关奖项为目标而开展慕课课程建设，属于"为建而建"的行为，建设动机存在功利性倾向。相当一部分课程存在内容建设与一线教学需求脱节、课程利用率低、课程资源开发与应用滞后、课程运行和维护持续性差等现象，使基于慕课的教学模式和人才培养模式改革未能形成常态化的长效发展机制。

(五) 融资渠道单一，商业化运营模式不健全

影响国内慕课建设可持续发展的重要因素是缺乏成熟且良性的商业化运营模式。从经费投入来看，早期国内慕课建设的成本较低，建设经费主要来源于学校的小额配套（1 万~5 万元/门）和教师的个人补贴。随着对慕课制作要求的提高以及学校激励机制的完善，学校对慕课建设的经费投入也有所增加（5 万~30 万元/门）。从课程创收来看，慕课自上线起一直以免费公开的形式共享，自 SPOC 广泛应用后，一部分被引用的慕课课程产生了收益，创收形式主要为课程平台将慕课的使用权销售给高校或其他课程使用方，将收益按照一定比例支付给慕课的课程团队。市面上主流的课程平台的分成规则主要有两种：一种是按照引用高校的数量计算收益，另一种是按照引用学生的人数计算收益，后者一般会设置一个封顶的分成金额。从现有的平台分成收益来

看，慕课课程团队能够获得的收益多数在 1 000～3 000 元/年。因此，目前，高校的慕课建设仍然高度依赖于学校的经费投入。这种机制容易屏蔽市场竞争，造成发展目标异化、市场竞争能力和可持续发展能力严重不足等现象。以对外经济贸易大学为例，学校自建的慕课课程均是学校教学名师的精品课程。此类课程的商业价值很高，面向大众免费开放意味着课程的商业价值大幅缩减。因此，课程团队会在一定程度上将教学内容有所保留，这会直接影响教学内容的质量和教学效果，而良性合理的市场化运行一方面可以保证课程质量，另一方面为课程的持续运转提供了必要的经济支持。

三、高校慕课长效发展的对策及建议

（一）明确慕课教学的管理机制

与常规课程的教学管理相比，想要充分发挥慕课教学的价值，其相应的教学管理的工作量会显著增加。因此，高校需要明确或完善现有的慕课教学管理体制，同时配置专门研究和管理慕课教学的团队。在机构设置上，高校应设立校院两级慕课教学管理机制。学校层面的职责，对外要与企业沟通共同组织建设慕课课程，与国内外慕课平台开展课程的上线运行等。学校层面的职责，对内要研究慕课教学管理的一些主要问题，建立和完善慕课课程质量管理办法，组织教师、助教和学生开展培训工作；将慕课教学有机融入学生培养方案，结合培养目标组织课程的建设、运行和评价工作；制订慕课学习的评价标准；指导院级慕课教学管理工作。院级层面的职责是根据本学院、学科、专业特点，制订慕课程的建设计划并实施；针对学生慕课选课和学习过程开展指导工作；严格做好学院慕课课程教学的质量监测。

（二）提高管理队伍的专业水平

慕课教学管理队伍是慕课教学活动的管理者和引导者，需要在常规课程教学管理经验的基础上，了解慕课课程的特点与教学规律，对基于慕课的教育教学改革有充分的认识。一方面，高校要解决队伍人员对慕课建设认识水平参差不齐的问题，组织对管理人员的专门培训，使其在学校政策及制度、课程建设、教学方法、学生选课、考核评价等基础工作上达到认识统一，做到既能在观念上给予师生正确的指导，又能帮助师生解决实际教学过程中遇到的问题；另一方面，高校应鼓励管理人员在管理的基础上开展关于慕课教学管理的研究工作，以访谈、问卷等形式，通过对教学数据和研究数据的分析，了解师生在开展慕课教学与应用过程中的困难，掌握慕课教学与应用的效果，有针对性地优化慕课教学管理工作。

（三）完善慕课课程评价标准和评价办法

慕课课程的评价标准不仅是评价结果的依据，同时"以评促用"也是引导教师开展慕课教学与应用的重要手段。在评价指标方面，高校要针对慕课特点制定专门的评价标准和评价制度，丰富评价指标，并将评价标准细化，及时向全校公开，帮助师生明晰慕课课程的教授和学习路径。在评价主体方面，高校要坚持主体多元化，开展多维度评价，将专家评审、教师自评、同行评价、学生评价将结合。在评价结果方面，高校要做到奖惩分明，教学效果好的课程应给予教学团队和管理团队一定的奖励，并作为优秀案例在校内分享与示范；教学效果差的课程应暂停开课，对其进行整改指导，待整改完成后方可再次开课。

四、结语

近年来，高校慕课建设与应用处于高速发展的阶段，也涌现出慕课教学管理能力弱与慕课发展势头强之间的矛盾。对外经济贸易大学通过6年的实践，在提高慕课教学管理能力方面做了许多努力和尝试，尤其是在慕课管理政策、激励机制、课程建设和教学评价管理等方面取得了长足发展。本文是在慕课管理工作中发现问题，并在研究基础上提出对策及建议，但这一研究会随着社会、学校和课程发展不断变化和推进，政策的变化不可能一蹴而就，希望本文能够为高校的慕课教学管理提供参考和帮助。

参考文献

［1］吴岩. 建设中国"金课"［J］. 中国大学教学，2018（12）：4-9.

［2］张其亮，王爱春. 基于"翻转课堂"的新型混合式教学模式研究［J］. 现代教育技术，2014，24（4）：27-32.

［3］余胜泉，路秋丽，陈声健. 网络环境下的混合式教学：一种新的教学模式［J］. 中国大学教学，2005（10）：50-56.

［4］容梅，彭雪红. 翻转课堂的历史、现状及实践策略探析［J］. 中国电化教育，2015（7）：108-115.

［5］方旭，杨改学. 高校教师慕课教学行为意向影响因素研究［J］. 开放教育研究，2016，22（2）：67-76.

［6］蔡忠兵，刘志文. 高校慕课建设：现状、问题与走向［J］. 高教探索，2017（11）：45-49.

［7］李歆，饶振辉. 高校慕课教学的实践反思与图景展望［J］. 江西社会科学，2017，37（1）：236-242.

［8］武家辉. 慕课教学评价体系的研究［J］. 教育现代化，2019，6（3）：38-40.

［9］罗三桂. 高校慕课教学方法改革的路径选择［J］. 中国大学教学，2018（9）：74-77.

［10］张庆. 我国高校慕课教学现状及问题分析［J］. 学理论，2016（7）：197-198.

［11］林玲，高丽，刘国良. 我国高校慕课建设的政策对比分析与建议［J］. 卫生职业教育，2018，36（17）：16-18.

［12］王嘉铭，原昉. 慕课混合教学：理论、形态、目标［J］. 黑龙江教育（理论与实践），2016（12）：12-15.

［13］周丹丹. 高校慕课教学管理问题及发展策略［J］. 传播力研究，2019，3（27）：190，192.

［14］王宇. 高校慕课学分认定的模式、维度及其拓展性应用［J］. 现代教育技术，2020，30（9）：64-70.

我国高校慕课发展困境与对策研究

陈桓亘① 廖毅② 彭增③

摘　要： 慕课是信息化时代教育教学与互联网技术深度融合的产物，是我国线下教学的有效补充。慕课的发展对我国的教育改革具有重要意义。自 2013 年我国开始建设慕课以来，慕课的发展已受到政府、高校、学生以及学者的广泛关注。本文梳理了中国高校慕课发展现状，深入分析了慕课的局限性及其在发展过程中存在的问题，并探索性地提出了促进慕课持续高质量发展的相关对策，希望能为我国慕课未来发展提供一定的参考。

关键词： 慕课；高校；教育；对策

一、引言

慕课是基于"互联网+教育"的大规模在线开放课程，相较于传统线下课程具有课程资源更加丰富、学习方式更加灵活等特点。在教育教学与信息技术的深度融合下，慕课深刻推动了我国优质教学资源的共享及创新应用，引发了一场以学生为中心的教育教学大变革，同时也给高校教学带来了新的机遇与挑战。

近年来，慕课在我国高等院校间被广泛使用。截至 2020 年 12 月底，我国上线慕课数量已超过 3.4 万门，慕课教学成为线下教学的重要补充。2020 年春季学期新冠肺炎疫情防控期间，教育部印发了《教育部应对新型冠状病毒感染肺炎疫情工作领导小组办公室关于在疫情防控期间做好普通高等学校在线教学组织与管理工作的指导意见》，决定在高校全面实施在线教学。我国的优质慕课及其混合式在线教学发挥了巨大作用，

---

① 陈桓亘（1988—），男，西南财经大学工商管理学院，副教授，主要研究方向：创业教育。
② 廖毅（1978—），男，西南财经大学工商管理学院，教授，主要研究方向：供应链管理。
③ 彭增（1997—），男，西南财经大学工商管理学院，硕士研究生，主要研究方向：供应链管理。

成功应对了新冠肺炎疫情带来的教学危机。

疫情常态化防控阶段，中国教育已进入高质量发展的新阶段。然而，从目前我国高校慕课的发展来看，慕课建设过程中仍存在着许多问题。如何充分发挥慕课优势、推动高校慕课改革，对于实现我国高校人才培养目标，实现学生的全面发展具有重要意义。

二、我国高校慕课发展现状

2013 年被称为"中国慕课元年"。2013 年 4 月，清华大学在 edX 平台上线了我国第一门慕课。2013 年 10 月，我国第一个慕课平台"学堂在线"开通上线，自此引发了我国高校课程建设与教学的一场巨变。2014 年 4 月，上海交通大学推出自主建设中文慕课平台"好大学在线"。2014 年 5 月，教育部在爱课程网推出了我国最大的在线网络课程教学平台"中国大学 MOOC"。

2015 年，教育部出台《教育部关于加强高等学校在线开放课程建设应用与管理的意见》，对我国高校慕课建设提出了指导性意见。2017—2019 年，教育部认定了 1 800 余门国家精品在线开放课程。2019 年，教育部发布《教育部关于一流本科课程建设的实施意见》，我国正式实施一流本科课程建设"双万计划"。2020 年 11 月，教育部遴选并公布了首批 5 118 门国家级一流本科课程，其中包括 1 875 门线上一流课程等五大类型，引起了社会的强烈反响与广泛关注。

据不完全统计，目前我国上线慕课数量已超过 3.4 万门，学习人数达 5.4 亿人，在校生获得慕课学分人数超过 1.5 亿人。2020 年世界慕课大会上，我国教育部部长陈宝生指出，我国慕课数量和应用规模位居世界第一。尽管我国慕课发展迅速，但也不能忽视其在发展过程中存在的部分课程质量不高、慕课完成率低等各种问题，因此我国高校慕课发展方向仍充满了未知与变数。

三、我国高校慕课发展困境

（一）慕课完成率和合格率低下

慕课能够帮助学生克服时间和空间上的学习障碍，学生通过网络即可在慕课平台上随时随地反复观看慕课课程，慕课的学习相较于传统的线下教学有着极大的灵活性。然而，极大的灵活性背后要求学生有极强的学习主动性和自制力。学生在新鲜感驱使下或在学校要求下通常会报名参与慕课课程，但是在学习了一段时间后很快便失去了兴趣，难以坚持完成所有的课程学习，这也使得慕课课程出现报名参与人数众多而真正完成课程学习的人数却非常少的现象。以西南财经大学在中国大学 MOOC 平台上开通的运营管理课程为例，共有 85 人报名参与了 2021 春季学期的课程学习，最终仅有 34 人通过了课程考核，而这其中有 30 人是西南财经大学本校学生基于学校要求与自身兴趣参与课程学习的。

可见，在完全凭借内在动力进行慕课学习时，学生的学习积极性往往不足，加之放弃慕课学习也几乎无须承担任何成本，因此很多学生会考虑放弃慕课后面的课程学习。这也是高校慕课完成率与合格率低下的关键原因。

（二）慕课课程设计与课程质量问题

目前，我国的慕课质量参差不齐，大部分精品慕课多来自一流高校。一些慕课确实在教学内容、交流互动、授课形式以及教学效果上差强人意，实际课堂效果远不如传统教学。现有慕课课程主要是各高校自主进行建设，不少慕课只是"为建而建"，一些教师尚未转变教学思维，认为慕课就是简单地将教学过程视频化，而不能从学生的角度出发对慕课进行设计。这样建设出来的慕课难以满足广大学生群体的需求。另外，对于普通高校教师而言，慕课建设本身就是对自身知识储备与教学能力的一种检验。慕课的建设一方面要求教师在教学与科研任务之外投入大量的时间与精力，另一方面教师很难看到慕课建设完成后带来的效果与收益。这种高投入低回报也使得部分教师建设慕课的积极性不高。如此未经教学团队认真设计的慕课课程不但无法吸引学生，还会造成资源的浪费。

（三）慕课评价考核与课堂交流问题

在慕课课程的评价与考核方面，很多慕课将期末考试成绩占最终考核比重设置得过高，忽视了学生在学习过程中所付出的努力，导致学生一旦期末考试未考好便难以通过慕课考核。同时，一些慕课测验题目设置过于简单或过于复杂，忽视了学生主体的差异性，这样的慕课考核自然无法调动学生学习的积极性。此外，考试诚信问题也是慕课考核的一大问题，在线考试由于无法监管难免会出现替考、抄袭或学生在网络上寻求答案的现象。

慕课的交互问题也一直被学者们所讨论。一方面，慕课学习缺乏在教室学习的氛围感；另一方面，学习者在遇到问题时无法与教师或其他学生进行面对面的即时交流，即慕课学习存在学生出现疑问而无法得到及时解决的问题。即使学习者在慕课讨论区提出了自己遇到的问题，也存在教师或助教解决不及时、自身未能及时看到回答的情况。因此，这种延时的、远程性的解答也增加了讨论过程的模糊性与不确定性。在学生的学习需求得不到满足的情况下，慕课的价值也很难被充分挖掘出来。

（四）慕课可持续发展问题

当前，大部分慕课平台尚未找到合适的盈利模式，慕课的建设资金主要来源于主管部门财政拨款或高校教研经费，渠道相对单一。慕课的建设费用除了课程初期的制作费用外，后期还需要持续投入大量资金用于平台与课程的运营维护。普通高校在维持自身正常运转外，经费并不充足，这也使得许多高校对慕课建设望而却步或因为投入不足造成慕课质量不高。如果向用户进行课程收费又与慕课最初所提倡的"免费开放"的初衷背道而驰，因此资金不足问题在一定程度上抑制了慕课平台的长远发展。

四、建议措施

（一）优化平台功能设计，创新课程教学模式

慕课的学习缺少课堂教学的氛围，对于学习者而言，学习过程过于枯燥。因此，慕课平台要尽量提高学习者学习的趣味性，进而提高慕课平台的黏性。例如，慕课平台可以在慕课学习过程中加入弹幕功能，针对课程内容可限制仅教学团队或具有一定等级的用户才能发送弹幕，以此来增强线上课堂教学的氛围感，从而提高学生慕课学习的互动性。同时，教师团队也可以利用弹幕功能针对教学的重难点或视频讲解不详细之处进行补充说明，帮助学生实时解决可能存在的问题。此外，慕课平台还可以设计各类关于慕课知识的闯关小游戏，或者上线"宠物系统"，学员每日进行学习均可获得一定的经验或课程币等，以此来增加慕课平台的黏性及学习趣味性。

对于慕课课程设计而言，慕课不是教学内容的简单视频化，而应是通过教育与互联网技术的深度融合来促进学生能力的提升。因此，教学团队要适应慕课教学理念和教学方式的转变，创新设计和准备慕课中每一节视频的主题、内容和问题，同时要充分利用案例、竞赛作品、动画等各种形式，在增强课堂趣味性的同时，培养学生灵活应用知识、创新解决问题、系统分析问题的能力。

（二）提供全方位全过程学习支持服务

慕课教学包括两个阶段：一是慕课课程的制作开发阶段，二是学生的学习与支持阶段。学生最有效的学习实际上是发生在第二阶段的。当前，我国高校与慕课平台花费了大量的资源用于慕课课程的制作开发，而忽视了给学习者提供在学习阶段的支持服务，这也是导致慕课学习效果不佳的重要原因。讨论交流、作业答疑等交流互动过程是完善学生内在知识架构的重要一环。因此，慕课平台与慕课教学团队应以学习者为中心，尽力为学习者提供全方位的学习支持服务，可以从以下两方面进行改进：一方面，慕课平台可以尝试优化平台交流模式。一是慕课平台应做到给学生提供课程进

度提醒服务，一旦慕课发布了新的教学视频、测验或考试等重要信息，要能够通过邮件、短信或社交平台对学习者进行推送，促使学习者能够及时完成学习任务；二是对于学习者在平台上提出的各类问题若在一定时间期限内未得到回复，慕课平台应则将此问题通过一定方式反馈给相关人员，确保学习者能在相对确定的时间内得到答复。另一方面，教师团队要充分重视与学生的交流互动环节。一是慕课平台应重视学生在讨论区提出的各类问题，并及时地帮助学生解决；二是慕课平台应将学生的反馈进行汇总，通过总结经验，不断对教学内容进行修改完善，进而提高慕课质量；三是慕课平台应加强与学习者之间的联系，如增加在讨论区的发帖数量或利用 QQ 群、微信群等其他平台加强与学习者的沟通交流。

（三）评价考核方式多元化

评价学生的慕课成绩，除了以平时测验、期末考试成绩来检验学生的学习效果外，更应注重增加过程性评价要素，以此探索过程性评价与结果性评价相结合的多元化考核评价模式。各考核评价指标权重可以根据学校专业的性质与要求来设置，使考核更加科学与全面。这样既能够降低在线考试成绩真实性的考核风险，也能使学生更多地关注学习过程本身，化被动为主动，帮助学生建立起学习的自信心。

对于以期末考试成绩为主的结果性评价，教学团队要合理设置试题难度，做到难易适中且有区分度，同时可以适当加入开放创新类的试题以考查学生综合运用所学知识的能力。对于过程性评价而言，教师应主要考查学生在学习过程中的表现情况。一是利用慕课的讨论区功能，教师应从学生在讨论区发帖交流的数量与质量进行评价；二是利用好同伴互评机制，教学团队发布开放性试题并让学习者对其他学习者的观点进行打分；三是实施额外奖励机制，对于所提观点或意见具有代表性的学生，教学团队可以筛选出来进行额外加分以鼓励学生加强课堂互动交流。

（四）增强融资能力，提高自主生存能力

慕课的公益性决定了其不能向用户收取课程费用，而仅仅依靠高校经费与财政资助难以解决慕课融资难题，更难以实现慕课的长远发展。因此，慕课建设必须要有持续的资金来源。对此，高校要积极寻求各方的合作与帮助，如采取校企合作、校际合作、积极加入慕课联盟等方式积极探索本校慕课建设新途径。若采取校企合作方式，高校应尽量选择与行业内影响力较大的商业化企业进行合作。高校可以根据企业的需求定制开发相关需要付费的专业技能类课程或员工培训课程，一旦学员达到课程要求，即可获得企业认可的相关课程证书。

（五）增加对教师的激励措施

教师的教学是保证慕课质量的最主要因素，教师的建设是慕课建设的主要抓手。

教师不但在前期录制慕课时需要花费大量的时间与精力，在慕课上线后也要参与慕课的监督与考核，而高校教师本身就承担着巨大的教学与科研压力。因此，高校要强化对教师慕课建设激励制度的设计，充分调动教师参与慕课建设和应用的积极性，激发其教学潜能，进而消除教师因对慕课投入精力过多而影响日常教学与科研的担忧。对于教师的激励不仅要体现在物质方面，更应体现在慕课教学服务支持上，这样教师也能更安心地全力设计好慕课教学的每一环节。

五、结语

课程是人才培养的核心要素，而慕课对于我国教育行业而言已是不可缺少的学习平台。在一流本科课程"双万计划"引领下，我国慕课已进入高水平深化应用新阶段。但是我们也应清楚认识到当前慕课发展的诸多不足之处，积极探索，努力寻求我国高校慕课发展的新方向、新道路，使慕课在我国高等教育领域持续健康发展，进而为我国人才建设不断注入新动力。

参考文献

[1] 张策，徐晓飞，初佃辉，等. 建设中国特色 MOOC，推动教学提质升级：述评、模式、应用及思考 [J]. 高等理科教育，2020（6）：46-61.

[2] 何淼. 世界慕课大会：合作共赢开创数字教育新局面 [J]. 教书育人（高教论坛），2020（36）：68.

[3] 梅雪莹. 我国高校慕课发展的困境及策略研究 [J]. 创新创业理论研究与实践，2021，4（5）：88-90.

[4] 于柏. 我国高等教育"慕课"发展中的问题研究 [J]. 教育教学论坛，2018（50）：127-128.

[5] 李晓晨. 慕课在我国高等教育发展中存在的问题和对策分析 [J]. 山西警察学院学报，2020，28（3）：124-128.

[6] 丁婉怡. 我国慕课发展的瓶颈分析及解决建议 [J]. 广东开放大学学报，2016，25（1）：1-7.

[7] 王秀丽. 慕课发展困境与路向 [J]. 江淮论坛，2017（1）：177-181.

[8] 蔡忠兵，刘志文. 高校慕课建设：现状、问题与走向 [J]. 高教探索，2017（11）：45-49.

慕课背景下高校混合式教学管理政策分析

——以中国财经慕课联盟高校为案例[①]

孙静[②]

摘　要："线上+线下"混合式教学历经新冠肺炎疫情洗礼已然成为新常态，也成为高校教学管理模式的创新点。本文对中国财经慕课联盟成员高校的混合式教学管理政策进行定量、定性分析，发现目前混合式教学管理存在核心教学要素模糊、职能部门配合度低、准入门槛高、政策可持续性差等问题。我国优化混合式教学管理应该由国家与学校共同应对：出台混合式教学国家规范、制定高校混合式教学日常管理制度、优化混合式教学供给型政策工具、搭建"学考评管"一体化的校本网络教学空间等。

关键词：混合式教学管理；政策分析；中国财经慕课联盟

一、引言

2020 年年初，新冠肺炎疫情迫使处在线上教学与传统课堂教学磨合期的高校匆忙进入全面在线教学的战场，全国两亿多大学生、中学生、小学生通过在线教育居家安心学习，108 万名高校教师参与在线教学。据 2019 年教育统计数据，当年度全国各级各类学历教育在校生人数（不含学前教育）2.44 亿人，普通本科高校专任教师 122 万人，全国高等教育师生切身体会了超大规模的在线教学实践。疫情期间的"停课不停教、停课不停学"不仅完美交出了全球重大公共卫生危机下高等教育领域的答卷，而且描绘了新的教育形态和人才培养范式，为未来大规模推进混合式教学积累了实践经验。

---

①　【基金项目】中国高等教育学会 2020 年"基于一流课程建设的教学改革与实践研究"重点专项课题"规模化推进混合式课程建设的管理机制研究——以财经类高校为例"（项目编号：2020JXD07）。

②　孙静（1985—），女，浙江财经大学教务处，助理研究员，主要研究方向：高等教育管理与改革研究。

慕课从 2012 年的以建设为主逐渐走向"建、用、学、管"并重的阶段，"线上+线下"混合式教学已然成为新常态。调查显示，有 76.5% 的高校教师愿意在疫情发生后采用"线上+线下"混合式教学，45.9% 的高校教师愿意继续采用线上教学，而不愿意采用线上教学的教师只占 23.1%。这说明在线教学已经深入"师心"，得到大部分教师的认可，在线教学、混合式教学的心理建设已初见成效。

目前，混合式教学研究多侧重混合式教学设计与实践、混合式教学理论与模式、混合式学习理论与应用等，也有部分研究侧重以教师和学生为代表的多教学主体的行为表现、影响因素以及教学实施成效评价等。从教育机构视角来研究大规模采用混合式教学的可行性路径和"用""管"机制的研究成果为数不多，从政策层面分析各高校混合式教学管理的研究更几乎是空白。因此，本文拟以中国财经慕课联盟成员高校的混合式教学相关政策为样本，采用定性、定量分析方法，分析混合式教学管理政策的现状、关注热点以及改进路径，希望借助管理政策助推器，继续保持疫情初期的教学惯性，调动教师的教学积极性，主动识变求变，在高校层面规模化推进混合式教学，为世界高等教育信息化教学改革提供"中国方案"。

二、中国高校财经慕课联盟成员高校混合式教学政策分析

中国高校财经慕课联盟（Economic-MOOCs，以下简称 E-MOOC 联盟）旨在推进我国财经教育在线开放课程建设与应用深入发展，有 44 所高校成为联盟理事单位。根据上海软科 2021 年的数据，我国现有财经类大学 54 所，该联盟基本涵盖我国大部分财经类高校。

（一）研究设计

1. 数据来源

根据《教育部关于一流本科课程建设的实施意见》的要求，线上线下混合式一流课程脱胎于慕课、专属在线课程（SPOC）或其他在线课程，是线上课程在实体课堂教学的再应用。本文在进行政策文献收集时，首选混合式教学管理专项制度，其次是在线开放课程相关制度，剔除不涉及混合式教学及慕课应用的相关制度。在此标准下，本文通过网站搜索及同行提供，共获得 20 所高校相关政策文献共计 38 份。

2. 数据处理

Citespace 数据源主要为国内外主流数据库的文献，如 Web of Science、Scopus、中国知网（CNKI）等非政策文本。在正式分析之前，笔者需要根据 Citespace 数据源格式自建政策文本数据库。数据源格式选取转换后的 CNKI 版本，考虑到政策文本的特殊

性，笔者针对题目、关键词、摘要、来源机构、年份等字段赋值。题目对应政策文件名称，来源机构对应发文单位，年份对应发文时间，关键词和摘要两项主要采取人工提取，其中关键词字段使用"图悦"词频分析软件增加校验环节，校验时主要参考词频和权重两项指标。关键词字段提取时遵循紧扣研究主题"混合式教学"和具体化的原则。例如，"图悦"在提取《广东金融学院混合式教学实施管理细则》时，"教学"出现67次，为全文高频词，根据前后语境和主题相关性，分别提取"学时""教学日历""实体课堂教学""在线课堂教学""助教""教学工作量"和"教学质量监控"，而不是直接标注为"教学"。

3. 研究思路

本文拟采用Citespace对样本文献进行关键词共现分析和词频分析，通过量化分析得出混合式教学政策关注点，再结合具体政策文本定性分析政策热词，从而梳理出目前混合式教学管理制度存在的问题与完善路径。

（二）研究结果与分析

本文运用Citespace 5.8.R1对所选取的E-MOOC联盟成员高校混合式教学管理政策进行共现分析，得到混合式教学管理政策关键词共现分析网络（见图1）。在图1中，节点和字体越大代表高校混合式教学管理对该类主题关注度越高。从图1可以看出，混合式教学节点最大，第二梯队是课程团队、课程资源、课程成绩、课程平台，第三梯队是课程负责人、教学学时、组织实施，第四梯队是课程学分、课堂教学、建设经费、教学工作量等。

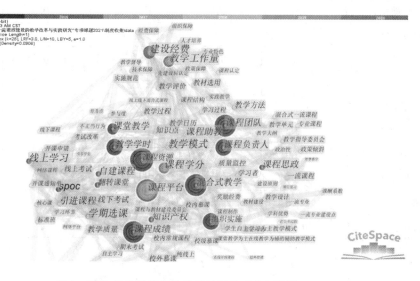

图1 混合式教学管理政策关键词共现分析网络

　　混合式教学管理政策关键词词频分析如表 1 所示。中介中心性是衡量知识图谱网络中该节点对与之相连的另外两个节点的控制能力,在 CiteSpace 中使用此指标来发现和衡量文献的重要性,数值越大表示与其他关键词关联越紧密。从表 1 可以看出,大部分关键词频次和中介中心性与图 1 的关键词共现分析网络吻合,而教学质量、教材选用、教学方法、教学设计、教学评价和一流课程六个关键词频次低而中介中心性高,结合这些关键词首次出现年份,说明这些是未来混合式教学管理的重点,其中教材选用、一流课程与首届全国教材建设奖和一流本科课程建设"双万计划"的国家政策一致。

表 1　混合式教学管理政策关键词词频分析

关键词	频次	中介中心性	初次出现年份	关键词	频次	中介中心性	初次出现年份
课程平台	21	0.13	2015	翻转课堂	5	0.04	2016
课程团队	20	0.07	2016	自建课程	5	0.03	2018
课程资源	19	0.04	2015	质量监控	5	0.03	2017
课程成绩	19	0.02	2015	教学评价	4	0.08	2017
组织实施	18	0.03	2017	知识点	4	0.03	2018
混合式教学	18	0.01	2016	引进课程	4	0.03	2017
教学工作量	15	0.15	2016	教学质量	3	0.16	2015
教学学时	14	0.05	2017	教材选用	3	0.10	2019
课程负责人	11	0.09	2018	教学方法	3	0.09	2018
课堂教学	11	0.07	2017	线下考试	3	0.02	2015
建设经费	9	0.28	2017	教学设计	2	0.10	2018
线上学习	8	0.12	2015	一流课程	2	0.04	2019
教学模式	7	0.23	2017	自主学习	2	0.04	2018
课程学分	7	0.19	2017	学习者	2	0.02	2017
课程助教	7	0.03	2016	教学改革	2	0.01	2018
SPOC	6	0.09	2017	教学日历	2	0.01	2018
学期选课	6	0.09	2015	教学过程	2	0.01	2018
知识产权	6	0.08	2017	线上考试	2	0.01	2017
课程思政	6	0.07	2018				

为进一步了解高频关键词的政策体现，本文将综合关键词共现分析网络和词频分析与具体政策文本相结合，重点分析主要热点关键词。

1. 混合式教学课程要件

与混合式教学联系较为紧密的关键词为翻转课堂、SPOC、线上学习、教学学时、课程平台、课程资源、课堂教学、课程团队和课程成绩等，这简单勾勒出混合式教学模式。混合式教学模式众说纷纭，尚未有统一规范。争议点主要体现在三个方面：一是教学资源是否必须为慕课，PPT录屏、直播录屏等是否可以作为源课程；二是教学媒介是否必须为平台，完全基于移动端的混合是否被官方认可；三是线上、线下学时如何界定。这三个方面是直接关系到混合式教学课程的核心要件。

考虑到本文的研究对象是慕课，争议一中的其他资源不在讨论范围内。关于课程资源，各高校保持高度一致：自建慕课和引进慕课。自建慕课要求统一上线至学校指定平台，对资源种类（如课程视频、课程介绍、试题库等）、政治性、科学性、前沿性和知识产权等作出规定。这些要求如今已经规范化，不再赘述。引进慕课多数根据课程建设需求引进少量课程，且指定引进课程资源平台。E-MOOC联盟中的6所高校（占比为30%）明确规定了慕课平台，依次为中国大学MOOC、学堂在线、智慧树、超星尔雅。此外，江西财经大学认可Coursera、Edx、Udacity三大主流英语慕课平台。

前两点争议的焦点分别是狭义和广义视角下的混合式教学的概念，第三点争议的焦点则是无论在哪种视角下，都必须直面的问题。本文将各高校政策中教学模式及学时分配信息进行整理（见表2），可以看出，大多数高校（占比为55%）采取以翻转课堂为主要手段的线上线下混合教学模式，但是未明确规定教学全过程各个阶段的设计规范。仅东北财经大学、江西财经大学和北京物资学院要求按照课前-课中-课后的教学流程进行设计，但对于各个流程的衔接未做说明。学时分配基本上分为两类：一是总学时不变，线上学时切割原实体课堂教学学时；二是原实体课堂学时不变，线上学时加入总学时。大部分高校界定线上学时占总学时的20%~50%，与《教育部关于一流本科课程建设的实施意见》关于线上线下混合式一流课程学时的规定一致。但是，对于最关键的课程总学时，仅广东财经大学和广东金融学院明确规定，总学时应与各专业培养方案中课程学时相一致，其余高校则模糊处理，政策不明朗。教学模式范式化、常态化任重道远。

表2 教学模式及学时分配政策表述汇总表

学校	教学模式	线上学时
对外经济贸易大学	翻转课堂、线上与线下的混合式	≤该门课总学时的1/3
新疆财经大学	翻转课堂、线上与线下的混合式	≤课程总学时的1/4
哈尔滨金融学院	翻转课堂、线上与线下的混合式	翻转课堂学时占总学时的20%~50%
湖南工商大学	翻转课堂、线上与线下的混合式	
上海财经大学	翻转式、混合式、辅助式	≤总课时的50%
湖北经济学院	翻转式、混合式、辅助式	翻转式5/6总学时， 混合式1/3总学时
哈尔滨商业大学	翻转式、混合式、辅助式	
东北财经大学	基于慕课的翻转课堂混合式/ 基于移动端的智慧教学	≤课程计划学时的1/3
江西财经大学	基于慕课的翻转课堂混合式/ 线上+线下教学	全部教学时间为8~16周
南京财经大学	混合式教学/翻转课堂	
兰州财经大学	混合式教学/翻转课堂	全部教学时间为2~15周
广东财经大学	基于MOOC/MOOC+SPOC/SPOC 的混合式	≤总课时（培养计划课程学时）50%
广东金融学院	基于MOOC+SPOC的混合式	≤总学时（培养方案课程学时）50%*
西南财经大学	基于SPOC的混合式	≤总课时的50%
中南财经政法大学	基于SPOC的混合式	
北京物资学院		20%~50%教学学时

注：翻转式是指以学生在线自主学习为主的翻转课堂；混合式是指课堂教学与在线教学紧密结合的混合式教学；辅助式是指以课堂教学为主，以在线教学为辅助的辅助教学。

*学科基础课、专业课，通识课不得高于总学时的80%。

2. 组织实施

与组织实施联结紧密的关键词为课程团队、课程负责人、学院、学校、教务处、学期选课、开课申请、课程思政等。

组织实施关键词界定包括两个层面：组织管理和教学实施。组织管理是指涉及混合式教学的各部门分工及隶属关系，有3所高校（占比为15%）未对组织管理或组织保障作出明文规定。作出规定的高校政策分为四类：一是教务处统筹规划，学院是建设主体，实行课程负责人负责制（占比为35%）；二是在第一种三级组织管理框架下，成立工作领导小组或协调小组（占比为25%）；三是在第一种三级组织管理框架下，明确相关其他部门的工作职责（占比为20%），其他部门有信息技术部门——负责课程运行的技术支持和培训（2 所）、督导部门——负责教学过程和质量监控（3 所）等；四是在工作小组的领导下，实行校、院、师三级管理制，并明确其他相关部门的工作职责（这种模式只有 1 所高校）。从分类可以看出，目前混合式教学还是学校教学线的"孤军奋战"，尚未形成高校教学文化和制度自觉。

教学实施是指混合式教学过程的触发环节或准入制度，具体情况可以分为四类：一是纯粹项目管理制（占比为 35%）；二是项目管理制，需要开课审批，实行日常教学准入门槛（占比为 55%）；三是只需要开课审批（占比为 5%）；四是遴选课程清单，经学生选课后下达开课通知单，纳入正常教学管理范围（占比为 5%）。这说明，目前混合式教学在各大高校普遍以课程建设形式来开展，尚未纳入日常教学管理。

3. 课程团队

与课程团队联结紧密的关键词为课程负责人、课程助教、课程思政、政治性、教学工作量、知识产权、校级慕课、自建课程等。相较于前面的高频关键词，关于课程团队的规定非常明确简洁，成员基本上都包括课程负责人、主讲教师等角色，政策区别主要在于是否配备课程助教。根据统计，11 所高校（占比为 55%）将课程助教写入混合式教学政策。山东管理学院根据课程来源决定是否配置课程助教，引进课程根据教学需求由教师担任课程助教。其余高校的课程助教基本上由研究生担任。相对于混合式教学的教学负担，高校配置助教比例相对较低，专业教师尚未从机械重复性的教学任务发布和论坛回帖中解放出来。

课程负责人和主讲教师主要从教学效果和学术造诣两个指标来衡量，9 所高校对课程负责人和课程团队的政治性与师德师风提出了要求，特别是新疆财经大学，将课程负责人和教学团队成员的政治立场坚定、师德师风良好排在申报条件的第一位。此外，大部分高校要求课程负责人具有副高以上职称或博士学位，也有高校（3 所，占比为 15%）要求硕士学位或中级以上职称。值得一提的是，山东财经大学鼓励跨学科跨专业组建课程团队。

4. 课程评价

课程评价涉及课程成绩与课程学分两个关键词，联结紧密的关键词有期末考试、线上学习、线下考试、自主学习、校内常规课程、建设经费、教学工作量等。关于课程成绩构成及考核方式，各高校均具有全过程考核意识，但课程考核的挑战度不同，政策明显分为两类：一是由在线学习成绩、见面课（研讨课）以及期末考试成绩等组成，期末考试可以采用在线考试或线下考试（占比为 25%）；二是必须参加线下考试，线上线下成绩按比例构成（占比为 45%）。东北财经大学规定，对于累计 4 次不参与现场及网上教学活动的学生可以取消其参加该课程最终考核的资格；对外经济贸易大学要求线上学习进度低于80%的学生不得参加期末考试；湖南工商大学根据课程类型规定线上成绩比例，通识教育必修课、学科共同课、专业课的线上线下成绩比例为30%，通识教育选修课线上成绩比例为50%；山西财经大学和湖南工商大学均规定缺考或考试不及格者可以采用重修方式获得成绩。

关于课程学分，各高校政策中多数与教学工作量、课程视频时长挂钩，对学分认定等关键问题作出界定的较少。江西财经大学规定，认定范围为校内慕课4年内至少修读4个校级慕课学分，课程门数不少于2门，外校网课可认定为通识选修课学分和专业限选课学分，最多不超过2个学分；计算原则为按平台提供学分计算，若用所修慕课冲抵对应的校内常规课程，则要求所修慕课学分不能低于校内常规课程学分。对外经济贸易大学规定，慕课类课程根据慕课课程的时长、内容和难易程度等因素确定课程学分，并认定该学分至相应课程子模块，原则上不超过2个学分，SPOC类课程学分认定方式同常规类课程。

5. 支持保障与教学工作量

与支持保障相关的关键词体现在图1的上方，主要有经费保障、组织保障、技术保障、政策保障、教学工作量、实施规范等。技术保障和组织保障，前文组织实施处分析过，这里不再赘述。经费保障上，17所高校（占比为85%）均提到全部或部分提供课程建设经费。南京财经大学、对外经济贸易大学和广东财经大学规定，2~3年后，课程内容更新30%以上，学校承担全部或部分视频制作费用。可见，对课程视频后续更新，各大高校支持力度较小，绝大部分仅进行一次性投资。政策保障有三种：一是优先推荐省级以上课程项目申报（占比为20%），并对获评省级以上建设项目的课程，给予经费奖励（占比为50%）；二是作为教师业绩考核、岗位聘任、职称评定、职务晋升、成果奖励等重要参考依据（占比为20%）；三是教学项目类立项或奖励（占比为10%）。

通常来说，教学工作量具体包括课程教学工作量、教学建设工作量和其他教学相关的工作量。认定混合式教学的课程教学工作量，为混合式教学模式进入日常教学提供了可能性。75%的高校不同程度认可了混合式教学工作量，认定范围上大体分为三类：一是按照自建慕课和引进慕课分别规定校内教学工作量（占比为30%），自建慕课工作量大于引进慕课；二是在第一种的基础上，认定自建慕课面向社会公众或其他高校的教学工作量（占比为25%）；三是根据选课人数或线下课程人数具体核定校内教学工作量（占比为20%）。认定时间上，认定前两轮教学工作量的最多（占比为35%），系数也最大，基本上是传统教学模式的2~3倍。东北财经大学和湖北经济学院认定时间最长，为5年内，其系数是传统教学模式的1.5倍。但是，绝大多数政策对5年后继续开课办法没有明确进行规定。

三、研究结论与政策展望

（一）研究结论

通过前文分析得出结论，当前混合式教学高校管理存在以下问题：

一是形式追随国家政策文件，对混合式教学核心要件未进行明确界定。各高校政策基本上都规定线上学时占比为 20%～50%，但是对于总学时这个分母采取模糊处理。自建慕课面向其他高校和社会公众开放时，课程团队的教学工作量计算、学分认定和课程考核亦是如此。

二是相关部门配合度低，教学线"孤军奋战"。前文在分析组织管理时介绍，无论采取哪种混合式手段，教务处和二级学院均是实施主体，明确需要其他部门配合的高校仅占 25%，并且也涉及技术部门和督导部门等个别部门。但是，高校的首要任务是培养人才，高等教育的变轨超车单靠教学线"孤军奋战"是不可能实现的。

三是混合式教学以项目建设为主，准入门槛高。目前，混合式教学的首要任务是申报各种课程项目，而非日常教学。前文提到的四类混合式教学实施中，学校遴选课程清单直接纳入教学管理的仅占 5%，而这 5% 的课程如果不是学校自建慕课，则需要从各大平台购买。一门慕课的主流价位是 1 万元。试想，如果不是学校承担费用，以立项的形式来开课，普通教师每学期日常教学经济成本就会过高。

四是政策可持续性低，政策工具具有时效性。第一，课程建设实行项目管理制。一般来说，申报混合式教学或慕课项目要求至少 2 个教学周期的教学数据，很多课程建设 2～3 年后，如果未获得省级以上立项，一般会搁浅，即使获得省级以上立项，省级或国家相关文件也仅规定未来 5 年内课程须面向社会公众持续开课。第二，教学工作量计算周期一般为 3～5 轮。第三，后期慕课视频更新费用学校承担比例低，仅 3 所高校（占比为 15%）明文规定更新 30% 以上课程视频，学校给予适当拍摄经费补助等。

（二）政策展望

1. 出台普通高校混合式教学国家规范

根据库恩范式理论，混合式教学政策要想突破科学革命，成为新常规科学，就必须拥有大家共同遵守的理论体系和规范范式。2018 年，教育部高等教育司司长吴岩指出，要建好一流课程标准，制定中国的慕课国家标准，力推成为国际标准。2020 年，世界慕课大会上发布的《慕课发展北京宣言》中指出："规范慕课的开放、共享、应用与管理，共同推动慕课与在线教育的国际技术标准和课程规范制定。"在我国，以慕课应用和线上线下混合式教学为突破点的课堂革命是自上而下推动的改革，混合式教学多主体的教学行为亟须国家层面的指导规范。

首先，泛化线上线下混合式教学概念。信息化教学改革的本质是让课堂活起来，促进线上线下两种方式扬长避短，实现更好的教学效果。有研究表明，疫情常态化防控阶段，混合式教学模式不单局限于慕课模式，"直播+录播"模式将占据半壁江山。考虑到经济成本和网络泛化在学习环境中的构建，混合泛化应打破慕课局限，实现教学资源和教学工具等多种教学要素混合。其次，明确切割原有课程学时的线上线下学时分配方法。有学者提出，混合式教学设计要搭建支架，降低学生认知负荷，实现从"扶"到"放"的学习。与世界一流大学相比，我国高校课程门数多、学业负担轻，学生精力被禁锢在课堂上。"两性一度"（高阶性、创新性、挑战度）的量化标准不能单纯以学生无效率的时间投入为标准，要给予学生认知自由，激发学生主动学习的动机。学生借助线上学习学深悟透是根本。最后，课程考核必须设置线下考核环节。在线教育催生了"付费刷课"产业链，在平台防代考技术完善前，线下考核是实现甚至超越传统课堂教学质量实质等效的最后一道关卡。解决了上述问题，校际学分认定难题就不攻自破了。

2. 制定高校混合式教学日常管理制度

我们在样本收集阶段发现，中国财经慕课联盟成员高校共有44所，仅有20所高校出台了混合式教学相关政策。这20所高校中仅4所高校出台的相关政策为混合式教学专项制度，其余高校出台的相关政策皆为慕课应用相关办法，混合式教学仅是作为慕课教学方法嵌入政策中。

格拉汉姆（Graham，2014）将混合式教学在高校的应用分为三个阶段，即意识与探究阶段、采纳与初期实施阶段、成熟发展阶段，并从战略、架构和支持三个维度搭建了阶段标志性指标。对照指标，现阶段我国混合式教学在高校应用中处于由意识与探究阶段向采纳与初期实施阶段的过渡转化时期，要想迈向成熟发展阶段，多项指标涉及混合式教学专项制度，如清晰的混合式教学官方定义、不需要更改的政策和高度的文化自觉、混合式教学成果系统评价等。一所在全校所有课程推动混合式教改的成人高校实践发现，学校要推动混合式教改最关键的是通过多举措着力引导教师来推动混合式教改，落脚点是学校组织管理保障。因此，无论是从理论上还是从实践上来讲，制定混合式教学专项制度势在必行。

3. 优化混合式教学供给型政策工具

混合式教学是兼具传统教学和互联网信息技术两者特色的新型教学模式，一方面对授课教师的信息技术素养要求较高，特别是中老年教师，极易造成其畏难情绪；另一方面准入门槛高，需要投入的时间成本、资金成本、机会成本较多。

罗斯威尔教授将政策工具分为环境型、供给型和需求型三种，供给型政策工具直接推动混合式教改,有利于塑造新的教学场域和制度文化。第一,以课程为载体,建立教学学术教师评价制度。人才培养是大学的首要职能,课程是人才培养的主战场,高校应将课程研究等效于科研和社会服务功能,认定慕课校内外教学工作量。第二,构建多部门联动机制。在技术支持上,信息技术部门一方面要强化线上教学技术支持服务和教学技能服务,另一方面要配备一批智能化的多媒体录播间,组建一支视频拍摄队伍,方便教师随时录制教学视频,让教师乐于尝试在线教学,从而推进混合式教学的可持续发展。在人才支持上,高校应引进课程助教制度。在互联网和大数据技术革新背景下,助教在团队中的辅助作用尤为重要,对学生助教的数量需求和质量要求不断提高。在课程组、课程团队等基层组织中配备课程助教,一方面缓解了主讲教师的教学负担,使其集中精力优化教学内容和设计;另一方面起到传帮带作用,培育了未来的青年教师。此外,教师发展中心应提供教学技能培训,提升教师信息化教学技能;督导部门应监督混合式教学实施过程,逐步规范教学环节等。

4. 搭建"学考评管"一体化的校本网络教学空间

当前,我国大学教务管理系统业务模块各自独立,存在使用困难、效率低下、重结果而轻过程等弊端,疫情期间的大规模在线教学实践无意触发了"学考评管"一体化云教学空间的思考。规模化推进混合式课程建设能充分利用现代信息新技术,形成新的教学管理模式增长点。

"学考评管"一体化的校本网络教学空间将以在线教学平台为核心,实现教学计划、教学过程和教学评价等方面的智能化管理,建立教学信息搜集、整理、分析、反馈机制,强化对学生学习进度和学习效果的监控与预警,强化对教学过程、师生互动、作业评阅、成绩评定的监控与预警,为师生提供个性化、一站式的帮助与服务。具体来说,高校需要实现三个层次的搭建。最底层是集成在线教学平台的基础业务系统,负责提供基础教学数据,主要包括选课、成绩、学籍、考核、工作量管理、教材管理、教学建设等;中间层是预警监测平台,是基于基础平台对学生学习行为分析、学业成绩的预测,包括学业学位预警、课堂教学质量、转专业建议等;最顶层是决策支持平台,主要是融入人工智能技术,基于全校教学大数据精准把脉本科教学,对症下药。

参考文献

[1] 易鑫. 我国在线教育交出亮眼成绩单[EB/OL]. (2021-06-07)[2021-08-28]. http://www.moe.gov.cn/jyb_xwfb/s5147/202106/t20210607_536139. html.

[2] 教育部. 2019 年教育统计数据[EB/OL]. (2020-06-11)[2021-08-28]. http://www.moe.gov.cn/s78/A03/moe_560/jytjsj_2019/qg/.

［3］郑宏，谢作栩，王婧. 后疫情时代高校教师在线教学态度的调查研究［J］. 华东师范大学学报（教育科学版），2020，38（7）：54-64.

［4］彭芬，金鲜花. 高校混合式教学的研究主题、发展脉络与趋势分析：基于 CiteSpace 的知识图谱研究［J］. 中国大学教学，2021（1）：100-105.

［5］王晶心，冯雪松. 基于慕课的混合式教学：模式、效果与趋势：基于 SSCI 和 ERIC 数据库的分析［J］. 中国大学教学，2019（10）：49-55.

［6］张敏洁，杜化俊. 混合式教学实施现状及研究趋势分析［J］. 中国教育信息化，2020（1）：82-85.

［7］上海软科. 2021 中国大学排名［EB/OL］.（2021-04-26）［2021-08-28］. https://www.shanghairanking.cn/rankings/bcur/202122.

［8］倪慧丽，刘睿声. "双高计划"研究热点与趋势分析：基于 CiteSpace 可视化知识图谱的应用［J］. 河北师范大学学报（教育科学版），2021（6）：1-11.

［9］吴岩. 建好用好学好国家精品在线开放课程努力写好高等教育"奋进之笔"［J］. 中国大学教学，2018（1）：7-9.

［10］徐晓飞，战德臣，张策. 关于高校慕课建设规范及应用的思考［J］. 中国大学教学，2021（5）：85-91.

［11］张倩，马秀鹏. 后疫情时期高校混合式教学模式的构建与建议［J］. 江苏高教，2021（2）：93-97.

［12］刘徽，滕梅芳，张朋. 什么是混合式教学设计的难点：基于 Rasch 模型的线上线下混合式教学设计方案分析［J］. 中国高教研究，2020（10）：82-87，108.

［13］李政辉，孙静. 一流本科教育的特质：跨学科人才培养［J］. 当代教育理论与实践，2020，12（4），53-57.

［14］PORTER W W，GRAHAM C R，SPRING K A，et al. Blended learning in higher education：Institutional adoption and implementation［J］. Computers & Education，2014，75：185-95.

［15］白晓晶，韩锡斌. 成人高校领导层推动混合教改的实施策略研究［J］. 电化教育研究，2019（7）：101-109.

［16］张晶. "三助一辅"背景下思政课混合式教学助教角色的转变与发展［J］. 湖北社会科学，2019（7）：115-159.

混合式教学中学生知识建构效果研究

马逸宁①

摘　要：混合式教学中学生知识建构水平影响着教学效果。本文对混合式教学中知识建构的概念、特征和过程进行了梳理，该过程由个人信息建构、信息共享、冲突协商、作品生成、反思评价组成。本文通过分析混合式教学实践的前后数据可知，由学生组成的共同体在小组和班级两个层面的内聚力均有提升，但对班级共同体内聚力提升有限；在不同类型的知识中，知识建构活动对情境知识和策略性知识的提升最为显著。基于此，教师要根据知识建构的过程和知识类型特点设计知识建构活动；科学划分协作小组；加强参与指导和评价反馈。

关键词：教育信息化；混合式教学；知识建构；学习效果

一、引言

随着教育信息化的深入发展，多媒体和网络技术成为教学实践的重要媒介，催生了大规模在线开放课程、线上线下混合式教学等多种现代化课程教学形式。混合式教学消除了各种技术载体和不同学习空间所造成的隔阂感，促进了学习者之间进行有效的协作、沟通和交流。混合式教学越来越成为研究者关注的热点问题。混合式教学的本质是发挥线上和线下教学的有利因素，创造学生在共同体中联通现实时空和虚拟时空的媒介以进行协作交互和协同发展，优化学习体验，提高学习成效。学生在混合式教学中的知识建构情况将在很大程度上决定学生的学习效果。目前，国内外学者已对知识建构的历史缘起、发展脉络、活动设计和教学策略等方面开展了相关研究，但对混合式教学中知识建构实效性的关注相对较少。本文聚焦混合式教学中知识建构的特征、过程等方面，通过理论与实践相结合的方式对混合场域下的知识建构效果进行探索。

① 马逸宁（1997—），男，西南财经大学党委教师工作部，主要研究方向：教师教育和计算机支持的协作学习。

二、混合式教学中的知识建构

知识建构在教育领域的研究最早可追溯到 20 世纪 90 年代多伦多大学安大略教育研究院的 M. 斯卡达玛丽亚（M. Scardamalia）和 C. 贝莱特（C. Bereiter）开展的知识社区研究。知识建构是一种不断产生和改进对社区有价值的观点或思想的过程。知识建构不仅关注主体的认知发展，更重视社会文化组织形式。随着相关研究的深入发展，知识建构有了更明确的结果指向，即通过生成包含人工智慧的认知产品实现认知的发展。本研究的知识建构发生于混合式教学环境中，是指个体在特定组织内借助线上平台或工具，通过协作方式生成有关认知的智慧产品，从而完善个体知识和共同体知识的过程。

（一）知识建构研究现状

M. 斯卡达玛丽亚和 C. 贝莱特作为知识建构研究的先行者，也在后续研究中不断完善知识建构的理论体系，提出了包含观点、社区、工具等在内的知识建构的 12 条原则，用于支持知识建构教学实践。马里亚诺（Mariano）和阿瓦祖（Awazu）等人运用定量和定性结合的方法对《知识管理杂志》（*Journal of Knowledge Management*）上 58 篇文献进行了分析。研究结果表明，在知识建构的微观层面，个人动机、能力和反映在共创过程中起着核心作用；在知识建构的中观层面，团队合作和共同的理解是重要因素；在知识建构的宏观层面，结构性因素、行为性因素和认知性因素具有重要影响。萨马尔（Samar）等人通过对 2017—2019 年的 24 个有关知识建构的实证研究的综合分析发现，互动和参与、任务、学生、支持等因素是推动学生知识建构的主要因素，且各因素与具体协作任务存在关联。国内研究者对 M. 斯卡达玛丽亚和 C. 贝莱特的知识建构理论进行了拓展深化。刘黄玲子（2005）等人认为，共享、论证、协商、创作、反思和情感交流是实现知识建构的基础。韦怡彤和王继新等人（2019）通过剖析深度学习概念的内涵，结合现有知识建构模式，以混合式学习为背景，提出了深度学习导向的涉及先行引导、共同体组建、组内协同建构、组间协同建构和评价反思五个阶段的协同知识建构模式。李海峰和王炜（2020）在对经验认知冲突探究法内容融会贯通的基础上，形成了基于经验认知冲突探究法的翻转课堂模式下的深度协作知识建构的策略。

综上所述，知识建构研究几乎在全球范围内都有涉及，涵盖了人文、社会、数学、自然科学、医学等不同领域，教学应用也跨越了基础教育到高等教育，甚至职业技术教育等。然而，笔者在现有知识建构应用研究中也发现了问题。一是忽视了知识建构与协作学习的联系。知识建构源于建构主义，但不完全等同于建构主义。知识建构来自协作学习，带有浓厚的社会文化学习观色彩。随着教育信息化的发展，协作学习也更加强调技术性。脱离信息化技术和社会文化背景谈论知识建构是无稽之谈。同样地，仅仅局限于线上环境谈论知识建构也是片面的。二是知识建构概念的滥用导致了知识建构内容的泛化。社会性是知识建构的本质属性，知识建构的目标首先应该是指向共同体知识的发展，其次才是个体知识的发展。现有部分研究尽管基于知识建构理念，但过分关注个体认知发展，脱离了共同体智慧，这也是立不住脚的。因此，开展基于混合式教学探究知识建构的过程和效果，发挥混合式教学环境优势，促进知识建构深入发展的研究是非常有必要的。

（二）混合式教学中知识建构特征

1. 知识生成的社会性

知识建构在本质上属于学生的社会化认知过程。知识建构所生成的知识不是个人成果，而是学生之间通过协商会话获得的共同体认知产品。社会性互动是推动知识建构性发展的真正动力。由于知识生成的社会性，教学活动在设计时要考虑以下几个方面：第一，从生活中的真实问题产生观点。学生知识建构中所研究的问题不能是空中楼阁，而是来自他们学习与生活中所能看到、听到和接触到的真实情境。问题要具有现实意义，不能只存在于纯粹的科学世界。第二，培养学生集体认知责任。教学中的最小单元从学生个体变为由学生个体组成的小组集体，学生之间的关系也由竞争关系转为协作关系。作为集体里的一分子，每位学生都有认知责任。第三，促进建构性的协作会话。语言是社会交往的重要工具，协作会话是知识建构中不可缺少的部分。协作会话应朝着知识建构目标，在提问和回答的简单会话上增加假设、质疑、协商、追问等环节，以提高协作会话的建构性。

2. 知识发展的动态性

知识建构是学生从生活中的真实问题出发，通过协商会话，形成共同认知并持续不断地发展改进的过程，知识在建构过程中是动态发展的。由于知识发展的动态性，教学活动在设计时要考虑以下几个方面：第一，培养可供多元观点共生的土壤。多样化观点可以为在协商会话中产生新兴观点提供条件，教师要充分利用线上协作平台营造多元观点互动的课堂教学氛围。第二，消弭学生内心恐惧。观点是可持续改进的，教师要创造让学生有安全感的课堂教学环境，让学生勇于表达和分享不成熟的观点，进而补充完善。

3. 知识产品的创造性

传统教学将知识视作物品，是可以通过传授获得的。知识建构更强调知识的内生创造性，知识不是通过传授而得，解决问题和创造认知产品才是教学旨趣。生产认知产品是教学的核心，教学活动设计、教学资源选取和教学评价指标等都要围绕它。由于知识产品的创造性，教学活动在设计时要考虑以下几个方面：第一，民主化的师生关系。学生在知识建构过程中面临的问题多为开放式问题,学生不是知识贫瘠的一方,而是更有创造性知识生产潜力的一方。第二,参考资料具有权威性。知识产品的创造不是无根之木。随着知识建构的不断深入,学生必须通过权威资料了解该知识领域的发展历史、现状和前沿,并批判性地使用。

4. 知识评价的嵌入性

教学评价往往是教学活动中最难的环节。评价重在过程,知识建构也是过程性的。过程遇上过程,使得评价基于知识建构的教学难上加难。因此,混合式教学中的知识建构评价必须借助线上平台,将评价嵌入知识建构的全过程。由于知识评价的嵌入性,教学活动在设计时要考虑以下方面:第一,多元评价主体。教学评价根据主体的不同可分为学生自评、小组互评、教师点评三类。教师和学生个体可对小组和班级整体评价,教师和小组整体也可对其他小组整体进行评价。第二,多样评价方法。教学评价可以采用事实记录、课堂观察、态度调查、模型制作等方法。根据知识类型的不同,教师还可以运用网络信息工具随时进行检测和记录,以解决课堂教学评价时间不足的问题。

(三)混合式教学中知识建构过程

混合式教学中学生的知识建构可以划分为个体和共同体两个层面。个体层面包含个人信息建构环节。它既是知识建构的重要开端,又伴随共同体层面的环节持续发生。共同体层面包含信息共享、冲突协商、作品生成、反思评价四个环节,最终形成共同体知识,影响下一轮的个体和共同体知识建构。总之,混合式教学中知识建构是一个循环发展、螺旋式上升的过程。混合式教学中学生知识建构的过程如图1所示。

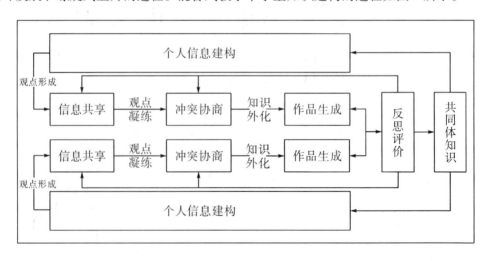

图1 混合式教学中学生知识建构的过程

个人信息建构是混合式教学中学生知识建构的开端,个体认知平衡是这一环节的核心。学生必须通过资料阅读、自我提问、自主学习和思考等方式对新信息实现同化或顺应，回归认知结构的平衡状态。个人信息建构也是共同体层面环节的重要基础。

信息共享是混合式教学中知识建构的第二步，也意味着知识建构转向了共同体层面。学生之间要在小组内部共享个人信息建构环节所获取到的信息。观点的凝练是信息共享环节的核心。为形成高度凝练的观点，学生在小组内必须开诚布公地分享信息、对比观点。观点的多样化呈现和观点的可持续改进是本环节要遵循的原则。

冲突协商是混合式教学中知识建构的第三步。小组认知冲突的生成和解决是该环节的核心。面对不同的观点，学生会产生个体认知冲突，进而延伸到集体，产生小组认知冲突。争论现象是多位学生个体认知冲突形成的小组认知冲突的外化形式。为有效解决冲突，学生将在小组内开展协商，排除模棱两可的信息。此时，个体认知结构和小组认知结构会在平衡与失衡间不断转化，个体会不断尝试向集体认知靠拢，以达到个体认知结构的重新平衡，最终达成小组共识。

作品生成是混合式教学中知识建构的第四步，是小组将冲突协商环节中生成的小组共识发展为认知制品的过程。知识外显化是该环节的核心。小组共识概念化是知识外显化的一种。学生在小组内通过协商可以借助语言、文字或符号等社会文化工具将小组共识记录保存下来，形成能被其他人识别或感知的概念。此外，小组共识还可以用图表或模型等更形象的方式外显化。

反思评价是混合式教学中知识建构的第五步。学生要对自身和小组在之前四个环节的目标达成情况进行评价。反思伴随着评价而产生，在评价中反思，在反思中评价。反思评价既是这一轮知识建构环节的总结，也是下一轮知识建构环节的基础。学生一是要对前四个环节中个人或小组内某些活动的意义进行评价，二是要分析小组在共同体层面知识建构有何可取或不足之处，为提高后续知识建构效率贡献经验。

三、研究设计

（一）研究对象

本文以选修教育政策课程的所有教育学专业二年级本科生为研究对象。学生以四人为一个小组在教师的组织和指导下开展混合式知识建构活动。

（二）研究程序

考虑到学生之前更多接触的是线下教学和疫情期间的线上教学，接触混合式教学尤其是借助网络技术设备开展知识建构式教学很少，为了保证研究的顺利开展，教学实践分为了三个阶段。第一阶段要让学生对课程内容有一个总体感知，做好心理和工具准备。学生通过尝试使用，逐渐熟悉混合式教学模式，并适应通过协作讨论实现知识建构发展的学习方式。第二阶段和第三阶段是主要教学阶段，学生要学习本课程的七个专题。期中复习检测课是两个阶段的分界线，教师将通过设置问题的方式对第二阶段的学习情况进行评价，获得反馈。教师在对第二阶段出现的问题及问题成因进行分析的基础上完善知识建构活动设计，添加教学辅助材料，以更好地开展混合式教学。

（三）研究方法

本文采用前后测对比实验法将学生参与混合式教学前后的内聚力和知识发展情况进行对比。内聚力是学生通过小组开展知识建构活动时一种内部成员的相互吸引力，是评价小组作为共同体存在的关键指标，通过社会关系调查得出。课程教学开展前和结束后将分别对学生的班级人际关系情况进行调查。数字 1~10 代表关系亲疏程度，大于 5.5 为关系亲密，亲密程度与数值呈正相关；小于 5.5 为关系疏离，疏离程度与数值呈负相关。同时，每次课后学生要填写问卷，对该专题掌握情况进行自我评价。专题的掌握情况具体指向四种不同类型的知识，对应不同问题（见表 1）。

表 1 专题掌握情况维度划分

学习结果	知识类型	问题
言语信息	情境知识	我能在具体案例中发现它运用了（专题）的原理
	概念知识	我能用自己的话对（专题）做出解释
		我能做出（专题）的思维导图
智力技能	程序性知识	我能运用（专题）理论来制定相关政策
		我能完善运用了（专题）原理的相关政策中存在的不足
	策略性知识	我已经形成了运用（专题）的方法或策略

四、数据分析

本文从共同体内聚力和知识发展两方面对比了混合式教学前后知识建构的效果。

（一）共同体内聚力分析

混合式教学中的知识建构涉及的共同体有两个层面：一是由学生组成的协作小组，二是由协作小组构成的班级整体。数值 1~10 代表成员相互之间的亲疏程度。以第一小组为例，根据成员间的亲疏值，第一小组内聚力前后测初始矩阵如表 2 所示。我们在成员原始亲疏值的基础上进一步分析，如果成员间的关系值均大于 5.5，表明两者相互选择，关系亲密，用数字 1 表示；如果成员间的关系值有一方小于 5.5，表明两者没有相互选择，关系相对疏离，用数字 0 表示。通过成员间的相互选择关系，我们可以得到第一小组内聚力前后测相互选择矩阵（见表3）。

表2　第一小组内聚力前后测初始矩阵

分组	S1	S2	S3	S4
前测				
S1	—	5	4	6
S2	5	—	7	3
S3	3	5	—	1
S4	2	2	2	—
后测				
S1	—	9	9	10
S2	9	—	10	9
S3	4	8	—	4
S4	5	6	5	—

表3　第一小组内聚力前后测相互选择矩阵

分组	S1	S2	S3	S4
前测				
S1	—	0	0	0
S2	0	—	0	0
S3	0	0	—	0
S4	0	0	0	—
后测				
S1	—	1	0	0
S2	1	—	1	1
S3	0	1	—	0
S4	0	1	0	—

由表3可知，第一小组在内聚力前测和后测相互选择的数目分别是0和3。小组的内聚力指数等于成员间相互选择的总数目除以可能存在的所有相互选择的数目。因此，第一小组在前测和后测的内聚力指数分别为0和0.5。内聚力指数值越大，说明小组的内聚力越强。可见，第一小组的内聚力有明显提升。运用同样方法可得剩余小组的前后测内聚力指数（见表4）。我们对小组前后测内聚力指数进行配对样本t检验，配对t检验分析结果如表5所示。可知，小组前后测内聚力指数具有显著差异（$p<0.05$）。

表4 前后测内聚力指数

小组	前测		后测	
	相互选择数	内聚力指数	相互选择数	内聚力指数
第一小组	0	0	3	0.5
第二小组	1	0.17	4	0.67
第三小组	0	0	6	1
第四小组	0	0	2	0.67
第五小组	3	0.5	6	1

表5 配对t检验分析结果

配对	平均值	标准差	标准误	平均值差值	t	p
前测– 后测	0.13	0.19	0.087	−0.63	−7.997	0**
	0.77	0.20	0.089			
0.01<p<0.05 表示显著性差异，以"＊"标记；p<0.01 表示极显著性差异，以"＊＊"标记。						

本文在分析小组成员关系变化的基础上，通过对比班级整体成员间关系变化可得班级共同体内聚力变化情况。由于班级人数相较小组人数更多，关系构成更复杂，因此本文选择共同体网络密度对班级共同体内聚力进行描述。在固定规模的共同体网络中，成员之间的联系越密切，网络密度越大。网络密度值 D 的计算公式如下：

$$D=m/[n(n-1)]$$

其中，m 是该网络中实际包含的关系数目的数量，n 为该网络所包含的个体数量。因此，网络密度等于网络中实际包含的关系数目的数量除以该网络在理论上可能存在的最大关系数。在计算班级共同体网络密度值时，本文仍选用5.5作为亲疏关系的分界线，大于5.5，则关系亲密并形成连接；小于5.5，则关系疏离且无法连接。班级前后测网络密度如表6所示。

表6 班级前后测网络密度

项目	前测	后测
连接数	44	118
网络密度	0.128 7	0.305 1

前后测数据显示，连接数从44个增长到118个，网络密度从0.128 7上升到了0.305 1。可见，班级整体内聚力有了一定程度的提高。但后测的班级网络密度仍然低于0.5，知识建构对班级整体内聚力的提升作用有限。

（二）知识发展分析

本研究的混合式教学共分为三个阶段，其中第二阶段和第三阶段为主要授课阶段，包含七个专题。每个专题的知识建构活动结束后，学生将对该专题学习后的掌握情况进行自我检测。数值 1~5 分别代表不同程度的掌握情况，其中 1 为最差、5 为最好（见表 7）。

表 7　知识掌握情况

专题	时间	情境知识	概念知识 1	概念知识 2	程序性知识 1	程序性知识 2	策略性知识
第二阶段							
公平	9.27	3.74	3.79	2.47	3.58	3.58	2.53
效率	9.30	3.63	3.84	2.68	3.47	3.47	2.89
自由	10.14	3.47	3.53	2.79	3.53	3.37	2.84
阶段均分	—	3.61	3.72	2.65	3.53	3.47	2.75
第三阶段							
象征	10.28	3.95	3.89	3.26	3.74	3.42	3.11
数字	11.4	4.21	4.16	3.58	4.00	3.58	3.53
引导	11.11	4.18	4	3.88	3.71	3.65	3.47
事实	11.18	3.94	4.13	3.44	3.69	3.63	3.56
阶段均分	—	4.07	4.05	3.54	3.78	3.57	3.42
t 检验	—	0.008**	0.031*	0.004**	0.035*	0.280	0.008**
总均分	—	3.87	3.91	3.16	3.67	3.53	3.13

得分最高的是情境知识和简单概念知识，简单概念知识主要指能用自己的语言解释某一专题。可见，学生在知识建构活动中，通过个人信息建构、信息共享，筛选大量信息，生成观点，最终建构出个体和共同体知识。得分最低的是策略性知识和复杂概念知识，复杂概念知识主要指能在解释概念的基础上融会贯通，用思维导图的形式厘清概念之间的关系。可见，学生很难在一次课的短时间内形成知识运用策略。同时，学生在知识建构过程中往往只注重对专题原理本身的理解，忽视概念的内涵和外延，也就很难形成有逻辑关系的思维导图。我们进一步分析专题知识掌握度随时间和课程主题变化可得知识发展趋势图（见图 2 和图 3）。

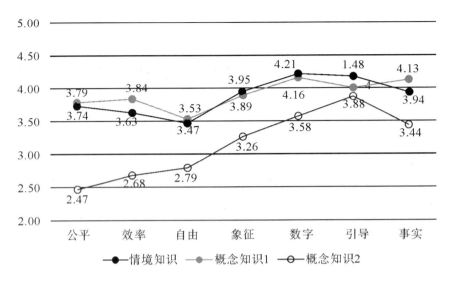

图 2　知识发展趋势（1）

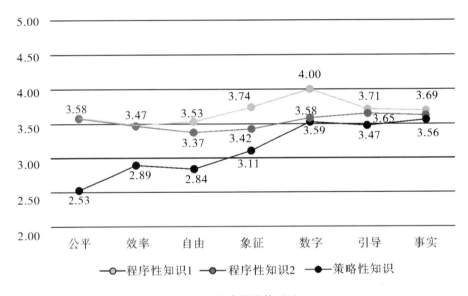

图 3　知识发展趋势（2）

由图 2、图 3 可知，情境知识、概念知识和策略性知识掌握度的增长趋势明显。程序性知识在过程中虽有上升，但总体趋于平缓。按阶段划分，公平、效率和自由专题属于第二阶段内容，象征、数字、引导和事实专题属于第三阶段内容。第二阶段结束后，根据期中复习检测课的反馈结果，第三阶段增加了专题核心词释义辅助材料和线上协作思维导图工具，教学过程中压缩了教师讲授时间，以提供更多的时间让学生可以共享信息和生成作品。对比第二阶段和第三阶段各类型知识的掌握度可知，六道题目的均分有不同程度的提高。情境知识、概念知识 2、程序性知识 1 和策略性知识两阶段掌握度经过 t 检验后，p 值小于 0.01，概念知识 1 两阶段掌握度经过 t 检验后，p 值小于 0.05，掌握度的提升具有显著性。程序性知识 2 "我能完善运用了（专题）原理的相关政策中存在的不足"掌握度的提升不具有显著性。

五、结论与反思

混合式教学中开展知识建构有利于顺应教学改革趋势，提升教学效果，优化学生学习体验。本文在梳理混合式教学中知识建构的特征和过程的基础上，通过教学实践分析了知识建构效果。研究表明：第一，混合式教学中的学生知识建构包含个人信息建构、信息共享、冲突协商、作品生成、反思评价五个环节。知识建构不能脱离个体信息建构，只有当学生个体做好准备，知识建构才可能是高效的。学生在信息共享、冲突协商、作品生成环节中产生协作会话，会话随环节递进逐渐由浅入深，不断深化共同体知识的发展。学生在反思评价中总结经验，并为下一轮知识建构做准备。总之，知识建构是一个循环发展、螺旋式上升的过程。第二，虽然混合式教学中学生开展知识建构活动提高了共同体内聚力，尤其是小组内聚力，但小组内部在协作讨论中由于部分组员自身积极性不高或社交能力不强等原因，会产生小组成员知识建构贡献值不均的情况。同时，班级共同体层面由于小组间的交互往往是以小组代表的形式，交互程度不深，也就导致班级整体内聚力很难达到较高值。教师要通过角色化小组成员的方式更加科学地设置协作小组，并加强小组间的交互以促进班级共同体形成。第三，混合式教学中，不同类型的知识会有不同知识建构的效果。随着教学的深入，学生知识建构水平会有显著提升，但在提升度上仍有差异，教师要扮演重要角色，根据专题知识特点有所侧重地设计知识建构活动，提高参与指导频率，及时反馈学习效果。

综上所述，本文基于混合式教学为学生知识建构提供的有利条件，对学生知识建构的过程和效果进行了研究，考察了不同阶段共同体内聚力和学生知识发展情况。与此同时，笔者也认识到混合式教学中学生知识建构效果还受到个人特指、个体能力、教学时长、课程难度等主客观多方面因素的影响。因此，笔者后续还需要从更加全面的视角开展更细致的研究工作，以期对混合式教学中学生知识建构有更多清晰的认识。

参考文献

[1] 董海军. 社会调查与统计 [M]. 武汉：武汉大学出版社，2009.

[2] 徐学福. 教学论 [M]. 北京：人民教育出版社，2012.

[3] 曾文婕. 学习哲学论 [M]. 北京：人民教育出版社，2017.

［4］曹俏俏，张宝辉. 知识建构研究的发展历史：理论-技术-实践的三重螺旋［J］. 现代远距离教育，2013（1）：14-22.

［5］李海峰，王炜. 面向问题解决的在线协作知识建构［J］. 电化教育研究，2018，39（1）：36-41，67.

［6］李海峰，王炜. 经验认知冲突探究法：一种翻转课堂模式下的深度协作知识建构学习策略探索［J］. 电化教育研究，2020，41（1）：99-106，121.

［7］彭绍东. 混合式协作学习中知识建构的三循环模型研究［J］. 中国电化教育，2015（9）：39-47.

［8］张义兵，陈伯栋，SCARDAMALIA M，等. 从浅层建构走向深层建构：知识建构理论的发展及其在中国的应用分析［J］. 电化教育研究，2012，33（9）：5-12.

［9］童慧. 混合学习环境支持的共场性协作知识建构行为模式研究［J］. 电化教育研究，2017，38（11）：56-62.

［10］SCARDAMALIA M. Collective cognitive responsibility for the advancement of knowledge［M］. Chicago：Open Court，2002：67-98.

［11］MARIANO S，AWAZU Y，CARAYANNIS E，et al. The role of collaborative knowledge building in the co-creation of artifacts：influencing factors and propositions［J］. Journal of Knowledge Management，2017，21（4）：779-795.

［12］GHAZAL S，AL-SAMARRAIE H，WRIGHT B. A conceptualization of factors affecting collaborative knowledge building in online environments［J］. Online Information Review，2019，43（1）：62-89.

［13］刘黄玲子，朱伶俐，陈义勤，等. 基于交互分析的协同知识建构的研究［J］. 开放教育研究，2005（2）：31-37.

［14］韦怡彤，王继新，丁茹. 混合式学习环境下深度学习导向的协同知识建构模式研究：以教育技术学导论课程为例［J］. 中国电化教育，2019（9）：128-134.

［15］李海峰，王炜. 经验认知冲突探究法：一种翻转课堂模式下的深度协作知识建构学习策略探索［J］. 电化教育研究，2020，41（1）：99-106，121.

成长或抑制：大学生学业成绩与评教分数的博弈分析[①]

——以在线评教模式为例

陈小满[②]　王梓旭[③]

摘　要：随着信息技术的发展，以学生为中心的在线评教模式在高校中应用并逐步推广，但在线评教在实施过程中却出现了教师与学生"合作"互打高分的现象。鉴于此，本文从博弈理论出发，探讨教师与学生"合作"的深层原因，发现现有的在线评教模式将教师成长与学生发展进行"捆绑"，教师与学生之间存在共同的利益目标。为实现"共赢"，教师与学生出现"合作"互打高分。据此，本文研究认为，将教师或学生发展与在线评教模式进行"解耦"，是推进大学生学业成绩与评教分数趋向理性与客观的重要方式和手段。

关键词：在线评教；学业成绩；评教分数

《中华人民共和国国民经济和社会发展第十四个五年规划和 2035 年远景目标纲要》指出，要深化新时代教育评价改革，建立健全教育评价制度和机制。这对我国高校评教制度提出进一步的要求，也为我国高校教育评教制度改革指明了方向。

学生评教是完善教师教学行为、提升教师教学质量的重要手段，自 20 世纪 80 年代引入后，已在我国各高校广泛运用。早期学生评教主要采用人工模式，通常由教师或教学管理人员下发调查表，开展学生评教。但这种模式具有较大的局限性：第一，以教师为主体主持评教时可能面临着学生由于害怕教师的报复，评教时心理压力增大导致结果失真的问题；第二，以教学管理人员为主体进行评教时可能面临着教学管理人

---

①　【基金项目】西南财经大学光华青年教师成长计划"西南地区高校青年教师职业能力发展的影响机制研究"。
②　陈小满（1990—），男，西南财经大学发展研究院，讲师，主要研究方向：高等教育研究。
③　王梓旭（2000—），男，西南财经大学经济数学学院，主要研究方向：教育经济研究。

员数量有限，无法全方位覆盖各个学科、各个班级，导致结果不具有普遍性；第三，教师与教学管理人员作为利益共同体，在评价过程中对学生评价行为进行干预，进而导致评教结果失真等问题。

随着信息技术的飞速发展，在线评测模式于21世纪初开始被高校引入，并用于学生评教。与人工评教相比，在线评教能够极大地改善信息反馈效果，更有利于教师有针对性地对课堂的不足进行改变，提高学生的课堂效率；同时，在线评教的结果统计与分析全程由计算机进行，消除了人工统计结果的随机误差，极大地降低了错评、漏评的概率，评价结果的可信度得到较大提升。伴随着在线评教模式的推行，相关研究者发现以下现象：天津大学2008—2009学年全校教师的评教分数绝大多数在97分以上，80分以下的只有1人。天津大学教务处总结了2008—2017年毕业学生的绩点，发现学生的平均绩点在不断上升。南京林业大学2011—2014年8个学期的评教分数平均分在94~97分，均值差异细微。2015年，清华大学在《"建立促进学生全面发展的学业评价体系"改革方案》中提到："近20年来，清华大学学生学业成绩呈现出上升的趋势。"

由此可见，在线评教解决了人工评教过程中存在的一些问题，但其引发的问题同样不容忽视：高校教师在长期在线评教中逐渐发现，如果给予对方较高的评价可以促使对方同样给予己方较高的评价，师生双方出于对个人利益的追求，往往会在评价时给予对方高于真实水平的评价。由此一来，在线评教的发展已逐渐背离其建立时的初衷，并逐渐演化为师生"合作"追求个人利益的工具。在线评教模式下，高校学生的学业成绩与评教分数都呈现上升趋势。学生的学业成绩与评教分数为什么会上升？又是"谁"影响了学生学业成绩与评教分数的上升？鉴于此，本文从博弈理论视角对学生学业成绩与评教分数的关系进行探讨，以期为完善在线评教运行模式、提升在线评教质量提供借鉴与参考。

一、博弈理论的基本观点

博弈论（game theory）主要研究一场或多场对局中，参与博弈的个体或群体在采取不同行动方案及不同策略下产生的行为结果。该理论将现实中不同群体的矛盾抽象出来，之后用数学工具对其不同结果的产生原因进行剖析，从而帮助群体理解竞争或合作中的博弈关系，进而对规则进行修订，使得博弈按照理想预期的方式和目的运作。

传统博弈理论通常认为参与博弈的个体是完全理性的，即假设信息完全已知，且参与博弈的群体都以个人利益最大化为目标。在此假设下，如果纳什均衡存在，那么博弈双方仅需一次博弈就可以达到均衡（双方都不能通过单独改变自己的策略使得自己的效益增加）。演化博弈论摒弃了完全理性的假设，认为博弈群体不可能是完全理性的，无论是在信息获取、使用还是在信息传递中，都不可能做到信息完全对称及准确无误，但来自系统以及群体中其他群体的压力将促使参与博弈的群体不断改变自己的策略，以更好地适应不断演化的系统。因此，纳什均衡应为多次博弈之后才能达到的，达到均衡状态是一个动态的调整过程，依赖于系统的初始状态。此外，在演化博弈中，我国通常假设群体经过之前的博弈选择策略具有惯性，即群体之后的策略往往是基于之前策略而进行的。该理论以群体为研究对象，分析演化的过程，解释群体是如何从初始状态演化至此的，并能对群体的后续演化进行预测，有助于群体理解系统演化的原理，进而制定行之有效的政策改变系统原有的演化路径，最终达到理想结果。

在博弈论实际使用中，通常假设双方的信息是不对称的。现阶段在线评教模式和教师打分相关规章制度不够完善，使得在博弈过程中高校教师和学生都希望对方能够在评价彼此时给出较高分数，或者希望对方优先于己方进行评价，进而根据对方的评价情况而选择策略。双方均希望能够在已知对方评价情况的条件下对对方的行为做出评价，而不希望对方在进行评价前得知己方评价的结果；否则，先评价的主体可能由于害怕对方的报复性评价而给出较高分数，而后评价的主体则因为己方的分数已经确定而采取乱打分的行为。

二、在线评教的运行模式

在线评教利用互联网信息技术，对教师的教学情况进行线上评教，其运行的基本模式（见图1）如下：第一，高校管理部门根据学校发展战略及学生培养目标编制学生评价系统；第二，学生在每学期考试之前，登录学校的评价系统对本学期任课教师的教学情况进行打分，并填写相关建议；第三，高校管理部门搜集学生评教意见，并进行系统整理，在学期结束后反馈给任课教师；第四，教师根据学生反馈意见调整教学方式，进而提升教学质量。与此同时，学校会根据学生评教结果对教师晋升与发展进行评判。该模式以学生为中心，从学生视角对高校教师进行评测，其运行的基本逻辑是学生评教结果既可以作为教师改进教学方式的建议，又可以作为考评教师的参考依据。换言之，学生作为在线评教的主体与参与者，其评教结果影响着学校对教师晋升的考评，进而影响教师的发展。在此模式下，大学生拥有制约教师发展的权利，能够影响教师的教学行为。与大学生相比，教师则处于极为"被动"的状态。当然，教师并非一直处于"被动"状态。除学生评价教师外，教师也可以通过成绩评价学生，而成绩也是制约学生升学、出国、毕业的关键。为获得好的成绩，大学生会采取何种策略？此时高校教师会采取何种方式应对呢？

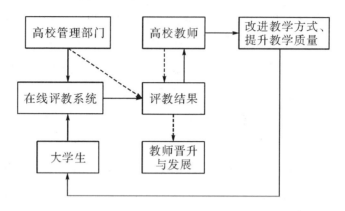

图 1　在线评教运行的基本模式

三、在线评教中双方博弈模型的构建

在线评教中，学生对教师教学情况进行评测，并形成评价结果（评教分数）。与此同时，教师也会对学生学业表现进行打分，给出学业成绩。评价分数与学业成绩源于教师与学生两个不同群体，但又制约着教师与学生的发展，使两者之间形成"合作"与"非合作"的博弈关系。是选择"合作"还是选择"非合作"，根据教师与学生可能的行为策略，本文建立教师与学生间的博弈模型。

（一）模型的假设

假设 1：学生为 S，教师为 T。

假设 2：博弈双方的行为策略空间分别为 $S \in \{S_1, S_2\}$，$T \in \{T_1, T_2\}$。S_1、S_2 分别表示学生在进行在线评教时采取"合作"与"非合作"策略。T_1、T_2 分别表示教师在对学生进行评价时采取"合作"与"非合作"策略。其中，"合作"策略是指双方认为对方将会采取"合作"的策略，并且自己也将采取"合作"的策略；"非合作"策略是指双方认为对方不采取"合作"策略，自己按照真实情况进行评价，且该评价的平均水平低于"合作"时的平均水平。

假设 3：当双方采取"合作"策略时，产生的机会成本为 Z。

假设 4：当双方都采取"非合作"策略，则双方都无法从中获利。如果双方均选择"合作"，付出的机会成本为 Z，双方均可得到高评价的收益为 R；如果既有选择"合作"的，也有选择"非合作"的，则会出现"搭便车"现象，此时选择"合作"个体付出机会成本 Z，选择"非合作"的个体获得较高评价的收益为 R。

（二）完全理性假设的博弈分析

在经济学与博弈论中，参与者被认为是完全理性的，即博弈双方总是会以效用极大化的方式对任意复杂的过程进行推论，并根据最优的收益方式选择对应策略，以此实现自身利益最大化。此时，根据以上基本假设与变量设定，我们可以将教师与学生在评教过程中的收益情况构建为教师与学生博弈双方的分析模型（见表1）。

表1　教师与学生博弈双方的分析模型

博弈策略		学生	
		T_1（合作）	T_2（非合作）
高校教师	S_1（合作）	$R_1 - Z_1$，$R_2 - Z_2$	$-Z_1$，R_2
	S_2（非合作）	R_1，$-Z_2$	0，0

我们通过纳什均衡点分析时发现，在"合作"需要付出成本而个人收益完全取决于对方策略时，双方都会采取"不合作"策略，此时达到博弈的理想状态。但在现实中，大部分高校的互评结果所呈现出的状态与完全理性状态下的博弈恰好相反：教师和学生由于各方面外部因素的影响，并不能完全遵循假设的条件，造成完全理性假设的博弈很难实现。为更好地分析教师与学生评分博弈中的行为对分数变化的影响，本文引入演化博弈对现实情况进行解释说明并根据结果制定相关政策。

（三）基于有限理性情况下的演化博弈分析

与完全理性的博弈相比，演化博弈论不再将群体模型化为超级理性的博弈方，而是认为群体通过试错的方法达到博弈的均衡，这与生物进化原理具有共性，博弈双方所选择的策略是达到均衡的均衡过程函数。高校教师与学生进行策略选择时，通常会受到多方面因素的影响，从而无法达到"完全理性"的要求。为保证博弈分析的理论与应用价值，本文将从有限理性的演化博弈角度进一步分析师生互评所采取策略的演化路径。本文以"有限理性"参与互评的教师或学生作为博弈主体进行分析，根据博弈双方可能采取的行为，探讨系统最终的演化方向与结果。根据研究需要，本文增设了假设1和假设2。

假设1：有限理性假设，由高校教师与学生构建的博弈双方出于自身利益最大化的需求，双方行为不可能是完全理性的。当一方改变策略时，另一方将以现在策略分布为前提，以个人利益最大化为目的调整策略，博弈轨迹因此发生偏离，从而导致博弈双方的决策在短期内无法达到完全理性的均衡。在线评教的结果公正与否是不断调整改进的，而非一次性选择的结果，即便在某一时刻达到了均衡，也有可能在此出现偏差，因此只能逐渐完善在线评教制度及高校教师打分制度以达到较为稳定的结果。

假设2：复制动态假设，在博弈的演化阶段，获得较高评价分数的博弈方会根据上阶段的结果进行选择，且在下一博弈阶段大概率重复博弈策略；获得较低评价分数的博弈方则会尽量模仿对方的策略。博弈收益与行为模仿之间具有高度相关关系，若高校为了在短期内推动师生互评制度发展，制定相关政策限制高校教师与学生的行为，虽然可以在短期达到均衡，但对师生的限制过大，其策略空间较小，主动参与性较弱。

1. 单群体演化博弈分析

"蛙鸣博弈"聚焦于单群体的策略演化，关注博弈中单群体内部之间成本与收益问题。具体到高校教师与学生博弈层面，则关注高校教师群体内部或学生群体内部间成本与收益问题。

假设高校教师群体分为教师群体 A 与教师群体 B，当教师群体 A 与教师群体 B 都采取"不合作"策略时，均无法获得有效收益。当部分教师群体（教师群体 A 或教师群体 B）采取"合作"策略时，教师总体对学生的学业评分会上升，学生对教师评教分数也会随之提升。此时，采取"合作"策略的教师可以获得收益 I，付出机会成本 C（由于违背打分原则可能面临着被高校管理部门查处的风险），但由于学生无法辨别是哪个教师群体采取了"合作"策略，因此此时采取"非合作"策略的教师群体也可以从中获得收益 Q。当教师群体 A 与教师群体 B 均采取"合作"策略时，教师群体 A 与教师群体 B 均可获得收益 R，且 $R > I$。

根据以上假设可得：

$R - C > I - C$

由此可得高校教师博弈得益矩阵（如表 2 所示）。

表 2　高校教师博弈得益矩阵

博弈策略		教师群体 A	
		合作	非合作
教师群体 B	合作	$R-C$,$R-C$	$I-C$,Q
	非合作	Q,$I-C$	0,0

当 $I-C < 0$ 时，如果 $R-C > Q$，教师群体 A 与教师群体 B 都选择"合作"与"非合作"是该博弈的两个纳什均衡点。在此条件下，教师群体 A 与教师群体 B 任意一方在单独改变"合作"与"非合作"策略时，获得的收益都会减少。

当 $I-C < 0$ 时，如果 $R-C < Q$，教师群体 A 与教师群体 B 都选择"不合作"是该博弈的唯一纳什均衡。在此条件下，教师群体 A 与教师群体 B 选择"合作"是不划算的，"不合作"才是双方的上策。

当 $I-C>0$ 时，如果 $R-C>Q$ ，教师群体 A 与教师群体 B 都选择"不合作"是该博弈的唯一纳什均衡。此时，教师群体 A 与教师群体 B 通过"合作"能获得较好的收益。

当 $I-C>0$ 时，如果 $R-C<Q$ ，教师群体 A 与教师群体 B 博弈存在两个纯策略纳什均衡：第一，教师群体 A 与教师群体 B 中一方选择"合作"，另一方选择"非合作"；第二，教师群体 A 与教师群体 B 中有一定的概率选择"合作"或"非合作"。

除教师群体内部存在"合作"与"非合作"的情况外，学生群体内部也存在着类似的情形，其具体分析可以参考高校教师群体内部分析。通过对高校教师与学生群体博弈分析发现，除"合作"能够促使双方互打高分外，双方采取"合作"策略付出的成本高低也成为影响双方能否进行合作的重要因素。

2. 多群体演化博弈分析

假设教师群体中，采取"合作"策略的教师的比例为 x ，那么采取"非合作"策略的教师的比例为 $1-x$ 。采取"合作"策略的学生的比例为 y ，那么采取"非合作"策略的学生的比例为 $1-y$ 。采取"合作"策略的学生的比例一般与采取"合作"策略的教师的比例呈正相关关系，即采取宽容性策略的教师越多，学生采取讨好策略的概率就越大。只需要通过探讨教师选择采取"合作"和"不合作"策略的比例即可反映出学生采取"合作"与"不合作"策略的比例。在本文中，我们假设存在非线性的正比关系，即 $y=\dfrac{e^x-1}{e-1}$ 。

为更好地反映在线评教实施以来分数变化的过程及原因，本文基于不完全理性假设，分析策略选择的突变和策略改变对群体的影响。首先，本文假设高校教师与学生在开始实施评教时都是采取"非合作"策略，但由于高校教师或学生为讨好对方，一部分群体试探性地采取打高分策略，而另一部分群体中部分收到了来自该群体的信号，并选择给予相应反馈，即同样对对方采取"放水"策略，高校教师与学生便从该策略中均获得超额收益。此时，其他群体关注到此现象，便有一部分群体选择采取"合作"策略，双方群体中采取"合作"与"非合作"策略的比例逐渐变化。

根据上述变化规律，本文根据评教分数变化的动态规律，构建出教师博弈收益矩阵（如表3所示）。

表3 教师博弈收益矩阵

博弈策略		教师	
		合作 x	非合作 $1-x$
学生	合作 x	$R-C$, $R-C$	$I-C$, Q
	非合作 $1-x$	Q , $I-C$	0, 0

设合作群体为 C ，不合作群体为 D ，获得的收益为 U ，得：

$$\begin{cases} U_C = x \cdot (R - C) + (1 - x) \cdot (I - C) \\ U_D = x \cdot Q + (1 - x) \cdot 0 \\ \bar{U} = x \cdot U_C + (1 - x) \cdot U_D \end{cases}$$

此时，复制动态方程可根据一般公式得到：

$$\frac{\mathrm{d}x}{\mathrm{d}t} = (U_C - \bar{U}) \cdot x = x \cdot (1 - x) \cdot [x \cdot (R - I - Q) + (I - C)]$$

令 $\frac{\mathrm{d}x}{\mathrm{d}t} = 0$ ，此时该微分方程的三个解分别为：$x^* = 0$ ，$x^* = 1$ ，$x^* = \dfrac{I - C}{I + Q - R}$ 。当 $0 <$ $\dfrac{I - C}{I + Q - R} < 1$ 时，即当 $I - C > 0$ 且 $I - C < I + Q - R$ 时成立（ $Q > R - C$ 且 $I > C$ 时），上述演化博弈的三个稳定解都处于 $0 \sim 1$ ，因此三个状态都是合理的。此时高校教师与学生动态演化稳定策略图如图 2 所示。

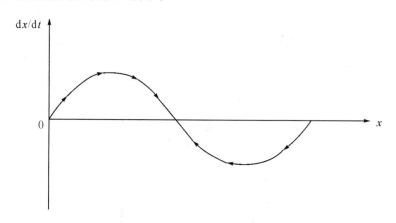

图 2 高校教师与学生动态演化稳定策略图

由图 2 可知，当 $x = \dfrac{I - C}{I + Q - R}$ 是动态博弈进化稳定点，如果上述由环境条件等决定的教师间利益关系是稳定的，那么一旦发生少数教师策略从"非合作"到"合作"的变化，此时这种突变的数量会不断增加，直到比重增加为 $x = \dfrac{I - C}{I + Q - R}$ 。如果教师中选择"合作"策略所占比重超过这个水平，甚至全部都是选择"合作"策略，此时少量"非合作"策略的变异则又会在群体中扩散，最终仍回到 $x = \dfrac{I - C}{I + Q - R}$ 的均衡比例。

当 $\dfrac{I-C}{I+Q-R} < 0$ 时，即当 $Q > R-C$ 且 $I < C$ 或当 $Q < R-C$ 且 $I > C$ 时，上述复制动态方程的稳定点只有 $x^* = 0$ 和 $x^* = 1$，此时高校教师与学生动态演化博弈相位图如图 3 所示。

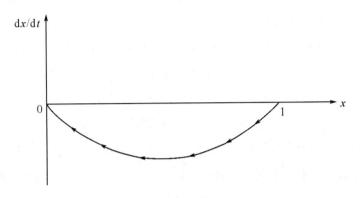

图 3　高校教师与学生动态演化博弈相位图

由图 3 可知，当 $x^* = 0$ 是博弈双方唯一均衡点，此时所有教师都是选择"非合作"策略。如果所有教师在初始状态都选择"不合作"策略，即使部分教师出现了"合作"策略的突变，也会很快消失。而当开始时不是全部"合作"或全是"合作"状态时，"非合作"策略一旦出现，便会迅速在群体内扩散，最终将会全部趋向于"非合作"的均衡。

当 $\dfrac{I-C}{I+Q-R} > 1$，即 $R-C > Q$ 且 $I-Q+R > 0$ 时，即 $R-C < Q$ 且 $I-Q+R < 0$ 时，上述复制动态方程的稳定点只有 $x^* = 0$ 和 $x^* = 1$，此时高校教师与学生动态演化博弈策略图如图 4 所示。

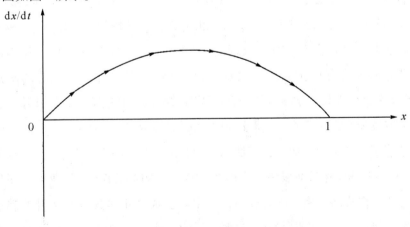

图 4　高校教师与学生动态演化博弈策略图

由图 4 可知，当 $x^* = 1$ 时是该动态演化博弈的唯一均衡点。此时所有教师都是选择"合作"策略的。如果所有教师在初始状态都是选择"合作"策略，即便部分教师出现了"非合作"策略的突变，也会很快消失。而当开始时不是全部"非合作"或全是"非合作"状态时，"合作"策略一旦出现，便会迅速在群体内扩散，最终将会全部趋向于"合作"策略的均衡。

同理，学生群体中策略选择也会与高校教师群体的策略选择类似，其具体分析可以参考高校教师策略选择。本文通过博弈分析发现：第一，机会成本 Z 是高校教师与学生是否进行"合作"的重要参考，若双方"合作"的成本大于"合作"的收益，双方便不会进行"合作"，反之亦然；第二，学生策略选择变化会影响教师策略改变，若学生选择"合作"的比例 x 增加，高校教师选择"合作"的比例也会随之增加，反之亦然；第三，"合作"收益 I 成为影响双方是否"合作"的关键性因素，若"合作"的收益 I 较大且远大于"合作"的机会成本 Z 时，双方会不由自主地走向"合作"，反之亦然。

（四）原因分析

为探究在线评教模式下大学生学业成绩与评价分数变化的原因，本文从经济学视角对高校教师与学生受益情况进行分析。对大学生而言，学业成绩（GPA）是大学生获得学位的基础，同时也影响着大学生的成长与发展。学业成绩是出国、保研、就业重要的标准与参考。为此，大学生会通过各种方法来提升学业成绩。对于高校教师而言，评奖评优全依赖于科研，论文已经成为过去式，学生的评教结果对教师晋升发展起到至关重要的作用。在线评教模式的出现将两个利益相关群体结合起来。根据博弈理论，如果一方的"合作"意愿上升，将导致双方的"合作"意愿均呈现上升趋势；如果一方的"合作"意愿下降，将导致双方的"合作"意愿均呈现下降趋势。大学生为获得较高的学业成绩，通过提高评教分数的方式，向高校教师"示好"，以此换取教师在学业成绩上的"宽容"。而高校教师获得大学生"好处"的同时，作为回报在学生学业成绩方面也将有意无意地"放水"。但随着双方"合作"意愿的增加，双方"合作"的概率也会提高，学生群体中会出现对教师给予高度评价，以此让教师在对学生打分时采取较为宽松的策略，从而达到高校教师与学生"双赢"的局面。此种"合作"模式造成了大学生学业成绩快速膨胀。据统计，2005 年美国高校大学生平均学业成绩为 2.98，到 2008 年学业成绩便突破 3 的大关，直到 2013 年学业成绩还保持着持续增长的态势。在我国，相关研究表明，学生学业成绩正呈现逐年上升的趋势。高校教师与学生之间存在"合作"模式，这种"合作"模式若没有外界的干扰，将会进入持续不可逆的状态，进而导致学业成绩与评教分数双重膨胀。

此外，此模式下的弊端也不容忽视。对教师而言，真正优秀的高校教师或教学偏向严格的教师无法得到与自身水平相匹配的评教结果，甚至出现不画考试重点的教师可能会受到一部分学生的"报复"，使得教师不能正常开展教学工作的情况。对学生而言，一味追求学业成绩，偏离高校人才培养目标，导致学生对知识的探索、求真欲望下降，使大学生学习目标更偏向于获得较高的期末成绩而非真正渴求学术知识。

四、结论与讨论

随着网络信息技术的发展，在线评教模式逐步在各高校兴起并被广泛运用。新技术运用大大提升了学生评教的效率，推动了高校教学管理工作的开展。但在线评教模式的实施也滋生了师生"合作"共谋"分数"的问题，这与在线评教模式中"捆绑"合作双方（高校教师与学生）利益息息相关。在线评教模式中，高校将学生评教结果作为评判高校教师发展的必要指标，成为管理高校教师的重要方式。此种方式看似科学合理，实则忽视了教学过程中高校教师与学生的角色和地位。在高校教学中，高校教师是教学活动的发起者、领路人，学生则在高校教师带领下开展学习、讨论与研究，高校教师与学生都是教学活动中的"中心"与"主人"。但随着高校教师发展的评判标准加入，教学活动中师生双方的角色和地位便发生了改变。学生由于拥有评判教师、决定教师发展的权利而逐步走向教学活动的"中心"，成为教学活动中的"主角"；高校教师由于自身发展受到学生的"牵制"而逐步走向教学活动的"边缘"，成为教学活动中的"配角"。高校教师和学生角色与地位的不对等，易造成高校教师担心部分学生利用评价成绩"报复"，而不敢管、不愿管学生，或者学生利用手中的权利"讨好"教师，换取学业成绩优秀的局面。高校教师发展受制于学生，学生成长离不开教师，两者的发展受制于对方。此时，为实现共同发展，师生双方自然而然地走向"合作"，互打"高分"。长此以往，高校课堂教学质量、学生培养质量以及高校教师发展质量，势必受到影响；大学生学业成绩、高校教师的评教分数及高校课堂中的"水课"也将"水涨船高"。

为提升在线评教的有效性与科学性，高校管理者应从在线评教技术与方式层面，高校应对在线评教模式进行完善。在技术层面，高校应以 B/S 架构为基础，利用 ASP. NET+SOL Server 2012 平台，设计符合本校发展需求的评教系统，同时优化数据算法，使在线评教的结果能够更客观真实地反映出教师的教学情况；在评价方式层面，高校应完善评测表，采用主客观相结合的方式对教师的教学进行评价，并根据教师的不同情况，采取分专业、分课程进行评测，在此基础上实行匿名（通过匿名的方式，降低教师对学生"报复"的概率）及延时反馈（学生对教师评教成绩在教师给学生打分之后，即教师在给学生打分之前看不到学生对教师的评价成绩，以此减少学生评教成绩对教师打分的影响）的方式，提升在线评教的客观性。这些方式在一定程度上能够降低高校教师与学生"合作"的概率，提升在线评教的客观性，却忽视了高校教师与学生"合作"的关键因素，造成高校完善措施出台很多，但大学生学业成绩及评价分数仍持续增长的状况。究其原因，高校在完善在线评教模式时，并没有抓住影响师生"合作"的关键因素——高校教师与学生"合作"及互打"高分"行为收益背后教师评价制度设计不合理的问题。

通过博弈模型分析可知，高校教师与学生"合作"的机会成本 Z、"合作"收益 I 是影响双方是否愿意"合作"的重要因素，当 $Z > I$ 时，双方的"合作"就会消失，反之亦然。此外，双方在"合作"过程中，出现其中一方的"合作"意向上升，参与博弈的另一方的"合作"意向也会随之上升，而一旦博弈的一方"合作"意向下降甚至停止时，师生之间互打"高分"的现象将会消失，学生成绩"虚高"问题将会得到根治，学生成绩将会回归正常。在解决在线评教过程中高校教师与学生互打"高分"问题时，关键是要避免双方"合作"，"切断"高校教师与学生"合作"的利益基础，使教师或学生中的任何一方退出"合作"。鉴于学生学业成绩必须要高校教师参与，因此在高校教师与学生"合作"的过程中，重点应从学生层面入手，切断教师与学生"合作"的"利益链"——将教师晋升与发展从学生手中解脱出来，将学生评教与高校教师发展进行"解耦"。高校应适当降低学生评教对高校教师职称晋升、评奖评优等方面的影响，改变当前学生评教对高校教师的决定性作用，将学生评教的成绩作为一项重要参考标准而非必须要求，减轻学生对高校教师发展的影响，让高校教师从学生评教中解脱出来，使教师真正敢教学、敢管学生、敢打分数，使课程教学真正回归教育的本质与初心。

此外，在完善高校教师考评制度的同时，高校还应完善在线评教的监管制度，利用大数据对大学生学业成绩及评教分数进行统计，针对学业成绩及评教分数持续递增的专业班级进行分析，并采取相关的处理措施，增加高校教师与学生"合作"的成本，降低高校教师与学生"合作"的概率，使在线评教中高校教师与学生的打分行为回归正常与理性。

参考文献

[1] 新华社. 中华人民共和国国民经济和社会发展第十四个五年规划和 2035 年远景目标纲要［EB/OL］.（2021 - 03 - 13）［2021 - 07 - 15］. http://www.xinhuanet.com/politics/2021lh/2021-03/13/c_1127205564_3.htm.

[2] 高巍，毛俊芳，叶飞，等. 高校如何提升学生评教效度：澳大利亚高校学生评教最大差异量规及其启示［J］. 开放教育研究，2020（2）：28-30.

[3] 杨玲玲. 迎合与自保：评教分数膨胀中的学生行为分析［D］. 南京：南京大学，2020：1-3.

[4] 郭娟. 基于数据分析的高校学生评教实证研究：以南京林业大学为例［J］. 中国林业教育，2018（1）：1-4.

[5] 赵颖. 学生评教制度下分数膨胀的内在逻辑：博弈模型的建立［J］. 中国高教研究，2019（4）：25-26.

[6] 克里斯汀·蒙特，丹尼尔·塞拉. 博弈论与经济学［M］. 张琦，译. 北京：经济管理出版社，2005：9-17.

[7] 陈翠荣，胡成玉. 基于博弈理论的研究生学术失范研究［J］. 科研管理，2016（4）：136-137.

[8] 陈友芳. 学科任务导向的思想政治学科核心素养测试策略：基于信息不对称博弈理论的思考［J］. 课程·教材·教法，2016（9）：28-34.

[9] 邓勇. 美国高校学生分数膨胀现象研究［D］. 长沙：湖南大学，2015：8-15.

[10] 哈巍，赵颖. 教学相"涨"：高校学生成绩和评教分数双重膨胀研究［J］. 社会学研究，2019（1）：100-103.

[11] 周继良，龚放，秦雍. 高校学生评教行为偏差及其与学科类别、学校类型和学业自评的关系：基于南京和常州十所高校的实证调查［J］. 高等教育研究，2017（10）：64-74.

[12] 黄玉春，王雪峰. 基于 MVC 模式学生评教系统的设计与实现［J］. 河北北方学院学报（自然科学版），2020（7）：49-55.

[13] 崔桓睿. K-modes 算法与神经网络在教学评价与学习预测中的应用研究［D］. 延安：延安大学，2020：5-12.

[14] 洪玫，孙克金，李娟，等. 面向教学持续改进的评教系统设计与实现［J］. 中国大学教学，2019（10）：80-86.

[15] 李盼道，孟庆瑞. 高校学生评教结果缘何失效：影响因素、逆向选择机制及其治理路径研究［J］. 教育学报，2020（2）：86-92.

"互联网+教育"背景下课堂教学评价探索研究

杨立[1]

摘　要：教学质量是高校发展的关键。在"互联网+教育"的大趋势下，本文分析了其特点和影响，并探析如何利用互联网丰富的教育资源及平台等，更好地为高校教学评价提供支持，提出基于"互联网+教育"背景下的课堂教学评价改进策略，为高校教育教学建设及人才培养质量做出贡献。

关键词："互联网+教育"；课堂教学；教学评价

一、问题的提出

为了深入贯彻落实全国教育大会精神和《中国教育现代化2035》，教育部于2019年10月出台了《教育部关于深化本科教育教学改革全面提高人才培养质量的意见》，提出了要全面提高课程建设质量，着力打造一批具有高阶性、创新性和挑战度的线下、线上、线上线下混合的"金课"，积极发展"互联网+教育"。随着"互联网+教育"的个性化、普及化以及对教学模式、教学方法、评估方式、教育者的角色定位、教学思维以及教学能力等产生的重大影响，各高校纷纷推动互联网、大数据等现代技术在教学评价中的应用，以适应互联网信息时代对高校课堂教学的新要求，同时也为每个学生的个性化发展提供了巨大支撑。

在"互联网+教育"的开展过程中，教师如何更好地管理课堂教学、确保课堂教学质量，学生如何有更多的学习收获，高校如何抓住信息技术的机遇进行教学评价升级，

---

① 杨立（1989—），女，西南财经大学教师教学发展中心，初级研究员，主要研究方向：教学评价、教学质量保障。

线上教学的质量与线下教学相比如何……这些问题正是教学评价的关键和重点，是"互联网+教育"给教学评价带来的重大挑战，同时也是高校全面推进质量文化，将质量意识、质量标准、质量评价、质量管理等落实到教育教学各环节的重要契机。

二、"互联网+教育"对教学评价的影响

（一）"互联网+教育"拓宽了学习的范围，教学评价应更具广度

信息技术进入教育领域，使得教育形态发生了巨大的变化。新冠肺炎疫情的暴发，让依托互联网产业的线上教育大规模兴起，在学校停课不停学的时候，线上教学发挥了举足轻重的作用。自疫情得到控制后，部分学校仍然将线上教学作为教学安排的一部分，与线下教学相结合，实现优势互补，促进教学质量的提升。同时，"互联网+教育"具有良好的交互性、开放性，有助于实现资源共享、优化教育资源。此外，通过国家教育资源平台进行资源共享，有助于教育落后地区学生学习，有助于学生根据自己的兴趣选择性学习。"互联网+教育"的学习方式对未来的教育来说，更有利于人们综合素质的提高。因此，我们在评价教育教学活动的过程中，不应再受学习范围的局限，应发掘出更具引导性的指标体系，使评价的范围更广。

（二）"互联网+教育"转变了教学目标、教学方法等，教学评价应更多样化

传统教育模式下，教师传授书本知识，对书本外的知识进行适当的扩展，讲究考试成绩，重结果、轻过程，对学生的培养"以分数论英雄"，忽略学生个性化发展和创造力、逻辑性与批判性等思维的培养。随着科学技术的快速发展和进步，社会对下一代提出了更高的要求，这就需要教师在教学过程中重新设定教学目标，重新进行教学设计，重新了解学生的需求、学习状态以及学习效果；必须熟练掌握各类网络软件，熟练操作各类网络教学平台。同时，授课地点从教室到任何有网络的地点；授课方式从与学生面对面的交流到云交流，从板书到PPT、视频；参考资料从书本到为学生提供海量的网络资源库等，都需要教师重新调整教学安排。这就需要在对教学活动评价的过程中，不局限于方式方法，鼓励开展更加多样化的教学评价方式，达成教学目标。

（三）"互联网+教育"改变了学习内容，教学评价应更深入

"互联网+教育"突破时间和空间的局限性，使学生学习效率大幅度提高。因此，教师需要在学习深度上下功夫。教师在准备教学内容的过程中，不仅要增加新的知识内容，而且要把与课程相关的其他课程的内容加以整合，实现学科交叉，培养学生的学科知识整合能力，提高学生的综合能力，使学生成为全方位发展的人才，使学生适应并促进社会的发展。有的国家推出了STEAM课程，即由科学（science）、技术

（technology）、工程（engineering）、艺术（art）、数学（mathematics）等学科共同构成的跨学科课程。它强调知识跨界、场景多元、问题生成、批判建构、创新驱动，既体现出课程综合化、实践化、活动化的诸多特征，又反映了课程回归生活、回归社会、回归自然的本质诉求。因此，教学评价不应局限于课堂教学的好坏、学生是否掌握了教师传授的知识等表面问题，应深入挖掘评价学生综合能力的指标体系，促进学生全面发展。

（四）"互联网+教育"改变了学习模式，教学评价应更灵活

尽管在"互联网+教育"背景下，教学的对象仍然是学生，但新的教学目标、内容、模式等改变后，学生的学习方式也发生了改变，实现了在虚拟场景、社区、企业里学习，在不同时间段学习，即无界化、弹性化的学习。此外，在"互联网+教育"背景下，学生更多以问题为导向进行学习，这在一定程度上促进了学生个性化学习，同时也对学生自身的学习习惯和自律能力带来了巨大的挑战。对于学校和教师来说，学生的学习效果也变得更加不可控和不可测，师生之间面对面的交流和互动这种提高学习效果的手段在互联网的作用下被大大削弱，教师与学生之间指引者和被指引者的关系、设计者和执行者的关系、帮助者和被帮助者的关系都被弱化，教师不再是知识的唯一传递者，这会在一定程度上让学生在信息世界中迷失方向。在这种情况下，教师更多地充当灯塔的作用，指引学生去探索而不至迷失方向。因此，教学评价不应局限于几个固定问题来评价教师教学情况、学生学习情况，评价方式和指标内容等需要根据教师与学生之间实际的教学关系进行灵活调整。

三、"互联网+教育"背景下的教学评价需要遵循的规律

信息技术在教育教学领域中所能够发挥的作用是由教育教学领域的需求和教育教学基本规律决定的，教育教学活动只可以将信息技术作为辅助工具使用。尽管互联网更新了教学手段、提高了学生学习效率，但本质上仍然只是技术手段和工具，盲目追求信息技术，恰恰破坏了学习规律和学习生态，颠覆了教育的本质，即立德树人、传承文化、创新知识和培养人才。教育应该以人文主义为基础，尊重生命和人类尊严、权利平等、社会正义、文化多样性、国际团结和为可持续的未来承担共同责任。因此，教师教学情况、学生学习情况的教育教学评价，必须要根据"互联网+教育"带来的"变"以及教育本质的"不变"重新定义，建立一个合理的评价标准来规范教学活动，为教师提高教学水平、学生获得更好的学习体验和更多的收获做出贡献。

通过了解"互联网+教育"给教育教学各方面带来的变化以及教育本质的"不

变",因地制宜开展教学评价,避免评价重形式、轻实质,避免缺乏科学性和有效性,提高评价结果的信度和效度,这样的评价结果更有利于教师改进教学、提高教育教学水平,提高学生的学习效果和学习满意度,真正提高学校的教学质量,从而适应新时代国家对人才的需求。

四、"互联网+教育"背景下的高校教学质量评价改进思路

(一)运用"互联网+教育"的平台,完善以学习效果为主的评价机制,创新评价制度

无论采用什么课堂教学方式,都关注学生的学习结果,同时也要关注学生的学习过程。形成性评价主要围绕学生在学习过程中的参与程度和学习情况进行教师评价、同伴互评以及自我评价。总结性评价主要是对学生通过"互联网+教育"学习后的考核评价。目前,传统教育下的教学评价以总结性评价为主,形成性评价为补充。根据"互联网+教育"的自身特点,形成性评价更为重要,对于"互联网+教育"学习来说,学习过程以自我为主,教师、考试等为辅,虽然以教师为辅,但教师的作用比传统教育下的作用更大,起到一个引领、提示的作用。因此,创新教学评价制度,需要通过过程性评价,及时发现教学过程中的问题,之后通过及时反馈,使学生适时地调整学习习惯、方法等,教师及时调整难度、针对性、方向。

在"互联网+教育"过程中,学生通过不同时空的资源分享、在线寻找学习伙伴,形成学习团体,进行经验分享和交流,是一种动机性行为,即学生有效利用互联网进行学习,本质上是一种主动行为,具有自我提升的强烈需求和获得知识的满足感。通过互联网进行学习,学生吸取和运用知识不再是以教师教学为主要来源,更多的是通过互联网的资源分享、经验交流、小组团队协作等方式。这种学习习惯更具有内驱力和稳定性,对学生的终身学习和个人发展具有更大的帮助。因此,各高校需要根据学生学习动机的转变、学生学习效果的目的来创新教学评价制度。

(二)以互联网为基础,建立教学评价平台,创新评价方式

互联网给高校教学质量监控与评价创造了更便利的条件,以"互联网+"平台为基础,开展传统评价难以做到的过程性评价和实时评价。教学评价的目的是考查学生是否达到学习目标,促进教师了解教学效果,从而实现改进的目的,是对教师教学效果、学生学习效果的一次诊断。目前,传统教学评价一般采用学期期末的结果性评价,不利于教师及时关注教学过程、及时了解学生学习情况,不利于及时调整教学方式方法等教学过程中出现的问题。通过互联网这个信息技术平台,教师可以在教学过程中开展实时评价,如在每一次课后或每一次讨论后对教师的教学设计、教学方法、教学内

容、案例资源、课堂组织等方面进行评价。过程性评价是教师和学生之间交流的重要渠道，主要功能是建立教师和学生之间沟通的桥梁，师生之间充分把课堂教学信息反馈给对方，做到信息量最大化、实效性最优化。

（三）运用"互联网+"的大数据进行分析决策，创新服务模式

随着"互联网+"应用于教学质量评价过程，教育大数据技术推动了教育评价中数据驱动决策的实现，为多方参与教育评价、实现发展性评价提供了良好的支持。在评价工作中，如何发挥好"互联网+"的作用，就要在工作开展中创新服务模式。

通过现代信息化技术，教师和学校能够更方便、快捷地收集各类信息。传统评价普遍通过问卷等方式收集信息，由于学生、教师、课程、班级等数量大，导致在采集数据的过程中出现耗时较长、信息单一等问题。现代信息化评价通过借助学生可接触的日常信息设备（如手机等），实时地将不同类型的评价数据数字化，同时对评价过程中的数据进行采集，为评价工作开展数据分析与决策提供了数据基础。传统评价的数据收集和现代信息化评价下的数据收集类似于点和面的关系。同时，采用现代信息化技术能在短时间内收集更多、更全面的信息，为数据分析工作提供强有力的支撑。

（四）运用"互联网+"的平台，创新教育质量评价的反馈功能

评价结果反馈主要是能够在评价过程中及时发现学生在教学活动中存在问题以及能把学生在教学过程中存在的问题及时地反馈给学生自己和教学活动的主导者。教师用信息化的手段，依据教学标准和要求，及时地去记录学生各方面的表现，并把记录到的信息反馈给学生，引导学生主动去反思自己的学习过程，及时发现自身在学习过程中存在的优势和不足，形成追求学业进步的愿望和信心，明确学习路径和目标，制订符合自身情况的学习计划。教师用不断变化的视角对学生进行跟踪监测，同时培养学生在评价流程中对知识的实际应用能力。教师通过师生互动和同学互动来帮助学生实现认识自我、发展自我的良性循环。

教师通过互联网平台的反馈功能，建立高校教学质量的预判评估与预警系统。高校应针对教学内容难易程度、社会需求状况、学生适应情况等，在任意时点发现教学过程中的亮点和警示点，以此改进和完善，使教与学相辅相成。此外，教师应结合社会需求变化，提前统筹规划，为高校学科设置和课程体系建设提供支持，为高校教育教学改革提供参考。

五、"互联网+教育"背景下高校教学质量评价体系设计

（一）开展基于内容的多维评价

在现代信息技术与教育教学深度融合的新常态下，高校应探索学生学习效果评价、

学生发展性评价、课程评价、学科评价等综合评价以及期初、期中、期末的过程性评价与结果性评价相结合的全方位评价等。高校应根据"互联网+教育"中学生的学习特点、教师的教学方式方法变化特点等，拓宽评价的时间和空间，从静态的学生对教师的评价向动态的综合学习发展评价转变，甚至通过评价学生学习情况，发现学科发展情况、社会发展需求情况等，全方位、立体化地反映目前高校教育教学效果及人才培养的情况。

（二）开展不同视角评价

高校应在教学质量评价中探索任课教师自评、同行互评、学生评价、教育管理部门评价、校外专家评价、毕业生满意度评价、社会评价等多种方式评价，全面了解教育教学过程中的问题。目前，有很多高校根据学校自身特点进行过程性评价，但由于缺乏"互联网+"平台，大多数过程性评价之间、过程性评价与结果性评价之间没有建立关系网，没有形成有效合力，不能准确、及时地反映出教育教学过程中出现的问题。因此，高校应通过"互联网+"平台，将所有的教育评价进行系统化规划，互相配合、互为补充，发挥各种评价的优势，形成准确的评价。这是互联网平台的天然技术优势。

（三）整合分析评价数据

现代信息技术通过对评价大数据进行过滤、挖掘以及分析，把握教育信息和规律，实时了解教学过程和教学效果，及时归集教学大数据和各项教育资源，全面掌握一线教学信息，实现过程跟踪、实时了解、高效分析。从效率上看，传统评价的数据分析能力和水平远不及现代信息化评价，现代信息化评价的效率优势为发现学生学习、教师授课、学校教学过程中的问题提供了宝贵的时间，真正实现了"及时性"。

（四）建立全方位质量保障体系

高校应依托互联网、信息化大数据平台等技术优势，一方面在评价内容和评价角度上多元化、多维度，通过互联网将参与评价的各要素有效地集中和利用起来，使在教学质量评价开展的全过程中，更好地实现"评价→反馈→改进"的闭合机制，充分发挥评价的真正作用；另一方面依托互联网、信息化大数据处理技术，实现过程性监控和结果性监控，把静态评价转为动态评价，对高校整体把握整个教学过程、教师具体把握自身教学情况、学生准确了解自身学习情况等提供了全局影像，最终形成全方位、便捷、准确、高效的质量保障体系。

参考文献

［1］联合国教科文组织. 反思教育：向"全球共同利益"的理念转变？［M］.北京：教育科学出版社，2017.

［2］GIKANDI J W，MORROW D，DAVIS N E. Online formative assessment in higher education：A review of the literature［J］. Compouter & Education，2011（6）：2333-2351.

［3］BLAYNEY P，FREEMAN M. Individualised interactive formative assessments to promote independent learning［J］. Science Direct，2008（1）：155-165.

［4］廖春华，李永强，欧李梅. "三维一体"高校本科教学内部质量监控体系的构建［J］.高等工程教育研究，2015（2）：115-120.

［5］张文霞，宋微. 基于"互联网+"的教学模式实践与探索［J］. 产业与科技论坛，2016（1）：187-188.

［6］荆全忠，邢鹏. "互联网+"背景下高校教学模式创新研究［J］. 教育探索，2015（9）：98-100.

［7］侯晓慧. 高校教学质量评价体系信息化建设探索与实践［J］. 智库时代，2019（3）：185-186.

［8］张瑜，沈玉洁，段其伟. 高校课堂教学质量评价的现状与对策研究［J］. 教育教学论坛，2018（9）：28-29.

［9］覃鸿怀. 高校课程教学质量评价体系问题研究［J］. 高教学刊，2018（2）：107-109.

信息时代高校非标准化考试改革的路径突破

徐琳①

摘　要： 在互联网信息时代，线上教学打破了传统课堂教学的壁垒，学生获取知识的方式和教师教学的方式都发生了巨大的改变，高校标准化考试的弊端引起了大家的深刻反思。探索非标准化考试改革是推进新时代高等教育教学改革、建设一流本科课程的重要途径。本文梳理了推行非标准化考试过程中遇到的问题和挑战，并提出从提升教师非标准化考试组织能力、配套实施教学改革、深化组织管理、完善考试评价标准四个方面推进非标准化考试改革，以期通过考试改革促进课程教学改革，助力一流本科课程建设，提高创新人才培养质量。

关键词： 非标准化考试；高校；教学改革；课程建设

2019 年，教育部发布《教育部关于一流本科课程建设的实施意见》，明确指出："以激发学习动力和专业志趣为着力点完善过程评价制度……丰富探究式、论文式、报告答辩式等作业评价方式，提升课程学习的深度。加强非标准化、综合性等评价，提升课程学习的挑战性。"考试是教学工作中的重要环节，它不但对学生学习效果具有考核功能，还对学生学习具有导向功能和激励功能，同时对检查教学效果、促进教师改进教学工作也具有重要意义。2020 年，受新冠肺炎疫情的影响，国内外的大学基本上都采取了网络授课的形式开展教学，纷纷研究探索如何开展公平、公正又能激发学生学习动力的学业评价方式。传统的期末闭卷考试线上双机位监考花费了高校大量的人力、物力，而非标准化考试得到前所未有的关注。然而，就现实而言，非标准化考试尚处于摸索阶段，其概念认知、实施意义、教育环境和实践推广层面都存在一些困惑。本文力图通过对这些困惑进行梳理，探索非标准化考试的推进路径，通过推动考试改革促进课程教学改革，实现非标准化考试的高阶性、创新性、挑战度。

---

①　徐琳（1987—），女，西南财经大学教务处，主要研究方向：高等教育考试改革。

一、非标准化考试的概念和价值意义

（一）非标准化考试的概念

关于非标准化考试，目前还没有系统科学的标准化定义。马连霞（2006）提出，非标准化考试是相对标准化考试概念而言的，就是不同于标准化考试的一种考试形式。传统的标准化考试是指根据统一、规范的标准，对考试的各个环节都按照系统的科学程序组织，从而严格控制人为误差的考试。标准化考试能精准量化学生之间的差异，在高考、中考等大规模选拔性考试中发挥着重要作用。但在高等教育阶段，考试最基本的目的不是选拔，而是以考试促进教学改革、培养全面发展的创新型人才。从考核功能来看，标准化考试倾向于知识性考查，注重知识的记忆和再现水平，主要考核的是学生对知识的复制能力，甚至部分课程考试内容教材化，因此容易出现"高分低能"的现象，有失考试的公平和公正；从考试的导向功能来看，标准化考试答案唯一，容易引导学生过度追求标准答案，为了考试而带有功利性地学习，还可能在考试时滋生作弊行为。在教师教学改革层面，标准化考试容易导致教师在传授知识层面裹足不前，从而忽视学生综合能力和实践创新能力的培养；从考试的激励功能来看，标准化考试是关注结果的终结性评价，在课堂教学过程中难以激发学生认真学习的动力。这种以他评为主的评价方式也容易使学生缺乏学业成就感，难以激发学生内在的学习兴趣和学习动力。特别是在高等教育与信息技术深度融合的今天，学生学习的途径已经远远不局限于课堂，优质的慕课等在线教学为学生学习提供了多元化的选择，这也使得传统考试方式的改革显得尤为重要。

因此，本文认为，非标准化考试是在"以学习者为中心"的理念的指导下，通过实施灵活多样的全过程非标准答案考试激发学生专业志趣和学习动力、引导学生独立思考、提高学生的创新能力和综合素质的一系列考试方法。通过对高校标准化考试种种弊端的反思，非标准化考试是对传统标准化考试的很好补充，将在未来信息化教育时代扮演越来越重要的角色。

（二）信息时代实施非标准化考试的价值意义

一流课程建设在课程内容上，要体现"两性一度"的高质量要求，即课程改革的内容要体现高阶性、创新性和挑战度，要让学生跳起来才能够得着，课程标准要体现改革的多样性创新发展。非标准化考试对提高课程的"两性一度"方面具有重要意义。从课程建设的高阶性而言，非标准化考试的目标与课程改革的目标是一致的。一流本科课程培养学生解决复杂问题的综合能力和高级思维，培养学生深度分析、勇于创新的精神和能力。非标准化考试命题具有高度的灵活性、启发性与开放性，不再局限于课堂教学内容及教材内容，主要是考核学生探究知识，应用知识分析问题、解决问题的能力。从课程改革的创新性而言，非标准化考试与课程教学改革创新方式是相匹配的。一流本科课程改革要求教学内容要及时将科技前沿成果引入课程，教学方法也要体现先进性和互动性。而非标准化考试教师根据课程不同阶段的特点和教学要求，创新作业评价方式，灵活运用平时作业、课堂小测验、小论文、报告答辩、文献综述撰写以及期末考试中的开放题目等形式，利用信息化平台加强与学生的互动交流。通过灵活开放的命题，引导学生发散思维，进行探究式和个性化学习，体现了课程教学的创新性。从增加学生课程学习的挑战度而言，非标准化考试是课程改革的重要手段。如何让学生面对课程挑战持续加大学习投入？通过优化课程内容设计吸引学生认真学习是一种方式，而优化考试内容设计、通过信息技术平台加强过程考核也是一种重要的方式。非标准化考试没有标准答案，需要学生运用发散思维和创新思维多角度寻找可能的和合理的答案，从而迫使学生独立思考问题，在课堂上主动与教师互动交流，在课后认真查阅相关资料文献，加大学习投入。在激发学生学习动力方面，非标准化考试加强了学习过程的考核，每次作业、互动讨论都会折算成平时成绩计入课程总成绩。这样学生不仅会按时上课，还会提前预习，以便更好地在课堂上展示自己，从而激发了学生全过程认真学习的动力，也增强了学生经过刻苦学习取得收获的成就感。

在网络信息时代，采用慕课等网络资源开展辅助教学对高校人才培养发挥了重要作用。信息化教学平台实现了时间、空间的维度转化，更加方便教师开展过程考核、开放性问题讨论、课堂小测验等。在新型教育背景下，非标准化考试以其灵活性与创新性，在慕课等在线教育领域得到了广泛应用。因此，推行非标准化考试改革是顺应新时代本科教育改革的必然要求，是培养创新人才的重要途径，对建设一流本科课程发挥着重要作用。

二、非标准化考试改革存在的问题

（一）对非标准化考试理解存在误区

在推行非标准化改革的过程中，部分教师对非标准化考试存在误解，还需要进一步加强理解和认识。一是部分教师认为非标准化考试没有标准。有个别高校教师认为非标准化考试就是没有标准答案的考试，以教师教学自由为名，出现了一些超出学术自由范畴和道德纪律约束的题目，引起了较大的社会争议。二是部分教师将非标准化考试和标准化考试对立。有部分教师认为，非标准化考试和长期以来施行的标准化考试是对立的，在实际考试改革过程中，非标准化考试和标准化考试是相互补充、相互促进的关系。优秀的教师可以将标准化考试和非标准化考试有机地融合起来，实现教育教学及考核目标。一方面，高校应在标准化考试中融入非标准化考试，在标准化流程实施的考试中，设计一些开放思维的非标准答案考试题目；另一方面，有些课程是注重基础知识训练的，可以通过标准化考试加强基础知识的练习，以便更好地实施非标准化考试。例如，有的课程建设了标准化考试题库、案例库，利用信息技术在过程考核中通过标准化测试帮助学生掌握基础知识，等学生有基础以后再进一步实施非标准化考试。当前，高校需要推行非标准化考试改革，但并不是要对标准化考试完全抛弃，而是要根据课程特点、学生情况、教学阶段、教学目标等因素选择最有利于教育教学的考试方式。

（二）非标准化考试改革氛围不浓

标准化考试是当代高校教师深刻的教育记忆，他们大多是在标准化考试环境中成长起来的，因此也习惯了采用标准化考试作为课程考核方式，缺乏考试改革的动力和积极性。非标准化考试必须以互动式教学、探究式课堂教学为基础。传统的教学方式是教师在课堂上授课，学生被动接受知识，因此无法充分发挥非标准化考试的优势。近年来，随着慕课等新型教学范式的普及，其逐步改变了传统的教学观念，教师也越来越注重对学生自主学习的引导。互动探究式教学的兴起也为非标准化考试的实施奠定了基础。为了与学生建立有效的沟通和互动渠道，教师需要正确看待学生探究质疑带来的挑战。在尝试非标准化考试过程中，学生对教学方式、评分标准、考试成绩等方面的质疑，都会降低其开展探究互动式教学、非标准化考试的积极性。此外，多数教师对非标准化考试的概念等方面的理解不足，对高校必须实施非标准化考试的目的和意义认识不足，从而缺乏探索实施非标准化考试的动力。

（三）非标准化考试管理组织不善

目前，多数高校采用了校院两级管理模式，学校侧重于决策调控和集中考试安排，学院组织考试命题和阅卷等工作，一直以来院校两级管理模式分工明确、责任明晰、运行平稳，但在推动考试改革时也凸显了一些不足之处。学院一般让教师自行决定课程考核方式，对教师实施教学改革和考试改革缺乏引导和理论指导；学校只能从宏观角度进行研究，做出科学决策，但是对不同学科、不同专业、不同课程的微观层面缺乏认识和了解，在鼓励教师参与教学改革或考试改革方面缺乏直接有效的沟通和指导。

（四）非标准化考试激励机制缺乏

非标准化考试较标准化考试而言，命题标准之高、设计难度之大、教学投入精力之多，阅卷评分工作量也呈指数级增长。目前，学校层面很难细致地将非标准化考试命题、阅卷等工作纳入教师工作量核算。另外，教师考核评价体系仅对教学课时有硬性指标要求，对考试命题并没有相关评价指标，而教师在聘任、晋升的过程中学校主要关注科研成果等指标，这就形成了部分教师"重科研、轻教学"的思想，从而不重视课堂教学范式改革及考试改革。对学生而言，其对非标准化考试及独立思考、创新能力培养的重要性缺乏全面、科学的认识，对挑战式学习方式还不习惯，反而更重视成绩在评优评奖、保研升学以及就业等方面的显性影响。学生对考试成绩评定过度敏感也会在无形之中促使教师选择有标准答案便于解释的标准化考试。

三、高校非标准化考试改革的路径突破

（一）提升教师非标准化考试组织能力

教师是教学改革和考试改革的关键主体，其本身是否意识到非标准化考试的重要性、是否具有改革的动力和能力对考试改革成败至关重要。因此，高校需要进一步提升教师对非标准化考试的认识和组织能力。一方面，高校要搭建校级教师发展平台，集中开展新晋教师培训和研修活动。高校可以通过集中培训、在线课程学习、专家讲座、工作坊等多种形式开展先进教学理念培训，对教师教学方法进行指导，引导教师积极参与教学研究，提高教师参与教学改革和创新的积极性。另一方面高校应加强院系教研室、课题组等学习共同体建设，建立完善传帮带机制。高校应通过院系组织教育思想大讨论、座谈会、专题研讨、示范课等方式对教师进行更有针对性的培训。高校应通过聘请教学名师、非标准化考试命题取得成效的专家对教师教学活动进行个性化指导，提高教师教学改革和考试改革的能力。

（二）配套实施教学内容与教学方法改革

非标准化考试改革表面上是考试方式的改革，实际上是与课堂教育教学改革相辅相成的。在信息时代，学生可以在网上获取更多的课程资源，如果教师在课堂上还是以教师为中心，采用灌输式的教学方式，则很难激发学生的学习兴趣和发展学生的创新思维。如果课堂教学方式尚未改革，而期末却采用非标准化考试，那非标准化考试也只是流于形式的考试改革。非标准化考试必须是以互动式教学、探究式教学为课堂基础，必须要适应信息时代学生的学习方式，必须"以学生为中心"，以学生的学习和发展为核心，调动学生学习和发展的积极性，发现学生的潜能和特长，培养学生的创造性。流于形式的非标准化考试改革，不管题目设计得多么巧妙、形式设计得多么新颖，也无法达到激发学生专业志趣、提高学生创新能力的目的，无法真正实现有价值、有灵魂的非标准化考试。因此，在硬件方面，高校要进行智慧教室建设，为教师开展

探究式、讨论式、混合式等教学范式提供良好的教育环境。在课堂教学改革方面,高校应倡导实施小班化研讨课、专题研讨课、科研训练课等一系列研究型特色课程。在线上课程教学改革方面,高校应鼓励教师开展慕课建设、混合式教学和翻转课堂等新型教学形式,将非标准化考试融入在线开放课程,使非标准化考试发挥更好的考核作用和激励作用。例如,通过慕课平台的线上作业加强学生学习过程评价,不仅能提高学生自主学习的参与度,还可以促进教师和学生的互动交流,给教师及时提供教学反馈,促进线上教学和线下教学的深度融合。

(三)优化非标准化考试组织管理

在学校层面,教务处应完善考试管理流程,督促学院在开课前就要组织教师认真研究课程考核方式,积极推进非标准化考试改革,并将非标准化考试改革纳入年终考核指标;深入研究非标准化考试育人理念,制定非标准化考试实施细则及相关评价标准,为教师实施非标准化考试提供理论指导和实践参考;征集非标准化优秀试题及答案并组织专家评审,并将优秀的非标准化试题及答案出版成册,通过高校自媒体对非标准化考试成果进行推广宣传,形成示范效应;对积极推行非标准化考试的教师进行奖励和表彰宣传,提高教师设计非标准化考试试题的积极性和成就感。从学院层面,学院应根据专业、学科以及课程特点,组织课程组和任课教师认真研讨课程改革方向及非标准化考试具体实施方式,并将课程考核方式纳入课程实施方案,于开课初向学生公布,以此督促教师主动设计相关非标准化考试题目,促使教师进行课堂教学改革;积极发挥学院二级管理功能,落实院系领导对考试命题的审核功能,优化学院考试命题管理工作。只有校院两级统一协调、密切配合,才能将课程改革、考试改革落到实处,实现一流本科人才培养目标。

(四)完善非标准化考试评价标准

科学的评价制度对教师教学和学生学习都发挥着举足轻重的引导作用。在学业评价方面,教师应优化课程考核管理办法,强化过程考核,倡导非标准化考试,优化期末考试命题及审核机制,建立过程考核与结果考核有机结合的学业考评制度,全过程、全方位激发学生学习的兴趣和内在动力。在学生评价方面,学生要树立科学成才观念,完善综合素质评价体系,优化评优评奖、推免保研等学生评价相关规章制度,切实引导学生坚定理想信念,努力学习、独立思考,提升自身的创新发展能力和综合素质。在课程评价方面,高校应完善非标准化考试评价命题标准,将非标准化考试纳入课程质量评价指标,融入教师晋升评价指标体系,提高教师参与教学改革和考试改革的积极性。在教师评价方面,高校应强化人才培养中心地位,改变教师"重科研、轻教学""重教书、轻育人"等观念,改进学校经费使用绩效评价机制,加大对教师教学研究和教学改革的支持力度，完善教师参与非标准化命题的激励机制，建立健全教师荣誉制度，提高教师积极投身教学改革和考试改革的获得感与荣誉感。

当今大学生主体都是互联网背景下成长的一代，随着慕课、混合式教学等新型教学方式在高等教育领域被广泛使用，学生获取知识的方式和教师教学方式都发生了巨大的改变，考试方式也需要进一步改革才能与现代教学范式改革相匹配。以学生发展为本，促进学生发展的教育思想正逐步成为各高校教育改革和实践的共识。非标准化考试能体现一流课程建设"两性一度"的质量要求，是一流本科课程建设的重要组成部分。特别是当下慕课等新型教学范式的普及为非标准化考试的实施提供了良好的基础。因此，高校要深入研究课程和学生的特点，探索实施非标准化考试，通过强化"以学生为中心"的教育发展理念，进一步实施教学改革，提高教师考试组织能力；通过优化组织管理体系，完善考试评价标准等方式推进非标准化考试改革，充分发挥考试改革对提高高校教学质量的重要作用，推进高校教学改革进程，助力一流本科课程建设。

参考文献

［1］教育部. 关于一流本科课程建设的实施意见［EB/OL］.（2019-10-30）［2021-08-30］. http://www.moe.gov.cn/srcsite/A08/s7056/2019/01/t20191031_406269.html.

［2］林静. 高校考试改革的有效管理研究［J］. 中国高教研究，2010（11）：92-93.

［3］马连霞. 非标准化考试模式的探索与实践［J］. 教书育人，2006（5）：92-93.

［4］张盖伦. 一流课程建设标准要从"金字塔"走向"五指山"［N］. 科技日报，2021-03-18

［5］任良科，范德荣，魏俊，等. 试论当前高校考试管理工作的改革与创新［J］. 科教文汇（上旬刊），2016（6）：144-145，154.

［6］瞿振元. 着力向课堂教学要质量［J］. 中国高教研究，2016（12）：1-5.

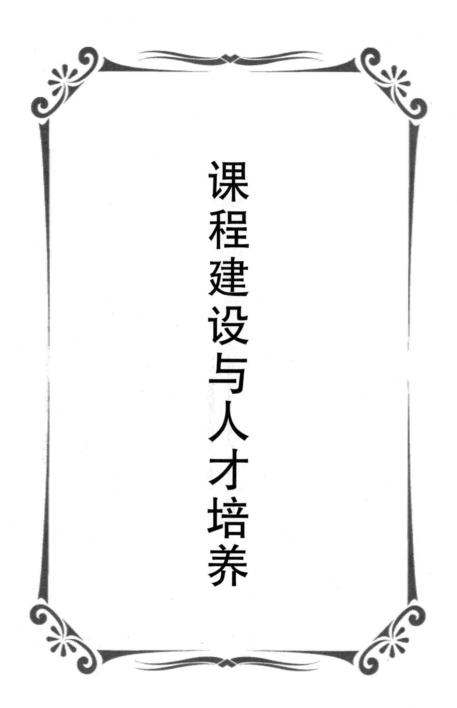

课程建设与人才培养

探索需求导向的模块化在线课程建设实践

——以 Blackboard 网络教学平台为例

杨淑莲①　刘兰娟②　林清丽③

摘　要：本文首先从数字化学习者的学习特点及在线课程建设的时代要求出发，分析笔者所在学校基于 Blackboard 平台的在线课程建设与各类精品课程建设的矛盾现状，提出需求导向的模块化在线课程建设的设想；其次通过制作宣传示范课程、以案例教学法制作系列微视频、行政引导以及完善技术支持服务体系等方法来推进；再次总结了精品类课程、部分在线或全在线课程、研讨型及题库类课程，在课程建设中重点使用的模块类别；最后提出对在线课程建设要给予物质和精神方面的支持，需要完善技术支持体系，不断完善平台功能，实现网络教学与传统教学的优势互补，促进有效的网上教学改革实践。

关键词：需求导向；模块化；Blackboard；网上建课

一、背景引入

随着教育信息化的快速发展，原有的教学模式、师生关系、学习方式和评价方式都发生了质的变化。当代学生作为数字原住民，天生面对海量资源，习惯于上网浏览文、图、声各类媒体信息，习惯于触摸式、拖拽式、复制粘贴式等简单快捷的操作，习惯于碎片化学习、个性化选择、互动教学等网络学习方式，习惯于网上发声。传统教学辅以 PPT 的单一讲授模式无法满足当代学生的学习要求。为了适应信息技术的迅猛发展，国家持续出台相关政策。2010 年，《国家中长期教育改革和发展规划纲要

---

①　杨淑莲（1979—），女，上海财经大学，高级工程师，主要研究方向：教育技术应用。

②　刘兰娟（1960—），女，上海财经大学，教授，主要研究方向：管理科学与工程、教育信息化。

③　林清丽（1984—），女，上海财经大学，工程师，主要研究方向：在线教学。

（2010—2020 年）》提出战略目标，即到 2020 年，基本实现教育现代化；2012—2013 年，教育部组织原有的 3 000 门国家精品课程转型升级；2018 年，教育部部长陈宝生在新时代中国高等学校本科教育工作会议上提出，要建设有深度、有难度、有挑战度的"金课"。在各级政策推动下，教育技术工作者进行了各种尝试和探索。2011 年，慕课的发展席卷全球；2012 年被称为"慕课元年"；2013 年，国家级精品课程转型升级为国家级精品资源共享课。近几年，高校间自发组织各种联盟，联盟内学校开展学分互认和慕课课程共享。在微观层面，校级课程依托慕课平台开展校内 SPOC、混合式教学、翻转课堂等课程与教学改革尝试。

教师作为课程实施和教学改革的主体，面临着前所未有的挑战，不仅要传道授业解惑，还需要掌握各种信息技术，了解各种技术手段的优劣并加以选择。面对在线课程的快速发展，教师对在线课程存在着很多认识上的误区，主要包括：第一，"照搬式"。部分教师认为，在线课程就是将上课内容原样搬家，录制成视频，不需要重新设计和组织。第二，"替代式"。部分教师认为，播放教学视频可以完全代替教师讲授，学生观看视频可以替代阅读教材。第三，"放任式"。在研讨和分组教学中，部分教师从讲授者变成旁观者，不参与引导和指导。第四，"保守式"。部分教师认为，在线课程建设是锦上添花，目的是应付检查，实际授课还是使用原有一套教案。在这些思想的影响下，部分教师对在线课程建设存在着很大的抵触情绪，为了做视频而做视频，为了建网站而建网站，再加上巨大的科研压力，觉得建设在线课程既浪费时间又没有效果，如果没有及时适当的技术指导，无形中就多了一层技术上的压力。对在线课程跟风式的改变，不仅不能推动教学改革和课程改革，反而会分散教师的精力，降低学生的学习兴趣、专注度和学习深度。事实上，每一种模式的发展都不是简单的内容搬家、技术照抄，而是根据教学需求寻找合适的教学模式、技术手段，最重要的是对内容的重新设计、教学过程的重组，促进学生主动学习、深入学习。

为了帮助教师开展在线课程建设和教学，高校通常采用大规模集中的教师培训。一方面，在培训中，参训教师看似掌握了理论或技术，但在具体实践中还会遇到各种各样的问题，此时如果没有及时得到帮助和指导，教师就会重新回到传统教学模式中去，无法保证教学改革的顺利进行；另一方面，集中培训受到时空的限制，具有很大的局限性。目前，教师信息化教学创新能力尚显不足，信息技术与学科教学深度融合不够。原有的教师信息技术培训模式有待改进。

二、现状分析

（一）Blackboard 平台课程建设情况

Blackboard 平台（以下简称"Bb 平台"）是笔者所在的学校统一使用的网上教学平台，覆盖了全校本科生、研究生和继续教育学院的所有课程。Bb 平台是模块化结构，可满足资料显示、视频播放、在线测试、在线讨论、小组等多种应用，教师可以根据课程特点和教学设计选取相应的模块构建课程。平台自引入以来，经历了多次升级和功能扩展，应用范围广、使用时间长。但是从应用深度来看，多数课程只是用来展示教学资料，深层次的教学应用比例较低。表 1 是 2018—2019 学年上学期 10 个学院 1 000 门本科生课程的建设情况。

（二）各级各类课程建设情况

笔者所在的学校的精品课程及各类课程采用统一页面集中展示，但各级各类课程的建设情况相对繁杂。很多课程选择校外建设，教学资料、教学视频散落在校外服务器，长时间没有维护就变成"僵尸网站"，出现视频无法播放、网站无法打开的情况，影响到课程的正常使用。截至 2018 年 5 月底，通过清查，学校 201 门精品课程中有 12.4% 的课程网站无法打开、有 7% 的课程网站需要调试、有 59.7% 的课程网站教学视频播放受限。一个很突出的问题是，负责各类课程建设的负责人本身是 Bb 平台上课的教师，在申请项目时临时找人搭建校外课程网站，评审完成就不再维护，实际授课使用的 Bb 平台上的课程资料相当匮乏。

笔者在对建课负责人的访谈中发现，很多教师并不了解 Bb 平台可以作为精品课程的展示平台，也不了解平台具有作业、测试的评价功能和小组讨论的交互功能等。

笔者从以上现状分析发现，闲置率高的网上教学平台、急需改进的在线课程和一批有兴趣的教师，急需的是有针对性的技术指导。因此，本文的研究依托 Bb 网上教学平台，选择自下而上、以课程需求为导向、模块化建课的方式，从教师的设想、课程的需求出发，选择平台相应的模块实现课程需要，在内容设计上加入学习者分析、媒体选择、页面设计、应用场景等教育技术相关理论的渗透，使教师在具体建课实践中提升信息素养，变畏惧技术为了解并热爱使用技术，达到改进教学的目的。

笔者通过对 Bb 平台应用、精品课程建设分别进行文献检索，发现国内大多数研究集中在基于 Bb 平台开展某一门课程教学改革的个案研究、部分政策理论研究以及对平台推广的政策研究和现状分析等，而对于如何将平台的在线课程建设引向深入的研究相对较少。本文希望在此方面做出一些实践。

表1 2018—2019学年上学期10个学院1 000门本科生课程的建设情况

单位：门

学院	课程数	Blackboard平台课程建设模块								
		大纲、进度、文档	作业	通知	教师信息	扩展资料	教学视频	课程横幅	小组	讨论版
N1	93	72	6	4	4	5	0	0	0	0
N2	76	61	6	6	1	4	0	1		0
N3	81	79	8	8	3	1	0	1	2	0
N4	75	60	2	2	2	2	1	1	1	0
N5	68	65	1	2		1	0	0	1	0
N6	109	88	2	4	3	3	1	1	1	1
N7	122	117	6	4	6	3	0	0	0	0
N8	216	189	2	5	2	3	0	0	1	0
N9	54	52	4	1	4	0	0	0	1	0
N10	106	106	3	3	1	3	0	0	0	0
总计	1 000	889	40	39	26	25	2	4	7	1

注：①"大纲、进度、文档"使用的是平台的"项目"模块，完成率为88.9%，比例很高，原因是教务处要求网上查课。因此，行政推动是促进教学改革的重要因素。但是，"大纲、进度、文档"只停留在"有资料"的阶段，页面的内容设计、美观性、重点突出等均没有体现。

②"作业"是每个课程必需的环节，使用比例只有4%，而且添加方式也基本使用"项目"模块，没有使用"作业"模块，造成学生只能查看下载，无法提交作业。成绩中心也无法记录学生的成绩，未发挥"作业"模块交互的功能。

③"通知"使用比例为3.9%，使用比例很低。这一方面是因为教师使用习惯的问题，另一方面也受到平台本身移动端应用局限性的影响。

④"教师信息""扩展资料"使用比例分别是2.6%、2.5%，使用比例同样很低。尽管很多教师有更多的扩展资料，但是并没有习惯放置到Bb平台课程中。

⑤"教学视频"的使用比例只有0.2%，学校在2016年已经完成Bb平台和视频平台的接口，弥补了Bb平台在视频在线播放方面的不足，但是并没有被教师很好地使用。其宣传工作水平有待进一步提升。

⑥"课程横幅"的使用比例只有0.4%。Bb平台利用"课程横幅""课程主题"模块可以将课程简单美化，树立课程风格，立意课程主题，但这个功能也没有得到应用。

⑦关于"小组"和"讨论板"，查看课程发现，有些课程在"通知"提到教学中开展分组教学和小组讨论，但是却没有使用平台的"小组"和"讨论板"模块，说明技术培训和宣传工作没有做到位，有些想用这些功能的教师不知道如何使用，也没有得到及时帮助。

三、开展思路

高校应通过制作可视化示范课程，让教师对 Bb 平台模块化建课增加感性认识，为教师明确课程需求和搭建课程框架提供案例模板。高校应对课程建设需求较多的模块使用案例教学法录制技术指导系列微视频，弥补以往集中培训中时空受限、受众群体低的弊端。在具体建课中，高校应确定固定联系人制度，使用集中研讨、微信点对点即时持续服务直至建课完成。

（一）制作示范课程

由于 Bb 平台建课是模块复用概念，因此课程建设具有通用性。制作示范课程可以给教师一个清晰直观的概念，消除教师对 Bb 平台建课的误解。示范课程选择的关键因素在于教师，主要包括三个方面：一是课程有固定的对接教师，有些课程是团队建设，任务按照章节分工，对课程的设计理念不一，不利于课程建设。固定联系人的角色要负责确定课程的基调和设计，要有课程改革的思路和热情。二是教师对课程改造有具体的想法或明晰的课程结果。三是教师具有积极改进教学的意向并愿意为在线课程建设付出时间和精力。在此，我们选择了笔者所在学校某教师的通识课程"红楼梦与中国传统文化"进行建课详解。

1. 明晰建课目标

笔者通过与教师沟通，了解课程需求，确定建课目标，实现教学资料和教学视频的网上呈现。测试题的自动评分按照在线测试占 30%、作业占 10%、考勤占 10% 的比例自动生成平时成绩。

（1）实现测试题的自动批阅：10 套测试卷，共 100 道单选题，教师希望实现系统自动批阅功能。笔者建议教师使用"题库"和"随机组卷"功能，教师却希望从最简单的"在线测试"模块入手。考虑到文科院校教师的信息技术水平，最后本课程选择使用"在线测试"模块。

（2）教学视频上网：Bb 平台和已有的视频平台做了接口，因此教师只需要找到"教学视频"插件并上传视频即可实现。

（3）教学资料上网：将已有的课程资料、扩展资料、教辅资料在网上呈现，只需要使用"项目"模块添加即可。在页面设计、美化方面加以具体指导，如"教学大纲"，选择重点部分一页显示，其他以附件形式添加。

（4）自动生成平时成绩：在成绩中心创建"平时成绩"列，对"在线测试""作业""考勤"设置相应的权重加权求和。

内容方面创建完成，接下来笔者建议在以下四个方面对课程进行完善。

一是增加"课程引入""先修说明""通知"等课程信息模块。

二是增加"课程评价"，将课程大作业以"作业"模块添加。

三是增加交互功能，创建"红楼夜话论坛"。

四是界面美化，更换课程主题、菜单样式，制作课程横幅。

2. 确定课程架构，并商定课程菜单和课程风格

笔者根据课程资料的类型与教师商定课程菜单，共包含四大类："课程信息""资料展示""教学评价"和"交互"，每个类别包括一个或多个菜单，呈现具体的课程内容。课程风格最终确定以红色为底色的"火焰"主题，相应的课程横幅也以红色为底色，再加上红楼梦的元素。具体架构如图 1 所示。

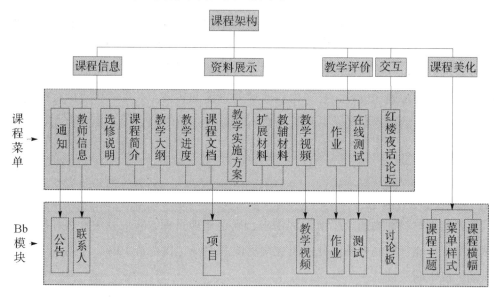

图 1　具体架构

3. 制作完成课程

笔者将课程材料对应添加到课程菜单中，在艺术性方面需要注意避免文字堆砌。笔者保留清晰简洁的说明文字，并将文件作为附件添加；添加的教师照片、图片需要预先处理好再添加上传；"作业"和"在线测试"需要预设好计分规则，如是否多次尝试、如何计分、如何显示反馈等；论坛需要预设话题、确定好计分规则。最终完成如图 2 所示的网上课程界面。

图 2　网上课程界面

4. 在实践中不断修正

课程的建设往往不是一蹴而就的，必定要在实践中以及学生的反馈中经历不断打磨来完善。从建设完成到学期结束，笔者与教师共经历了十几次的互动交流，教师的教学思维在互动中得到充分拓展，建课灵感不断呈现，关注点也从在线课程建设外延到更多信息技术的教学应用，包括成绩的加权处理、讨论板的激励措施、问卷调查的使用、微视频录制等。教师使用在线课程教学变成一种自觉行为，资料更新也会第一时间传到网上，以通知的形式发布给全体学生。教师在新学期的备课从网课开始，教师在平台上修改教学大纲、进度、评价方式，课程讨论将传统课堂不断外延，慢慢将课程应用引向深入。从迈出的第一步开始，技术革新教学的理念慢慢被教师接受并主动去运用。

5. 课程宣传：面对面交流、企业号发布教师心得以及网站首页推荐

该课程在教务处通识课程中心开展案例交流会，教师面对面交流使用 Bb 平台能够达成何种页面效果和功能，教师们有了更加直观具象的感受。在对教师的访谈中，教师谈到"教辅材料上传到 Bb 平台之后，帮助学生养成课前登录 Bb 平台了解教学内容和预习要求的习惯，做到有准备地走入课堂""在线测试做完就看到成绩，这种即时反馈的感觉非常好""讨论版、网上分享和交流大大拓展了课堂教学的时间和空间"。教师有感而发："有时候教学上我们只是一点小小的变革，但能大大调动学生的学习热情，我很欣慰自己一直在探索、在提高，也很感激学生们的配合和支持。"之后，这门课程作为推荐课程显示在"上财教学网"首页。

通过宣传，教师增强了自信心和荣誉感，建课的积极性大大提高。目前，该教师

的课程正在更新教学视频，制作慕课课程向全社会推广。

课程建设带动了教师信息技术能力的提升，从而影响和带动整个课程团队及其身边的其他教师参与教学改革。教学改革由一门课程扩展到多门课程，让更多的教师和学生从中受益，以点带面，形成良性循环。

（二）制作技术指导系列微视频

对于建课需求较高、教师无法正确应用的模块，笔者尝试使用以微视频为载体的新媒体技术培训模式。原有的面对面培训受到时空限制，受众范围窄，教师如果存在时间冲突就无法参加。笔者利用学校企业号推送 5~8 分钟的微视频，教师只需要利用碎片化的时间使用手机即可浏览观看，方便快捷、操作简单，并可以反复观看，突破时空限制。

笔者根据前期调研，再结合问卷和访谈的数据，拟定应用主题为界面美化、教学评价、教学互动、个性化学习四个方面，再根据 Bb 平台模块设计相应的案例，确定具体微视频标题，以案例教学的方式讲解直观操作，共制作完成 9 个系列微视频（见表2）。

表 2　微视频主题

应用主题	模块化工具	微视频标题
界面美化	课程主题、菜单样式、课程横幅	课程变身
教学评价	作业、测试、题库	作业
		随堂测验
		题库
		成绩的自动加权
教学互动	维基（Wiki）、小组、讨论版	助力研讨型教学1
		助力研讨型教学2
个性化学习	适应性发布、闯关式教学、查看学业报告	闯关式教学
		善用统计改善教学

技术指导微视频录制包括"案例设计"→"脚本编写"→"录制"→"编辑"→"微信推广"五个步骤，每个步骤都需要经过团队的多次讨论，每个主题讲清楚讲透彻一个问题，做到语言简洁明了，操作步骤清晰。需要重点突出部分在后期添加统一引导标志。最后成品统一片头、结束语，形成系列微视频。

微视频时长通常控制在 5~8 分钟，根据受众的特点，只推广到上课教师群。系列微视频自推出以来校内访问量从 54 次逐步上升，最高一期访问量达到 328 次，受到教师的好评以及兄弟院校的认可，也逐渐吸引更多的教师关注在线课程建设。

（三）行政引导

在使用 Bb 平台建课推进过程中，行政引导的因素不容小觑。笔者所在学校每年有各级各类课程需要建设在线课程网站，对这些新建的在线课程，教务处鼓励教师使用现有的 Bb 平台进行建设。笔者所在的部门负责技术支持和课程建设指导。这样解决了教师建立网站的后顾之忧，也更好地促进了 Bb 平台建课的推广。

（四）完善技术支持服务体系

课程建设遵循需求导向、问题导向，在实践中解决课程中出现的使用问题，建立点对点即时持续服务机制，确保后续的服务及时跟进，解决教师平时教学中遇到的各种问题，使教师对教学信息技术不再有恐惧感，变"被动"为"主动"，使教师自觉使用技术服务教学，为教师的网上教学改革保驾护航。

笔者制作教师操作手册、"教学网建课入门"网上课程、教学视频上传等技术文档，通过现场指导答疑或微信语音视频答疑等方式为教师提供全方位的技术支持。笔者在建课中采用一对一微信支持服务，快速响应教师需求，从而增强教师建设在线课程的信心，提高其建课效率。

四、模块化在线课程建设总结

不同类型的在线课程所需要展示的内容不同，根据教学的实际需要，笔者将不同的课程类别总结如下：

（一）精品课程类

该类课程主要的功能是课程展示，其特点是强调页面美化、资料丰富，使用的模块包括"公告""联系人""项目""教学视频""作业"和课程美化等。重点放在教学资料、教学视频的添加，在课程美化中做好"课程横幅"的制作、"课程主题"的选择，在页面制作中需要注意图文的美化和排版。精品课程类课程界面如图 3 所示。

（二）部分在线或全在线类

公共课或继续教育学院的课程采用部分在线或全在线课程。该类课程由视频教学代替面授，教师不直接面对学生，要注重教学资料和教学过程的完善。重点展示的内容是"通知""教学资料""教学视频""作业"和"讨论板"。使用的模块包括"公告""联系人""项目""教学视频""作业"。部分在线或全在线类课程界面如图 4 所示。

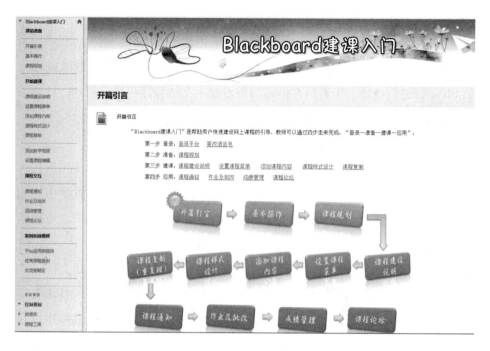

图 3　精品课程类课程界面

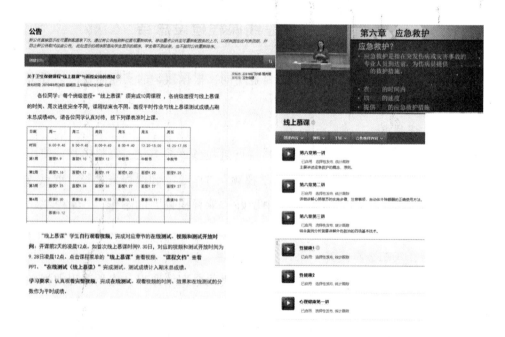

图 4　部分在线或全在线类课程界面

　　"公告"要明确课程的进度、大纲、计分规则，详细说明课程概要、网上学习步骤、资料存放位置、课程评分方法，做到信息及时推送。"联系人"详细介绍教师和助教的联系方式、答疑时间以及出现技术问题如何反馈等。"教学资料""教学视频"是学生学习的主要途径，"教学资料"要全面完整，"教学视频"一般要求按章节全程录像，操作类课程需要录屏讲解。"作业"是该类课程的必备模块，作业的发布时间、关闭时间、计分规则也需要预先设计好并在"公告"中明确重点说明。"讨论板"是学生网上学习的联系入口，可以收集学生遇到的问题和反馈，实现良好的交互。

（三）研讨类

对于研讨类课程尤其是研究生课程，重点在于"小组""Wiki"和"讨论板"的应用。另外，"选择性发布"还可以给不同的小组、不同成绩等级的学生推送不同的内容，实现个性化教学。平台上某教师的中国的环境与社会课程采用了以上四个模块的组合。"小组"需要预先手动分组，导入系统，再对小组进行"选择性发布"资料、留存讨论记录，并进行小组作业课上讲评。"Wiki"需要预先设计好词条命名原则、创建方法、计分规则，并做出示范词条。"Wiki"可以记录不同版本的编辑过程，查看每个人的贡献，有助于进行过程性评价，启发学生思考，提升学生的深度学习能力、小组协作能力和综合表达能力。"讨论板"工具也是研讨型课程的必备工具，组内成员可以进行即时异步讨论交流，教师也可以有针对性地观察和辅导。研讨类课程界面如图5所示。

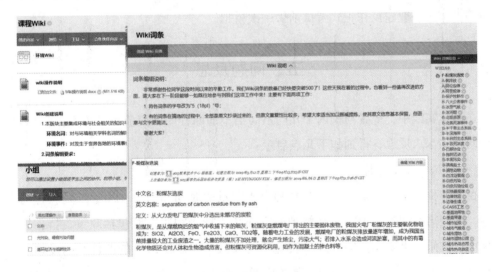

图5 研讨类课程界面

（四）题库类

题库类课程重点使用的模块是"题库""随机组卷"和"问题集"。首次创建题库需要按照章节、题型分类导入。题库建设完成，可以重复使用进行随机组卷、在线测试，节省后期大量的出题成本。"问题集"和"随机组卷"的不同之处在于，"问题集"选择明确的问题，方便删减题目，而"随机组卷"无法选择确定的题目，一般是

"一组题目"，而且无法删除题目。因此，教师可以根据需求的不同选择不同的模块出题。题库类课程界面如图6所示。

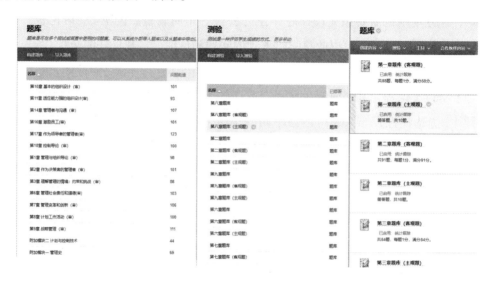

图6 题库类课程界面

题库类课程还可以用于在线考试。需要提前做好测试、学生名单校对、系统时间核对等工作，一般建议在正式考试前做一次模拟。

五、问题反思

在具体实践中，笔者与校内十几门不同类型的课程团队交流设计方案，指导建课，总结问题，深入反思，得到如下几点启示：

（一）给予政策支持

在线课程建设和教学改革需要教师投入大量的时间和精力，为了鼓励教师的参与热情，高校需要配套给予物质和精神两方面的支持。物质方面包括政策支持，如与职称评审、科研成果转化挂钩，鼓励教师愿意投入精力制作精良的课件，建设精品在线课程进而改善教学。在精神方面，高校应通过树立典型课程、典型教师，以开展宣讲、网站首页推介、公众号推送的方式宣传示范课程和建课教师，发挥引导示范作用。

（二）健全技术支持体系

技术支持变普适性培训为针对性指导，如对课程团队专门培训成绩评定、视频上传功能。技术支持资源多元化，对常用模块或工具制作成系列微视频。帮助文档要简明扼要、图文清晰。网课要导航明确，快速定位。技术支持要实现点对点持续服务，每门课程分配专门的技术服务人员，教师出现技术问题第一时间给予指导，帮助教师树立信心，提高教师建课的积极性。技术支持应注重教师信息素养提升，在技术指导中，将先进的技术理念、教学改革理念进行日常渗透。对于没有配备助教的教师，技术支持人员应主动帮助，耐心指导，让技术欠缺的教师有一个最开始的良好过渡，增强教师使用技术的信心。遇到超出建课范畴的技术问题，如教学软件的使用，技术支持人员也要给予指导，使教师变畏惧技术为主动使用技术。另外，有些教师最初建课思路活跃、点子多，但在具体实践中遇到困难时容易改变初衷。此时，技术支持人员可以与教师共同研究解决方案，从技术上帮助其突破"难点"，分步实施，不断给予正向激励，让教师体验技术为教学带来的便利。技术支持人员通过及时准确的信息技术指导，让教师运用技术改善教学变成一种自觉行为，不断提升教师的信息素养。

（三）不断完善平台功能

关于 Bb 平台界面的美观性问题，目前可选课程主题有限，有些教师会介意界面是否美观，因此 Bb 平台公司在课程界面的美化方面应有所改进。完善视频播放的行为数据跟踪，这是笔者所在学校另一个视频平台需要增加的功能。目前平台无法做到对查看教学视频的行为记录进行跟踪，因此对"是否完整学习视频内容"无法从技术上进行监控。教师只能从"学生登录访问时长""教学视频"的统计跟踪以及作业情况给出过程性评价。后期平台需要对这一功能进行完善，这对全在线或部分在线类课程的意义较大。Bb 平台移动端应用有待改进，目前存在界面简单、通知推送不及时等问题。技术细节方面，题库创建时，模板自动上传，会出现有些题目无法上传的不稳定因素；"成绩中心"的下载，无法按学号排序等，此类问题给教师使用平台带来了不便。后期平台功能应有所改进。

（四）实现网络教学与传统教学的优势互补

在线课程建设切忌从一个极端走向另一个极端。例如，所有的教学内容全部录制成视频，播放视频代替阅读和思考；小组讨论代替集中研讨等，这显然是非常不合理的。技术永远是为教学服务的，不能喧宾夺主，不能为了使用技术而乱用技术。在实践中，教师要根据教学内容的特点选择合适的媒体呈现手段。例如，难点重点使用微视频、随堂测验使用自动评分、小组分组教学、讨论板记录学生学习行为等。教学需求决定了模块的选择，目的是促进教学、改善教学，不能一味追求技术的全面和高深，尤其对非全在线类课程而言，网络教学不能完全代替传统的面对面讲授，阅读引发的深入思考、集中研讨生成的集体智慧，依然具有不可替代的优势。因此，在线课程建设要把握网络教学与传统教学的平衡。

参考文献

［1］王换超，张庆秀. 绩效技术视角下的高校网络教学平台应用研究［J］. 中国远程教育，2014（10）：88-94.

［2］徐苏燕，在线教育发展下的高校课程与教学改革［J］. 高教探索，2014（4）：97-102.

［3］于宁，戴红. 基于 Blackboard 在线课程设计要素研究［J］. 北京联合大学学报（自然科学版），2012（11）：73-76.

［3］庞海芍. 高校教学信息化的现状及影响因素分析［J］. 电化教育研究，2006（5）：34-37.

［4］王磊，王晨晨. Blackboard 网络平台支持下混合教学模式探索［J］. 实验技术与管理，2014（11）：195-197.

［5］赵海霞. 翻转课堂环境下深度协作知识建构的策略研究［J］. 远程教育杂志，2015（4）：11-18.

［6］柯蒂斯·J. 邦克. 世界是开放的：网络技术如何变革教育［M］. 焦建利，译. 上海：华东师范大学出版社，2011.

财经高校慕课"建-用-管"可持续发展模式探索与实践

——以西南财经大学慕课建设为例

侯玉艳①   汤火箭②   陈昊③

摘　要：高等教育与"互联网+"的结合促使大规模在线开放课程,即慕课在世界范围内迅速兴起。慕课是先进的教育理念、教育方法、教育技术的集合,打破了传统教育的学校壁垒和时间局限,颠覆了传统大学课堂教与学的方式。"建-用-管"模式的探索与实践对慕课的可持续发展具有重要意义。本文以西南财经大学慕课建设为例,分享典型经验与做法,以期为其他高校慕课建设及课程教学范式改革提供参考。

关键词：慕课；混合式教学；新财经

为推动现代信息技术与高等教育教学深度融合,促进优质教育教学资源应用共享,中国慕课建设自 2013 年开始起步,历经多年的实践探索,积累了丰富的经验和丰硕的成果。2019 年,中国慕课大会成功召开。会上教育部吴岩同志提出"质量为王、公平为要、学生中心、教师主体、开放共享、合作共赢"六个建设原则,为慕课的可持续发展指明了方向。

一、慕课"建-用-管"模式的内涵及意义

（一）"建-用-管"模式的内涵

1. 立足自主建设

慕课建设应发挥高校学科优势,借鉴国际先进经验,集聚优势力量和优质资源,

---

①　侯玉艳（1990—）,女,西南财经大学教务处,实习研究员,主要研究方向：高等教育研究。
②　汤火箭（1975—）,男,西南财经大学教务处,教授,主要研究方向：高等教育管理、法学。
③　陈昊（1988—）,男,西南财经大学教务处,助理研究员,主要研究方向：高等教育研究。

构建具有中国特色的慕课体系，建立慕课可持续发展的长效机制。

2. 注重应用共享

慕课建设应坚持"建"以致用，着力推动慕课在世界范围内广泛应用；整合优质教育资源和技术资源，通过翻转课堂、混合式教学等方式促进教育教学改革和教育制度创新，提高教育教学质量。

3. 加强规范管理

慕课建设应坚持依法管理，明确慕课建设过程中学校、学院、课程负责人等各方主体责任，以自我管理为主体，加强规范慕课建设和应用的工作程序。加强线上教学和线下教学的督导检查，确保线上线下教学有效衔接，切实提升教学质量。

（二）"建-用-管"模式的意义

1. 提高课程育人质量

从"借船出海"到"造船出海"，慕课的建设与应用成为提高高校人才培养质量的必由之路。通过慕课与翻转课堂的有机结合，教育个性化从理念走向实践。一是实现课程思政育人新模式。教师将思政教育融入课堂教学，在视频材料、互动讨论、案例分析中嵌入思政教学内容，基于学科特色和学科优势，深度挖掘和提炼知识体系中所蕴含的思想价值和精神内涵，帮助学生了解相关专业和行业领域的国家战略、法律法规和相关政策，培养学生"经世济民、孜孜以求"的人格素养。二是分层分类制订课程衔接方案。教师以"一课一案"为原则，实施个性化、有针对性的教学，合理调整教学内容和进度，实现线上与线下同时进行、教学与辅导同时进行、查缺与补漏同时进行，努力达成线上教学与线下教学的无缝衔接。三是多渠道、全方位评估学生学习动态。学校通过开展本科学情调查综合评估线上教学质量，诊断线上教学效果。教师通过数据分析、作业检查、意见搜集等多种方式摸排学生线上学习情况，对学习进度明显落后的学生适时安排辅导，帮助学生回归教学。

2. 推动教学范式改革

慕课改变了教师的"教"、学生的"学"、学校的"管"，形成了时时、处处、人人皆可学的教育新形态。慕课与翻转课堂的有机结合，推进了教学范式的三个转变。一是转变了教学目标。以"知识传授"为中心的单一目标拓展到以"知识传递、融通应用、拓展创造"的多中心梯度目标，真正实现了从教师的"教"转变到学生的"学"，从注重提高"教"的质量转变到注重提高"学"的质量。二是转变了教学角色。教师从课堂主角转变为教学环境的组织者；学生获取知识的主观能动性增强，由被动转变为主动；师生关系从垂直的、僵化的单向通道转变为多元的、交叉的复合模式。三是转变了教学方式。从单向的教师"教"和学生"学"转变为师生共建、教学相长，形成教学共同体；从强调归纳和记忆，注重练习与重复转变为强调探究和介入，注重沟通与解决的新型教学方式。

3. 促进慕课可持续发展

"建-用-管"模式以项目为依托，在项目建设运行的各个阶段实施切实有效的管理，按照"学校组织、院系支持、教师负责、学生参与、技术保障"的原则整体推进，能够促进慕课可持续发展。一是完善工作责任制。慕课建设工作组组长领导课程建设；教务处具体组织实施，负责组织招投标、课程选择、项目立项、过程监控、验收结项等；学院为教师制作慕课提供支持与帮助；课程教学团队负责慕课设计和视频讲授；拍摄团队负责视频拍摄和制作等。二是提供软硬件支持。学校设立慕课课程建设专项资金，建设专门的录制场所，提供专业拍摄团队和服务，协助教师完成教学设计。学校对课程教学团队进行激励，课程立项后给予劳务经费支持，结项后划拨经费尾款。学校对评选上国家级、省级精品在线开放课程及线上线下混合式课程的教学团队予以物质和精神奖励，对慕课的运行及混合式教学的开展认定一定系数的工作量。三是加强宣传与推广。学校通过学习强国、官网、微信、微博等媒体加强宣传推广，增强教师教育教学荣誉感，增加品牌课程影响力。

二、"建-用-管"模式的实现路径

（一）精心打造，推出一批精品慕课群

学校以优势学科为契机，荟萃一流微专业建设名师。学校遴选政治立场坚定，具有丰富教学经验和较高学术造诣的项目负责人统揽师资、课程、教材、"五库"教学资源建设，邀请行业精英、社会贤达等与学校教师共同开设具有中国特色的精品慕课群，打造特色鲜明、优势突出、结构合理、充满活力的课程建设体系。

学校以思想理念转变为契机，提升课程育人水平。学校全面践行"教学学术观、学生主体观、学习协作观"理念，建立"研究性教与学"模式，实施网络化、数字化、智能化、个性化教育，激励教师多模式应用现代教育技术，鼓励学生多元化学习。

（二）"建"以致用，有机融合慕课建设和教学改革

学校坚持应用驱动、"建"以致用，整合优质教育资源和技术资源，注重教学设计和学习效果，实现课程多种形式应用与共享。学校鼓励教师使用自建或引进外校优质慕课实施混合式教学改革，促进解决差异化教学问题，鼓励学生积极选修，修读合格后给予学分认定。在有限的学时内，学校同步实现教师"教"与学生"学"，创建教学新模式。学校依托慕课，联合打造集线上"金课"、线上线下混合式"金课"、社会

实践"金课"、线下"金课"、虚拟仿真实验"金课"等不同类型于一体的品牌课程群，系统优化课程体系，聚力推进课程教学团队与教学资源建设，提高学校影响力。

（三）规范管理，进一步完善课程建设运行机制

学校进一步完善在线开放课程建设与运行机制，加大课程建设力度与质量保证，完善相应的评估机制和标准建设。学校进一步加强师生与生生互动、同伴评估、自主学习、自助学习、个性化学习、团队学习、翻转课堂教学等。学校进一步完善慕课学习监督制度与评测标准。学校完善基础性的人才培养模式、学分学籍管理办法、质量监控方案，优化"线上学习+线下考核"类、线上线下混合式课程评分考核体系，实行多样化的考试方式，将过程性评价和终结性评价相结合，注重对学生创新能力、综合素质的考核，充分尊重学生个性。

三、西南财经大学的探索与实践

经过近六年的慕课建设探索与实践，西南财经大学在一流本科课程建设方面取得了一系列显著成效。本文以慕课建设和课程教学范式改革为着力点，分享慕课对于提高学校人才培养质量方面所做的有益探索和实践。

（一）制定慕课建设规划

2016年，学校制定了《西南财经大学MOOCs课程建设方案》，按照"学校组织、院系支持、教师负责、学生参与、技术保障"思路整体推进，依托经管学科优势，通过引导性资源配置方式和竞争性资源配置方式，鼓励学院、教师、学生、信教中心多方参与，以适合网络传播的大学生文化素质教育课、受众面广量大的公共课、能凸显学校品牌特色的专业课为重点，建设财经类慕课先修课程（MOOCAP），打造系列财经特色慕课品牌课程，建设若干门文化素质教育类慕课通识课程，力争建设一大批示范性强、辐射面广、影响力大的西财品牌慕课。

（二）依托专业团队制作精品化教学视频

学校公开招标遴选出专业制作公司，使用广播级全高清数字摄录设备进行视频录制，配置具有专业技术资格的编导、摄像、剪辑、动画、灯光以及化妆等艺术和技术创作人员打造精品化教学视频。制作公司协助课程团队对知识单元进行规划和设计，确定每个知识单元的表现方式，如课堂讲授、PPT展示、动画演示、视频播放、情境再现等，配合课程团队进行课程的录制、剪辑加工、后期制作等工作，按照3～15分钟（1～2个知识点）短视频录制，确保课程教学表现的新颖性、贴切性以及视频制作的专业化、精细化。

（三）加强教师慕课建设与应用培训

学校持续服务教学，助力教师开展网络化、数字化、智能化、个性化教育。一是校外名家线上讲。学校搭建校外名家教学指导绿色通道，邀请了清华大学、浙江大学、复旦大学、密西根大学、马里兰大学等国内外高校知名专家，围绕"慕课建设与运行""混合式教学设计""教学评价"等主题举办专题培训。二是校内线上教学研。学校组织学院教师代表开展"线上教学大家谈""全校教育思想大讨论"，持续推进线上线下学习革命。学校开展教学发展线上沙龙活动，邀请四川大学、华中师范大学专家为新进专任教师进行个性化指导和分小组研讨，助力教师深化线上线下教学实践。三是线上优质资源连续推。学校收集线上学习材料和优质直播培训资源，面向教师推送"四种易于在直播课中开展的互动活动""面向疫情的 SPOC 翻转教学设计"等材料。学校组织教师代表完成"师德教育与育德能力"线上工作坊，参加"如何服务大规模在线教学——OPAD 新型在线研讨会"等在线教学交流活动。

（四）推进课程教学范式改革

学校科学引导各学院、各专业、各课程从自身特点和需求出发，结合信息化手段，选择合适的教学方法和教学模式，加强混合式教学方式的研究。学校完善"研究性教与学"教学运行机制，深入推广小班化教学、混合式教学、翻转课堂，深入开展启发式教学、互动式交流和探究式讨论。学校按照"点面结合、以点示范、突出实效"的原则，优先从学科基础课、专业主干课中遴选目标课程，以课程组为单位，以问题库、核心文献库、数据库、案例库和习题库等"五库"教学资源建设为抓手，推进课程教学范式转变。学校结合课程特点，构建贯穿课前、课中、课后三阶段的全过程考核模式和学生自评、小组互评与教师评价相结合的全方位考核模式，推进课程考核方式改革。

（五）推动校内外优质慕课资源应用共享

学校成功推送 14 门课程共计 170 节课上线中共中央宣传部学习强国平台，宣传学校慕课建设成果。多位教师受邀在"四川省慕课建设与应用研讨会"等会议上做主题报告，多位教师在《中国大学教学》等核心期刊发表主题文章，充分发挥了学校慕课建设与应用的引领示范作用，积极推动教育资源共享，促进高校的协同发展。同时，学校每学期从在线开放课程平台引进优质课程，开展线上线下混合式教学和开设"线上学习+线下考核"类课程，认定线上教学工作量。首次申报并开设混合式课程的教师，课时按照 1.5 的系数计算，第二次及以后按照 1 的系数计算。

（六）完善慕课保障体制机制

学校安排专人负责慕课建设，负责校内 SPOC 平台翻转课堂或混合式教学情况，一对一负责各教学环节的咨询、指导，协调解决技术问题和服务问题。学校为课程制作与运行团队配备1~5名教学助理，教学助理按照主讲教师要求，辅助完成课程各项在线辅导任务，发布课程通知通告、参与课程论坛讨论与答疑等。学校不断推进慕课学分认定和学分管理制度创新，对在MOOC平台首次开课的教学团队工作量按3的系数计算工作量，学生选修慕课并通过考核认定获得学分。慕课获得国家级、省级等各级立项的，学校给予相应奖励。学校完善教师教学评价体系，将教学评价的指标转向关注学业挑战度、主动合作学习、师生互动水平、课程对学生严格要求的程度以及知识、能力和自我概念发展等指标。学校强化教学质量激励约束机制，不断创新丰富教师教学资助项目，大力支持线上线下教育教学改革。学校通过开展直接由学生评选的"我心目中的好老师"、组织"青年教师教学竞赛"、推选"教学名师"等活动，激励教师增加教学投入，推进课程教学方式的改革。学校将课程考核结果与教师职称晋升、聘期考核等直接挂钩，强化教学质量激励、预警、帮扶、退出机制。

四、结语

现代化是时代要求，信息技术与教育教学深度融合是现代教育的重要特征。新冠肺炎疫情为线上线下教学改革按下加速键，积极探索在线教学"新实践"是促进高等教育教学发展的重要路径。加强慕课建设，有利于履行高等学校服务社会的职责，结合慕课开展混合式教学改革也是教育教学新趋势。如何对照学校"新财经"及一流本科教育等教学改革要求，进一步深化课程教学范式改革，持续推进线上线下学习革命是学校面临的新机遇和新挑战。

参考文献

[1] 林蕙青. 推动信息技术与教育教学深度融合实现高等教育高质量内涵式发展 [J].中国大学教学，2018（1）：4-6.

[2] 吴岩. 建好用好学好国家精品在线开放课程努力写好高等教育"奋进之笔"[J].中国大学教学，2018（1）：7-9.

[3] 吴岩. 建设中国"金课"[J]. 中国大学教学，2018（12）：6-11.

[4] 徐晓飞，战德臣，张策. 关于高校慕课建设规范及应用的思考 [J]. 中国大学教学，2021（5）：85-91.

[5] 许欢. 国内高校在线课程建设理念演化研究 [D]. 重庆：西南大学，2019.

"三融合"教学理念下的混合式一流课程建设与实践

——以江西财经大学会计学原理课程为例①

程淑珍②　　吕晓梅③

摘　要：本文围绕江西财经大学会计学原理课程混合式建设与实践，基于已结项及在研江西省教改课题与江西财经大学课程思政项目，针对传统教学中的突出问题，提出了"三融合"（课程思政+目标导向+信息技术）教学理念下的混合式一流课程建设思路、建设措施，并结合信息技术与课程教学的深度融合，依托自建国际精品在线课程，实施智慧小班化线上线下混合教学，实现全员、全程、全方位"三全育人"模式，体现"两性一度"，培养学生既要有与时俱进的技术、知识等专业素养，也要有爱国、立德、担当、守法等综合素养；既实现了本课程及专业培养目标，又为打造国家线上线下混合教学一流课程提供必要的借鉴和参考。

关键词："三融合"；混合式教学建设；"三全育人"；智慧小班化；翻转课堂

一、问题的提出

习近平总书记在全国教育大会上强调，要坚持中国特色社会主义教育发展道路，培养德智体美劳全面发展的社会主义建设者和接班人；在全国高校思想政治工作会议

---

① 【基金项目】江西省高等学校教学改革研究课题"'小班化'课堂教学模式研究与实践"（项目编号：JXJG-18-4-12）、"基于大数据应用的智慧小班教学改革的实现策略与途径"（项目编号：JXJG-18-4-9）、"'翻转课堂'对促进学生科研能力提升的探索与实践"（项目编号：JXJG-19-4-23），江西财经大学课程思政示范项目"会计学原理"。

② 程淑珍（1964—），女，江西财经大学会计学院，教授，主要研究方向：企业会计、政府会计理论与实务、财务外包。

③ 吕晓梅（1971—），女，江西财经大学国际学院，副教授，主要研究方向：智能会计、资本市场会计。

上强调，思想政治教育要提升亲和力和针对性，满足学生成长发展需求和期待，其他各门课都要守好一段渠、种好责任田，使各类课程与思想政治理论课同向同行，形成协同效应。

落实立德树人，深化教育教学改革，就是要把教学改革成果落实到课程建设及课堂革命。然而，传统教学理念、模式无法突出学生主体地位，难以体现立德树人总目标；线下授课无法突破教室物理空间、教学情境难以深度融合信息技术，从而与线上优质资源无法同频共振，难以体现学生的个性和创造性。

（一）教学理念陈旧

随着社会的发展以及应用型人才模式的确定，传统教学理念的缺陷凸显。

1. 专业知识与思政元素割裂

传统教学认为专业课只需育才，育德是思想政治课程的教学任务，没有将课程思政元素纳入专业课程教学中，专业课教学重育才、轻育德，割裂了专业知识与思政元素。如何落实立德树人，将专业知识与思政元素有机契合，避免专业知识与思政元素割裂？

2. 课堂教学中师生地位不平等

传统教学重给予、轻体验，大多采取灌输式的讲课方式，强调教师的主体地位及权威性，侧重考核教师教了什么，而不是学生学会了什么、为什么学、怎么学、学会了没有。课堂变成了教师的独角戏，教师讲授比例过高，以致剥夺了大学生的课堂主体地位，从而剥夺了他们进行知识交流和创新的机会。如何突出学生主体地位，将课堂的主角归还给学生呢？

此外，信息技术能否（如教学资源、教材、教室、课堂、实验项目）全方位深度融合呢？

（二）线上线下无法同频共振

教学过程中仅是线下单向传递知识，无法对相关知识点进行拓展创造。

线下授课无法突破教室物理空间，教学情境难以深度融合信息技术。

线上优质资源无法与线下授课同频共振，难以体现学生的个性和创造性以及"两性一度"。

（三）课程评价体系单一化

传统教学以考试作为手段，以分数作为指标检查大学生的学习情况，容易导致重分数、轻内涵，即课堂学习意识功利化。如何融合信息技术、采用创新性评价体系、通过过程控制解决课程评价体系单一化的问题呢？

二、"三融合"教学理念及混合式一流课程建设思路

(一)"三融合"教学理念

混合式一流课程建设,就要牢记立德树人光荣使命,将传统教学理念更新为基于课程思政、目标导向、信息技术"三融合"的教学理念,突出学生中心、结果导向和持续改进,同时深度融合信息技术,将课程思政元素有机融入专业课程教学的各个环节。基于此,一是高校要以人才培养的成效为导向,将育人资源——学科与学术资源、课程思政元素有机融合,实现知识获取与价值引领的有机统一,突破时空限制,采用线上、线下混合教学模式,推动建立全员、全程、全方位的立体式育人模式。二是高校要抓住课堂育人关键点,发挥课程思政在课堂育人中的主战场、主渠道作用。三是高校要遵循教育教学规律,合理挖掘和应用课程思政元素,实现课程思政与人才培养的有机融合。

1. 课程思政

(1)课程思政内涵的界定。课程思政并非思政课程,是我国高校立德树人根本任务得以落实的重要举措,其理论指导应是习近平新时代中国特色社会主义思想。课程思政既是全面培养德智体美劳及高水平人才教育培育体系构建的切入点,也是实现"三全育人"(全员、全程、全方位)的重要抓手。

(2)课程思政育人的主渠道。课程思政育人的主渠道是所有课堂,每一门课程的教学改革均需将专业课的内容有机契合,融入思政教育,以便使知识获取与价值引领得以有效结合,润物细无声,完成立德树人根本任务,从而培养一代又一代拥护中国共产党、拥护社会主义、立志建设社会主义并为之奋斗终身的接班人。这就说明,课程思政需要各学科、各课程从顶层进行设计,包括教学理念、教学目标、教学设计与实施。

2. OBE 教学理念

目标导向(outcome based education,OBE)教学理念,突出学生中心、结果导向和持续改进。这就要求混合式一流课程建设以学生发展为中心,以学生未来五年发展的培养目标及毕业要求为导向,目前的课程目标最后根据需要持续进行改进与完善。OBE 下教学设计和实施的目标是学生通过教育过程最后取得的学习成果;而非传统以教师为中心的灌输型教学单一知识,强调教学过程的输出,而不是输入,即学生学到了什么,而不是教师教了什么,注重学生情感素质培养,树立正确价值观,实现课程目标及毕业要求。

3. 信息技术

高校应秉承以建构主义为教学设计思想，以学生为中心，以结果为导向，以质量持续改进的 OBE 为教育理念，以本为本、教授进课堂，有机融合思政教育、信息技术，将教学改革成果应用于混合式一流课程建设与实践。

（二）混合式一流课程建设思路

混合式一流课程建设遵循"问题-措施-实践-优化"闭环改革思路。基本思路如下：以课程目标为主线，以学生为中心，全程融入课程思政与信息技术，线上依托自身"金课"开设 SPOC 小班，线下借助慕课堂和翻转课堂，即"MOOC+小班化 SPOC+慕课堂+翻转课堂"混合式教学以及"微信群、QQ 群、钉钉群+微信、QQ、钉钉"个性辅导，将线上和线下两个空间，课前、课中、课后三个时段，有机整合为同一个教学时空。基本思路如图 1 所示。

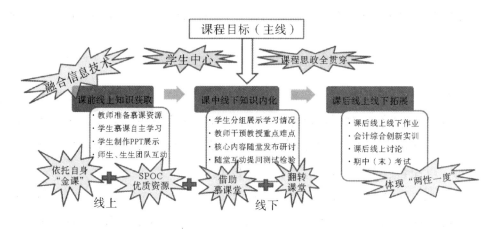

图 1　基本思路

本文以江西财经大学校会计学原理课程为例，依托其自身国家级线上一流课程，破解课程思政与专业课程两张皮问题，实现两者有机融合，创新教学理念，不断优化混合式教学模式，加强顶层设计，与课程团队成员研讨并探索挖掘出本课程思政的核心元素：爱国、诚信、敬业、法治。思政育人与专业育人同向同行，形成协同效应，培养时代会计新人，以全员、全程、全方位"三全育人"为重要抓手，牢记立德树人光荣使命。

三、基于"三融合"教学理念的混合式一流课程建设路径

（一）树立"三融合"教学理念

本课程坚持立德树人，凝练本课程思政元素，显性与隐形相结合贯穿线上会计教

学全过程，培养学生自觉拥有家国情怀、遵纪守法、诚实守信、团队精神、自主学习、德才兼备等综合素质。本课程以学生发展为中心，坚持以生为本、结果导向、持续改进，将课程思政、OBE、信息技术高度融合，让学生忙起来、教学活起来、管理严起来。

（二）构建高阶性课程目标

1. 知识目标

本课程借助自身"金课"资源，引导学生在课前进行线上自主学习，完成线上学习目标，培养学生具备获取学科基础知识的能力。学生通过线上学习，可以获取通晓会计学的基本原理知识，包括基本理论、基本方法和基本技能。

2. 能力目标

本课程课中侧重翻转课堂教学，即以生为本，突出学生的主体地位，培养学生熟练运用所掌握的会计基本理论、基本方法、基本技能，应用职业判断进行案例分析，独立完成本课程实训，提升学生融通应用本专业知识发现问题及解决问题的能力，体现"两性一度"，为今后的专业课学习和社会实践提供扎实的理论基础和专业技能。

3. 素质目标

本课程根据教材章节内容，将家国情怀、形势政策、遵纪守法、诚信为本、操守为重、积极进取、榜样示范、案例警示等课程思政元素融入教学全过程，润物细无声，培养学生立德树人、德才兼备、以德为先、专业扎实等综合素质。本课程融入课程思政元素，引入思政案例，培养学生敬畏和遵守会计法规与职业道德，诚实守信，为学生独立完成会计综合实训、提升综合应用能力提供帮助，同时培养学生具备人文与科学素质和提升学生个人修养，如家国情怀、团队合作、互帮互助、主动学习等，倡导德才兼备，以德为先。

（三）优化教学范式

循序渐进深度融合信息技术：探究式、嵌入式实践教学（前移会计实训）、翻转课堂、混合式教学。

（四）创新教学路径

深度融合信息技术，改革教学路径，创新教学理念、教学模式、教学内容、教学方法与手段以及考核方式。创新教学路径如图2所示。

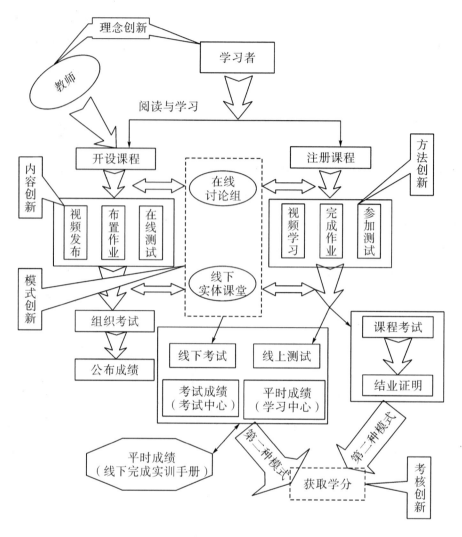

图 2　创新教学路径

（五）营造优质混合式教学环境

优质混合式教学环境包括以下五个方面：

（1）一支优秀的师资队伍，教授进课堂，做好传帮带。

（2）一门优质的线上教学资源，最好有自建国家级慕课，方便学生线上自主学习和个性化学习。

（3）一本优质教材，最好是国家级、立体化教材，扫二维码能与线上优质教学资源无缝对接。

（4）一间智慧教室，深度融合信息技术，有利于突出学生中心，方便开展翻转课堂。

（5）多种实践教学平台，如实训、实验室、实习基地等，最好还有自建虚拟仿真项目，方便提升学生实践应用能力。

四、基于"三融合"理念的混合式一流课程建设实践

本文以江西财经大学会计学原理课程，基于"三融合"教学理念的混合式一流课程教学实施为例。

（一）教学准备

课程组首先进行课程思政专项培训，积极按照教育部出台的《高等学校课程思政建设指导纲要》，结合本校人才培养定位和专业课程特点，找到挖掘和应用思政要素的理论基础与实施方向；再根据知识体系当中的不同知识点，结合相应课程思政案例（最好建立从点到线再到面的思政案例库），采用不同的线上线下混合教学方法，在教学实施中落实教学内容，有机融入思政要素，有效实现育人目标。以下结合本课程思政教学案例，分两种情况说明其实施情况。

（二）课程思政教学案例一的教学实施与创新

1. 教学实施

第一章的知识点——会计环境。案例名称——会计环境与爱国主义及法治教育。教师按课前、课中、课后三个环节，分线上线下组织教学。

（1）课前：线上——引导式教学。教师提前进行慕课备课，发布公告，布置课前学习任务，引导学生通过线上 SPOC 平台，观看自建国家精品在线开放课程会计学原理教学内容中的"1.1 会计与会计环境"的相关知识点视频，完成视频后测验，进行自主学习和个性化学习。学生在线上获取本知识点基本知识，提升终身学习能力，达成知识目标。

（2）课中：线下——以师讲生听为主。教学方法主要是启发式与探究式教学方法，思政元素显性与隐形相结合，教学过程分为课堂测试与解答、教师启发式与探究式讲解、课堂总结。同时，教师借助慕课堂小程序检验线上学习效果以及进行签到与讨论。

（3）课后：线上线下深度学习，教师引导学生搜集阅读中南财经政法大学郭道扬教授的《会计发展史纲》，尤其是中国古代的"四柱清册"和"龙门账"，使学生了解近代会计和现代会计演变，了解美国"安然事件"及其给全球带来的灾难性经济后果等，进行爱国主义及法治教育，培育学生道路自信、理论自信、制度自信和文化自信。

2. 主要教学创新

本课程采用线上线下教学的混合教学方式，延展了学习的空间和时间，学生学习不再囿于一方教室。课堂主阵地充分发挥教师讲解课程思政的引领作用。因为第一章知识点主要是背景环境介绍，所以主要是以教师引导为主，实行启发式、探究式教学，

激发学生更多参与互动，培育学生自主学习、深入探究能力。教师在课程内容上引入课程思政元素，使学生在学习知识的同时树立正确的价值观。据此，本课程合理解决了课程思政与专业课程两张皮问题，实现两者有机融合。在信息技术方面，本课程使用了国家级线上一流课程优质资源、慕课堂功能以及立体化教材。

（三）课程思政教学案例二的教学实施与创新

1. 教学实施

第五章的知识点——会计与会计凭证。案例名称——某影视明星偷税案之经纪人销毁会计凭证和某地虚开增值税发票案，教师按课前、课中、课后三个环节，分线上线下组织教学。

（1）课前：线上——引导式教学。教师提前进行慕课备课，发布公告布置课前学习任务，引导学生通过线上 SPOC 平台，观看会计凭证的相关知识点视频，完成视频后测验，进行自主学习和个性化学习。学生在线上获取本知识点基本知识，提升终身学习能力，达成知识目标。线下——抛锚式教学。学生小组根据教师指导、助教及课代表布置的任务，结合课程思政，合作准备本知识点 PPT 进行课堂汇报。

（2）课中：线下——翻转课堂教学。

第一，发现难点，针对难点重点讲授。教师借助课前线上测试情况，发现学生掌握知识点的薄弱之处，找到难点重点问题并有针对性地进行讲解。

第二，采用小组汇报方式，突出学生中心。教师将"某影视明星偷税案之经纪人销毁会计凭证"作为导入思政案例，让学生在课堂上进行充分展示，引入会计诚信观念。教师强调会计人诚信档案的建立，使学生明确会计人必须坚守诚信，绝对不允许做假账、虚开发票、帮助企业逃税漏税，以保护国家财产安全，维护国家利益。教师在讲解会计凭证知识点过程中，应列举部分相关法律条文，让学生了解会计人员失信将受到的处罚，强调遵纪守法的重要性。同时，教师与学生互动讨论会计的核心价值，帮助学生树立立足诚信、乐于奉献的观念，坚持终身学习的生活方式，保持独立、客观、公正的态度等。

第三，借助慕课堂，充分开展课堂讨论。教师结合某地虚开增值税发票案进行价值引领，让学生讨论如何结合所学知识及思政元素杜绝虚开增值税发票，帮助学生日后在实务中形成踏实肯干的作风，具备良好的职业道德和法律意识，做到德才兼备。

第四，课堂总结。教师通过对学生 PPT 展示内容进行归纳总结，分析会计实务三环节（填凭证、登账簿、编报表）之初始环节涉及的"会计凭证的重要性"。让学生意识到会计人员要想确保记录的数据真实可靠，需要做到以下两点：一要具备扎实的基本功，学好会计基本知识；二要意识到会计人员需以诚信为本、操守为重。这强化了学生会计诚信建设意识，达成了德育目标。

（3）课后：线上拓展学习。教师在慕课堂公告布置线上 SPOC 平台学习任务和线下作业，促进学生理解和掌握会计凭证的相关知识；发布课程思政案例话题讨论，让学生树立正确的价值观，加深对会计核心价值的理解。

2. 主要教学创新

采用线上线下混合式教学的方式，扩大学习的空间和时间，有利于学生开展自主性深度学习。网上丰富的教学资源，满足了不同学生不同层次的知识需求。在课堂上，课程实行翻转课堂，教学主体转为学生，使得学生具有更多的主动性。课程内容融入思政元素，服务立德树人根本任务，实现价值引领，提升学生综合素质，有效实现了课程思政和专业课程两者的有机融合。在信息技术方面，课程使用了国家级线上一流课程优质资源、慕课堂功能以及立体化教材。

可见，不同的知识点，需要采用不同的课程思政设计思路及教学方法，实现的素质目标基本相同，只是呈现的方式不同。

（四）教学反思

1. 教学内容与思政元素的有机结合

不同的教学单元中应当体现不同的思政元素，将专业课程单元进行适当拆分，按照任务驱动方法进行逻辑排列，从而使课程的专业元素与思政元素有机融合，而不至于把专业课的"课程思政"上成"思政课程"。会计课程和思政课程具有一定的差异性，将两者结合具有一定的难度，并且也难以找到一个普遍适用的学习方法。会计专业课程教师相较于思政专业教师在思想政治基础理论知识方面有所欠缺，这就导致会计专业课程与思政元素偶有脱节，因此需要在课程中积极寻找两者的关联点，找到最适合的地方切入，自然有效地在会计课程融入思政元素。如本课程思政教学案例一，结合课程思政进行价值引领。古代会计的成就——"四柱清册"，彰显中国会计自信；根据古代会计（中国）→近代会计（意大利到英国）→现代会计（英国到美国）体现的会计中心转移，教师应以此激发学生的爱国主义情怀、勇于担当的使命意识等。会计也经历了从自发会计（古代会计）到规则会计（近代会计）再到法制会计（现代会计）的阶段转变，教师应培养学生的法治观念，结合"安然事件"等，培养学生诚实守信、敬畏法律的意识，实现课程素质目标。

2. 创新教学模式

教师应改变现有的教学模式，将教学的重心转移到学生，以学生为中心，给予学生更多表达和展现的机会，提高学生的参与感，培养学生自主思考的能力，减少思政教育的沉闷感，避免僵化式的教条教育。如本课程思政教学案例二，教师在智慧教室中，灵活切换线上线下模式，在课中采用智慧小班化翻转课堂教学模式，突出学生中心。教师首先在国家级线上一流课程会计学原理中依据混合教学日历安排，使学生通过视频自主学习会计凭证知识点，之后由学生小组合作制作具有课程思政元素、结合会计凭证反面案例、具有一定挑战度的 PPT，最后在课中由学生小组讲解思政案例某影视明星偷税案之经纪人销毁会计凭证及会计凭证的有关知识。教师对相关知识进行补充说明，并引导进行某地虚开增值税发票案件的讨论，深度融合课程思政元素。这样不仅提高了学生学习的积极性，而且使学生更好地领悟了"纳税是每个公民应尽的义务"，使学生懂得责任与担当，使学生学会诚信敬业、遵纪守法。

五、基于"三融合"理念的混合式一流课程建设效果

本文以江西财经大学会计学原理课程为例，基于"三融合"理念的混合式一流课程建设效果体现在以下四个方面：

（一）基于"三融合"教育理念，专业课有机融入课程思政元素，契合立德树人总体目标

本课程以学生为中心，以铸魂育人为使命，持续改进教学内容和教学模式，有机融入课程思政元素，成功立项校级课程思政课程、江西省育人共享课程。这体现了对课程思政的深刻认识，契合了先进的教学理念，实现了课程目标，进而与本校人才培养要求、学生毕业要求以及会计人才培养目标高度吻合，遵循了"信敏廉毅"的校训。本课程思政核心元素与专业内容深度融合，具体体现在以下两个方面：

1. 实现职业能力与职业道德双提升

立信，乃会计之本。通过本课程思政教育，大一会计学专业大类和大二法务会计专业学生作为会计的初学者，普遍意识到不仅需要学好、用好会计知识，更要养成良好的专业习惯，践行社会主义核心价值观。会计人员做假账，不仅是个人道德滑坡、失德失范，更属于违法乱纪，有可能造成重大社会危害。会计人应树立正确的价值观，将国家利益与大众利益放在第一位，恪守诚实守信、清正廉洁等职业道德，不断提升自己的工作能力和道德素养。道德是为人之本、成事之基，尤其对于会计从业人员而言，道德更是一种义务，遵守职业道德才是一名会计人员的基本操守和职业素养。

2. 混合教学改革成效得到广泛认可

学生诚信学习，于本学期课后参加了无人监考的期末考试，结果学生获得了平均分 94 分的好成绩，并且督导也给予了 91 分的高度评价。此外，本课程也建成了国家级线上一流课程（线上"金课"）和省级混合式一流课程、省级育人共享课程、校级思政课程，并且在疫情期间被国内外 7 万多人在线上选用，被评为江西省疫情防控期间

线上教学优质课程一等奖,更体现了"三融合"教学理念的混合式教学建设的成效。

(二)创造具有"三融合"教学理念的线上线下混合式优质资源教学环境

本课程获批国家级线上"金课",全球选课人数近 17 万人,依此开设 SPOC 学校有 82 所,选课人数近 1.5 万人。本课程教材获批国家规划教材,出版 6 版,使用量达 10.6 万册。第六版立体化教材内容同步对接优化的国家线上"金课"知识点视频等资源。本课程教学团队被学校推荐申报省级高水平慕课应用教学团队。教授进课堂,教学梯队结构有传承。本课程获省级虚拟仿真实验项目。线下翻转课堂教学范式突出学生主体,获得上级认可,评为重点教改课题并结题。深度融合信息技术获省级教学成果一、二等奖。

(三)探索出具有"三融合"教学理念及示范效应的混合教学模式:"MOOC+SPOC+慕课堂+翻转课堂"

本课程以省级重点教学改革课题研究为引领,夯实混合式一流课程建设实践,成效显著,且具示范性。例如,教学团队立项省级教改课题 3 项;课程获省移动教学大赛特等奖、省疫情防控期间线上教学优质课一等奖;课程采用新型混合式教学模式,得到校督导简报宣传,省教育电视台以"勇担立德树人使命 力保线上教学质量"为题进行了报道,受访学生高度认可;课程教学团队应邀在全国各地,如江苏、湖北、新疆、江西等地分享经验;课程获批省级线上线下混合一流课程。

(四)建立了具有"三融合"教学理念的多元化混合式评价机制

评价机制,即成绩构成、评价方法、评价指标,包括线上平时成绩、慕课堂记录的线下平时成绩、综合实训、国内外竞赛获奖、线下期末考试成绩等,过程控制与线上线下考评相结合。多元化混合式评价机制如图 3 所示。

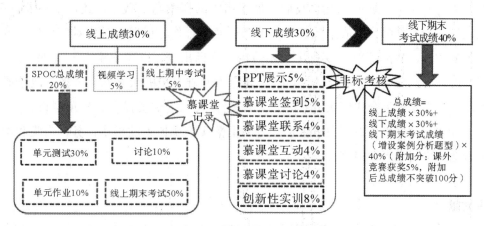

图 3 多元化混合式评价机制

六、结论与启示

（一）结论

一是课程思政建设是专业课与课程思政教育有机融合的关键，也是提高高校会计人才培养质量的重要任务。

二是创造混合式优质教学环境是混合式一流课程建设、提升课堂教学质量的关键要素。自建国家级线上慕课，自编立体化教材，并与慕课视频无缝对接，提升了课前学习质量；智慧教室助力翻转课堂，突出学生主体；多种实践教学平台助力学生多重体验，锻炼实践能力。

三是深度融合信息技术的混合式教学模式研究与实践是建设混合式一流课程、提升课堂教学质量的重要手段。

四是多元化评价机制是有效衡量课堂学习效果的标准。

（二）启示

一是坚持"三融合"教学理念，转变师生教与学的理念，深度融合信息技术，与时俱进，持续优化课堂教学资源环境。

二是引导师生共同开发、建好思政案例库，更好地将思政教育有机融入专业课。

三是建立具有督学机制的、线上线下课时安排科学的混合式一流课程。

四是把控翻转课堂的度与质量。教师将以往侧重师讲生听为主转变为生讲师听为主，突出学生主体地位，发挥教师引领作用，发挥慕课堂辅助教学功能。

总之，为基于"三融合"教学理念，在教授给学生知识的同时进行价值引领，让思政育人与专业育人同向同行，我们已做了诸多的探索与实践，但还需要不断创新、持续改进，所有教师均应依据各自承担的课程通力合作，根据新时代对学生培养的新要求不断改进，从高等院校专业化人才的培育目标出发，以"三融合"（课程思政、OBE、信息技术三者有机融合）的新教学理念为基础，积极探索混合式教学改革研究与实践，打造根据混合式一流课程，以"三全育人"为重要抓手，从顶层设计开始，守好一段渠、种好责任田，在思想上和行动上落实立德树人的根本任务，为党和国家培养社会主义建设者和接班人。

参考文献

［1］人民日报评论员. 教育是国之大计、党之大计：论学习贯彻习近平总书记全国教育大会重要讲话［EB/OL］.（2018-09-12）［2021-07-31］.http://www.xinhuanet.com/politics/2018-09/12/c_1123421095.htm.

［2］习近平出席全国高校思想政治工作会议并发表重要讲话［EB/OL］.(2016-12-08)［2021-07-31］.http://www.mod.gov.cn/leaders/2016-12/08/content_4766073.htm.

［3］中华人民共和国教育部.教育部关于印发《高等学校课程思政建设指导纲要》的通知［EB/OL］.（2020-06-01）［2021-07-31］.http//www.moe.gov.cn/srcsite/A08/s7056/202006/t20200603_462437.html.

［4］黄昆.课程思政与思政课程同向同行：内涵、依据与实践路径［J］.山东青年政治学院学报，2021，37（3）：19-24.

［5］董慧，杜君.课程思政推进的难点及其解决对策［J］.思想理论教育，2021（5）：70-74.

［6］李忠军，钟启东.落实立德树人根本任务，必须抓住理想信念铸魂这个关键［N］.人民日报，2018-05-31（04）.

［7］贾舒凡.郑州工商学院会计专业混合式教学模式探索：基于蓝墨云班课平台［J］.现代经济信息，2019（15）：411-413.

［8］杨晓慧.高等教育"三全育人"：理论意蕴、现实难题与实践路径［J］.中国高等教育，2018（18）：4-8.

［9］张海洋.课程思政环境下高校混合式学习模式探索与实践［J］.创新创业理论研究与实践，2019，2（11）：100-101.

拓展教学时空，
构建管理学课程思政五维体系

付晓蓉① 徐宏玲②

摘 要： 西南财经大学工商管理学院管理学课程组不断探索，在管理学大学科基础课课程思政与专业知识有机融合方面，借力现代信息技术，创新教学模式，实现了思政育人为纲、中国问题为用的管理学中国特色的思政指导思想，构建了管理学基础课五维体系，即"全课"内容体系、思政内容体系、情境案例体系、研究范式体系和质量督导体系。管理学课程经过近三年约 4 500 名本科学生使用和检验，大大提高了学生的课程兴趣度、生动度、前沿度、丰富度和规范度，同时在一些院校中也得到了广泛推广。

关键词： 管理学；思政育人；信息技术；五维体系

一、引言

管理学是一门理论与实践联系极为紧密的学科。中华人民共和国成立 70 多年来，特别是改革开放以来，中国企业发展取得巨大成就，由此积淀了丰富的中国企业管理经验。面向新时代，照抄照搬西方管理学理论将不再适应中国企业长远发展。因此，探索中国特色的管理学体系显得尤为重要。同时，中国众多学者积极响应 2016 年 5 月 17 日习近平总书记在哲学社会科学工作座谈会上发表的重要讲话。在 2021 年 5 月 15 日，《管理世界》杂志社在北京举办的"加快构建中国特色管理学体系"研讨会上，国内知名学者纷纷发表了重要的观点。例如，加快构建高质量的中国特色管理学体

① 付晓蓉（1973—），女，西南财经大学工商管理学院，教授，主要研究方向：市场营销。
② 徐宏玲（1969—），女，西南财经大学工商管理学院，教授，主要研究方向：企业管理。

系——使命、进展与展望（王永贵）；谈管理学理论构建的几个问题（汪寿阳）；构建中国特色管理理论体系的思考（吴照云）；中国管理学体系的国际话语权（吴晓波）；构建有国际影响的中国特色管理理论（毛基业）；立足管理实践，开展管理研究（戚聿东）；管理研究的"中国风"（张维）；东西方管理文化视域下的中国特色管理学体系的构建（苏宗伟）；以国家品牌建设为指导，提升中国特色话语体系的"内功"和"外功"（朱旭峰）；构建新时代中国公共管理知识体系（杨开峰）；生态价值主张导向的缠绕与共生——中国制度情境下管理学突破的新可能性（席酉民）；基于管理实践创新的工商管理理论研究（张玉利）；结构重塑与制度创新——建立公司治理研究的中国学派（徐向艺）；加快构建中国创业学体系（刘志阳）；观察-洞察-涌现——从案例中发现中国管理方案（魏江），等等。

基于上述背景，利用现代信息技术手段，西南财经大学管理学课程组多年来孜孜探索，立足中国国情和企业管理实践，从中发现根植于中国土壤的管理元素，揭示中国企业管理实践的内在规律，进而完善中国特色管理学的学术体系、话语体系，确立了理论与实践、经典与前沿、西方与中国、融合与统一的教材体系和课程思政体系。西南财经大学管理学课程组构建了以思政育人为纲、国际认证为基、中国问题为用的管理学"金课"体系。建设探索中国特色的管理学"金课"体系尤为重要。经过近40年的探索，尤其是最近几年的努力，管理学五维课程体系框架基本形成，解决了管理学在立体教学中多方面的问题。管理学五维课程体系框架如图1所示。

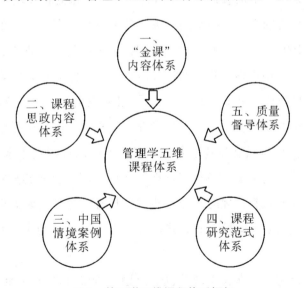

图1 管理学五维课程体系框架

二、管理学课程思政五维体系构成

（一）传承和构建中国管理学内容体系

西南财经大学管理学课程建设历史悠远，为管理学课程思政案例教材开发、"金课"体系建设奠定了深厚的实践基础和提供了丰富的理论成果。西南财经大学管理学课程是在西南财经大学近 40 年的研究生与本科生教学的基础上，结合国际教学与科研的潮流以及我国本科生的实际情况不断完善和发展起来的。管理学课程本着"以我为主，洋为中用"和"中国企业故事、中国企业家故事"的教授原则，大致可以分为以下五个阶段：

第一阶段，引入阶段（1984—1987 年）。这一阶段结合我国各个工业行业中管理的特点与运用的特殊性，授课教师除西南财经大学资深教授外，还有大批具有丰富实践经验的国企高层管理人员、企业厂长等。

第二阶段，发展阶段（1988—1992 年）。在 1988 年，应中国人民银行总行要求，西南财经大学为货币银行学硕士研究生开设了管理学课程。

第三阶段，提高阶段（1993—2000 年）。授课对象为西南财经大学工商管理一级学科下的所有二级学科和三级学科的本科专业，包括企业管理、会计学、审计学、财务管理、人力资源管理、经济信息管理、旅游管理等专业和工商管理学院所有的本科生，如工业经济专业。课程的主要目的是使管理学科的学生具备管理学的一般管理理论与方法方面的知识。1993 年，西南财经大学出版社正式出版《管理学》教材，当时国内仅有中南财经大学（今中南财经政法大学）出版一本内容非常少的《管理学》教材。

第四阶段，成熟阶段（2001—2017 年）。授课对象仍为西南财经大学工商管理一级学科下的所有二级学科和三级学科的本科专业。课程教学的目的是让学生系统地了解管理学的基本概念、基本职能和基本方法，培养用现代管理观念来分析企业的管理、组织运作和经营问题，使学生具备利用管理学知识来制定企业的战略目标、设立组织机构、进行各种专项的职能管理的能力，使学生具有管理与经营方面的基础知识和思维方式。授课开始使用多媒体教学的方式进行，以案例教学为主、教师讲授为辅，讲授渐渐向网络教学方向发展。

第五阶段，内容建设与课程思政建设二元融合阶段（2018 年至今）。授课对象仍是西南财经大学工商管理一级学科下的所有二级学科和三级学科的本科专业，但教材改为高等教育出版社出版的"马克思主义理论研究和建设工程重点教材"（以下简称"马工程"）——《管理学》。同时，管理学课程结合课程思政要求，将思想政治教育融入管理学课程教学和改革的各环节、各方面，在课程教学中实现"知识传授"与"价值引领"的有机统一。

实际上，西南财经大学管理学课程组一直坚持理论联系实际的原则，立足于中国企业实践，继承我国历史不同时期的管理思想，反映我国丰富的管理经验，为我国社会主义现代化建设服务，为建设中国特色的管理学服务。

（二）开发中国问题为用的管理学课程思政体系

习近平总书记在全国高校思想政治工作会议上的讲话中指出："要坚持把立德树人作为中心环节，把思想政治工作贯穿教育教学全过程，实现全程育人、全方位教育人，努力开创我国高等教育事业发展新局面。"为立足国情，挖掘中国元素中的管理学内容，坚守课堂阵地，将祖国发展成就润物无声地融入管理学课程，进一步总结和探究中国特色管理学理论逻辑、中国伟大实践、课程思政元素等各种教学课题，课程组以现有的"马工程"教材为基础，结合"马工程"教材的"战略思维、历史思维、辩证思维、创新思维、底线思维"和西南财经大学新财经人才培养目标，确立了"思政育人为纲、中国问题为用"的课程思政建设指导思想，确定课程思政元素、理论基础和中国伟大实践逻辑框架。管理学课程思政体系框架如图2所示。

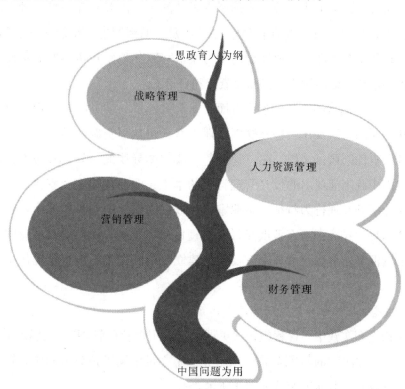

图2 管理学课程思政体系框架

尽管第二次世界大战以来，管理理论的各种学派呈现出了百花齐放、百家争鸣的态势，但我国企业成长路径的伟大实践和发展历史，依然可以抽象出管理规律、管理基本原理和管理一般方法，而这正是课程思政案例教材开发和编写的土壤。课程组精选中华人民共和国成立以来9个企业的成长案例，按照管理内涵、计划职能、组织职能、领导职能、控制职能以及企业创新、企业文化、企业激励模式的内容框架，将企业中出现的管理思想和管理方法与我国国有企业的历史使命、"中国梦"、五年计划、企业家精神等思政元素高度融合。这从一个较高的思政元素层面综合分析和阐释了我国企业管理思想和管理理论，也可以从中窥探西方管理理论在中国企业管理落地的具体实践。

实际上，为贯彻落实习近平总书记的讲话精神，全国陆续有关于管理学的课程思政的教学探讨见刊。例如，武岳（2021）提出的课程思政案例、唐芳（2021）提出的管理学课程思政元素挖掘与融入途径思考等。管理学课程思政体系的内在逻辑确立，丰富了管理学知识润物细无声的教学指导思想，探索性地为教师和学生展现了现代管理学研究的中国土壤特性，介绍了课程教学目标的中国故事、中国情怀和中国使命。

（三）确立管理学中国情境案例体系

课程组结合中国本土化情境，明确课程思政的主要内容和知识点，将中国企业发展变革的课程思政元素融入西方管理学过程学派的创新职能、组织职能、领导职能、计划职能，让学生在管理学专业知识的学习中潜移默化地感知祖国发展脉搏，从而培养学生的家国情怀，提高学生的民族自豪感和自信心。

例如，在"文化与环境"知识点方面，课程引入"一带一路"建设中出现的企业间跨国文化冲突问题以及在一些互联网企业占有大量数据资源的情况下，企业创造利润与承担社会责任问题；又如，在"管理者"或"领导职能"知识点方面，课程引入改革开放大潮中我国涌现出的极具管理特色的本土企业和优秀企业家代表，引导学生认识优秀企业家的心理行为特征、企业家套利或创新精神问题等；再如，在"组织职能"知识点方面，结合国有企业改革经验与理论研究成果，课程引入适应国有企业改革发展需要的混合所有制改革理论以及如何建立并不断完善中国特色现代企业制度问题等。

（四）构建管理学课程思政研究范式体系

在多年探索和实践中，课程组构建了课程思政中国特色管理学"选题-内容-对象（元素）-情境-方法"的研究范式，以培养学生立足中国国情思考问题、解决问题的能力。管理学课程思政研究范式如图3所示。

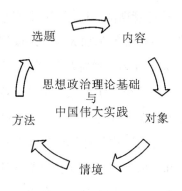

图3　管理学课程思政研究范式

一是以培养学生世界管理问题与本土管理问题关系研究的处理能力为课程思政教学目标，明确课程思政研究选题，突出具有中国现实意义和企业管理前沿性的核心问题。二是重点关注中国企业管理实践中的特殊元素，探索建构具有中国特色的企业管理学概念，阐释这些概念之间的逻辑关系为课程思政的教学重点内容。三是聚焦中国企业管理实践，重点研究本土企业的管理和发展问题，明确课程思政的研究对象。四是基于中国企业管理实践的特定情境或视角，对中国企业的独特管理现象进行剖析和诠释，确立课程思政研究情境。五是坚持辩证唯物主义和历史唯物主义的方法论，既充分借鉴吸收西方现代管理学的有益研究方法，又立足中国现实与研究需要，促进研究方法创新，确立课程思政的学习和研究方法。

通过多年来的不断探索和总结，管理学课程在传递企业成长和发展背后的管理逻辑知识的基础上，对中国特色管理学元素进行深入挖掘，同时实现了专业性与思政性同向同行的育人目标。

（五）总结创新教学方法完善课程思政督导体系

在教学方式方面，相关教学研究成果也比较丰富，如李朋（2021）提出的基于OBE理念的应用型管理学课程研究。西南财经大学管理学课程组鼓励和支持教师采取多样化的教学方式，从而提高教学的创新性。课程组长期实施"教师集体备课常态化、现场观摩经常化、课程资源共享化和配套支持系统化"的教学组织管理模式，从而实现学生和教师共同学习、共同成长的课程思政效果。

为培养学生深入理解中国特色的管理元素的能力，课程组通过组织学生广泛开展实践模拟演练，建立稳定的校外实训拓展基地，开展企业调查，编写企业成长案例等方法，提升学生的学习效果。

在考核方式方面，课程组探索标准与非标准考核相结合、动态与静态成绩考核相结合、个人成绩与团队成绩考核相结合、灵活考查与基础考查相结合的评价考核体系，提高平时考查和课堂讨论的成绩比重，实现对课程思政内容的全程管理，实现学生学习中国特色管理学、研究中国特色管理学、运用中国特色管理学的育人目标。

在经验推广方面，课程组支持授课教师加大对管理学课程的思政元素挖掘力度。课程组加强对青年教师的企业实务培训和老教师的传帮带，组织观摩优秀教师课堂授课，推广中国特色管理学示范课堂，聘请企业实务人士讲授企业最新发展模式和经验；采取经常性集体备课的方式，努力将课程组打造成为一支师德师风好、学术造诣高、教学能力强的教学团队；鼓励和支持教师对国内外课程建设经验进行交流和宣传推广；广泛动员学校教学名师，特别是在省部级以上教学比赛获得奖项的教师加入课程建设中来，发挥课程思政的带头引领作用，使每位管理学教师都有中国情境、中国情怀、中国理论和中国味道。

三、智慧化时空延展教学方式

（一）加强网络连接互动

在每学期初，教师们经常通过腾讯会议、钉钉会议等平台召开线上课程集体备课会议，讨论思政元素、思政目标、思政理论等，将讨论结果应用于授课过程。在每学期末，教师们利用网络进行问卷开发、搜集、分析、总结学生及毕业校友的反馈意见；借助高校微博、微信公众号以及新闻客户端等媒介，实时把与课程相关的理论文章、经典视频、精品资料等进行上传、共享、交流，力争实现实时育人。

（二）智慧化教室丰富教学手段

课程组充分利用现代信息技术平台，将教学资源、方法、内容进行融合。课堂教学过程中引入以超星、移动校园等各种应用程序工具为核心应用的智能云教学方法，利用智慧校园平台，通过动画、微视频、微课、慕课、直播等形式"花式授课"，用学生喜闻乐见的形式和语言传达管理学的相关知识和原理，让课程内容更接地气、深入人心，让育人目标的实现事半功倍。在超星等各种平台下，授课教师及时把课件、习题、相关知识拓展与现代管理学相关的热点资料上传到每一个授课班级，每一名学生都可以下载学习，增强学生课堂学习的参与感和互动性，顺应了智能云教学时代新型教学改革的趋势与方向，得到了学生的支持。应用程序工具的应用实现了课堂考勤、课程互动、资源共享、课程评价等智能化，让手机变成育人工具，实现学生探究式、自主式、主动式学习。

四、结语及展望

在信息技术环境下，管理学五维课程体系正在延伸教学时空，改变师生的工作、学习方式，为拓展教学内容资源、丰富教学手段提供了支撑。同时，鉴于西南财经大学悠久的管理学课程发展历史和丰厚的管理学理论沉淀以及全国高校对管理学教学的重视和课程思政教学改革需求，我们希望此研究成果能够为其他高校管理学课程教师提供管理学课程思政教学组织、教学内容和方案范例等方面的借鉴；给刚走上讲台的青年教师提供课程思政教学的规范指导；给正在探索新时期如何更好地履行教师职责的教师提供一定的教学实践参考；给正在建立一流课程的教学管理部门提供一定的经验；使学生在管理学专业知识的学习中，能够学史明理、知史砺行、明史布道，追求管理科学性，将爱国情、强国志、报国行融入建设社会主义现代化强国的伟大实践中。

参考文献

[1] 王永贵，汪寿阳，吴照云，等. 深入贯彻落实习近平总书记在哲学社会科学工作座谈会上的重要讲话精神，加快构建中国特色管理学体系 [J]. 管理世界，2021，37（6）：1-35.

[2] 武岳. 管理学课程的思政教学探究 [J]. 中国媒体与网络教学学报（中旬版），2021（6）：116-118.

[3] 唐芳. 管理学课程思政元素挖掘与融入途径思考 [J]. 信阳农林学院学报，2021，31（2）：149-153.

[4] 李朋. 基于 OBE 理念的应用型管理学课程创新研究 [J]. 科技经济导刊，2021，29（14）：125-127.

OBE 理念下基于"智能+"的 保险学课程评价体系构建与探索[①]

胡少勇[②]　汪圣荣[③]

摘　要： 本文在 OBE 教学理念下，依据保险学人才培养目标，科学地制定了课程目标，设计了课程教学目标与课程评价体系的关联，基于"智能+"技术构建了学生学习全过程数据的搜集、分析以及统计框架，使课堂教学目标得以科学量化，为后续的教学改革提供实证支撑，进一步推动了课堂教学改革及高质量人才培养。

关键词： OBE；智能+；课程教学目标；课程评价体系

一、问题的提出

（一）教育高质量发展的总要求

根据教育现代化的总目标，《中国教育现代化 2035》提出了推进教育现代化的战略任务，其中的核心要求是发展中国特色世界先进水平的优质教育，全面落实立德树人根本任务，构建高水平人才培养体系。加快信息化时代教育变革，推动教育组织形式和管理模式的变革创新，以教育信息化推进教育现代化，是我国教学事业发展的战略选择。当前，随着"互联网+""人工智能"在教育领域的渗透，传统的教学内容、教学方法以及教学评价等环节亟须改变，贯彻落实立德树人根本任务，坚持信息技术与教育教学深度融合的核心思想，创新应用信息技术手段，努力构建与高校教育现代化相适应的教育信息化体系，全面深入推进高校教育教学转型发展，促进教育高质量发展迫在眉睫。

---

① 【基金项目】江西省教育科学"十三五"规划课题（项目编号：19YB041）、江西省教育教学改革研究项目（项目编号：JXJG-18-4-18、JXJG-18-4-8）。

② 胡少勇（1979—），男，江西财经大学金融学院，副教授，主要研究方向：保险精算。

③ 汪圣荣（1992—），女，江西财经大学现代经济管理学院，讲师，主要研究方向：保险精算。

（二）课程评价改革的必要性

课程评价是当下高校教学质量保障的基本要素，是落实立德树人这一根本任务的基本方法，深刻体现以学生为中心的教学思想。在"智能+"背景下如何设计能够量化的一体化课程评价体系，督促学生的学习过程，改善学生的学习效果，促进教学改革，实现与保险企业职业岗位有效衔接，是目前保险学课程改革面临的问题。因此，建立具有反馈效应的保险学课程评价体系至关重要。

OBE，即 outcome based education，坚持"以学生为中心，以成果为导向，持续发展"的教育理念。该理念最先应用于工程专业，近年来逐渐被其他专业认可。该理念要求以学生学习成效为核心评价指标体系，其重点不是学生考试的分数，而是学生知识、能力、素质的达成程度。基于此，在 OBE 理念下，笔者所在教学团队重新确定课程目标，以匹配行业内对学生能力的需求为导向，运用信息化技术构建了能够量化教学过程及目标达成度的评价体系，不断完善教学改革，使之达到人才培养的目标。

二、OBE 理念下保险学课程目标的设计

OBE 理念的教学设计思路是"反向设计、正向实施"。教学团队通过多方调研确定保险学专业的人才培养方案，制定培养目标（见图 1）。

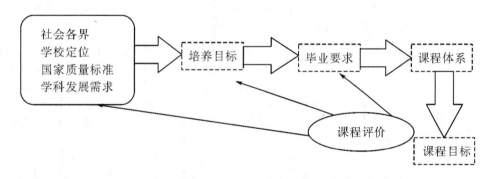

图 1　OBE 理念下人才培养方案的确定

（一）OBE 理念下本专业人才培养方案建设

根据江西财经大学的办学定位与学科专业发展方向，我们制定出本专业人才培养目标。本专业培养德智体美劳全面发展，秉承"信敏廉毅"校训精神，适应区域和国家社会经济发展战略需要，具备金融学基础知识和保险学专业知识，熟悉保险业务技能，具有创新精神、创业意识和国际视野，具备良好的沟通协作能力和专业实践能力，能在保险监管部门、保险公司、保险中介机构、金融集团以及其他企事业单位等从事保险与风险管理工作的高素质保险人才。保险专业培养目标为具有良好的行为品格、

身心素质、人文素养，具备金融保险从业人员的职业道德以及社会责任感；熟悉经济金融政策和保险监管要求，具有保险和风险管理实践能力与创新意识，具备解决保险复杂问题的能力，能够在保险领域胜任核保、理赔、组训以及组织与管理等方面的工作；具有国际化视野和跨学科知识融合与运用能力，能够在多学科、跨文化背景的团队中完成沟通与合作，承担对应的职能、组织和管理工作；持续追踪行业学科前沿发展现状和趋势，紧随时代和技术的发展，能够通过主动学习、自我学习和终身学习实现知识更新和技术能力的提升。江西财经大学保险学专业人才培养毕业要求如表1所示。

表1 江西财经大学保险学专业人才培养毕业要求

毕业要求	具体表现
品德修养	①具备良好的思想道德和身心素质。在工作、生活和学习中自觉而坚定地遵守职业操守、社会公德、规章制度。通过各种方式的学习和实践，形成正确的人生观、价值观和世界观，具有清晰的法治意识，遵纪守法。倡导社会主义核心价值观，树立诚信意识，履约践诺，知行统一，具有社会责任感和人文关怀意识。具有健康的体魄，体育达标。具有良好的心理素质、较强的自我控制和自我调节能力。 ②具备科学文化素质。具有一定的科学知识与科学素养，文学、艺术素养和鉴赏能力，对传统文化与历史有一定了解。 ③具备保险专业人才的职业素质。具备良好的保险专业素养、合规意识和风险底线意识，主动学习熟悉国家经济和金融保险方面的方针、政策与法规，并自觉遵守相关监管要求
学科知识	①掌握学科工具知识。熟练掌握1门外语，具备基本的计算机编程知识，熟练掌握现代信息管理技术进行专业文献检索、数据处理、模型设计等知识和方法。 ②掌握专业学习所需基础知识。熟悉数学、经济学、管理学、金融学、计算机等学科领域的基础知识，为学习专业课程奠定基础，形成涵盖人文社会科学、自然科学、管理科学、创新创业与职业发展等多学科、多元化的均衡知识结构和理论体系。 ③掌握本专业理论知识，形成专业知识体系结构。牢固掌握本专业基础知识、基本理论与基本技能。既要系统掌握保险和风险管理的理论知识与分析方法，也要掌握经济和金融保险定量分析与统计方法，还要充分了解宏观经济金融政策、保险监管动态、保险前沿理论和实践发展动态
信息能力	①具有信息技术应用能力，能够对各种国内外的经济、金融和保险信息进行收集、整理、分析。 ②能够使用专业数据库，运用计量分析、统计软件等研究方法和工具
应用能力	①具有发现、分析和解决保险实践与理论问题的能力。 ②具有撰写专业论文的科学研究能力

表1(续)

毕业要求	具体表现
创新能力	①具有逻辑思维能力、批判意识和思辨能力。 ②具有专业敏感性,能够把握保险发展的趋势,学以致用,创造性地解决实际保险问题,并参与各类专业竞赛和课题、项目研究
沟通表达	①具有良好的英语听、说、读、写、译的能力。 ②具有良好的理解能力和语言文字表达能力,能够与同行和社会公众进行有效沟通,包括撰写报告和论文、陈述发言等
团队合作	①具有团队协作精神,掌握团队合作技能,能够与团队成员和谐相处、协作共事,在团队活动中发挥积极作用。 ②为实现工作任务和目标,能有效进行资源分配,控制、激励和协调群体活动
国际视野	①了解国际政治经济文化动态,关注全球性问题,尊重世界不同文化的差异性和多样性。 ②了解金融保险领域国际惯例及相关的法律、规则。 ③能够在跨文化背景下进行沟通和交流
学习发展	①具有终身学习和专业发展意识,适应社会发展需要,进行自我管理和自主学习。 ②能够对职业生涯进行科学合理的规划

(二) 保险学课程目标设置

人才培养质量的达成关键是课程建设,保险学课程作为保险学专业的主干课程,其在保险专业人才培养方面起着重要作用。本课程旨在使学生掌握保险实务中所必需的保险学基本知识、基本理论,包括风险与风险管理、保险的基本概念、保险的四大原则、保险合同以及各类商业险种等主要内容;课程中融入日常生活中的各种保险纠纷案例、热点问题,通过分析现实案例加深对保险基本知识的理解和运用。基于 OBE 理念,教学团队根据人才培养方案和课程教学任务,从知识目标、能力目标、素质目标、思政目标四个维度进行课程目标的设定。

据此,教学团队已建立起课程目标与教学内容、教学方式一一对应的关系。教学团队为了获取每位学生在本课程教学过程中的课程目标获得情况,应对教学内容进行全过程考核,即构建课程评价体系。评价方法选择与课程教学内容、教学方式相关,不同类型的教学内容、教学方式应采取不同类型的评价方法。保险学课程目标、毕业要求指标分解、教学内容以及教学方式的对应关系如表2所示。

表 2 保险学课程目标、毕业要求指标分解、教学内容以及教学方式的对应关系

课程目标	毕业要求指标分解	教学内容	教学方式
课程目标 1：知识目标 1.1 掌握风险的特性、保险的四大原则、保险合同的基本要素、保险市场等基本知识与基础理论 1.2 了解保险投保、订立、履行、纠纷处理全过程保险实务运作，能够看懂保单、厘清保险纠纷、参透保险原理	具备良好的保险专业素养、合规意识和风险底线意识，主动学习、熟悉国家经济和金融保险方面的方针、政策、法规，并自觉遵守金融经济监管要求	通过案例研讨风险的本质及其组成要素、风险概念与种类、风险管理的基本方法，介绍风险管理程序、保险的基本概念、商业保险与类似制度的比较、保险的历史	课堂讲授、案例研讨
	系统掌握保险与风险管理的理论知识和分析方法，经济和金融保险定量分析与模拟仿真知识及方法，充分了解宏观经济金融政策、保险监管动态、保险前沿理论和实践发展动态	介绍保险业的产生与发展、保险的职能与作用、保险的基本分类	课堂讲授、课堂讨论
	发现、分析和解决保险实践与理论问题的能力	通过现实纠纷案例研讨，介绍保险合同的概念及其特征，保险合同的形式与内容，保险合同的订立、变更和终止以及保险合同争议处理。详细讲解保险合同涉及的各种人员关系、保险合同的主要条款及内容；保险合同的成立与生效	课堂讲授、案例研讨
课程目标 2：能力目标 2.1 能够将理论知识灵活运用到保险实务中 2.2 能够根据市场需求对保险产品进行创意设计或优化，形成解决复杂问题的综合能力和高阶思维	具有逻辑思维能力、批判意识和思辨能力	通过纠纷案例介绍最大诚信原则、可保利益原则、近因原则、损失补偿原则四大原则的主要原理，讨论如何结合保险原则进行判案	案例研讨、课堂讨论
	具有专业敏感性，能够把握保险发展的趋势，学以致用，创造性地解决实际保险问题，并参与各类专业竞赛、课题和项目研究	详细介绍商业保险的分类、各类险种的特征、保障对象、保险条款以及商业保险与社会保险、政策性保险的联系和区别	课堂讲授、课堂讨论

表2(续)

课程目标	毕业要求指标分解	教学内容	教学方式
课程目标3：素质目标 3.1 学生参与竞赛、调研，教师在言传身教中培养学生的责任感，学生在同台竞技中激发竞争意识 3.2 使学生具有高尚的职业道德和操守以及强烈社会责任感	具有良好的理解能力和语言文字表达能力，能够与同行和社会公众进行有效沟通，包括撰写报告和论文、陈述发言等	介绍人身保险、财产保险的业务种类，介绍常见的保险险种及各险种的保险责任和除外责任，掌握如何运用保险化解生活中的各种风险	课堂讲授、课堂讨论
	具有团队协作精神，掌握团队合作技能，能够与团队成员和谐相处、协作共事，在团队活动中发挥积极作用	介绍人身保险、财产保险各险种承保、核保、理赔的实务及案例，试点项目	案例研讨、项目探究
	为实现工作任务和目标，能有效进行资源分配、控制、激励和协调群体活动	结合案例介绍保险理赔的原则、索赔与保险理赔的具体流程，介绍保险理赔中各种时效规定、财产保险理赔的方式	案例研讨、项目探究
课程目标4：思政目标 4.1 以立德树人为核心，以多元化形式将思政元素植入课堂全过程，使学生在启发式教学中领悟知识、感悟思政；激发学生的民族自豪感和自信心；培养学生的创新精神与家国情怀，立足小课程培养大情怀 4.2 培养学生遵章守纪的意识	了解国际政治经济文化动态，关注全球性问题，尊重世界不同文化的差异性和多样性	介绍我国保险的历史进程、保险市场规模及发展现状	微课教学
	具备良好的思想道德和身心素质。在工作、生活和学习中自觉而坚定地遵守职业操守、社会公德、规章制度。通过各种方式的学习和实践，形成正确的人生观、价值观和世界观，具有清晰的法律意识、法治观念，遵纪守法	以新冠肺炎疫情情境，引出风险的概念、风险管理的手段，引导学生保持积极向上的态度，主动作为；介绍弃权与禁止反言、不可抗辩条款间接传达诚信、言行一致的价值观；通过真实的纠纷案例介绍人身保险中受益人身份的认定。案例情境让学生感悟公平与正义、树立法律意识，潜移默化感悟谦让、以和为贵的传统美德。三次车险改革案例，让学生树立创新意识、改革意识	翻转课堂(模拟法庭)、案例研讨
	具备保险专业人才的职业素质。具备良好的保险专业素养、合规意识和风险底线意识，主动学习、熟悉国家经济和金融保险方面的方针、政策、法规，并自觉遵守金融经济监管要求	通过案例研讨讲授保险合同订立的要素及流程、理赔遵循的原则及事项；通过车险查勘、定损、理赔全流程模拟培养职业操守	案例研讨、项目探究

三、保险学课程评价体系构建

（一）课程评价方法的选取

为了改变以往课程考核评价模式单一的问题，教学团队在保险学课堂教学过程中主要采用五类课程评价方法，如图 2 所示。

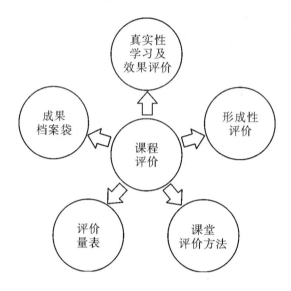

图 2　五类课程评价方法

五类课程评价方法的主要特点如表 3 所示。

表 3　五类课程评价方法的主要特点

课程评价	特点
形成性评价	在教学过程中及时了解学习情况并予以反馈，以调整教学
评价量表	评价表现为主观性较强且多人参与评价的项目
课堂评价方法	在课堂教学过程中，以讲演和讨论为教学方式的过程
真实性学习及效果评价	在真实或仿真环境中，以真实问题为任务，学生通过参与真实问题的解决过程，评价其学习相关知识和技能的获得程度
成果档案袋	学生作品集，展现自己的学习成果，并进行成果反思，属于自评

根据表 3 呈现的课程评价方法的主要特点，教学团队将本课程中教学方式与课程评价方法相对应。保险学课堂教学方式与课程评价方法的对应关系如表 4 所示。

表4　保险学课堂教学方式与课程评价方法的对应关系

教学方式	课程评价方法
课堂讲授、微课教学	形成性评价
案例研讨	课堂评价方法
课堂讨论	评价量表
项目探究	真实性学习及效果评价
翻转课堂（模拟法庭）	形成性评价、评价量表、成果档案袋

（二）五类课程评价方法下评价指标的设定

在保险学课程教学过程中，教学团队采用"线上+线下"混合式教学法，在原有多媒体教学的基础上，运用超星、雨课堂开展教学。课堂上不止依靠多媒体设备，而且通过雨课堂等教学软件组织学生出勤、设置随堂提问、开展课堂抢答等教学环节。教学团队将教学微课、案例、访谈视频等上传至中国大学慕课网，实现资源共享。除此之外，保险学专业已将虚拟仿真平台运用于保险学课程的项目实践教学，即借助虚拟现实技术打造交互式、体验式、互动式等教学方式。

1. 保险学案例研讨教学方式课堂评价方法指标设定

保险学课程运用案例研讨这一教学方式的教学环节有分组、发言和撰写分析报告。案例研讨教学过程分解如图3所示。

图3　案例研讨教学过程分解

教学团队将设计与上述过程相对应的指标体系。案例研讨课堂评价指标体系如图4所示。

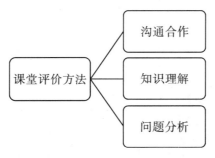

图4　案例研讨课堂评价方法评价指标体系

2. 保险学课堂讨论教学方式评价量表指标设定

保险学课程主要针对课堂提问讨论这一教学方式采用评价量表的方法。根据保险学课程的教学内容，教学团队设定保险学课堂提问讨论课程评价量表指标体系，如表5所示。

表5　保险学课堂提问讨论课程评价量表指标体系

评价指标	很好	好	一般	较差
发言率	课堂讨论中表现积极	课堂讨论中表现较积极	课堂上踊跃发言，但次数不多	课堂上不善于表现
讨论深度	有自己独到的见解，答案不局限于表面	根据课本回答问题，答案浮于表面	讨论问题流于形式	不参与讨论
主题聚焦	紧扣主题，思路清晰、条理清楚	片面围绕主题，条理一般	围绕的主题较边缘化，条理不清	不参与讨论

3. 保险学项目探究教学方式真实性学习及效果评价指标设定

保险学课程主要针对项目探究这一教学方式采用真实性学习及效果评价的方法。根据保险学课程的教学内容，教学团队设定保险学虚拟仿真实验项目评价指标体系，如表6所示。

表6　保险学虚拟仿真实验项目评价指标体系

评价指标	很好	较好	一般	较差
查勘、定损、理赔全流程系统评分	虚拟仿真实验操作熟练，实验得分大于90分	虚拟仿真实验得分大于80分并且小于90	虚拟仿真实验得分大于60分并且小于80	虚拟仿真实验得分小于60

4. 保险学课堂讲授、微课教学教学方式形成性评价指标设定

保险学课程主要针对课堂讲授、微课教学教学方式采用形成性评价的方法。根据保险学课程的教学内容，教学团队设定保险学课程的形成性评价指标体系，如图5所示。

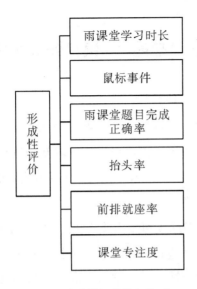

图 5 形成性评价指标体系

5. 保险学翻转课堂（模拟法庭）教学方式评价指标设定

根据保险学课程的教学内容，保险学课程主要针对翻转课堂（模拟法庭）这一教学方式采用形成性评价、评价量表、成果档案袋的课程评价方法。翻转课堂（模拟法庭）教学方式课堂评价指标体系如图 6 所示。

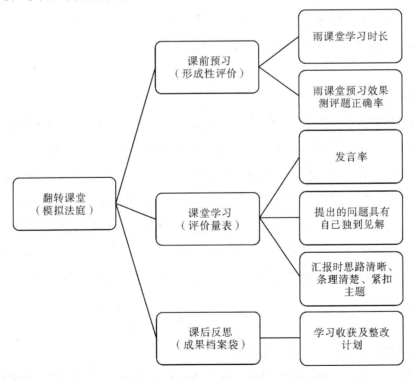

图 6 翻转课堂（模拟法庭）教学方式课堂评价指标体系

四、基于"智能+"课程评价方法的实现

（一）课程学习过程中的数据搜集

保险学课程用于课程评价的数据主要来源有中国大学慕课网、雨课堂、学生组内评价等，另外还包括课堂录像等，进而对学生获取知识程度进行定量评价。教学团队针对课程评价指标结合"智能+"技术，就如何实现量化评价进行阐述。

1. 课堂评价方法数据搜集

案例研讨教学过程中首先要分组，将每组成员限制在四人，每组设组长、第二成员、第三成员、第四成员，并进行明确分工。组长负责案例研讨的统筹工作，任务重要程度依成员顺序排列，讨论结束后要求组内成员对组内其他成员的沟通合作能力进行评价取值，10分为满分，记录组内每个学生沟通合作方面的量化分数。特殊情况也会允许队员人数少于四人。每组讨论过后需要进行案例问题作答，教学团队拟用雨课堂对知识理解、问题分析两个指标进行数据搜集。具体实现路径为教师发起案例分析、设置案例问题，总分为100分，将问题进行标签处理分别对应知识理解和问题分析两个指标。个人的总分计算思路如下：令第 i 小组的组成绩为 S_i，其组长、第二成员、第三成员和第四成员的沟通合作权重分别为 W_1、W_2、W_3 和 W_4，各成员个人成绩分别记为 S_i^j（ $i = 1，2，3，\cdots，j = 1，2，3，4$），则有：

$$S_i^j = W_j \cdot S_i$$

2. 评价量表数据搜集

教学团队围绕评价量表的评价指标，即发言率（权重为30%）、讨论深度（权重为30%）、主题聚焦度（权重为40%），利用教学信息技术——课程录像，在开学期初进行人脸检测后获取 n 张人脸，待到需要计算评分时，调取教务处对应班级课程信息，包括课程名称、班级课堂发言人数 a 名等课程信息，计算发言率 $=n/a\times100\%$。设定发言满分为10分，计算出该名学生的发言率分数（ Q_1 ）。对于预先设定的问题讨论，教师需要利用雨课堂的教学工具，将答案关键字输入后台。学生回答问题后对讨论深度与主题聚焦度进行匹配，测算讨论深度分数（ Q_2 ）、主题聚焦度分数（ Q_3 ）。具体计算公式如下：

$$S = 30\%Q_1 + 30\%Q_2 + 40\%Q_3$$

3. 真实性学习及效果评价数据搜集

在课堂实验部分，教学团队搭建了虚拟仿真实验平台，学生按照仿真的场景进行实验操作，有针对性地解决问题。此评价数据是根据虚拟仿真平台的系统给分，从而

得出每位学生具体的实验得分。

4. 形成性评价数据搜集

保险学课程的微课教学、课堂讲授部分采用形成性评价方式。对微课部分，教学团队将教学视频共享至中国大学慕课网。因此，关于学习时长、鼠标事件、题目完成正确率均在后台中调取数据。对课堂讲授部分，教学团队设定抬头率、前排就座率、课堂专注度指标。其中，抬头率指标测算需要借助课堂录像设备进行智能检测，学生在认真听讲时，其注意力观测点主要分布于教学黑板和教师；前排就座率指标测算需要对预先设定好的前三排区域进行定位，检测区域内的人脸数，并与座椅总数目相比，依据评分等级获取最终分数；课堂专注度指标的数据获取根据课堂录像的智能检测，在课堂教学过程中，如果学生的异常行为过多，则从侧面反映了课堂专注度不高。

5. 成果档案袋数据搜集

教学团队充分利用信息化技术手段，建立学生个人的电子档案袋，由学生收集本人的课堂汇报材料及课后反思、心得体会，集中存放至任课教师的教学后台中，由任课教师进行打分。

（二）数据分析和指标图谱构建

教学团队针对搜集和挖掘的各类学习过程与相关活动数据，使用数据挖掘的各种方法（统计、分析处理、检索、机器学习、模式识别）对数据进行处理，统计并计算学生在课堂学习中各个课堂目标的分值。

课堂目标包括知识目标、能力目标、素质目标、思政目标四个目标体系。教学团队针对以上四个目标对应的不同教学内容的侧重点，对不同的课程评价方法设置不同的权重。由此，教学团队便可获取学生各课程目标的达成情况。各课程目标与评价分数对应表如表 7 所示。

表 7　各课程目标与评价分数对应表

课程目标	教学方式	课程评价分数
课程目标 1：知识目标 1.1 掌握风险的特性、保险的四大原则、保险合同的基本要素、保险市场等基本知识与基础理论 1.2 了解保险投保、订立、履行、纠纷处理全过程保险实务运作，能够看懂保单、厘清保险纠纷、参透保险原理	课堂讲授、案例研讨	形成性评价 30%+课堂评价方法 40%+评价量表 30%
	课堂讲授、课堂讨论	
	课堂讲授、案例研讨	

表7(续)

课程目标	教学方式	课程评价分数
课程目标2：能力目标 2.1 能够将理论知识灵活运用到保险实务中 2.2 能够根据市场需求对保险产品进行创意设计或优化，形成解决复杂问题的综合能力和高阶思维	案例研讨、课堂讨论	课堂评价方法30%+形成性评价20%+评价量表50%
	课堂讲授、课堂讨论	
课程目标3：素质目标 3.1 学生参与竞赛、调研，教师在言传身教中培养学生的责任感，学生在同台竞技中激发竞争意识 3.2 使学生具有高尚的职业道德和操守以及强烈社会责任感	课堂讲授、课堂讨论	形成性评价10%+评价量表10%+课堂评价方法40%+真实性学习效果评价40%
	案例研讨、项目探究	
	案例研讨、项目探究	
课程目标4：思政目标 4.1 以立德树人为核心，以多元化形式将思政元素植入课堂全过程，使学生在启发式教学中领悟知识、感悟思政；激发学生的民族自豪感和自信心；培养学生的创新精神与家国情怀，立足小课程培养大情怀 4.2 培养学生遵章守纪的意识	微课教学	形成性评价20%+课堂评价方法40%+评价量表20%+成果档案袋20%
	翻转课堂（模拟法庭）、案例研讨	
	案例研讨、项目探究	

（三）课程目标分数可视化形成及建议

一是教学团队为每个学生按章节提供学习目标达成情况，以饼状统计图形式展示，在展示时提供所有学生的目标的达成情况，将其分数分布、平均值以及最高值作为参考。

二是教学团队分析学生课程目标达成的优点和缺点，根据统计图展示提示在后续课程和学习过程中需要改进的地方，形成书面报告形式的学习建议。

三是教学团队根据每学年学生在相应的课程目标下总体平均分数和优秀分数的情况，统计历年课程目标得分变化的情况，以柱状图展示每年度课程学习效果变化情况。

五、结论

本文基于OBE教学理念对保险学课程根据"反向设计、正向实施"这一方针，依据江西财经大学保险学专业人才培养方案制定保险学课程目标，并在传统教学的基础上借用信息化技术对教学过程进行学习效果评价。本文构建了结合"智能+"信息化背景下各课程目标的量化评价分数，对各教学方式课程评价数据搜集进行了研究和探索，初步实现了评价方法的适用性和可操作性。在今后的课程教学中，教学团队将致力于推进"智能+"这一技术下的课程评价指标体系的优化和进一步探索。

参考文献

[1] 于发友，陈时见，王兆璟，等. 笔谈：新时代教育评价改革的逻辑向路与范式转换 [J] 现代大学教育，2021（1）：20-37.

[2] 钟启泉. 发挥"档案袋评价"的价值与能量 [J]. 中国教育学刊，2021（8）：67-71.

[3] 刘俊杰，张丽颖，黄思育. 智能课堂质量评价系统设计 [J]. 黑河学院学报，2019（8）：136-138.

[4] 吴立宝，曹雅楠，曹一鸣. 人工智能赋能课堂教学评价改革与技术实现的框架构建 [J]. 中国电化教育，2021（412）：94-101.

[5] 赵炬明. 关注学习效果：美国大学课程教学评价方法述评：美国"以学生为中心"的本科教学改革研究之六 [J]. 高等教育研究，2019（6）：9-23.

[6] 刘佳良. 基于大数据的教学过程评价体系和学生能力画像系统的构建 [J]. 教育现代化，2019（51）：157-160.

[7] 俞佳君. 以学习为中心：高校教学评价的新范式 [J]. 高教探索，2016（11）：11-20.

[8] 李照，丁宁，唐晓洁. 成果导向教育理念下现代仪器分析课程教学改革 [J]. 首都师范大学学报，2020（3）：64-68.

[9] 谭伟，顾小清. 面向开放教育的混合式教学模式及效果评估指标研究 [J]. 中国电化教育，2019（2）：126-130.

[10] 张泊平. 基于学习产出的数字媒体技术教学改革 [J]. 中国教育学刊，2016（S1）：104-111.

[11] 吴艳阳，武斌，纪利俊，等. ABET 认证背景下分离工程课程量化评价体系的建设 [J]. 化工高等教育，2020（4）：54-58.

[12] 翟苗，张睿，刘恒彪. 高校混合式教学形成性评价指标研究 [J]. 现代教育技术，2020（9）：35-41.

数字经济时代高校会计专业课程体系升级研究

——以 JX 大学为例

宋京津[①]

摘　要：课程体系设置是教学计划的核心，从根本上决定着学校教学内容的设计、学生知识体系的构建以及人才培养的质量。本文从会计专业自身的发展规律入手，在现状分析的基础上，探索"数字经济"背景下我国高校会计专业课程设置改革问题，提出"333体系"的设想，力求升级现有的课程体系，促进会计教育换发新的活力。同时，本文以 JX 大学为例，为我国特别是中部地区培养合格的会计人才，促进地方经济发展提供理论基础和政策建议。

关键词：数字经济；会计专业；课程体系

一、问题的提出

（一）数字经济时代的翩然而至

《G20 数字经济发展与合作倡议》（2016）指出，数字经济时代是以数据分析和数字化信息为主要生产要素的时代。大数据、智能化、移动互联网、云计算等新兴技术在为我们带来一种极具创造力的技术环境的同时，也在彻底改变我们所熟知的会计行业。在 2017 年全国"两会"上，"数字经济"第一次被写入政府工作报告，并被视为推动中国经济快速发展的新动力。2020 年年初新冠肺炎疫情席卷全球，每天更新的确诊病例，再一次刷新了人们对数字的认知。

---

① 宋京津（1971—），女，江西财经大学，教授，主要研究方向：会计理论与方法。

（二）数字经济时代会计的华丽转身

2017 年 10 月，在伦敦召开的国际会计准则咨询委员会（SAC）会议讨论了人工智能、区块链、云服务等技术发展对会计行业产生的深刻影响。至于实务界，在数字经济的时代背景下，会计工作更加智能化、自动化和无纸化，计算机或财务机器人将被运用到越来越多的会计基础工作中去，市场需要的将是能够为单位提供增值服务的专业人才。

2018 年 10 月，教育部发布《教育部关于加快建设高水平本科教育全面提高人才培养能力的意见》（以下简称"高教四十条"）指出，本科生是高素质专门人才培养的最大群体；本科教育是提高高等教育质量的最重要基础。课程体系设置是教学计划的核心，从根本上决定着学校教学内容的设计、学生知识体系的构建以及人才培养的质量。因此，研究数字经济背景下高校会计专业课程体系的升级问题显得尤为迫切。

二、文献回顾

（一）国内外研究现状

1. 教育理念方面

温毓敏（2018）认为，在"大智移云"背景下，在教育改革和创新的过程中，存在着教学目标模糊、实践教学缺乏、教学理念滞后、课程规划不当等问题。祝镇东（2018）认为，在"互联网+大数据"模式下，高校应转向能力导向的资格证书教育。徐倩（2018）认为，"云会计"和"财务共享中心"的产生，要求高校培养应用型、实用型的尖端会计人才，从而更好地适应当前乃至未来的经济和社会发展的需要。

2. 课程设置方面

黄作明等（2018）建议，将数据科学、数据工程等相关课程融入会计本科专业人才培养方案，培养兼有统计分析能力、数字计算技术、经济管理素养的跨界复合型人才。夏菁、周婉怡（2018）将会计专业课程分为以财务会计、财务管理与审计为主的传统课程和以数据分析、数据挖掘与信息系统操作为主的创新课程两个体系。袁奋强、王志华（2018），王雪莹等（2019）构建了大数据时代下以知识、能力、素养为核心的高校会计人才培养框架及其评价体系。

3. 教学内容方面

2014 年，美国注册会计师协会（AICPA）和英国特许管理会计师协会（CIMA）联合发布了基于道德、诚信和专业精神的注册管理会计师胜任力框架（CGMA）。该框架提出了风险管理及内部控制、会计信息系统等八个方面技术能力的内容。

张新民、祝继高（2015），张宝贤、唐建荣（2017）揭示了当前会计学本科专业核心课程设置从结构到内容存在的问题。刘华、翟华云（2017），田志良（2018），徐素波等（2019）指出，应扩大课程的覆盖范围以满足大数据时代的信息需求，变革教学内容，使会计教育课程设置多元化。秦荣生（2015）指出，在"互联网+"时代，会计教学内容可以是具体细分的各个岗位工作，也可以是对一项业务的不同处理办法。

4. 教学形式方面

包燕萍（2019）建议将会计专业课程分为三个阶段：第一阶段为学生个体的线上学习，第二阶段为"大班教学"的课堂讲授，第三阶段为"小班教学"的岗位实训。

（二）国内外相关文献述评

由上述相关文献可知，现有研究主要从教育理念、课程设置、教学内容、教学形式等方面研究我国高校会计专业教学改革问题，关于数字经济时代高校会计专业课程体系升级问题的研究则较为分散。现有研究多从时代背景、社会需要出发，探索会计人才培养路径问题，未能以会计专业本身的发展规律为切入点，探索会计专业课程体系设置问题。这正是本文重点关注的内容所在。

三、JX 大学会计专业课程设置现状

JX 大学位于江西省，是原财政部直属高校之一，现为省部共建单位，是老牌财经院校。因地处我国中部地区，地理位置不占优势，其知名度受到影响，但其综合实力不容小觑，会计专业的全国排名仍比较靠前。本文以 JX 大学为切入点，为深化本科教育改革、制订中部地区人才培养方案、促进区域经济发展打下坚实的基础。

（一）课程设置的满意度调查

根据 JX 大学《关于修订 2020 年普通本科专业人才培养方案的指导意见》的规定，会计专业最低总学分为 158 学分，其中课堂教学为 118.25 学分、实践教学为 39.75 学分。

笔者分别从在校学生、任课教师和用人单位视角出发，从被调查对象的个人信息、培养目标、课程安排、学分权重与升级路径等方面设计了关于会计专业课程设置的满意度调查问卷，以"问卷星"软件方式，分别面向在校会计专业本科学生、用人单位（主要是省内）和任课教师发放，分别回收有效问卷 962 份、75 份和 92 份。笔者的研究旨在揭示高校会计专业课程设置中普遍存在的问题，广泛征求对课程体系升级的意见和建议。在回收的有效问卷中，73.8%的学生表达了对专业课程的"基本理解"和"理解"；26.2%的学生却表示"不怎么了解"，甚至"完全不清楚"；62.58%的学生对会计专业所学课程感到满意，33.47% 的学生则感觉一般。

（二）课程设置的突出问题

针对现阶段会计专业课程体系存在的突出问题，笔者整理了教师样本的意见。他们认为，主要是专业课程教学与商业模式、经营过程、管理决策等被割裂（65.33%）；对应用型人才理解不到位，课程体系陈旧（62.67%）；对人才教育的目标定位不明确（58.67%）；追求开设热门专业，人才培养方案缺乏本校个性化设置（50.67%），等等。其原因主要如下：第一，现行会计教科书人为地将会计和业务分开。例如，采购业务涉及采购、仓库保管、合同管理、财务等部门，但会计课堂只讲如何进行会计处理①。第二，会计专业教学往往只是会计院系的"单打独斗"，未能站在学校的高度，调动全校的优势课程、优质师资、先进设备、大型实验室等资源。第三，本科阶段除会计知识外，实务能力和专业素质的培养缺失。正如钱颖一（2017）所言，我们往往把教育等同于知识，导致目前人才培养方案的设计多以学生掌握知识的深度与广度为主，唯恐学生学得不够多、不够深。总之，当前的课程设置，有些是背离了会计专业的发展规律的。

本文中的 JX 大学地处我国中部地区，学生样本与教师样本均表示，与发达地区高校相比，存在着阻碍课程体系升级的地域原因。其影响因素主要包括受地理位置影响，很难留住优质师资（80.25%/77.33%）②；受传统观念影响，很难打破院系界限（45.63%/58.67%）；受资金投入影响，很难改善实验设施（75.16%/56%）；受区域经济影响，很难寻找实训基地（79.11%/53.33%），等等。

四、学科发展带来的会计教育变迁

会计教育理念与内容会因社会的进步、经济的发展、环境的改变以及人类认知水平的提高而不断发展变化。在原始社会末期（原始渔猎社会），生产组织形式非常简单，会计也从简单的"结绳记事""刻记记事"开始，呈现出萌芽态势，谈不到会计教育问题。正如马克思所言，在人类有穿衣服的欲望的地方，在还没有一个人变成专业的缝师以前，人类就缝了几千年的衣裳。

随着剩余产品的出现，会计逐渐从生产职能中抽离，形成专门记录。正如《资本论》中所提到的，孤岛上的鲁滨孙从破船上救出表、账簿、墨水和笔，不久便开始登记各种账目了。此时的会计教育仍然和生产能力培养是分不开的。

---

① 刘永泽教授在 2019 年 7 月 31 日所做的题为《智能时代会计类专业的融合与重构》的报告中所谈到的。

② 前面的比例为学生样本，后面的比例为教师样本，下同。

随着商业的发展，复式簿记的出现，近代会计革命促使会计职业的产生和会计教育的发展。正如《资本论》中所提到的，簿记机能由生产机能分离出来，而成为特殊专任代理人的机能。现代会计革命使其更加专业化、精细化，进而有了财务会计与管理会计的分工。

在数字经济时代，会计工作不单单是记账算账这么简单，而是借助于先进的信息技术进行数据加工生产。英国特许公认会计师公会（ACCA）和哈佛商学院高管学院（Harvard Business School Executive Education，2018）的一份调研报告称，近90%的受访财务专业人员表示，对今天的财务总监（CFO）来说，关注财务绩效参与战略实施和全程管理是他们推脱不掉的责任。正如秦荣生（2018）所言，要理解财务就要让财务人员积极地参与到企业的经营活动中，从最初的被动应对向主动参与转变。可见，随着数字经济时代的到来，会计工作逐渐向加工数据、处理数据、（通过信息共享有效）利用数据方面转移。相应地，会计教育就要增加数据教育的内容。

五、数字经济时代高校会计专业课程体系的构建

数字技术引领了一个崭新的商业时代，技术的变革、商业模式的改变给会计行业带来了巨大的冲击，也为高校会计专业课程体系升级改造带来了契机。大学课程设计是分层次的，宏观的课程设计是对一所大学的课程进行总体的规划；中观的课程设计是对一个院系、学科或专业的课程进行整体的设计；微观的课程设计是对某一门课程进行具体的安排。本文的探究仅限于中观层面。

（一）"333体系"的含义

会计专业是一门应用性很强的专业，包括会计学、会计电算化、注册会计师专业化、审计、财务管理等。其中，会计学可以说是会计专业的基础，其他会计专业的课程是在会计专业基础上进行调整的。会计专业也是最基础、最受欢迎的专业之一。全省乃至全国许多高校都开设了会计专业。本文以会计专业为切入点，构建数字经济时代的会计专业课程体系，以下简称"333"体系。

第一个"3"指的是课程性质，包括知识课程、能力课程与素养课程三类。第二个"3"指的是课程系列，包括知识课程中的财务会计、管理会计和审计学三大系列；能力课程中的数据分析、数据挖掘和信息系统操作三大系列；素养课程中的会计实务、数字经济技术和论文写作三大系列。第三个"3"是指专业基础课、专业必修课和专业选修课三门课程种类。

（二）"333 体系"的内容

1. "知识"课程体系

根据学科特点，教师应从财务会计知识体系、管理会计知识体系和审计知识体系三个方面构建会计专业"知识"课程体系。具体内容见表1。

表1 "333"体系下的课程设置一览表

课程性质	课程系列	课程类型	建议开课学期/学期	课程名称	建议学分/学分
知识课程	财务会计系列	专业基础课程	2	会计学原理（含实训）	4
		专业必修课程	3 和 4	中级财务会计（含实训）	6
			5 或 6	高级财务会计（含实训）	4
		专业选修课程	5	会计理论专题	2
			6	国际会计准则	2
	管理会计系列	专业基础课程	4	财务管理（含实训）	4
		专业必修课程	3	成本会计（含实训）	2
			3 或 4	管理会计（含实训）	2
		专业选修课程	6	公司战略与风险管理	2
			6	国际财务管理	2
	审计学系列	专业必修课程	5	审计学（含实训）	3
		专业选修课程	6	内部控制理论与实务	2
			6	国际审计准则	2
能力课程	数据分析系列	专业基础课程	2 或 3	统计学（含实训）	4
		专业必修课程	4 或 5	数据库与数据处理基础（含实训）	3
		专业选修课程	5 或 6	计量经济学（含实训）	3
			5 或 6	基于大数据的商务分析	2
			6 或 7	信息安全理论及应用	1
	数据挖掘系列	专业选修课程	6	Linux 操作基础	1
			6	Python 语言与数据分析	1
			6	数据挖掘及财经应用	1
	信息系统操作系列	专业必修课程	5	会计信息系统（含实训）	3
		专业选修课程	5 或 6	ERP 实验	2
			6 或 7	Excel 在财务中的应用	2

表1(续)

课程性质	课程系列	课程类型	建议开课学期/学期	课程名称	建议学分/学分
素养课程	会计实务系列	专业必修课程	5或6	商业伦理与会计职业道德	2
			8	毕业实习	2
		专业选修课程	5或6	企业价值评估	2
			5或6	税务会计及筹划	2
			5或6	政府会计准则专题	2
	数字经济技术系列	专业选修课程	7	物联网概论	1
			7	智能财务共享服务	1
			6	云审计专题	2
	论文写作系列	专业必修课程	6	学年论文	1
			7和8	毕业论文	2
		专业选修课程	6或7	会计经典文献阅读	1
			6或7	可持续发展财务与会计专题	1

注：开课学期和课程学分可根据学校自身的实际情况自行设定。本表只是给出指导性建议。

（1）以财务会计为核心的课程体系。即便在财务机器人（PRA）环境下，财务会计依然是会计专业学生必须掌握的专业知识，是本专业区别于其他专业的特有知识。因此，本文建议设置会计学原理、中级财务会计和高级财务会计三门财务会计主干课程（核心专业必修课程），并要求每门主干课程包含实训内容。至于实训方式，笔者建议可以依据课时安排、教学内容、学校设施、师资配备的不同而不同。本文给出了实训课程的建设性方案（见表2）。同时，会计理论专题、国际会计准则等也可以作为知识拓展课程进行设置。

表2 实训项目一览表

序号	所属课程名称	实训项目名称	开设学期/学期	建议学时/学时	建议成果形式	建议考核方式
1	会计学原理	会计核算组织程序	2	8	会计核算流程评价和设置	会计模拟实务操作报告
2	中级财务会计	"四表一注"编制与分析	4	8	案例分析报告	报告评阅
3	高级财务会计	"潘序伦杯"全国大学生会计知识竞赛集训	5/6	16	案例分析报告、会计知识竞答	报告评阅或获奖等级
4	财务管理	财务计划编制与分析	4	8	研究报告	报告评阅
5	成本会计	制造业成本核算步骤及流程模拟	3	8	实训报告	报告评阅

表2(续)

序号	所属课程名称	实训项目名称	开设学期/学期	建议学时/学时	建议成果形式	建议考核方式
6	管理会计	多品种条件下的保本分析与经营决策案例	3/4	8	小组现场报告	PPT 展示、学生讨论、教师点评
7	审计学	上市公司财务报表舞弊风险与审计分析项目	5	8	案例分析报告	报告评阅
8	云审计专题	用友或金蝶财务数据取数操作性实验	6	8	案例分析报告	报告评阅
		审计分析程序综合性实验	6	8	调查报告	报告评阅
9	会计信息系统	公司采购、销售和存货业务核算一体化	5	16	实验账套、实验报告	实验账套、实验报告
10	ERP 实验	虚拟商业环境下的全流程 ERP 综合实验	5/6	32	实验数据	现场操作与检查
					实验报告	评阅实验报告
					小组现场报告	展示与答辩

注：开课学期和课程学分可根据学校自身的实际情况自行设定。本表只是给出指导性建议。

（2）以管理会计为核心的课程体系。随着数字经济时代的到来，管理会计凸显其重要性。但它究竟是会计上的管理还是管理上的会计，理论界仍未给出定论。实务界特别是奋战在一线的会计人却看得更为透彻，改革的呼声也更为急迫。教育界已经不能再等了，必须有所作为，哪怕是摸着石头过河。本文建议设置财务管理、成本会计和管理会计三门管理会计主干课程，并要求每门主干课程包含实训内容。本文给出了实训课程的建设性方案（见表2）。同时，公司战略与风险管理①、国际财务管理等也可以作为知识拓展课程进行设置。

（3）以审计学为核心的课程体系。目前，教育部正在推进会计审计（或审计会计）一级学科的建设进程。在此背景下，夯实审计知识，升级、改造审计系列课程便是当务之急。本文建议设置审计学、内部控制理论与实务、国际审计准则等课程，并要求审计学等主干课程包含实训内容。本文给出了实训课程的建设性方案（见表2）。

2. "能力"课程体系

高校"知识本位"的教学理念，使得学生止步于某个具体职业技能，而不具备跨专业完成工作任务的能力。在数字经济时代，计算机和机器人能轻而易举地取代传统会计工作，但其替代不了人与人之间的沟通能力，替代不了人的职业判断能力。因此，高校会计专业人才培养目标应实现由"知识单一型"向"能力复合型"的转变。"能力"课程体系应从数据分析能力体系、数据挖掘能力体系、信息系统操作能力体系三

---

① 针对注册会计师（CPA）方向的学生，"公司战略与风险管理"可设为主干课程。

个方面进行设置。具体内容见表1。

（1）以数据分析为核心的课程体系。虽然系统自动生成标准化、重复性和周期性的数据，而不是由会计人员手动生成，但数字技术在会计中的应用并没有明确数据生成过程和数据之间的逻辑关系。因此，未来的会计师必须能够识别所产生的会计数据的质量和数据之间的内在逻辑，分析影响企业和会计目标的主要因素，并在此基础上提出解决这些问题的具体行动方案。本文建议设置统计学、数据库与数据处理基础、计量经济学三门数据分析主干课程，并要求每门主干课程包含实训内容。同时，基于大数据的商务分析、信息安全理论以及应用等也可以作为能力拓展课程进行设置。

（2）以数据挖掘为核心的课程体系。从2021年9月开始，第一届智能会计方向的本科生将迈入JX大学的大门。这批学生将对人工智能、大数据与商业智能、数据挖掘与机器学习、大数据商业智能分析、Excel数据分析与可视化、大数据业务决策等基础知识进行深入学习。会计数据处理与挖掘将成为学生走向智能会计的必备能力。在此基础上，本文建议针对非智能会计方向的学生开设数据挖掘及财经应用、Python语言与数据分析和Linux操作基础等数据挖掘系列选修课程，有助于其能力的提升。

（3）以信息系统操作为核心的课程体系。在数字经济时代，会计专业学生不需要擅长计算机和编程，但其应该能够利用大数据分析解决实际问题。本文建议设置会计信息系统等主干课程，并且主干课程应包含实训内容。本文提出了实训课程的建设性方案（见表2）。同时，企业资源计划（ERP）实验、Excel在财务中的应用等选修课程有助于学生能力的提升。

3. "素养"课程体系

知识课程为能力课程提供资源，能力课程为知识课程补充外延，素养课程是知识课程、能力课程的延伸与发展，从而有效地促进会计人才的递进式培养。具体内容见表1。

（1）以会计实务为核心的课程体系。未来的会计专业毕业生不仅要有扎实的专业背景，有计划和决策的能力，还要有不断学习、沟通与团队协作的能力。本文建议设置商业伦理与会计职业道德、毕业实习等专业必修课程，企业价值评估、税务会计及筹划、政府会计准则专题等专业选修课程。

（2）以数字经济技术为核心的课程体系。大数据和人工智能的快速发展，使企业财务岗位出现了两大"飞跃"：一是由记录财务信息和会计核算向战略财务和企业财务一体化的飞跃，二是由基于企业财务一体化的财务信息交流服务向实现会计数字化的云财务服务飞跃。本文建议设置物联网概论、智能财务共享服务、云审计专题等课程，以提升学生的会计专业素养。

（3）以论文写作为核心的课程体系。在数字经济时代，会计人员运用各种信息和数据工具以及财务软件来支持记录企业会计信息，将会计人员从传统的、重复的会计工作中解放出来。本文建议，除设置学年论文、毕业论文等专业必修课程外，还应设置会计经典文献阅读等专业选修课程，以培养学生良好的表达能力与文字素养。

（三）"333 体系"的实施

"333 体系"的实施，应结合学校的学分设置和学院的专业特色，突出数字技术革命的时代背景，兼顾学生的接受程度，还要考虑师资的配备情况以及学校的硬件设施等条件。

1. 升级现有课程

（1）拓展国际视野。全球化时代，各国之间、各公司之间的竞争日益激烈。许多外国公司已经进入我国，许多中国公司也已经成为全球性企业。因此，会计专业课程设置应参照 CGMA 技术能力的八个方面，对我国高校会计专业课程进行升级改造。如改"行政事业单位会计"为"政府会计准则专题"，将政府会计的最新动态、国内外在该领域的最新发展融入教学内容之中；增设国际会计准则、国际审计准则等课程，供有意向报考国外资格证书的学生选修；更新商业伦理与会计职业道德课程的内容，等等。

（2）突出管理理念。如上所述，2014 年的 CGMA 提出了八个方面的技术能力：公司财务与财务管理、财务会计及报告、会计信息系统、成本会计及管理、风险管理及内部控制、管理报告及分析、税收战略规划、遵循经营计划。其中四次提到"管理"一词，另外四个方面的技术能力也绕不开"管理"的角色。因此，本文建议中级财务会计要将财务报告作为重点，融入会计政策选择、准则经济后果的内容，增加业财融合的内容、减少会计核算的内容。

针对教学内容过时、与企业实际严重脱节，会计专业教材以理论为主且更新慢，不能及时反映最新出台的政策、法规以及相关准则等问题，本文认为，在必修课程方面及时更新教学内容，如会计学原理、中级财务会计、高级财务会计等课程内容随会计准则变化及时进行更新；补充平衡计分卡、业绩评价等内容到管理会计教学之中；在成本会计课程中重点讲解标准成本法、作业成本法等知识点；在财务管理课程中补充期权相关知识；在审计学课程中增加审计前沿案例；在选修课程方面将政府会计准则和制度、行政事业单位会计改革、"营改增"等内容代入相关课程等。

（3）融入数字技术。2019 年，CGMA 特别增加了一项新的大类技能（第一层次）——数字技能。数字技能包括信息、数字素养、数字内容创作、解决数字难题、数据战略和规划、数据分析和数据可视化六项细分能力（第二层次）。在此基础上，本文指出，有些课程虽然名称未变，但内容必须做重大调整，需融入数字技术等新的内容。例如，将人工智能、区块链、大数据、云计算、财务共享等内容融入会计信息系统课程；改"审计实务"为"IT审计"或"云审计专题"；改"财务报表分析"为"基于大数据的商务分析"，等等。

2. 打造全新课程

（1）实现专业课程与职业证书的对接。2019年4月，教育部、国家发展改革委、财政部、国家市场监督管理局联合发布《关于在院校实施"学历证书+若干职业技能等级证书"制度试点方案》，要求高校将"1+X证书"试点制度与专业发展、课程设计、师资队伍建设紧密结合。"1"指学历证书，"X"指多个职业技能等级证书。其中，会计执业资格认证是衡量会计从业人员是否具有较高胜任力的重要标准之一。因此，坚持国内本科教育与国内外职业资格认证相结合的课程设计理念，本文建议将中国注册会计师职业资格考试和国际注册会计师职业资格考试大纲嵌入人才培养方案和课程体系。例如，为了对接CPA考试，开设公司战略与风险管理课程；为了对接CIMA考试，开设国际会计准则课程等。

（2）实现专业课程与数字技术的对接。中国会计、财务、投资智能化暨智能财务专业创新研讨会发布的《重视AI技术发展 共商共创专业未来倡议书》（以下简称《倡议书2020》）提出，坚持学科主导和专业引领，把握人工智能在相关专业的应用情况及其发展趋势，重视融合人工智能技术内容于相关专业课程。基于此，本文认为，升级课程体系，应打破院系壁垒，整合优质师资、教学软件、实验室等学校（甚至校与校之间）教学资源，打造全新会计专业课程。例如，增设信息安全理论及应用等数据分析系列课程，Linux操作基础、Python语言与数据分析、数据挖掘及财经应用等数据挖掘系列课程，物联网概论、智能财务共享服务、云审计专题等数字经济技术系列课程。

（3）实现专业课程设置与新文科建设的对接。文科包括人文和社会科学，在中国通常被称为哲学和社会科学。从词源学的角度看，人文学科是从"结绳记事"开始的。因此，人文学科与会计学科是天然地连接在一起的。那这个"新"是指什么？一种共识就是，新文科要努力进行学科交叉，在学科边界上形成与拓展新的知识领域，尤其是要与科技相结合，实现文理交叉。

新文科建设要求通过关注和反思相关的主题和价值观，运用精准的表达和阐述方式，使学生能从经典中邂逅高贵灵魂，感受非凡智慧，洞见深邃思想，进而品味科学之真、人文之善。基于此，本文认为，会计专业课程应覆盖并体现会计专业既有和前沿的发展实践，开设会计经典文献阅读、可持续发展财务与会计专题等系列素养课程。

3. 重构实训课程

（1）专业课程设置应体现业务特色。会计是一项实践性很强的工作，需要通过实践教学培养实践技能。实践训练能够使学生加深对课本知识的理解，使知识与技能相结合，使理论与实践相结合。因此，高校在修订人才培养方案时，除加强实践实验课程外，还应增加会计相关专业课程的实训课时。

纸上得来终觉浅，课后体验更重要。将企业真实的业务引入学校实验室可以让学生有"身临其境"的代入感，只有这样才能培养好学生的实际能力。本文建议将实训分为课程实训与综合实训。前者按每门课程的知识点设计实训内容，边讲课边实训，一般以案例为主，在课堂上进行；后者将学过的专业知识，如财务会计、财务管理、成本会计、管理会计等课程内容整合起来，可以用综合案例、沙盘等形式，一般在实验室或校外教学基地进行。本文提出了实训课程的建设性方案（见表2）。此外，JX 大学会计学院已与江西铜业等多家单位建立了长期稳定的实践基地，将进一步加强学校、企事业单位（会计师事务所）之间的合作，构建学校培训模式，与企事业单位联合培养高级应用型会计人才。

（2）专业课程设置应体现区域特色。

专业课程设置应体现区域经济特色。查慧园、熊芳原（2018）所做的问卷调查结果显示，江西省成为省内高校毕业生就业集中地域，占比超过50%，剩余毕业生主要流向北上广等经济发达地区。一方面，省内高校毕业生人数的增加和学生高比例选择在高校所在地就业，使得高校的教学质量严重影响区域经济的人才供给水平，从而影响区域经济发展状况；另一方面，区域经济增长水平和发展结构也限制了高等教育发展的范围、速度和结构，影响了人才培养的质量。人才培养模式是学校为学生构建的知识、能力、素质的结构以及实现这种结构的方式，其核心是专业课程体系设置。创新人才培养模式对提高人才培养质量具有重要意义。因此，会计学高等教育必须逐步形成与区域经济的积极互动，增强服务区域经济的意识。JX 大学位于江西省，结合江西省农业、矿产资源丰富的特点，有针对性地在企业价值评估课程中加入矿业权评估、在财务管理课程中加入农村集体经济组织财务管理等内容，力求更好地服务区域经济，培养适合不同行业要求的会计人才。

专业课程设置应体现区域人文特色。JX 大学位于江西省，作为红色教育基地的江西精神包括不畏强暴、敢于斗争的八一精神；实事求是、勇于创新的井冈山精神；一心为民、清正廉洁、艰苦奋斗、无私奉献的苏区精神。基于此，本文提出设置商业伦理与会计职业道德、可持续发展财务与会计专题等课程，并在设置的相关专业课程中，挖掘本土典型案例，融入江西精神等思政内容，注重对学生社会责任、职业道德等综合素质的培养。

六、研究结论

促使高等教育变革的根本驱动力是技术进步和工业现代化造成的人才短缺。本文从 JX 大学会计专业课程设置满意度调查出发，在现状分析的基础上，探索"数字经济"背景下我国高校会计专业课程设置改革问题，提出"333 体系"的设想，力求升级现有的课程体系，促进会计教育换发新的活力。同时，本文以 JX 大学为例，为我国特别是中部地区培养合格的会计人才，促进地方经济发展提供理论基础和政策建议。

参考文献

[1] 马克思. 资本论 [M]. 郭大力，王亚楠，译. 上海：上海三联书店，2009.

[2] 温毓敏. "大智移云"背景下本科会计教育的改革与创新 [J]. 财贸实践，2018（23）：238-239.

[3] 祝镇东. "互联网+大数据"模式下高校会计教育创新研究 [J]. 纳税，2018（29）：86-87.

[4] 徐倩. "大智移云"背景下高校会计教育教学创新模式探析 [J]. 纳税，2019（3）：59-60.

[5] 黄作明，丛秋实，聂卫东，等. 大数据对会计、审计学科的重要性 [J]. 金陵科技学院学报（社会科学版），2018（1）：6-10.

[6] 夏菁，周婉怡. 大数据背景下会计人才的全新培养模式思考 [J]. 财会月刊，2018（2）：124-128.

[7] 袁奋强，王志华. 大智移云时代会计本科人才培养体系变革之困境与对策 [J].教育财会研究，2018（4）：81-85.

[8] 王雪莹，王文兵，李开宜. 大数据时代下高校会计人才培养综合能力评价研究：基于模糊评价方法 [J]. 教育财会研究，2019（1）：115-118.

[9] 张新民，祝继高. 会计学本科专业核心课程建设：突围之路 [J]. 会计研究，2015（8）：80-85，97.

[10] 张宝贤，唐建荣. "互联网+"下会计教学模式的变革与创新 [J]. 财会月刊，2017（36）：80-85.

[11] 刘华，翟华云. 卓越本科会计人才培养模式探究：国际化、专业化和个性化导向 [J]. 商业会计，2017（5）：112-113.

[12] 田志良. 大数据时代对高校教学的困惑与出路研究：以高校财会教学为例 [J].商业会计，2018（3）：109-111.

［13］徐素波，王耀东，郭丹，等．基于"互联网+教育"的会计教学模式的应用［J］.文教资料，2019（4）：190-191.

［14］秦荣生．"互联网+"时代会计行业的发展趋势［J］.中国注册会计师，2015（12）：20-24.

［15］包燕萍．大数据智能背景下会计人才培养的模式改革探究［J］.中国商论，2019（2）：247-248.

［16］宋京津，万晓璐．数字经济时代高校会计专业课程设置满意度调查：以 JX 大学为例［J］.财务管理研究，2020（8）：77-83.

［17］秦荣生．数字经济时代：内部审计的机遇［J］.中国内部审计，2018（10）：22-23.

［18］刘献君．论大学课程设计［J］.高等教育研究，2018（3）：51-57.

［19］宋京津．数字经济时代会计职能变迁研究［J］.财务管理研究，2021（5）：72-76.

［20］陈凡，何俊．新文科：本质、内涵和建设思路［J］.杭州师范大学学报（社会科学版），2020（1）：7-11.

［21］查慧园，熊芳原．高校会计专业能力本位培养模式在区域经济发展应用探析［J］.金融教育研究，2018（4）：74-80.

财经类高校法与经济学
课程教学资源库建设研究

吴凯[①]　余颖[②]

摘　要：高质量的法与经济学课程为我国现阶段财经政法融通类人才培养所急需。法与经济学课程教学素材的积累为不断优化法与经济学教学和研究提供了重要的实体支撑，其建设目标需要考虑法与经济学课程本身的特性以及我国现阶段财经类高校开设该课程时面临的共性问题。在下一阶段的发展过程中注意对领域学科亲和性的培育、以注重实用性和可转化性的方法积累素材、探索内涵一定的学习强度的考核方法、优先考虑供给财经政法类高校可以共享的慕课素材是有效克服现阶段教学资源库建设瓶颈的可行的方案。

关键词：法与经济学；课程设计；教学资源；学科融通；慕课

一、引言

在高等教育教学体系中，法与经济学（law and economics，也称法经济学、法律经济学）是一门具有鲜明财经政法学科融通色彩的课程，其开设与讲授也得到了相应的财经类高校的重视。从课程教授者的视角出发，法与经济学课程的开设促进了经济学、管理学与法学教师之间的交流与互通，是"新文科"建设背景下对具备"真正的想象力和对问题的质疑能力"的新型人才培养模式的探索。从课程受众的视角出发，法与经济学课程的开设回应了日益增长的现实需求。在反垄断监管与生态环境保护监管领域，法与经济学方法的使用日益频繁，并且成为相应行业从业人员所需要掌握的技能。

---

① 吴凯（1989—），男，中南财经政法大学法学院，讲师，主要研究方向：法与经济学、企业环保战略。
② 余颖（1987—），女，中南财经政法大学公共管理学院，讲师，主要研究方向：法与经济学、企业战略管理。

2021年4月，上海市市场监管部门公布的被称为"教科书般的法律文书"的对平台垄断行为的行政处罚决定书即为鲜活的案例。这份为公众所拍手叫好的处罚决定书的专业性体现在界定相关市场环节的经济学定量方法的应用。如何正视已经出现的法与经济学知识传授需求，如何提出有效整合现有财经类高校中法与经济学教学力量的有效策略，如何结合慕课、翻转课堂等教学技术手段与组织形式更好地完成法与经济学的课程教授，是现阶段值得财经类高校青年教师深入思考与探究的问题。其中，作为慕课等在线课程"基石"的教学资源库如何建设尤为值得关注。当下，我国财经类高校可以使用的教学资源主要是法与经济学领域的教材或专著，其以对境外法与经济学研究成果的翻译介绍为主。在教学资源建设上，相关高校也已经开始了探索。例如，西南财经大学已经成立了法律经济学研究所，华东政法大学组织翻译"经济与法译丛"[①]，中南财经政法大学组织经济学院和法学院教师联合编写了法律经济学课程教材，并开始尝试探索法学与经济学双学位实验班等。本文拟结合前期在法与经济学课程备课过程中的体会、与相关财经类院校同仁交流讨论的感受，从现阶段我国财经类高校法与经济学课程设计的特性出发，梳理其教学实践对于高质量教学资源库建设的现实需求，提炼面向高等教育实践前沿与高质量人才培养的基本建设思路，并结合具体的现有教学材料，设计有针对性的教学资源库建设方案。

二、法与经济学课程定位的独特性

理解法与经济学课程设计的特性，需要从现阶段财经类高校经济学学科与法学学科培养方案在时间上的错位、法与经济学课程开设对教育行政体制的"弱依赖"倾向两个方面进行。这两个方面的特性是我国财经类高校法与经济学类课程开设过程中共同的困境与需求的产生原因。

所谓培养方案在时间上的错位，主要指作为法与经济学课程具体开设的时间节点，不论是财经类高校经管类专业的学生还是法学类专业的学生，都存在着先修课程上可能的短板。主流的法与经济学教材往往结合了法律运行的具体领域（如刑法、合同法、诉讼法等）来展开，以经济学基本原理穿针引线地讲授。以经管类专业为例，法与经济学课程如果在本科三年级或更高年级开设，学生对该领域知识的了解主要来自法学专业本科一年级或二年级开设的基础性法学课程，这还是建立在允许跨专业选修课程

---

① 作者注：本译丛至今已经出版了《监管与诉讼》（丹尼尔·P.凯斯勒主编，武立译，化学工业出版社于2018年出版）、《计量经济学：直觉、证明与实践》（杰弗里·扎克斯著，徐大丰译，化学工业出版社2017年出版）。

的基础上。事实上，即使是选修全校范围内开设的法学概论或法学通论类型的通识性选修课，作为法与经济学课程辅助的经管类专业本科生数量都不多。财经类高校法学专业的学生也面临着同样的错位。如果参照培养计划在本科三年级选修法与经济学类似课程，其前序衔接课程，如微观经济学、宏观经济学均在经管类学院本科一、二年级开设，在法学专业能够有效完成前序课程学习的学生数量也非常有限。

所谓对教育行政体制的"弱依赖"倾向，即能否得到学科支持。在设计法与经济学课程时，起步阶段教师就往往要考虑此类课程能否在我国现阶段一级学科、二级学科分类下争取到合适的教学改革项目的资金与人力支持。目前，法与经济学教学和科研人员的组成并没有依赖教育行政体制，没有依托于特定的一级学科或二级学科。之所以会有财经类高校和政法类高校教师注意到并且投身到法与经济学的教学和科研之中，主要原因还是前期对于境外法律经济学文献的引入和本身的学术自觉。这种不寄希望于"等、靠、要"的自觉探索立足于高校教师的兴趣，投入的时间、探索的深度都有保证，但是其不足也在法与经济学课程教学资源库建设的深化阶段暴露出来。那就是此类探索自由度相对较高，形成了每一个财经类高校法与经济学课程"五花八门"的格局，不利于在进一步优化阶段达成共识。可能在同一所财经类高校，同为法与经济学类课程，不同的教师讲授起来在内容、风格、课程组织、教学技术手段等方面都会截然不同。

三、法与经济学教学实践的困境与需求

前文所述的法与经济学课程定位的独特性，与法与经济学课程逐步在我国财经类高校广泛开设这一事实相结合，产生了法与经济学教学实践的独特困境：教学素材的学科交叉融通色彩弱化与课程组织形式单一。

就教学素材的学科交叉融通色彩弱化而言，因为教学对象前序所需修读课程的缺失，教师在讲授过程中不得不回归所在学科（法学、经济学之一）的主流讲授模式，高度依赖所在学科（法学、经济学之一）的前期教学知识积累。以在法学院开设法与经济学课程为例，考虑到学生普遍缺乏高等数学与经济学原理方面的前期修读课程积累，为了完整执行教学计划，教师不得不简化或直接省略公式推导，以"讲故事"的方式强化对个案质性方面的讲解，对某些利益衡量判断较为清晰的知识点（如对立足于生态环境保护的水污染防治法、大气污染防治法的经济分析），其结合教学素材的讲解已经与对法学原理的讲解区别不大。在经管类学院开设法与经济学课程也与此类似，以对民事诉讼的经济学分析为例，从制度经济学的原理出发，固然可以引导学生明晰

"通过怎样的制度设计能够引导当事人按照社会意愿进行诉讼，进而实现社会福利最大化"[1]，但是如果对于审判制度、诉讼程序、证据规则、律师费用等细节的了解流于表面，对于模型设计中特定变量的解读与阐释会产生偏差，进而影响分析结果的准确性与对此知识点的教学效果。学生在课堂上接受的依然是高度偏向于经济学推演的知识训练。在对教学素材的解读与使用存在着原学科依赖的前提下，法与经济学课程本身鲜明的学科交叉特性被无形中削弱甚至是消解了。

课程组织形式单一这一困境与教学素材整体扁平化不无联系。受课时长度所限，现阶段的法与经济学课程的讲授不得不再对这一领域进行简要介绍（大约 4 学时）后，再对相关联的每一个法律领域的经济分析进行蜻蜓点水般的介绍。以罗伯特·考特与托马斯·尤伦所著的、被众多我国法与经济学同类型教材作为蓝本参照的《法与经济学》教材为例（其主干结构如图 1 所示）[2]，在以微观经济理论和法律体系概述为基础延伸出的五个方向：财产法的经济分析、侵权法的经济分析、合同法的经济分析、程序法的经济分析以及犯罪与刑罚的经济分析中，存在着为数众多的需要通过课堂讲授的法律领域的细节知识点（如举证责任转移或倒置、对合同解除与撤销的理解等）。对来自经管类专业的学生而言，这种解读无异是一种对微观经济学课程的复习与简单普法教育的组合。在这种情形下，法与经济学课程本身的专业性也被弱化了。

图 1　《法与经济学》主干结构

法与经济学课程开展进程中教师面对的这两重困境都和高质量的、易于上手的、能够结合中国现阶段改革发展实践成果的教学资源的缺失密不可分。如果前序课程的缺失在现阶段是一个无法在短时间内改变的事实，是否有可能在"慕课"或其他形式的网络教学平台建设进程中设置供学生在预习阶段可以较为轻松接受的、衔接起法律领域专业知识与经济学领域基本原理的案例素材库呢？能否设置在课堂教学中与前述教学素材链接，使得这种优质的教学素材在学生预习阶段形成初步印象，在课堂讲授、

---

①　宁静波. 法经济学在中国的本土化及应用 [M]. 北京：中国社会科学出版社，2020：105.
②　罗伯特·考特，托马斯·尤伦. 法和经济学 [M]. 史晋川，董雪兵，等译. 6 版. 上海：上海三联书店，2012.

互动、讨论进程中更深一步挖掘，以形成有效记忆与技能习得呢？这双重疑问凸显的其实是法与经济学教学实践进程中对于高质量教学素材或资源（库）的强烈需求。

三、法与经济学课程教学资源库建设的思路与可行方案

作为对缓解前述困境、回应现实需求的思考，挖掘现有资源进行教学资源素材积累，组建多学科背景团队，开展教学资源组织设计可能是可行的思路。

例如，在法学一级学科框架内，法理学领域对以经济分析的方式解读法律问题已经有了比较丰富的前期积累，在各领域也有结合特定案件、背景和分析框架的优秀成果涌现。例如，以柳川隆等人的《法律经济学》的基本结构为主干的教学资源库建设①。如果从诸如知识产权法和公司法领域的法律规则切入有困难，那么从经济学中对专利管理的研究、企业管理学中对企业管理的研究切入，并辅之以与我国企业并购等直接相关的典型司法判决，一方面可以减缓学生第一次接触相关知识的陌生感，另一方面可以在相当程度上节省理解成本，避免"另起炉灶"，达成更好的教学效果，并可以形成符合我国国情的法与经济学教学资源的积累。如图 2 所示，对每一分支（如反垄断法）的讲解所需的教学素材在应然层面上应该有如下元素：对反垄断作为一种社会现象的解读；对反垄断的经济学原理的回顾；对我国反垄断法制度的介绍；对法与经济学视野中反垄断的再认识（此处为重点）；对典型案例的分析（应该结合公式推导，不可局限于质性解读）；对拓展材料的介绍。这些要素未必都需要在课堂讲授中全部顾及，相当的内容可以以在线课程（"慕课"）或其他自主学习平台方式展现。此过程中应当尤其强化可转化性和实用性，距离师生生活较远的来自其他国家的案例与方法需要谨慎使用或经过改造后再使用。

---

① 柳川隆，高桥裕，大内伸哉. 法律经济学［M］. 吴波，郭强，柴裕红，等译. 北京：机械工业出版社，2017.

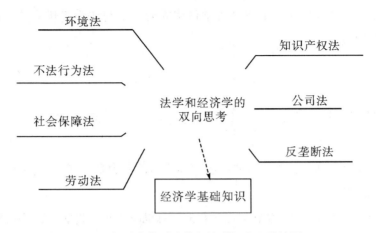

图2　柳川隆等《法律经济学》主干结构图

在此基础上，单靠财经类高校法学或经济学学科一方的师资力量对前述材料加以整理显然是力不从心的。在条件允许的情形下，高校应建立法学与经济学领域教师的固定的、有约束力的合作机制，开展多点共同建设法与经济学教学资源子库，在开放平台或慕课建设中推动校与校之间共享。这可能是短时间内形成最大合力的优选方案。这种机制的建设也可以保证法与经济学教学资源库的持续更新，及时淘汰不适用于本科课堂教授的内容，及时补充进入我国最新的实践成果（如脱贫攻坚与污染防治等）。该课程可以尝试法学与经济学双方联合设置有一定梯度的考核方法，以形成良性的反馈与激励。

最后，即使本文承认了一部分法与经济学课程建设过程中对于教育行政体制的"弱依赖"倾向有一定合理性，但考虑到法与经济学在当下站在了一个发展的新阶段，如有可能的话，争取教育行政领域的项目、经费与体制机制支持，依然是值得考虑的选项。

五、结语

法与经济学课程的讲授可以是很有魅力的，经济学与法学水乳交融，是充分体现理论思维智慧与实践能力的激动人心的历程，也是一项对高校教师来说极具挑战性的工作。面对舶来的教材、专著以及蕴含在其中的理论，建设高质量的教学资源库很可能是将其本土化，结合我国经济建设实际，有针对性地完成对财经类高校学生讲授的关键一环。教学资源库的建设离不开作为"母学科"的经济学与法学的专业教师的深度合作与持续的精心打磨，也离不开现代教育技术手段的适当引入。以优质的案例分析、理论介绍、师生互动设计、逐次入门进阶材料为主体的法与经济学教学资源库完全可以在我国财经类高校课堂上将经济学最优秀的一面与法学最优秀的一面整合优化后呈献给教学对象。

参考文献

［1］宁静波. 法经济学在中国的本土化及应用［M］. 北京：中国社会科学出版社，2020.

［2］考希克·巴苏. 信念共同体：法和经济学的新方法［M］. 宣晓伟，译. 北京：中信出版社，2020.

［3］陈若英. 活水清渠：法律制度运行的信息机制［M］. 北京：法律出版社，2014.

［4］斯蒂文·沙维尔. 法律经济分析的基础理论［M］. 赵海怡，史册，宁静波，译. 北京：中国人民大学出版社，2013.

［5］丹尼尔·戈尔，史蒂芬·刘易斯，安德里亚·洛法罗，等. 经济学分析方法在欧盟企业并购反垄断审查中的适用［M］. 黄晋，韩伟，解琳，等译. 北京：法律出版社，2017.

［7］西蒙·毕晓普，迈克·沃克. 欧盟竞争法的经济学：概念、应用和测量［M］. 董红霞，译. 北京：人民出版社，2016.

［8］柳川隆，高桥裕，大内伸哉. 法律经济学［M］. 吴波，郭强，柴裕红，等译. 北京：机械工业出版社，2017.

基于大中衔接的
高等数学基础课课程设计与实践

朱文莉①　方敏②

摘　要：本文主要针对大学数学、中学数学在教学内容、模式、学习方法和形式等方面的衔接问题，少数民族学生和留学生、基础薄弱的本科生在学习高等数学时的难点和痛点等问题，深度融合现代信息技术、课程思政与数学课堂教学，综合采用"导言-学习目标-前测-参与式学习-后测-总结"（BOPPPS）教学设计法与"三环节、五步骤"的教学模式，创新线上线下混合式高等数学基础课课程，为开展混合式教学提供了一条有效的途径。

关键词：大中衔接；智慧课堂；教学痛点；BOPPPS 教学设计

一、研究背景

改革开放以来，一方面，我国的民族教育事业得到了飞速发展，但是受经济、社会、文化等多种因素的影响，我国少数民族地区教育相对落后，导致部分学生基础知识薄弱，学业准备不足；另一方面，随着我国经济的快速发展，高等教育水平大幅度提升，来华留学生规模持续扩大，特别是在"一带一路"倡议提出后，政府、高校和社会各界更加重视来华留学教育的发展，来华留学生数量呈现出良好增长态势。留学生生源主要来自发展中国家，他们面临语言障碍、学业基础、文化隔离等方面的挑战和压力。如何提高少数民族教育水平和服务"一带一路"倡议，实现教育资源真正的共享已成为提升当代整体文化教育水平急需解决的问题。大学数学课程作为高等教育

---

①　朱文莉（1967—），女，西南财经大学经济数学学院，教授，主要研究方向：控制论及数学教育。
②　方敏（1980—），女，西南财经大学经济数学学院，教授，主要研究方向：非线性分析及数学教育。

人才培养体系中的基础课，是财经专业课程学习中必不可少的知识工具。如何从差异化角度面向少数民族学生和来华留学生开设大学数学课程教育至关重要。

基于上述问题，本文就大学数学、中学数学在教学内容、模式、学习方法和形式等方面的衔接问题，少数民族学生和留学生、基础薄弱的本科生在学习高等数学时的难点和痛点等问题，深度融合现代信息技术、课程思政与数学课堂教学，综合采用BOPPPS教学设计法与"三环节、五步骤"的教学模式，创新线上线下混合式高等数学基础课课程，为开展混合式教学提供了一条有效的途径。

二、高等数学基础课课程改革策略

（一）聚焦教学痛点，重构高等数学基础课

西南财经大学传统教学课堂是文科生、理科生、少数民族学生、港澳台学生和留学生在一起同堂听课。历年高等数学期末考试数据显示，少数民族学生、港澳台学生和留学生的过关率较低。其主要原因在于他们的数学基础薄弱。作为公共基础课程的高等数学，其知识抽象且容量大，受限于学时和统一教学的要求，教师不能对这部分学生因材施教，导致其无法形成系统的数学思维和数学学习能力，挫伤了其学习兴趣与积极性，甚至有个别学生完全放弃了该课程的学习。这样就不能让这部分学生享受优质的教育资源，不利于增进国内外文化交流，不利于高等教育强国的建设，也失去了培养港澳台学生、少数民族学生文化自信和民族自豪感，厚植行业情怀和家国情怀的大好机会。

针对上述教学问题，西南财经大学依托本校的国家精品在线开放课程高等数学先修课，于2016年从差异化角度面向这部分学生单独开设高等数学基础课。

该课程遵循"启发引导、循序渐进、促进发展"的原则，以培养学生的主动学习能力为核心，形成融教书育人、知识传授、能力培养、素质教育于一体的教学理念。

知识目标：通过对初等数学知识点有针对性地巩固、强化和扩充，记忆并阐释课程的基本内容、方法和定理；通过课前线上基础知识学习、课中重难点讲解、课后延展学习，归纳总结数学计算和推演方法，运用数学知识分析和解决实际问题。

能力目标：通过小组分析探究、成果展示以及课外延伸阅读，阐明隐含于问题背后的学科知识，提高数学思维能力，培养深度学习和同伴协作的能力；通过上机实践操作，学会应用Matlab等数学软件，提升数据处理能力。

素质目标：通过挖掘数学知识背后的故事，激发浓厚的学习兴趣，形成严谨的科学态度，树立正确的价值观；通过中国数学史学习，提升文化自信，让学生更加了解中国。

课程的重点为阐释并归纳代数、几何、概率统计初步、逻辑初步、向量、微积分初步等基本知识，综合应用数形结合、函数与方程、分类与整体、划归与转换等数学方法；难点为养成用数学思维和方法去分析、解决问题的习惯，形成科学的学术观，促进专业素质的提高。

该课程重构以学生发展为中心的课程结构（见图1），构建全新的系统知识点网络，设计渐进式的各章各节。该课程对标各级教学目标及对应的学习活动，跨校、跨学段组建优秀教学团队，携手中国大学先修课程部分先行院校（如清华大学、北京十一中学、成都石室中学等多所学校）共同打造，建成了丰富的线上线下教学资源。其主要包括国家级精品在线开放课程——高等数学先修课慕课；在线自主学习平台——拥有2万个测试题目、重难点及典型例题分析视频、开放性题目、课程思政素材、学生成果等资源；教材——高等教育出版社出版的《高等数学先修课》及配套数字课程；在线测试平台——能同时承载1 000人在线考试。

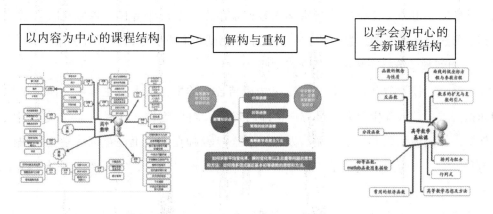

图1　以学生发展为中心的课程结构

（二）融合信息技术与课堂，创新教学设计

1. 优化教学方法，重塑师生角色

该课程综合采用BOPPPS教学设计法、以团队为基础的学习（TBL）、基于问题的学习（PBL）、传统授课模式（LBL）与翻转课堂等多种教学方法。教师为智慧教学的设计者，从"独奏者"转变为"伴奏者"，适时转换角色但始终以引导者、参谋者、激励者、合作者的身份出现，使学生愿学、乐学、会学、善学，让学生成为自主学习的主体。

该课程通过翻转课堂把理论知识的传授前置于线上自主学习，线上前测学生旧知与新知；通过线上学习数据分析和学生分享，导入教学目标及重难点，采用LBL模式，系统讲授重难点；采用PBL进行课堂讨论，将课程学习置于复杂而有意义的问题情境中，实施小组合作学习；采用TBL组内合作学习，发现问题、互助互评，组间分享应用新知解决问题的过程及方案，展示成果；通过雨课堂进行课堂后测或课外线上后测；学生或教师在课尾或课后进行线上归纳总结。

2. 再造教学流程，创新教学模式

教学团队设计了课前自学、课堂讲解、课中讨论、课尾线上测试、课后总结，即"三环节、五步骤"的教学模式。课前，教学团队利用教学平台发布学习任务，提出探究性问题；学生学习慕课，完成任务，达到基础知识的传授；学生小组协助讨论，进行资料查阅，解决探究性问题，将学生的学习空间从课堂引申到课外或线上；教师根据学生完成情况，调整教学设计。课中，基于线上学习数据，教师导出多维度学习目标、教学重难点，采用 LBL 模式讲授；基于课堂讲授，教师发布测试问题或引出问题，让学生以 PBL 的形式共同解决；小组合作进行成果展示；基于知识内化的后测，学生自评，小组互评，教师评讲；教师挖掘数学史及实际应用。课后，教师通过雨课堂发布基础与高阶知识的测试；教师引导学生借助自主学习平台，进行深度延伸学习与应用；学生以小组为单位梳理总结所学内容；学生以章节思维导图、课堂论文等形式展示其学习成果；教师通过在线测试平台让学生测试和上机操作，升华所学知识。

3. 创新教学策略，拓展智慧学习空间

策略一：技教融合，线上线下教与学相结合。学生在线上自主学习，满足个性化的知识需求；教师分析线上学习数据，即时诊断，因材施教，开展线上与线下有效衔接教学，打破传统课堂"满堂灌"及沉默状态。教师在课堂上注重训练学生解决问题能力和数学思维能力，鼓励学生在在线教学平台讨论区讨论，实现课内课外、线上线下的一体化教学。

策略二：渐进式呈现教学内容。该课程在各个知识单元设计了四个逐层递进的教学环节，并确定各环节教学内容和相应教学方法，利用信息化教学资源和环境开展具体教学活动，促进重难点问题的解决和教学目标的达成。"初等函数"教学四环节如表1所示。

表1 "初等函数"教学四环节

教学流程及目标	环节一：线上学习情况分析，导入教学目标、重难点	环节二：概述初等函数的定义，分析初等函数的性质	环节三：总结初等函数的结构，探究初等函数的应用	环节四：阐明初等函数问题背后的学科知识及内在逻辑关系

表1(续)

教学活动	活动1：展示线上学习数据，分析学生测试数据 活动2：学生线上学习分享	活动1：问题导入，新知学习 活动2：例题讲解，在线课堂测试 活动3：提出问题，小组讨论及互评	活动1：本节总结，学习过程分享 活动2：分享函数的发展历程及其在实际问题中的应用 活动3：小组展示合作成果 活动4：上机实践	活动1：课外延伸阅读，学习隐含于问题背后的学科知识 活动2：绘制本节知识思维导图，完成课程论文
教学方法	TBL、翻转课堂	TBL、LBL、PBL、翻转课堂	TBL、LBL、PBL、翻转课堂	TBL、LBL、PBL、翻转课堂
信息化教学资源	中国大学MOOC自主学习平台	雨课堂自主学习平台	中国大学MOOC自主学习平台	自主学习平台
多元化评价	线上学习数据	小组讨论及互评、测试	学习过程分享、学习成果展示	学习成果展示

策略三：作业梯度化，测试个性化。地域、文理等差异导致学生"吃不饱"与"吃不了"的矛盾日益凸显。教师通过在线测试，对学情精准定位，施行作业梯度化；学生依据自身掌握情况自主生成测试题进行测试，挖掘自身的不足，及时对相关知识点进行巩固和拓展，实现测试个性化。

策略四：开启双师教学与双促模式。该课程携手大学中学校内外、老中青打造教学共同体。中学教师加入大学教学，精准定位学生学情，满足学生之所需；不同高校共建，强强联合，优势互补；老中青组合传帮带，促进教学研讨与教学经验交流。该课程采用双师同堂互补的教学方式，全面关注每一位学生，精准辅导学生分解难点、击破重点。

该课程推进课程思政育人，采用"以古促今，以用促能"的双促模式，并使之贯穿教学全过程。教师深挖知识背后数学家故事、中外数学史及应用领域，培养学生爱国主义情感、积极的人生态度等品质；以上机实践、数学建模竞赛等促进学生创新实践能力生成。

（三）实施多元化评价，实现多维度教学目标

该课程遵循以学生发展为中心的评价理念，利用在线学习平台追踪学习环节，采用集"定性与定量""标准化与非标准化考试""过程性、表现性与总结性评价""自评、互评与师评"等为一体的多元化评价方式：

总评成绩＝作业成绩×10％＋小组讨论及汇报成绩×15％＋线上学习成绩×20％＋

上机操作成绩×5％＋小组成果展示成绩×5％＋单元测试成绩×5％＋期末考试成绩×40％

该课程使学生愿学、乐学、会学、善学，实现多维度的教学目标。笔者以两届少数民族本科生的入学成绩与期末测试成绩（见图2）以及未参加和已参加该课程学习

的少数民族本科生的高等数学成绩（见图3）为例，发现参与班级成绩平均分高出近25分，充分说明该课程成功解决了留学生、少数民族学生与港澳台学生的难点与痛点问题，共绘学生教育培养同心圆，促进我国国际化教育内涵式发展。

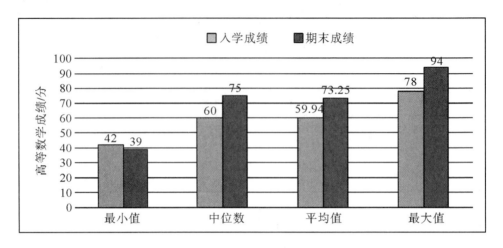

图2　两届少数民族本科生的入学成绩与期末测试成绩

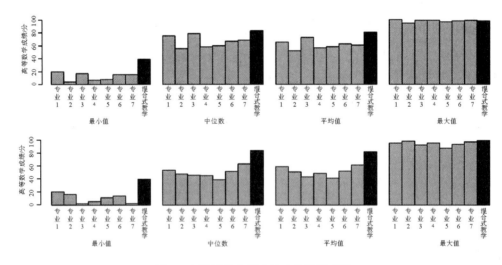

图3　少数民族本科生的高等数学成绩

三、高等数学基础课课程改革的成果

（一）大中合作共建共享模式

该课程携手中国大学先修课程部分先行院校（如清华大学、北京十一中学等多所学校）构建大学中学、校内外、老中青教育协作共同体，创新大学数学和中学数学衔接教育模式，打通大学数学和中学数学在知识获取、自主学习、实践探索等方面的通道。

（二）精准重构课程教学内容

本课程精心构建的大学中学衔接内容，不是初等数学和高等数学内容的简单复制与拼接，而是对少数民族学生、港澳台学生和留学生等基础薄弱学生的学情进行深度分析之后因材施教而建成的，与同类课程相比较，尚属首创。

（三）课程推广及应用

自 2016 年以来，累计有 18 万余名校内外学习者通过慕课或 SPOC 修读该课程。该课程受到了学习者的一致好评，认为"课程内容设置合理，注重了高中与大学内容的衔接，起到了承上启下的作用"。该课程适合各高等院校数学基础薄弱生、少数民族学生、港澳台学生和留学生等大一新生，具有较强的推广应用价值和辐射效应。新疆财经大学、云南财经大学等 10 所高校来西南财经大学实地观摩课程教学，给予高度评价，提出合作共建、共享该课程。教学团队受新疆财经大学等多所高校、财经院长论坛等多个会议邀请，分享该课程建设经验和教学经验。

四、结语

"互联网+"时代的到来，为课堂教学带来了前所未有的机遇与挑战。高等数学基础课的成功开设，为同类院校相似课程的教学改革提供了一条有效的途径。线上线下混合式学习更加注重学生知识的构建，强调学生数学素养和数学能力的培养，学生不仅是知识的接受者，更是学习过程的主动参与者。教师从知识的传授者变为学习资源的准备者、学习任务的设计者、学习活动的引领者，这一角色的转变无疑对师生提出了更高的要求。大中衔接的高等数学基础课课程设计与实践帮助少数民族学生学到更多科学文化知识，更好地融入现代社会，实现各民族交往交流交融，全面铸牢中华民族共同体意识；让留学生更加了解中国，发挥其"讲好中国故事、传播中国声音"的独特作用，培育"知华友华、助华建华"人士。

参考文献

［1］呼都特. 浅谈少数民族教育面临的问题及解决措施［J］. 科学时代，2015（2）：56-58.

［2］任正伽，周昱初，瞿伟，等. 来华留学生学习和生活困境的定性研究［J］. 教育进展，2019，9（3）：260-267.

［3］郑雪，王磊. 中国留学生的文化认同、社会取向与主观幸福感［J］. 心理发展与教育，2005，21（1）：48-54.

［4］邓福光. 提高民族学生高等数学成绩的探索［J］. 教育教学论坛，2013（40）：231-232.

［5］石玮. 浅谈一带一路背景下来华留学生数学课程教育［J］. 科技视界，2017（15）：23-24.

［6］宋雪. 基于信息化教学的"高等数学"课程改革和探究［J］. 科教文汇（下旬刊），2019（6）：68-69，77.

［7］孟小燕，田振清张利峰. 信息技术支持下的《高等数学》混合式学习模式［J］. 中国教育信息化，2019（12）：55-59.

"互联网+教育"背景下财类课程教学创新研究

——以货币金融学课程改革为例

郭德友[①]

摘　要：货币金融学课程是金融学专业课程体系中最重要的统帅性基础课，是金融专业本科生迈入金融世界的领路人。在"互联网+教育"教学模式的背景下，课程为了适应新时代高校大类招生的需要，广泛借助互联网信息技术为学生营造线上线下相融合的学习环境，将"情境探究"等教学模式纳入课堂，改革教学考评方式，极大提升了学生的学习积极性与课堂活跃度，实现了师生互动、教学相长。

关键词："互联网+"；货币金融学；教学创新；学生

一、引言

财经类课程是中国高校人文社科领域非常重要的学科课程，肩负着为国家培养具有理想信念、高度自律的经济类专业人才的使命。货币金融学作为其中的核心课程自然发挥着启迪学生心智、引领学生远航的作用。

回看中国货币史，早在 2 000 多年前的中国便已经提出"子母相权论"等货币理论，但是中国古代的货币研究并未能够在世界货币史、金融史的编纂中占有重要地位。这就造成自王怡柯先生在 1924 年编译出版《货币学》之后的半个多世纪中，国内金融学方面课程的教育教学方法大多停留在学习西方理论、借鉴西方实践的道路之上。直到进入 21 世纪，国内诸多金融学者、教育家（黄达、林继肯、张杰、叶世昌等）才渐渐将中国金融实践融入货币金融学的教育教学之中，不过在教学模式上仍旧面临创新

---

①　郭德友（1981—），天津财经大学金融学院，讲师，研究方向：货币政策、外汇储备。

不足的桎梏。随后的十余年，伴随中国金融改革的不断深化、发展以及诸多成就的取得，加之互联网技术的高速发展给财经类课程的改革创新带来了前所未有的机遇。时至今日，"互联网+"模式在中国各个领域相继落地。这便为货币金融学课程改革立足中国金融实践、融合智能发展打开了一个新的局面。

二、"互联网+"行动在中国的提出与发展

目前，关于国内"互联网+"概念的提出，普遍的观点是"互联网+"起始于易观国际董事长于扬的发言。在 2012 年 11 月 14 日易观第五届移动互联网博览会上，他在以"移动互联网盈利拐点来临？——产品互联网化的成长之路"为主题的演讲中认为，"互联网+"公式应该是我们所在的行业的产品和服务，在与我们未来看到的多屏全网跨平台用户场景结合之后产生的这样一种化学公式。

2014 年 11 月，李克强总理出席首届世界互联网大会时指出，互联网是大众创业、万众创新的新工具。2015 年 3 月 5 日第十二届全国人大三次会议上，李克强总理又在政府工作报告中首次提出制订"互联网+"行动计划，推动移动互联网、云计算、大数据、物联网等与现代制造业结合，促进电子商务、工业互联网和互联网金融（ITFIN）健康发展，引导互联网企业拓展国际市场。至此，"互联网+"行动成为我国一个新的前沿方向。

2015 年 7 月 4 日，国务院印发《国务院关于积极推进"互联网+"行动的指导意见》。该指导意见明确了包含"互联网+"创业创新、"互联网+"协同制造、"互联网+"现代农业、"互联网+"智慧能源、"互联网+"普惠金融以及"互联网+"益民服务等在内的 11 项重点行动。我们今天所讨论的"互联网+"教育则属于"互联网+"益民服务这一项。随后，国家发展和改革委员会在同年 7 月 15 日发布《关于支持新业态新模式健康发展 激活消费市场带动扩大就业的意见》，进一步强调对在线教育、在线办公、在线医疗、智慧政务、产业数字化转型、无人经济、自主就业、共享用工、共享经济以及各项保障措施等方面进行支持，鼓励培育发展"互联网+"的新业态新模式。由此，"互联网+"教育被正式确立为国家重要的行业发展新模式。

三、"互联网+教育"背景下的教学特色

(一)教育教学资源高度平台化

随着中国高校慕课资源的建设以及中国大学 MOOC、超星等系统平台的不断完善，互联网信息技术下的教育教学资源在中国高校教育领域已经步入成熟发展的快车道。过去的几年是各所高校、各个学科专业在建设过程中借助互联网平台实现资源集约化、共享化的时期。较之长期以来财经课程书本化、教材化的教学特征，无论是国家级精品课的线上讲授，还是图书、教辅资源的云共享，都充分体现出"互联网+教育"背景下的教学创新的优势所在。

(二)师生交流便利化

财经类课程与理工类课程最大的区别之一便是师生交流存在较大差异。前者的课程交流往往仅停留在书本上的字句之间，后者则是师生驻足于实验之上、揣摩之端。无论是交流时机还是交流时间，财经课程均体现出不尽如人意之处。很显然，随着"互联网+"技术的介入，上述状况已在财经课程的教育教学中出现了明显变化：师生在智能手机平台可以随时随地实现知识和情感的互动。

(三)考核考评体系立体化

在既往教学模式的束缚下，课程对学生学习效果的考核和考评方法集中表现为我们所熟知的课堂发言、课程论文、期末考试等主要形式。但是现在，"互联网+"行为的引入使得课程的考核考评体系更加丰富、更加立体。原有的传统形式逐渐被扩展为线上答题、线上作业，同时在移动平台端还能实现生生互评、生生互动。

四、传统教学模式下货币金融学课程存在的问题

(一)缺乏立体的教学模式

货币金融学课程教学过程中的一个通病是侧重叙述书本内容、忽略课堂体验，从而导致教学模式单一。虽然近年来多媒体教学设施的广泛普及极大提高了教育质量，但是以教材、教辅资料等为主要知识支撑的"填鸭式"授课方法仍旧占据主导地位，使得学生习惯于读死书、死背书的固有模式，货币金融学课程同样没能展现出更多的活力。这种"填鸭式"教育不仅造成学生学习积极性不高、效率低下，而且致使师生之间难以形成良好的思想交流。

(二)课程引导性不强，难以满足高校专业大类招生的需求

从历史上来看，国内高校的货币金融学课程的讲授思路重点在于普遍性、全面性，

而非有针对性地梳理金融各个细分领域的区别、特点以及职业方向。其中，既有学时安排的束缚，也存在课程具有科普特质的困扰。这就造成课程不能及时适应高考改革中本科大类招生的趋势，难以引导学生在一学期的课程中辨识金融学科不同专业的区别、激发学生对不同细分专业产生兴趣，不便于学生后期进行专业分流选择。

（三）未能充分展示中国金融发展的制度优越性

从古典经济学到现代学派，从银行的诞生到衍生工具的创造，金融学无不宣传着国外资本主义发展的经济规律与经验总结。而中国自秦汉以来的货币统一到世界上第一张纸币的发行再到如今不断开放的金融市场，恰恰展现出中华大地独立自主的金融智慧与成就。这就给我们提出一个问题：中国的金融历程是否照搬了西方理论？中国特色社会主义市场经济中金融发展的特色是什么？很显然，国内大多数货币金融学课程的教材与讲授未能很好地回答上述问题，更没能彰显中国金融发展的制度优越性。

（四）考核形式陈旧，不能全面评价学生能力

财经类课程长期大多采用平时成绩占比 30%、期末成绩占比 70% 的综合成绩评定方法。同时，期末考试以固有理论知识为考核重点，大大降低了学生平时学习的能动性，弱化了学生对现实的思考意识，最终表现为应试学习成为学生的最优方法。这样，不仅不利于引导学生扩展知识的深度与广度，更无法全方位地考察学生的学习能力与水平，甚至抑制了很多学生的学习热情。

五、"互联网+教育"教学背景下货币金融学课程创新设计

（一）课程建设总体目标

自党的十八大召开以来，习近平总书记多次强调，培养德智体美劳全面发展的社会主义建设者和接班人。习近平总书记指出："没有高度的文化自信，没有文化的繁荣兴盛，就没有中华民族伟大复兴。"[①] 因此，结合金融专业知识和专业特色，对标中国"金课"和国家一流本科专业课程建设要求以及国内相关课程的实践经验（严威，2019；刘东华，2021），货币金融学课程的教学目标为以学生发展为中心，发扬立德树人的教育理念，坚持"四个自信"，以传授金融理论为基础，讲好中国故事，弘扬民族精神，培养学生深度思考、明辨真理的能力，实现从初阶到高阶的学习层次提升，塑造具有时代担当和爱国情怀的创新型金融人才。

---

① 习近平. 决胜全面建成小康社会夺取新时代中国特色社会主义伟大胜利 [M]. 北京：人民出版社，2017.

（二）教学创新的理念及思路

1. 创新理念

鉴于前述教学过程中所存在的主要痛点，并结合课程教学目标，课程教学创新理念为解放思想，严以治学；传承经典，讲述中国；科技引领，师生共进。

货币金融学课程应以高效、有针对性地解决业已存在的痛点问题为方向，秉承解放思想、实事求是的原则，用科研态度传授课程内容，以教师自身能力水平提高为前提，传承百年来货币金融学教育教学的优良作风，融合中国经济发展与金融发展的优美故事讲授经典理论，借助科学信息技术手段，创新课程教学方式、方法，促进师生互动、教学相长。

2. 创新思路

货币金融学课程采用"1234"的教学创新思路，即1个中心、2个突破、3个维度、4个层次。具体而言，教学团队以学生发展为中心，坚持立德树人；借助教学资源的更新，突破既往的授课逻辑，强调金融理论与中国经济发展相融合；利用现代信息技术，突破原有呆板的教学模式，创造更为生动的课堂情境和师生互动平台；建立空间、时间和效率相辅相成的三维课程体系；满足学生掌握基础金融知识的初阶层次要求，激励学生实现求索真知的中阶层次目标，展现学生实操能力和科研能力的高阶层次水平，引领学生迈向具备勇于担当、爱国爱家的金融素养的终极层次。

（三）创新方法及内容

1. 增强学生的爱国热情，展现中国金融发展优越性

正如张杰教授在其文章中的观点①，在金融学的教材和课堂中讲述中国的金融故事，或者金融学的"中国化"，是第一次"西学东渐"以来绵亘中国金融学领域一个半世纪的老话题；而如今的中国正在走向富强的情况下，金融学的"中国化"便被赋予了全新的含义与使命。其中，首先要面对的问题是如何推进现代金融学基本原理与中国金融改革发展实践相结合。

因此，货币金融学课程应力图将金融基础理论与中国金融实际相结合，全面展示中国金融体系发展的优秀成就，带领学生辨识中国金融在西方经济理论基础之上自主发展的成功之道。例如，中国征信系统建设对防范系统性金融风险的突出作用、中国货币政策空间较之美国的优势所在等。

2. 以学生真实体验为出发点，引入"互联网+"教学模式

货币金融学课程应通过引入多种教学模式，创设金融场景和角色，令学生置身于

---

① 张杰. 金融学在中国的发展：基于本土化批判吸收的西学东渐 [J]. 经济研究，2020（11）：4-18.

贴近现实的金融模拟交易环境中，据此引导学生完成投融资业务与风险防范。例如，在"情境探究"教学模式中（见图1），学生要以银行审贷会成员身份通过智能手机在网络学习软件中投票抉择企业贷款申请是否通过，借此发挥信用基础要素的作用。

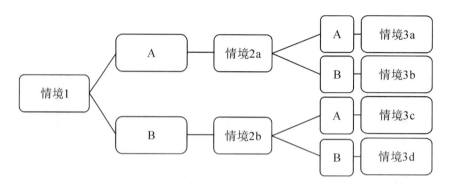

图1 "情境探究"教学模式

除了"情境探究"教学模式，货币金融学课程应借助网络采用"WebQuest"① 方法，协助学生在资源搜集、跨学科研究等方面做到融会贯通；适时发起课堂讨论活动，在课程中设置课前调查、课中讨论和课后思考等环节，促进学生更加有针对性地就某个专题进行深入思考。

3. 满足学生对效率的追求，创造线上线下立体学习环境

在丰富课堂教学模式的基础上，货币金融学课程在中国大学 MOOC 平台上搭建了 SPOC 课程平台，在超星学习通等平台上组织课程签到、资源共享、在线讨论等课程环节，并于 2020 年在多个会议平台成功实现了课程的在线直播。

正是基于线上线下混合式教学的尝试与实践，货币金融学课程在教学安排上形成了课前-课中-课后相互衔接的闭环管理模式（见图2）。结合"情境探究"教学模式，我们以货币金融学课程中"信用"部分的信用风险为例，教师与学生在该学习模块中，从课前准备到教学活动实施再到课后复习和预习，充分利用慕课资源、智能客户端等互联网技术，实现了学生在不同能力养成上的进步。

---

① "WebQuest"，即网络专题调查方法，是美国圣地亚哥州立大学伯尼·道奇（Bernie Dodge）等人与 1995 年开发的一种课程计划，一般分为 1~3 课时的短周期计划和数月的长周期计划。

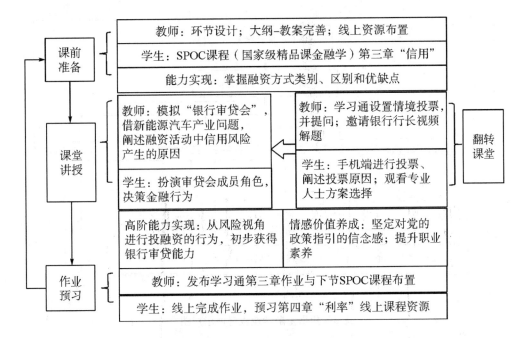

图2 货币金融学课程"信用风险"教学活动内容示意图

4. 公平反映学生学习能力，改革教学考评方式

货币金融学课程打破原有3:7的学生综合评定比例束缚，变为平时、期中、期末成绩占比分别为1:3:6，并在期中、期末考核中加大了对学生解决金融现实问题和提升科研能力的考察，借以强化课堂教学中情境探究等环节的学习效果（见图3）。更为重要的是，货币金融学课程在考核学生平时学习效果的过程中，大量采用线上作业、线上答题等形式，观测学生自主学习的能力水平。在这个过程中，课程借助智能手机在学习平台上通过设立、发起案例分析，实现了学生之间开展互相评价，改变了既往只有教师进行单一评价的局面。

同时，我们在教学实践中也清晰地注意到，基于新生专业分流对一年级成绩的综合考虑，平时成绩占比10%虽然能够降低教师主观评定成绩的干扰因素，但是也会在一定程度上抑制学生的课堂活跃度及学习热情。因此，在未来的改革中，平时成绩占比将逐步提升至20%，并降低期末成绩占比，从而在保证公平公正反映学生学习水平的情况下进一步释放学生的主观能动性。

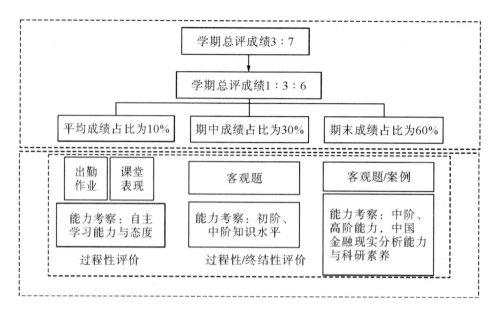

图3　货币金融学课程考评示意图

六、教学创新效果与启示

（一）教学创新效果

一是课程逻辑更为清晰，内容更加精深，形成了丰富多彩的教学模式典范。学生在实现各个层次学习目标的基础上，切实感受到中国金融的魅力所在，爱国热情进一步提升。货币金融学课程教学框架图如图4所示。图4展示出货币金融学课程在教学创新改革之后，实现了从思政点出发，将金融基本知识与中国金融实践相融合的效果，同时还展现出学生从初阶能力提升到情感价值养成的实现路径，最终达到与立德树人教育理念的契合。

二是多维度的教学体系更加丰满，在线直播、翻转课堂等环节很好地契合了新时代学生的学习习惯，增加了学习强度与深度。这一点通过图2和图4可以加以验证。

三是线上平台的搭建提高了学习效率，实现了教务"云管理"。我们以2020年4月的学情数据[①]为例，样本班级学生该月人均线上学习次数超过15次，大大好于学生的既往学习情况。同时，该数据还显示出不同班级学生的学习热情存在差异。这也为课程跟踪、提升教学质量提供了客观依据。

---

① 由超星学习通课程统计数据计算得出。

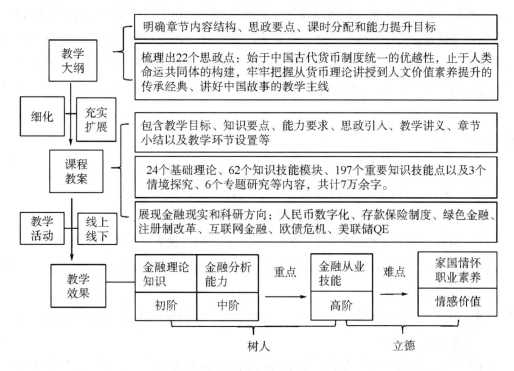

图4 货币金融学课程教学框架图

（二）"互联网+"课程教学创新中的启示

1. 新时代财经类课程的逻辑起点是讲好中国故事

财经类课程创新改革借助互联网等信息技术已是必然趋势，但是任何课程所要展现的知识内核理应是中国经济发展的巨大成就与传统理论体系的有机融合。仅就教学模式开展创新尝试的课程不能跟上时代发展的步伐，更无法给学生传递中国实践的内在动力与活力。我们只有加大对课程中思政元素的研发与解读力度，将各个思政热点借助"互联网+"等教育教学模式完美融入知识体系中，逐步为学生勾勒出中国经济、金融发展成就的美好画卷，才能打造出符合新时代中国发展乃至世界发展需求的财经类金课。

2. "互联网+"背景下的课程改革要求教师信息技术过硬

如果说老一辈教育家的贡献是将经济学原理引入中国并用于中国，那么现在以及未来的教育工作者的一个重要使命便是在讲述中国实践真理的同时，将更加前沿的科学技术引入课堂、运用于课堂。财经类课程教师如果在信息技术的应用上存在短板，那么势必会影响教学创新、影响课堂效果。

3. 货币金融学课程的教学创新改革任重道远

货币金融学课程的创新与完善固然需要融合思政元素和"互联网+教育"教学模

式，但更加重要的是高校、教师以及学生共同梳理、辨识中国经济腾飞过程中的中国特色货币金融理论特征。诚然，这一点是无法在短时间内完成的。因此，我们只有在不断地学习探索中国特色社会主义道路中的金融特质，才能将符合中国实际的货币金融学理论基石筑牢夯实，才能培养出更加适合中国发展、承载中国梦的金融专业人才。

参考文献

[1] 刘东华. 一流本科建设背景下货币银行学课程教学创新改革的思考、实践探索 [J]. 高教学刊，2021（14）：12-15.

[2] 黄达. 与货币银行学结缘六十年 [M]. 北京：中国金融出版社，2010.

[3] 黄达，张杰. 金融学 [M]. 5版. 北京：中国人民大学出版社，2020.

[4] 林继肯. 中国金融学教育与金融学科发展：历史回顾与经验总结 [M]. 北京：中国金融出版社，2007.

[5] 习近平. 决胜全面建成小康社会夺取新时代中国特色社会主义伟大胜利 [M]. 北京：人民出版社，2017.

[6] 严威. 金融创新与发展背景下货币银行学课程教学改革研究 [J]. 教育教学论坛，2019（22）：126-127.

[7] 叶世昌，李宝金，钟祥财. 中国货币理论史 [M]. 厦门：厦门大学出版社，2003.

[8] 张杰. 金融学在中国的发展：基于本土化批判吸收的西学东渐 [J]. 经济研究，2020（11）：4-18.

计量经济学课程的慕课建设和 SPOC 实践

范国斌[①]　张琴[②]

摘　要： 随着互联网在各行各业的不断深入，教育界也迎来了"互联网+教育"背景下的改革，我国慕课的出现为全民进行高等教育提供了可能。本文主要以计量经济学的混合式教学为例，对各高校计量经济学慕课设计进行对比，发现不同高校在该课程的设计上大体一致，但在理论和实践方面各有侧重，学生可以根据自身能力和需求进行选择。同时，本文具体阐述了西南财经大学在计量经济学课程上的"MOOC+翻转课堂+实体课堂"校内 SPOC 实践方式，并在课程讲解中加入了特色思政元素，构建"线上+线下"的混合式教学，更好地服务于学生自主学习，以提升学生的理论学习能力、知识创新能力、应用实践能力以及团队合作能力，均取得了不错的效果。

关键词： 计量经济学；慕课；SPOC 实践

一、引言

慕课（MOOC），英文全称直译为"大规模开放在线课程"（massive open online course），是一种"互联网+"时代涌现出的新型教育课程模式，即为"互联网+教育"的产物。慕课最早于 2008 年在加拿大出现，随着信息的发展传播，陆续在各国刮起了"慕课风"。尤其是美国出现的 Udacity、Coursera 和 edX 三大平台在 2012 年吸纳了众多美国顶尖名校的课程，使得世界各地大学纷纷加入慕课教学中，美国《纽约时报》称该年为"慕课元年"。

我国于 2013 年年初开始了慕课的建设，清华大学、北京大学、香港大学等中国高校陆续加盟 edX 和 Coursera 平台。同时，我国也开始建设专属慕课平台——中国大学

---

① 范国斌（1982—），男，西南财经大学统计学院，副教授，主要研究方向：数量经济学。
② 张琴（1998—），女，西南财经大学统计学院，硕士研究生，主要研究方向：数量经济学。

MOOC。中国大学 MOOC 是由网易与高等教育出版社共同打造推出的在线教育平台，承接教育部国家精品开放课程任务，向大众提供知名高校的优质课程。目前，中国大学 MOOC 已与 783 所高校进行合作，推出了国家精品课等多种类型的课程，大众可以根据自身需求开展选择性学习。

慕课的持续发展推动了各校进行相关课程改革。为提高学生的学习效率，各高校开始探索能够使线上线下学习同步进行的混合式教学。学生在线上通过慕课内容学习部分知识点，进行课前预习；在线下集中听课梳理课程主要内容的内在逻辑性，教师解决学生所遇到的疑难问题。计量经济学作为经济类学生必修的基础课程，目前在中国大学 MOOC 中也有较为丰富的学习资源，电子科技大学、厦门大学、西南财经大学、首都经济贸易大学等纷纷在平台上共享相应课程板块，旨在为大众提供学习经济学相关课程的平台，提高大众学习能力和认知水平。

二、慕课相关研究进展

在慕课初期研究中，尹合栋（2015）在比较慕课与 SPOC 的基础上，设计出基于泛雅 SPOC 平台的混合教学模式，并对四个核心过程进行了分析，对慕课教学内容等方面实现了"校本化改造"。荆全忠和刑鹏（2015）认为，互联网引发高校教学模式不断创新，混合式教学、翻转课堂等模式对教学过程和师生关系进行了重构。蒋卓轩等（2015）通过实践慕课课程，分析挖掘学生参与的学习行为数据，首次基于学习行为特征判断学生获得证书的可能性，为慕课教学测评提供依据。在将慕课运用于本校课程设计的研究中，王雪梅等（2016）对网络技术与应用课程开展 SPOC 教学实践，发现不论是在课堂教学效果、学生自主学习态度还是参与热情上都取得了不错的效果。杨鑫等（2017）通过对比传统教育和在线教育的优势与劣势，提出互补慕课的主动式课堂建设方法，开发了主动式课堂实时互动平台。周化钢等（2017）根据慕课的特点，提出了适用于应用技术型课程的泛慕课混合教学模式，并通过实践教学验证了能够实现学生自主学习、高效率以及多名教师共同教学的优势所在。孙敏（2019）提出，要考虑建设以"结构化课程设计"为主线，以满足"线上+线下"共享课程的混合式教学为要求的精品资源共享课程平台。芦丽萍（2019）通过梳理近些年"互联网+教育"的个性化学习评价研究，认为由互联网带动的教育评价功能能够督促学习者的学习过程，有助于提升学习者考试成绩等。杨荣泰等（2020）认为，慕课课程和机考成绩比例的设置对学生总成绩有影响，且慕课上的学习模块未能对机考原始成绩起到巩固作用。谢作栩等（2020）在专访中提到慕课的出现使得现代高等教育在学习内容及载体形式上出现巨大变化，形成了"互联网+教育"开展的分水岭，能够使得高等教育更多地面向普通公民。慕课的出现给学习者带来了方便、快捷的学习资源，也促使各高校针对自身现有课程进行改革。

在计量经济学的混合式教学研究中，聂红隆和沈友华（2015）为促进计量经济学理论与实践同步发展，提出基于过程化多维考核模式的理论和实验教学改革可以更好地达到教学目标。崔立志（2017）认为，慕课的兴起和快速发展为计量经济学课程改革提供了契机，从教学理念、数字化改造、教学管理和教学模式四个方面着重探讨了慕课对计量经济学课程带来的影响。毛小兵和万建香（2017）认为，慕课建设能够很好地提升计量经济学的教学效果，改善传统教学中学生和教师的困境，真正发挥课程在人才培养中的能力素质培养、创新实践提升的作用。杨慧敏（2018）根据传统计量经济学教学中存在的课程设置问题、教学模式问题以及考核方式不合理问题提出了计量经济学混合式教学优化方案。杨俊玲（2018）通过分析基于微课的翻转课堂教学方式的内涵与特征，论证了翻转课堂在计量经济学课程中的可行性。万建香等（2019）认为，针对本校学生开设 SPOC 班实施课堂翻转，实现线上线下的混合式教学，有利于提升计量经济学教学质量。因此，计量经济学的慕课教学能够很好地弥补传统教学上的劣势，发展计量经济学慕课课程有助于学生及时预习、巩固知识体系，并可以将实践应用加入日常教学工作中。

三、计量经济学现有慕课设置对比分析

目前，中国大学 MOOC 官方网站上有电子科技大学、厦门大学（高级计量经济学）、西南财经大学、首都经济贸易大学、对外经济贸易大学、江西财经大学、南京邮电大学、太原理工大学、南京财经大学、中南财经政法大学共 10 所大学设置的计量经济学课程。

（一）课程学时设置对比

各高校所设置的主体内容相似，大体章节安排也类似，但各高校也有其特色所在。各高校计量经济学 MOOC 设置安排如表 1 所示。笔者主要从各高校的学时安排、课程大纲以及证书要求三个方面进行对比。

根据表 1 中各高校慕课内容设置对比可知，大多数高校每周学时为 3~5 小时，课程大纲中所要学习的内容大多是必修 10 章内容，获取证书大多要求 60 分以上合格，80 分及以上即可得到优秀证书。总体而言，计量经济学课程需要耗费学生较多时间和精力，课程内容较为繁杂，需要学生适当投入更多的课后精力复习和巩固。

表 1　各高校计量经济学 MOOC 设置

高校	学时安排	课程大纲	证书要求
电子科技大学	3~5 小时每周	必修 10 章，选修 3 章	60~79 分合格，80 分及以上优秀
厦门大学（高级计量经济学）	4 小时每周	必修 10 章	60 分合格，85 分优秀
西南财经大学	3~5 小时每周	必修 9 章	60~89 分合格，90 分及以上优秀
首都经济贸易大学	3~5 小时每周	必修 13 章	60~84 分合格，85~100 分优秀
对外经济贸易大学	3 学时每周	必修 15 章	60~80 分及格，81~100 分优秀
江西财经大学	4 小时每周	必修 9 章	60~79 分合格，80 分及以上优秀
南京邮电大学	3~5 小时每周	必修 15 章	—
太原理工大学	3 小时每周	必修 10 章	—
南京财经大学	3~5 小时每周	必修 10 章	—
中南财经政法大学	3~5 小时每周	必修 13 章	60 分及以上合格

注：上表数据内容来源于中国慕课 MOOC 官网。

（二）章节内容对比

在具体章节内容设置中，大多高校使用的教材为庞皓教授主编的《计量经济学》，因此所设置的计量经济学慕课课程内容顺序安排较为一致，主要涉及十章内容，是计量经济学最经典的内容。以西南财经大学慕课课程设置为例，计量经济学课程内容学时安排如图 1 所示（其中，经典线性回归模型融合了简单回归和多元回归两章内容）。

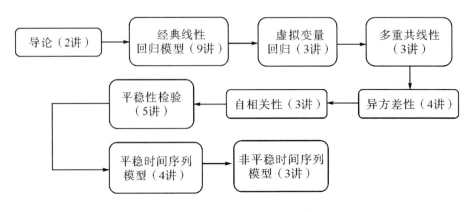

图 1　计量经济学课程内容学时安排

从课程设计来看，经典线性回归模型是最为基本且重要的章节，该章节所覆盖内容繁杂，需要学生抽出较多时间进行学习和巩固。其对后面章节的学习有着重要的影响。在计量经济学课程的学习中，各高校普遍要求学生提前学习经济学、统计学、概率论与数理统计、微积分以及线性代数等课程，为计量经济学内容的学习打好基础。前提要求条件中各高校类似，这是基于计量经济学课程本身学习时所需必要知识作出的设计。

在具体的课程内容设计中，一些高校会额外加入模型构建部分的内容。例如，西南财经大学主要对平稳时间序列模型和非平稳时间序列模型进行了讲解；电子科技大学加入了时间序列模型以及面板数据模型作为选修内容；首都经济贸易大学将时间序列模型中的内容更加细化，进行了具体的讲解，加入了 ARMA 过程和 GARCH 过程的具体识别等内容，帮助学生进行了计量知识的扩展。一些高校加入了分析软件 EViews 或 Stata 的应用，在慕课课程中将理论与实践相结合，把实证项目的设计也加入慕课课程中。例如，对外经济贸易大学主要以应用为导向，讲授了 Stata 软件的具体应用；太原理工大学在课程中主要应用 EViews 软件进行应用部分的讲解说明等。不同学校的侧重点不同，慕课设置的内容也有一定的差异性，因此学生在学习时可以根据自身需求进行选择，慕课提供了丰富的学习资源以供学生进行知识学习的取舍安排。

四、西南财经大学计量经济学课程设置与 SPOC 实践

（一）课程基本情况

西南财经大学的计量经济学慕课课程于 2018 年开始筹建，于 2018 年 12 月首先在学堂在线平台成功上线，之后于 2019 年 9 月开始在中国大学 MOOC 平台同步上线，于 2019 年获评四川省精品在线开放课程。在西南财经大学，计量经济学是经济类本科生公共基础课、管理类学生选修课。每学年有 25~30 个教学班，约 2 000 名学生学习。从 2020 年秋季学期开始，为配合校内混合式教学改革，西南财经大学针对校内学生开设 SPOC 课程。

根据计量经济学的特点，计量经济学课程组建立了"MOOC+翻转课堂+实体课堂"的混合式授课体系，即 30% 为线上学习、15% 为翻转课堂和课堂讨论、55% 为教师授课。在教学组织实施中，西南财经大学打破传统课堂"满堂灌"和沉默状态，实现"以教为中心"向"以学为中心"转变；在课前、课中、课后的教学过程中，贯穿"重思想、重方法、重应用"的教学理念。2021 年，计量经济学课程入选四川省线上线下混合式一流课程。

（二）成绩分配

计量经济学在成绩分配上采用多元化考核方式，注重学生在线自主学习、平时作

业、课堂表现等过程性评价，突出课程论文、报告答辩等实践应用能力环节，形成以学为主的学习效果评价体系。学生成绩主要由三部分构成（见图2）：线上慕课成绩占20%，主要考察学生的在线视频学习情况、讨论区互动参与程度和各章节线上测试成绩；平时成绩占30%，主要包括线下作业和课程论文及答辩两部分；期末考试成绩占50%，考核学生对知识点的掌握和理解程度。

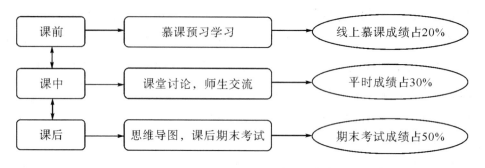

图2　计量经济学成绩分配设置

（三）课程特色

西南财经大学的计量经济学课程主要由四川省教书育人名师领衔主讲，以四川省精品在线开放课程为载体，以与慕课配套的"十一五""十二五"国家级规划教材为主讲教材，以教材配套的习题库、案例分析库、讲解视频等数字化教学资源和首届国家级精品资源共享课为辅助资料，以学生为中心进行混合式教学。

教师将经济社会热点问题引入课程案例，体现"新文科"和"新财经"特色。教师基于中国经济管理改革实践数据，从计量经济分析的视角讲述中国故事，将思政元素潜移默化融入教学。在计量经济学课程的具体讲述中，教师结合计量经济学专业知识，向学生传递辩证观、唯物观和社会主义核心价值观，持续推进课程思政类教改项目，并且根据课程内容编写出版《计量经济学课程思政案例集》。

（四）教学改革创新

与以往传统课堂上的计量经济学课程教学相比，西南财经大学开展的混合式教学方式有以下几方面的创新。

1. 教学模式创新

教师将多种教学模式进行交叉使用，以学生为主进行个性化教学设计，采用探究式教学、翻转式教学等多种模式，关注学生的学习获得感，注重培养学生自我创新能力，真正践行"问题驱动-自主学习-教师授课-讨论探究-合作实践"的线上线下相结合的混合式教学。

2. 教学方法创新

教师通过 QQ 群、微信群等社交软件公告功能布置课前的学习任务，学生在慕课的 SPOC 平台进行第一遍自主学习。之后教师在课堂学习中开展翻转教学，对学生在自学中遇到的问题进行交流讨论、答疑解惑、讲解重难点等，共同学习相关课程内容，使学生能够进一步巩固提升所学内容。

3. 考核方式创新

教师将课程论文写作与现场答辩纳入考核体系，丰富考核的维度。学生根据要求自我组队、选题、构建模型、实证研究。此举旨在培养学生的创新能力和实践能力。

五、计量经济学慕课建设问题与建议

混合式教学提高了课程挑战度，解决了与中高级计量经济学的难度衔接问题。学生成绩和科研实践能力得到了稳步提升，而且在新冠肺炎疫情期间很好地保证了教学质量。但是，在计量经济学混合式教学进行过程中，笔者针对慕课建设发现了一些问题并进行了一定思考。

（一）计量经济学慕课建设问题

1. 学生懈怠现象仍存在

在课前预习慕课内容相关知识的过程中，一部分学生并没有真正进行预习，而是为了完成任务而完成任务，容易出现播放视频时自己去忙其他事情或请他人代替听课等现象。这样没有达到真正的课前预习效果，以至于 SPOC 课程的设置无法实现功效。教师在课堂上的原本的目标是为学生答疑解惑，但由于学生未能真正在课前进行学习阅读，因此答疑解惑效果不佳，容易出现教师仍旧需要重新讲述慕课中已有内容的情况，从而无法真正达到引入慕课后的课堂知识升华的效果。

2. 考核中比例设置问题

在引入慕课 SPOC 课程学习后，对线上线下课程的成绩比例设置需要进一步探究。如果将线上 SPOC 课程学习及测验成绩比例设置过低，容易出现学生不注重 SPOC 课程内容、不认真完成 SPOC 测验等现象；如果将线上 SPOC 课程学习部分成绩比例设置较高，则会影响线下课程论文及考试的比例安排，出现学生不够重视将理论知识应用于解决具体问题的现象。在慕课中的学习存在监督不到位的情况，教师无法保证学生能够真正地学习到应该学习的知识内容，会因为学生投机取巧导致学习效果不佳。

（二）慕课设置建议

1. 创新慕课线上监督体系

慕课线上学习过程可以尝试加入打卡机制、人脸识别机制等新技术，使学生的线上学习行为能够得到一定的约束，加强线上监督管理。监督机制的设立使线上课程的学习有了一定的强迫力，提升学生在学习时的专注力，从而更好地发挥线上课程学习的功效。

2. 设置合理考核比例

在具体设置各部分成绩占比时，教师可以广泛借鉴混合式学习创建成功的科目和院校的设置，在运用过程中不断加以修正，找到一个适合计量经济学课程学习的最优比例，使得线上线下成绩比例得以平衡。

六、总结

"互联网+"背景下产生的教育教学方式改革使得全民高等教育成为可能，互联网的发展带动着教育的变革使教育更加智能化、多样化，将教育发展推向了一个新的高峰。计量经济学作为经济学类专业的一门必修应用课程，各高校纷纷将其加入慕课建设中，并根据本校教学特色构建SPOC课程。不同高校之间慕课内容大体一致，但侧重点稍有不同，为不同需求的学生提供了选择。

西南财经大学在对计量经济学课程进行混合式教学改革过程中，将独特的思政内容纳入课程，形成较为合理的"线上预习+线下巩固升华+课程论文实践"方式，将计量经济学课程的教学工作更加细化，从而增强学生的理论学习能力、知识创新能力、应用实践能力、团队合作能力等。然而，当前的线上线下课程仍然存在学生懈怠、考核成绩比例设置不合理等问题，因此之后的课程设计应考虑加入现代化的人脸识别功能、合理设计成绩比例等，从而有助于基于慕课的混合式教学模式的推广和应用。

参考文献

[1] 尹合栋. "后MOOC"时期基于泛雅SPOC平台的混合教学模式探索 [J]. 现代教育技术，2015，25（11）：53-59.

[2] 荆全忠，邢鹏. "互联网+"背景下高校教学模式创新研究 [J]. 教育探索，2015（9）：98-100.

[3] 蒋卓轩，张岩，李晓明. 基于MOOC数据的学习行为分析与预测 [J]. 计算机研究与发展，2015，52（3）：614-628.

[4] 王雪梅，胡素君，成卫青. 网络技术与应用课程的慕课建设和SPOC实践 [J]. 计算机教育，2016（9）：135-138.

[5] 杨鑫，王大维，王宇新，等. 互补MOOC的主动式课堂建设方法探究 [J]. 现代教育技术，2017，27（1）：115-120.

［6］周化钢，李建，刘昊. 泛慕课混合教学模式在应用技术型课程中的实践［J］. 计算机教育，2017（11）：82-86.

［7］孙敏. 基于信息化时代的网络精品资源共享课程建设与研究［J］. 计算机教育，2019（7）：66-69.

［8］芦丽萍."互联网+"背景下的个性化学习评价研究［J］. 计算机教育，2019（7）：97-101.

［9］杨荣泰，张晓丽，杨春尧，等. 高校慕课教学效果的统计分析［J］. 计算机教育，2020（1）：96-99.

［10］谢作栩，吴薇，李钰. 高等教育大众化的国际比较与本土观照：谢作栩教授专访［J］. 苏州大学学报（教育科学版），2020，8（1）：77-84.

［11］聂红隆，沈友华. 计量经济学课程理论和实验教学改革实践［J］. 宁波工程学院学报，2015，27（4）：119-124.

［12］崔立志. MOOC 背景下"计量经济学"课程改革［J］. 科教文汇（下旬刊），2017（2）：27-28.

［13］毛小兵，万建香. 计量经济学课程 MOOC 建设路径探析［J］. 南昌教育学院学报，2017，32（3）：57-60.

［14］杨慧敏，周博."互联网+"背景下计量经济学教学改革研究［J］. 环渤海经济瞭望，2018（2）：169-170.

［15］杨俊玲. 基于微课的翻转课堂教学方式的再应用：以计量经济学为例［J］. 教育教学论坛，2018（3）：137-138.

［16］万建香，封福育，齐亚伟，等. 计量经济学 SPOC 运行与课堂翻转［J］. 金融教育研究，2019，32（4）：75-80.

基于"PES"教学法的线上线下混合"金课"建设

——以思维训练课程为例①

裴秀颖②

摘　要：针对设计专业人才培养中，学生学习缺乏深入思考能力、缺乏对设计问题本身的理解与剖析的研究能力、感知力培育相对薄弱等问题，思维训练课程以"感知力+创新设计"为主线，运用"PES"的教学设计，依托云班课、大学慕课等线上资源与平台，形成感知培养、能力提升、价值塑造"三位一体"的线上线下混合"金课"教学范式。高阶性、创新性、挑战度的优化设计促使学生形成自由开放的学习态度，并通过思维创造的感知活动过程，体会设计与艺术等思想信息可捕捉的状态，进而达到创新设计的目的。

关键词：思维训练；感知力；创新设计

一、"互联网+教育"背景下，加强感知教育的必要性

（一）线上学习常态化与感知训练不足的矛盾日益加深

新一代的大学生在思维习惯与行为方式上都发生了巨大变化。他们是思维更活跃，眼界更开阔，同时也是更具独特个性的群体。在强调学习成绩的同时，他们却缺乏对事物的感知训练。缺乏感知训练将导致对事物敏感度的降低，这是设计创新中最大的问题所在。2020年自新冠肺炎疫情暴发后，线上学习成为常态化，对传统学习行为和方式产生巨大冲击。在传统教学中，高校还未能普遍实现学生自主性学习，那么面临

---

① 【基金项目】2021年宁波高校慕课联盟专项课题。
② 裴秀颖（1978—），女，宁波财经学院，讲师，主要研究方向：艺术创意思维。

线上教学，教师不在课堂，学生与教师存在空间和时间距离的情况下，如何确保学习的高效性、真实性，并使学生拥有幸福感和获得感成为线上教学的一大挑战。

Udacity、Coursera、edX 是全球最具代表性的三大"慕课"平台，线上学习成为人们获取知识和信息的主要途径。在网易公开课、中国大学 MOOC、学堂在线以及地方性的宁波慕课等教育平台的积极推动下，我国慕课的资源内容得到充分展示，上线慕课数量已达 5 000 门，学习人数突破 7 000 万人次，慕课总量、参与开课学校数量、学习人数均处于世界领先地位，成为世界慕课大国。

学生在面临众多线上课程学习时，即使有多种设备转换，依然以面对屏幕为主，如果教学设计缺乏对感知的培育，将会使学生的学习枯燥乏味，得不到线下学习的共鸣和启发。感知培养是对感性形式的本能反应能力得到开发和训练。近年来，对感知教育的相关研究越来越受到重视。李梁军、吕梦为（2014）从"感知与真实"的视角探索了创新思维训练课程如何运用感知力在视觉艺术表现中的作用改革教学方法。彭仕霖（2019）通过分析感知力教育内涵和教育实现，阐述感知力教育有利于教育个体享用功能的实现和创造性培养。郭旺学（2019）通过对包豪斯学院教师伊顿的感知教育的梳理，提出感知教育的当代价值。大范围开展线上教育势必会给学生带来诸多学习上焦虑。但是，从感知力培育视角展开的线上学习非常匮乏。一是感知教育需要真实的体验，与线上教学模式有一定的偏差；二是感知教育需要更强调个性化体验，线上教学对学生的个性反映往往无法及时反馈；三是教师在进行教学设计时对感知教育的作用和价值认识不足，不能调动学生的学习兴趣。

（二）运用"PES"教学法构建"感知力+创新设计"的教学体系

"PES"教学法是指通过感知（perception）—探寻（exploration）—表达（show）的学习过程，构建"感知力+创新设计"的教学体系，培养学生全方位的感知事物的能力，以此进行设计思维的创新实践。将"PES"教学法运用于线上教学，可以大大改善学生学习专注度不足、缺乏深入思考和作品抄袭的现状。"PES"教学法经过多年的经验积累，为上述问题的解决提供了新路径。本文以思维训练课程为例，通过 P—E—S 的学习过程，构建"感知力+创新设计"的教学体系，培养学生全方位感知事物的能力，达到开展设计思维创新实践的目的。

二、基于"PES"教学法的线上线下混合 "金课"思维训练课程建设

(一)课程创新理念

思维训练课程以学生为中心开展教学设计。哈佛大学教授戴维·铂金斯指出,面向未来的教育要超越基础技能和传统学科,超越对学术内容的掌握,应该学习、思考、关注与课程内容有关的现实世界与生活。哲学家马尔库塞指出,技术时代的美学通过将审美艺术内在化和世俗化,已全然丧失其批判性和超越性的维度,人类应该摒弃依赖技术性的感知方式,以更为感性的艺术化的审美感知来认识我们的世界。正是基于这样的理论思考,思维训练课程构建了"感知力+创新设计"的教学体系,运用创新的"PES"教学模式,通过内在化的审美感受与外在化的感知实践,引导学生观察感知现实生活,通过对身边的真实事物的分析,从中发现问题,引发思维的联动,使学生能够分析与思辨已有的知识成果,深入思考设计过程中可能出现的问题,推断出设计物的特征与态度,从"以问题为中心"向"以人为中心"的设计过渡,解决了教学中的痛点问题。最终,思维训练课程围绕"培养跨学科、跨专业设计人才"的理念,展开综合设计实践,实现应用型人才培养的目标。

(二)"PES"教学法的基本思路

课程创新从教学活动的深度学习与自主学习两个方面展开,目的是帮助学生运用批判思维构建知识体系。在这个过程中,笔者运用课题组创新改革的"PES"教学模式和多种学习策略混合的教学方法,实现知识的迁移;基于设计项目开展学习活动,以认知水平和学习成果两个维度展开双螺旋教学活动设计,融合项目教学中团队学习和任务导向作为活动设计的行动特征,从教学准备、教学过程、教学评价三个环节入手,设计基于翻转课堂的学生自主学习能力培养模式,开展思维训练课程递进式学习活动,形成知识深度和认知宽度不断上升的双螺旋结构特点。思维训练课程教学活动基本思路如图 1 所示。

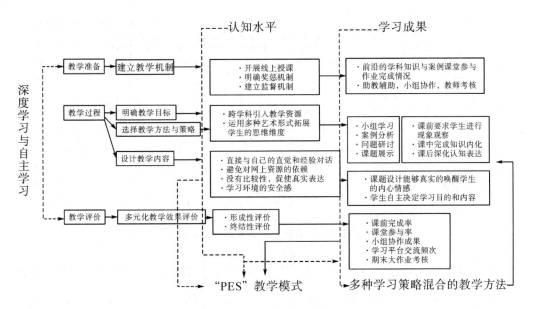

图 1　思维训练课程教学活动基本思路

（三）"PES"教学法的主要内容

笔者利用创新的"PES"的教学设计，通过感知事物形态（观察理解）、探寻意识转化（体验研究）、深入设计表达（设计输出）三个方面，实现创新教学。笔者针对线上的教学设计，根据每个阶段的教学内容不同、重点不同，以层层递进的方式不断引导学生加深对思维训练内涵的理解。在设计教学中，与传统设计类思维教育模式不同，学生通过感知事物形态（P）的学习迅速提升感知力和觉察力，进入自我经验、自我意识的觉醒阶段，并通过云班课上交自我觉察的相关内容。这些作业极具个性和内心情感，可以快速有效地将学生带进严肃的、高品质的思维流动状态。师生探寻意识转化（E），课堂上已经不存在标准答案。学生通过设计与方法的拓展、设计与材料手段的学习关爱他人，尊重地域文化与环保公益，感受传承和发展的力量，理解设计如何改善社会、追求真善美的永恒价值。深入设计表达（S）强调用自身独特的审美情感，锻造创造性的设计思维能力，运用创新的思维方法进行综合设计的能力。随着课程的深入，学生能够逐渐探索到创新设计过程的乐趣、发现创新设计的规律。教师将思维的训练转化为具有艺术感和设计感的视觉形象，实现设计专业与文创产业融合发展，不断实现增强服务地方经济社会发展能力的培养目标。"感知力+创新设计"教学体系具体内容和结构如图2所示。

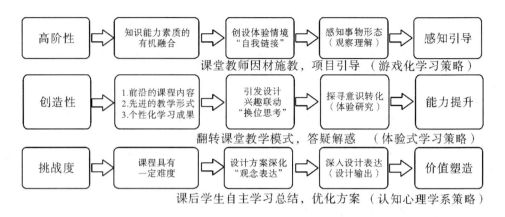

图2 "感知力+创新设计"教学体系具体内容和结构

笔者以建构主义理论为指导，采用线上学习、线下研讨、分组体验、课后实践的混合式教学模式，并引入伊顿的教学思想、格式塔心理学、马斯洛需求层次等理论对线上的教学设计开展创新实践，提出"感知力"融合设计思维培养的教学方法，从现实生活着手，以自我经验为原点，追问现象，分析提炼主题开展思维培育的教学，用"PES"教学设计改善设计专业学生缺乏深入思考和作品抄袭的现象。内容充分结合思政育人元素开展教学，采用诗意手法成就精彩课堂，使教学充满求知与探索的乐趣。

三、运用"PES"教学法思维训练课程建设取得的成效

笔者运用"PES"教学法思维训练课程建设取得了较大成效（见图3）。

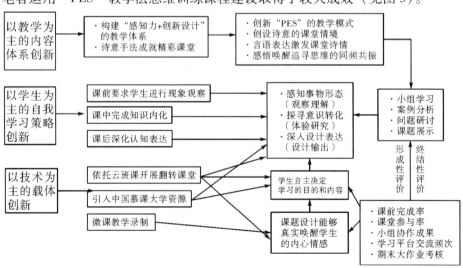

图3 思维训练课程教学创新体系图

（一）以教学为主的内容体系创新，构建了"感知力+创新设计"的教学体系

思维训练课程提出"感知力"融合设计思维培养的教学方法，从现实生活着手，以自我经验为原点，追问现象，分析提炼主题开展思维培育的教学，用"PES"教学设计改善设计专业学生缺乏深入思考和作品抄袭的现象。内容充分结合思政育人元素开展教学，采用诗意手法成就精彩课堂，使教学充满求知与探索的乐趣。

思维训练课程利用创新的"PES"的教学设计，从学生自身出发设计相应的课题（见图4、图5），引导学生思维的联动。P（感知）过程的学习充满个人情感，充分调动学生的感知细胞，使学生的内在自我与内在经验被唤醒，使其具备探索问题背后的新问题的能力，不流于表面，而是关注事物的生成过程。

图4　学生闭眼睛绘画，体验直觉表达

图5　运用诗歌唤醒思维联想

（二）以学生为主的自主学习策略创新，突出"自主学习"的教学设计

"PES"教学法通过线上线下教学，课前要求学生进行现场观察，课中完成知识内化，课后深化认知表达，使学生的学习在每一个教学环节都充满挑战和学习乐趣，通过小组学习、案例分析、问题研讨、成果展示，教学形成动态化特征（见图6、图7），自然而然地达到"因材施教"的教学效果。学生最后可以根据自身兴趣收集案例，决定拓展的学习目的和内容。

图6　材料探索，寻找表达方法　　　　图7　小组共建，挖掘设计策略

"PES"的教学设计，关注学生解决问题的能力，使其通过学习理解问题的不确定性，从"以问题为中心"的设计观转变为"以人为中心"的设计观。学生深入生活、参与调查和访谈，结合现实世界的具体问题去发现设计中的遗漏和不足。教学根据每个学生的不同特点形成动态化特征，自然而然地达到"因材施教"的教学效果。

（三）以技术为主的载体创新，打造感知培养、能力提升、价值塑造"三位一体"的"金课"教学范式

思维训练课程依托云班课、中国大学慕课资源、教学视频录制等实时记录学生的学习情况，通过大数据记录学生课前完成率、课堂参与率、小组协作成果、学习平台交流频次等对学生的学习进行跟踪检测，与行业专家开展线上交流，极大激发了设计兴趣，开阔了学生视野，形成感知培养、能力提升、价值塑造"三位一体"的教学范式。课程能够唤起学生的真情实感，充分理解学生面对技术浪潮所引发的焦虑情绪，以价值塑造为落脚点，依托艺术实验教学中心、基础教研室工作室等，用设计活动丰富校园文化建设，用设计作品服务社会，具有鲜明的时代特征。

"PES"教学设计的重点是 S（表达）。在设计输出过程中，学生重视设计观的融入，强调设计师的责任与使命感。对家乡的地方文化传承的设计项目，学生充满热情，积极参与项目的分析与规划，传达了对家乡、对社会的关爱（见图8）。同时学生又学会包容不同观点，学会倾听与交流，从思维层面认识到设计师不仅要依靠技术，理解了设计的本义和专业责任。

图8　成果汇报，注重表达，学生满怀激情与热情

通过多轮教学，目前云班课上传资源已达 111 个。为保证理论与案例的前沿性，原有资源的质量还需要全面提升和梳理。思维培育需要教师有更加多元的文化背景和跨学科的综合知识，因此教师在专业学习上还需要优化，对教学形式开展更深入的研究，形成教学笔记。结合新形态教材的发展趋势，教师需要组建跨学科的教师团队，并逐步开展云教材的编写工作。教师应结合"PES"教学模式和多种学习策略混合的教学方法，通过校企合作项目开展教学，融入地域特色，鼓励学生创新创业实践。

四、问题解决的情况和学习效果以及推广应用的价值

（一）学习效果的提升

教师运用"PES"教学策略，将"感知力"融合设计思维培养的教学方法，使学生深度思考的能力得到提升，使学生学会利用访谈、观察、思维工具，挖掘故事与情感，思考问题背后的问题。学生通过单元知识的融合学习，打破模块的思维局限，将知识构建得更加系统化。学生参与学习热情高涨，设计使命和责任感增强，改善了缺乏深入思考的现象。14 项课程作业申报了专利，2 人获批省级课题，60 余人完成校企合作设计稿件 1 032 件（见图 9）。

图 9 教学现场

（二）自主学习能力的提升

云班课数据显示，课程开展作业、小组任务 8 次，参与 198 人次，提交结果 228 个。课前要求学生进行现场观察、课中要求学生完成知识内化、课后要求学生深化认知表达，使学生的学习在每一个教学环节都充满挑战和乐趣。通过小组学习、案例分析、问题研讨、成果展示，教学形成动态化特征，自然而然地达到"因材施教"的教学效果。学生最后可以根据自身兴趣收集案例，决定拓展的学习目的和内容。

（三）教学范式的创新

"感知力+创新设计"的教学体系，依托云班课、钉钉、中国大学慕课资源、教学视频录制等教学新形式，形成感知培养、能力提升、价值塑造"三位一体"的教学范式。同时，课程能够唤起学生的真情实感，充分理解学生面对技术浪潮所引发的网络焦虑情绪以及过快的工作学习节奏，用感知力引导学生深入生活，挖掘设计的意义和价值。

思维训练课程打破传统的学习方法，逐步引导学生通过观察与感知，唤醒个人经验与内在自我。在技术浪潮充斥网络的今天，对真实事物的感知对学生来说尤为重要，如果设计思维不注重感知的培育，那么未来的设计师必然成为商业利润的傀儡。我们用感知教育培养未来设计师，构建"感知力+创新设计"的教学体系，"PES"的教学策略在设计教育中有一定的现实意义和价值，值得在教学中推广和应用。

五、结语

开设思维训练课程的目的是通过思维的训练，使学生掌握设计思维的过程、框架、方法以及相关的工具，并可以结合创新设计发展路径，解决现实存在的问题，进而逐步开展创新设计实践。基于"PES"教学法的线上线下混合"金课"建设，通过"感知力+创新设计"的混合教学模式，构建了游戏化学习策略、体验式学习策略、认知心理学习策略的混合教学模式，可以引导学生建立更宽广的设计胸怀，促进学生个性化发展，尊重学生的感知体验。

设计专业具有深度交叉和融合的特征，同时又不断延伸和拓展，从感知事物形态——游戏化学习策略（观察理解），探寻意识转化——体验式学习策略（体验研究），深入设计表达——认知心理学习策略（设计输出）三个方面开展教学设计，通过递进的感知力培养的训练可以让学生关注对感性形式的本能反应能力，这也是未来创新创业人才的重要能力。缺少了这一能力，设计之物将无法连接人的心灵深处。培养具有感知力的创新设计应用型人才，是设计教育的使命，也是本课程的灵魂所在。

参考文献

［1］郭旺学. 有效、创造与感知：伊顿的教学思想在独立学院建筑美术教育中的意义［J］. 美术大观，2019（7）：150-152.

［2］张剑. 由诗歌的意象手法看产品设计语义的发展［J］. 南京艺术学院学报（美术与设计），2010（6）：205-208，212.

［3］裴秀颖. 翻转课堂深入教学的实施策略研究：以艺术设计专业思维训练课程为例［J］. 工业设计，2019（1）：41-42.

［4］阿恩海姆. 视觉思维：审美直觉心理学［M］. 腾守尧，译. 成都：四川人民出版社，1998.

［5］李梁军，吕梦为. 感知力在视觉艺术表现中的作用："感知与真实" 创新思维训练课程研究［J］. 装饰，2014（10）：122-124.

新媒体环境下高校慕课
设计与推广方法探析①

彭晓洁②　孟宪玮③

摘　要：新媒体时代背景下，慕课的出现和发展极大地丰富了高校教学资源的展现形式，但受制于信息覆盖的不全面，高校慕课往往不能得到全面推广及最大化的应用。本文以中国大学慕课平台国家精品在线开放课程高级财务会计的发展运营为例，通过对该课程的推广困境、原因进行分析，可以对高校慕课的推广及应用带来一些新思路或新见解。

关键词：新媒体；慕课；课程推广

一、引言

我国于 2014 年开始普遍推进在线开放课程，并将该课程称之为慕课（MOOC）。在推广的过程中，国内的很多高校及广大大学生群体作为慕课学习的主要力量，为慕课的发展做出了重要贡献。教育部在 2015 年出台了《教育部关于加强高等学校在线开放课程建设的相关意见和政策》，鼓励各高校应用在线开放课程。该政策出台之后，国内的经济发达城市纷纷出台在线开放课程的推广政策，创造了良好的政策支持环境，这也为我国高等院校应用慕课提供了良好的基础。

随着新媒体时代的到来，由计算机信息交互技术构成的慕课平台在高校的教学中得到了推广和应用，传统课程下的数据信息交换和素质知识拓展领域也都很快引入了

---

①　【基金项目】2020 年度广东省高等教育教学改革项目"课程思政与一流财经类课程改革探索及实践——以国家精品在线开放课程高级财务会计为例"（粤教高函〔2020〕20 号-序号 598）。
②　彭晓洁（1973—），女，佛山科学技术学院，教授，博士生导师，主要研究方向：会计理论与方法。
③　孟宪玮（1996—），男，江西财经大学，硕士研究生，主要研究方向：会计理论与实务。

新媒体技术。慕课将相对优质的教育资源数字化之后上传网络，并对全球普通用户免费开放浏览和下载权限，同时提供大规模的在线学习及翻转答疑，便于用户随时随地进行碎片化学习，并且不限制用户的教育背景。慕课平台不仅丰富了大学生对课程的选择，而且让无法进入高校学习的社会学习者能够以较低门槛进入大学课堂，并对大学课堂的思想进行吸纳、流转和推广。然而，慕课平台快速壮大以及蓬勃发展之后，不少慕课很快就进入了发展困境中，并直接反映在课程参与人数减少与课程成绩下降等方面。翟雪松等（2014）通过对慕课发展过程中存在的问题进行分析，发现主要原因是缺乏完善的教育管理信息化系统和受教育变革成效的影响。在教育信息化背景下，现阶段的改革成效并不明显。在高等院校中推进慕课虽然取得良好成效，但仍然面临较大的挑战。

二、高校慕课推广存在的困境

在分析过程中，本文主要以中国大学慕课平台运营的高级财务会计为例，在经历一段时间的发展且课程效果初见成效之后，本课程出现了以下推广困境：

（一）选课人数不足

本课程最早于2017年秋季上线并开了第一轮（学期）课，开课时间与全国高校正常的开学时间保持一致，每年计划开设两个学期，迄今已开设至第六学期。本课程慕课的主要学习者除了慕课建设单位江西财经大学的学生外（以下统称为"校内学生"），还有其他高校的大学生及社会学习者（以下统称为"校外学生"）。在2019年1月15日结束的第六学期中，经趋势数据分析，课程组发现了选课人数减少、成绩不合格人数增多的现象。为了研究这一问题产生的原因，课程组委托研究生助教使用纸质问卷和问卷星平台进行了问卷调查。此次问卷调查为数据描述性统计，调查对象为财经类专业的大学本科生，纸质问卷及问卷星平台问卷的所有内容完全相同。研究助教以校内学生为对象，进行有针对性的发放纸质问卷，共发120份问卷，回收了110份有效问卷；利用微信公众号搭载问卷星平台发放问卷的形式同时对其他高校的大学本科生进行一对一发放，共发放问卷120份，回收120份，其中有效问卷108份。调研内容主要为：从课程普及层面分析，对慕课是否有一定的了解和参与；从课程资源利用来说，每周投入慕课学习的时间、慕课资源的利用程度、内容难度等方面。

问卷调查结果显示，在校内学生与校外学生中选修过慕课的学生比例差别不大，而知道本课程的学生主要以校内学生为主，校外学生比例过低，但是在了解本课程后有意向选修的学生比例没有显著差距。问卷调查重点数据分析如表1所示。

表 1　问卷调查重点数据分析表

有效问卷调查情况	选修过慕课人数（占比）	知道本课程人数（占比）	了解后有意选修本课程人数（占比）
校内学生（110 份）	104 人（94.5%）	105 人（95.5%）	92 人（83.63%）
校外学生（108 份）	98 人（90.7%）	33 人（30.5%）	81 人（75.0%）

数据来源：前述问卷调查所得的全部有效问卷。

根据表 1 不难发现，由于校外学生知道本课程的人数不足三成，客观上导致了校外学生选修本课程人数的不足，主观上也暴露出课程缺乏对外宣传的手段和方式，这是选课人数降低的主要原因。同时，对于成绩不合格人数增多的局面，我们有理由怀疑课程规则与制度的设计存在一定的问题。

（二）学生成绩分化明显

笔者通过分析高校学生的在线教育学习情况，发现效果并不理想。大学生对慕课学习缺乏端正的学习态度和较强的自制力，在学习过程中并不能够热情参与，这也使得慕课完成效果不佳。上述问题在大学生群体之间普遍存在（翟雪松，2014；邱均平等，2015）。中国大学慕课平台中成绩分为优秀、合格与不合格三个等级，在注册本慕课课程的学生当中，课程建设单位的学生，即校内学生占 50% 以上，剩余参与的学生均为校外学生。一般情况下，两者的合格率应该相差无几，然而通过对前三个学期的期末数据分析之后可以发现，校内学生的合格率平均低于 20%，最低只有 15%；而校外学生的合格率平均在 60% 以上，最高达到了 85.7%，出现了严重的成绩分化局面。

究其原因，主要是同样的课程对校内学生与校外学生制定的学习要求并不相同。李秀丽（2017）指出，慕课发展的瓶颈在于学分的认定，学生上课的人数和积极性与课程学分有着非常密切的联系。大量的调查发现，在已上线课程中，学校承认学分课程所占比例仍然较低，这显然将使平台上相当一部分课程无法真正发挥其内在价值，使得教育资源的功效大打折扣。这一结论在本课程运行过程中也得到了充分的论证。本校学生在完成学校规定的注册量考核及学习完指定的课程内容之后，即被视为已经完成了慕课学习，可以得到学分或平时考核成绩，而学生无法从剩余内容的学习中获得学分，因此学生基本上不会完成全部的课程学习；相反，校外学生只有在完成课程学习、参与考试并获得合格以上证书的前提下，才能获得学分或认证证书，因此更具有学习的积极性，这也是导致两者之间出现成绩分化的关键原因。

（三）课程内容更新维护不及时

财政部从企业会计准则着手，于 2018 年对其进行有针对性的修订，为和国际会计准则的衔接奠定了坚实基础。准则的修订涉及本课程的"租赁会计"章节，在缺乏应用指南，修订后的准则应用细节还不明晰的情况下，课程组未及时更新相关内容，而是对该章节进行了不做考核要求的相关忽略处理，这在一定程度上也使课程陷入了与修订后的准则不符的教学困境。在慕课教学中，由于学生不能和慕课教师进行及时的沟通与交流，在时空分离的情形下，学生在学习过程中往往会对一些和实际不相符的知识有所疑惑。在这种情形下，如果教师不能够在第一时间解答学生的疑惑，必然会影响学生的学习动机，而在传统课堂上教师能够及时解答学生的疑惑。

上述现象也是慕课在运行过程中会遇到的通病之一。其原因一方面是现行政策尚未明确、缺乏应用指南，另一方面是对互动答疑等工作在课程运营的过程中缺乏设计与安排。针对上述两方面的通病，各高校应当适时做好规划，有效避免这方面的通病。

三、高校慕课资源推广的新思路

（一）借力复合渠道宣传慕课资源

新媒体时代，慕课的推广是慕课内容建设的客观要求，需要增强推广的主动性和积极性。我们不能局限于知识生产的质量而忽视了课程的知名度。通过社交媒体进行多样化的内容沟通，有利于用户从认知到口碑的积累，课程团队也能在用户的评论、转发和分享中认识到课程的优缺点，进而提升课程质量（张志安，2019）。慕课资源推广可以通过复合渠道的传递来实现。在智能通信工具高度普及的今天，新媒体形式正在向自媒体形式过渡，每个学生手中的智能手机既是一个自媒体发布的客户端，又是一个新媒体信息的接收端。因此，在保证信息真实性和网络安全性的前提下，学生可以借助智能手机进行信息的接收、检索以及快速传播，其交互性和搜索功能非常强大。在借助复合渠道媒体宣传慕课资源的初期，课程组首先与领域内知名媒体微信公众号"会计学术联盟"合作，借力知名自媒体的针对性用户资源，利用微信公众号推送的方式，对慕课进行滚动推荐和宣传，收获了一大批新用户加入。

同时，在拥有了一定的学生基础之后，为了实现新用户的规模化增长，提升自身知名度，课程组将宣传的渠道拓宽到了新浪微博。微博是当今大学生主要的社交网络平台之一，已经成为许多大学生生活的一部分。微博形式的信息对大学生的日常生活、思想道德等有着非常重要的影响。因此，课程组在新浪微博上先后开通了"高级财务会计MOOC""财务报表分析MOOC"等多个微博账号，并取得了官方认证。在运营过程中，课程组除了对慕课平台进行常规维护，还及时上传微博最新内容，除了在微博中进行答疑、公布课程进度以及分享相关新闻等工作外，还利用微博的转发抽奖、粉丝头条等功能，借助微博粉丝之间相互的传播，扩大课程的影响力，以吸引新学员的加入。在复合渠道宣传推荐慕课之后，第四、第五学期的学员量都超过了7 000 名，同时成绩分布情况也产生了很大的改观，合格率、优秀率均大幅上升。

以新媒体为媒介的慕课推广主要通过一些社交平台，如新浪微博等实现。在这些平台上能够更好地宣传慕课，从而改善宣传效果。高等院校在推广慕课的过程中，往往也会借助通达的人际网络。因此，慕课推广必须要基于高校系统、慕课平台、社交媒体、人际关系网络于一体的系统式、扩散式的关系网，各慕课平台也应该主动牵头，实施宏观调控，各高校、社交媒体以及人际网络主体积极参与，努力配合，共同推进高校慕课的运作推广，提升慕课平台的影响力，扩大人际关系网络。

同时，慕课资源的推广并不是一蹴而就的。社交媒体和慕课的出现时间并不长，在初次资源推广过程中必然能够起到宣传效应。然而，运用创新推广理论进行分析，在推广过程中其会呈现动态化发展趋势。在宣传过程中，慕课并不可能始终处于直线上升趋势，在发展过程中仍然面临很多阻碍，而且出现"低滞饱和期"的概率比较高。教育工作者为了解决上述困惑，在处理过程中必须要持有理性观点，拓宽宣传营销的渠道，多层次全方位进行推广，努力突破推广瓶颈。例如，在数据化时代，教师可以依托现代信息技术，全方位地分析学习群体的学习爱好、学习能力等方面的内容，这有利于更好地设计慕课内容，完善课程体系。此外，课程组可以联合学校及企业开展有效合作，共同优化慕课资源，推进慕课的实施工作有序进行。课程组在实践活动中可以将线上慕课与线下翻转活动有效联系，帮助学生拓展课外知识，培养学习者的创新精神，从而改善慕课课程的学习效果。

（二）慕课与线下教学相结合

在慕课支持下，教师在完成财务会计教学内容时可以依托线上教学，这样打破了时空的局限。根据联通主义理论，学习者的一生中必须持续不断地进行学习。杨瑞平等（2016）认为，在信息化条件下，学习的空间和场所不再拘泥于学校，而是拓展到家庭、企业与社会，学习的深度与广度也与传统实验教学存在很大差异。慕课背景下会计实验教学的大部分工作（如教师讲解、演示以及虚拟平台的演练）都主要通过线下让学生完成，打破了时间和地域的限制，从而大大提高了学习效果。针对校内学生对慕课的学习主动性不强的情况，教师应当变更慕课在对应课程教学过程中的相应要求。在原有的模式下，学生只需要完成学校规定的注册量考核及学习完指定内容，使得慕课学习目标能够顺利完成，确保学分的获得和成绩的优良。通过线下教学和慕课的有效融合，学生需要完成慕课平台的全部内容，才能获得该线下课程的平时分。此外，对学习过程中总成绩较高、表现优异的学生，该模式会给予其相应的奖励，为学生主观能动性的增强奠定坚实的基础。

模式的改进，目的不仅是要将利用慕课学习的创新观念内化到每一个学生的学习意识中，并参与和渗透到实际的学习中去，而且要将这种隐性意识固化，并外化到显性的行动中去。这种相互结合的模式要求主讲教师必须是慕课学习的第一人，是第一个学习者，也是第一个带头者。只有这样，教师才能成为学习榜样。这就要求主讲教师要运用慕课向学生传达一种价值观，即学习不仅仅局限于课堂，而是随时随地渗透于生活之中。

（三）关注课程的更新和维护

随着社会生活节奏的加快，人们的知识更新速度不断提升。因此，慕课的运行必须重视知识更新。对本文所述的会计类慕课而言，企业会计准则的变更就等于操作方式的改头换面，不采用新的操作模式与国际接轨趋同，就会面临淘汰。因此，慕课主讲教师或助教需要加强和学习者之间的互动，从而使得学习者能够继续学习。为了激发学习者的积极性与活跃度，教师可以以学习社群的途径，鼓励学习者营造良好的交流氛围。学习者可以在学习社群中互相交流，共享一些好的资源。在全国范围内，处于同一个学习社群的学生可以互相借鉴、互相探讨，有助于打造知识共享与交流的平台。这样一方面可以进行知识共享，增加知识宽度；另一方面可以进行更加深入的探讨，增加知识深度。

慕课资源的更新相较于线下教学资源的更新教师确实更加复杂。在更新的过程中，不仅需要教师重新录制一门慕课、重做 PPT，更重要也更困难的是需要教师在最短的时间内对新准则、新政策融会贯通。不论理解起来有多困难、过程有多复杂，只有坚持更新课程资源，对应时势、对接时代，慕课教学才能得到最好的应用。相关教师及管理层在工作过程中面临层出不穷的问题，始终要保持持续学习的态度。

四、结语

国家在向前发展的过程中必须要重视高等教育事业的发展，其关乎一个国家的未来发展状态。重视教育有利于实现中国梦，有利于实现中华民族的伟大复兴。在新时期新背景下，我们必须要加大投入力度，发展高等教育事业，崇尚科学知识，培养优秀人才。现阶段，国内各大高等院校在推广慕课时投入了较大力度，这也为增强人才储备做出了突出贡献。基于慕课开展混合式教学有助于推进课堂改革取得良好成效，有助于推进高等教育事业蓬勃发展。因此，慕课引发的"教育革命"是一场"慕课海啸"，将在短时间内在高等教育中引起变革，教育工作者需要以创新的思路多角度变化教学模式、多渠道推广慕课资源，才能让这场变革更持久、更有效。

参考文献

［1］胡永生. 图书馆与慕课课程的互动推广路径探析［J］. 高校图书馆工作，2018，38（1）：81-83.

［2］罗三桂. 高校慕课教学方法改革的路径选择［J］. 中国大学教学，2018（9）：74-77.

［6］李秀丽. 我国高校慕课建设及课程利用情况调查分析：以中国大学 MOOC 等四大平台为例［J］. 图书馆学研究，2017（10）：52-57.

［4］莘岩. 微媒体时代高校图书馆慕课资源推广的困境与出路［J］. 宁波教育学院学报，2017，19（1）：75-78，92.

［5］邱均平，欧玉芳. 慕课质量评价指标体系构建及应用研究［J］. 高教发展与评估，2015，31（5）：72-81，100.

［6］杨瑞平，吴秋生，王晓亮. "慕课"背景下财务会计实验教学改革研究［J］. 财会月刊，2016（36）：109-113.

［7］翟雪松，袁婧. MOOC 在我国高等教育中的发展困境及对策研究［J］. 电化教育研究，2014，35（10）：97-102，109.

［8］张志安，黄朝聪，汤敏. 慕课"新媒体素养"的建设背景与特色分析［J］. 青年记者，2019（34）：59-61.

数据智能时代财经人才的数据思维能力培养

——以数据可视化课程教学范式设计为例

周凡吟[①]　李可[②]　郭建军[③]　李伊[④]　付丽君[⑤]　何婧[⑥]　郭斌[⑦]　龚金国[⑧]

摘　要： 在数据智能时代，对大学生数据思维能力的培养变得日趋重要。本文基于财经院校的思考和实践，探讨了如何通过教学资源建设和教学范式改革，来实现对大学生数据思维能力的培养。

关键词： 数据思维能力；数据可视化；教学范式

一、引言

进入 21 世纪以来，人类社会开始加速拥抱数据智能时代，数据在研究和实践领域都呈现出爆发式增长，并逐渐成为一种不可或缺的生产要素，而其不断丰富的特征维度和关联关系，使得依赖于这种新兴生产要素的实务问题变得日趋复杂。因此，能够运用数据思维能力来解决经济、金融、会计、管理等领域的理论和现实问题，逐渐成为国家和社会对财经人才的新要求。

数据思维能力是一种在特定情境中，能够综合运用数据、知识、技能等资源，来

① 周凡吟（1984—），女，西南财经大学统计学院，副教授，主要研究方向：生存分析、数据可视化等。
② 李可（1985—），男，西南财经大学统计学院，副教授，主要研究方向：机器学习、金融科技等。
③ 郭建军（1970—），男，西南财经大学统计学院，教授，主要研究方向：经济统计、数量经济学。
④ 李伊（1983—），男，西南财经大学统计学院，副教授，主要研究方向：数量经济学、数据可视化等。
⑤ 付丽君（1997—），女，西南财经大学金融学院，博士研究生，主要研究方向：生存分析、金融科技等。
⑥ 何婧（1989—），女，西南财经大学统计学院，讲师，主要研究方向：数理统计、数量经济学。
⑦ 郭斌（1987—），男，西南财经大学统计学院，副教授，主要研究方向：数理统计。
⑧ 龚金国（1976—），男，西南财经大学统计学院，教授，主要研究方向：金融数量分析。

分析与应对复杂问题的思维能力。对这样一种既依赖知识和技能，同时更强调思维方式的新型能力，其能力培育必然意味着对教学范式的转型：从"知识本位"的被动学习转型为"能力本位"的主动学习。

迄今为止，国内外多所高校已在人才数据思维能力培养方面进行了探索，然而多数工作停留在新专业设置、新课程开设、数字化资源建设等基础层面，缺乏对教学理念、内容与方法等教学范式的有效变革，能真正实现数据思维能力培养的课程仍旧稀缺，亟须更多的投入和孵化。西南财经大学致力于立足数据智能时代，开展世界一流的"新财经"高等教育，为我国构建高质量发展体系、建设高等教育强国贡献西财力量。西南财经大学基于学科特色、生源背景和师资能力，建设实施了紧跟前沿需求的教学内容和符合学生特点的教学方法，构建了培养具备数据思维能力的新时代财经人才的教学体系。具体而言，西南财经大学以兼具前沿性和交叉性的数据科学系列课程为切入点，开展了包含教学理念创新、教学内容重塑和教学方法改革的综合性课程设计，探索和实践了面向财经人才的数据思维培养方案，取得了一系列具有推广价值的教学成果。

二、数据思维培养的主要挑战

有别于传统的知识传授，思维培养向来是一个教育难点，作为新兴教学目标的数据思维能力培养，更是面临前所未有的挑战。在培养数据思维能力方面，现有课程和教学面临如下挑战：

（一）支撑数据思维能力培养的学习资源的不足

以数据可视化课程为例，目前较为系统的教学资源局限于陈为等（2019）从可视化的基本定义、方法、交互和开发资源等技术视角编撰和讲授的少量教材与慕课。对财经类专业学生来说，现有教学资源缺乏与财经场景的有效结合，既无法培养学生运用图表呈现数据背后业务意义的能力，更无法培养学生透过数据洞察商业逻辑的能力，因此无法支撑运用数据思维解决财经问题的能力培养。

（二）开展数据思维能力培养的课堂空间的局限

数据思维能力的培养需要学生在教学环节中主动参与、深度思考和有效学习。仅依赖于每周固定时间的课堂讲授或慕课教学，学生难以脱离被动学习的状态，不利于激发其自主探索、实践和反思。教师需要拓展课堂边界，帮助学生在"听课"之外，能围绕学习内容开展思考、探索和实践，在自身成长中体验获得感，最终在开放的课堂空间和学习氛围中，开展基于深度思考和有效学习的思维培养。

（三）实现数据思维能力培养的互动教学的匮乏

传统讲授式课堂中，学习者、知识、教师、同伴之间"四位一体"的对话被分隔开。教师与学生之间的互动多在课堂上，学生与学生之间的互动多在课堂外，学生难以与教师、与同伴进行充分的意见交换、观点交流、收获分享。学生的疑问和想法得不到多元的、充分的反馈和交流，导致"教"与"学"的连接较弱，难以实现思维培养所需的"思考-互动-思考"的迭代。

（四）深化数据思维能力培养的反思路径的缺失

思维能力的培养必须依赖学习过程中所获得的多元反馈以及基于反馈的有效反思。如果学生缺乏对教学内容和自身状态的充分认知，很难产生有深度的、有针对性的思考，无法在不断完善自身认知体系的情况下逐渐完善和深化思维能力。传统教学的反馈渠道通常较为单一，尤其以习题、考试为代表的反馈路径及时性较差，无法为学生思维能力的深化发展提供支撑。

三、教学设计的思考与实践

为了培养学生的数据思维能力，课程组对包括数据可视化、机器学习、数据科学虚拟仿真实验等课程在内的课程体系进行了构思和探索，并在课程中重点设计了能够有效培养数据思维能力的教学范式。具体的思考与实践如下：

（一）学习资源的构建

近年来，从统计原理、计算机技术等视角编著的数据类教学资源日益丰富，但能有效结合实务场景、促进学习者运用数据思维解决复杂问题的资源却十分有限。

以数据可视化课程为例，课程组基于财经专业的需求和特点，整合来自学术界和工业界的智力成果，撰写出版了国内首本面向财经专业的《数据可视化》教材，并制作了国内首门"情境对话式"慕课，通过中国大学 MOOC 网站供全国师生使用。在此基础上，课程组还建设了探讨问题集、前沿作品集、资源网站库、实践数据库等学习辅助资源，并开发了包含会议规划、任务分解、进度跟踪等项目管理工具的小组合作指南。这些资源有效地提升了学生的自主学习能力与团队协作的效率。

（二）课堂空间的延展

数据思维能力的培养需要学习者基于体验与感悟，对数据、知识与技能形成复合性认知，达成深度的理解。这种能动的、关联的、深度的学习，是每周固定时间的课堂难以实现的。只有突破课堂空间的局限，学习者才能在更广的时空中实现"主动学习"。

课程组采用小规模在线课程（SPOC）线上线下混合式教学，以周为单位形成了"课前自主学习-课堂翻转学习-课后反思学习"的闭环教学。上课前，课程组在SPOC平台发布"任务清单"和"讨论话题"，引导学生通过自主探索和小组讨论形成初步认知。在课堂上，教师从提交的课前作业中遴选富有创意的想法和具有代表性的问题引入课堂教学，激发学生展开更多元的思考、问答和讨论。下课后，教师鼓励学生以小组的形式复盘和反思当周学习，通过绘制思维导图、撰写纪要文档等方式深化理解和巩固收获。

（三）互动教学的创新

数据思维能力的培养需要学习者实现同客观世界、同教师、同伙伴、同自身的"四位一体"的对话性实践。但在传统讲授式课堂中，四个维度的互动被切断，"四位一体"的关系也被解体，思维培养难以实现。

课程组创新性地设计了"双师辨析对话"和"动态团队学习"两种教学组织方式。在以教师讲授为主的章节，两位同堂授课的教师通过交互问答和辩论来剖析问题和呈现观点，引导学生以辩证思维理解新知，并模仿双师之间的对话与同伴开展交流；在以学生实践为主的章节，采用课前组内协作，课上分工展示、互评赢取积分的动态化团队学习，使得学生既能与组内伙伴讨论和协作，又能与组外成员交流和竞争，实现了更为广泛的自我表达与朋辈对话。

（四）反思路径的设计

不同于单纯的知识获取，思维能力的培养必须依赖学习过程中所获得的多元反馈以及基于反馈的充分反思。基于上述课堂空间和互动教学的创新性设计，课程组通过双师演绎、教师评析、同组辩论、跨组分享、组间互评实现了师→生、生→生、生→师的多元化反馈，让学生在闭环学习中能通过梳理自我思考和整合外界反馈，实现对自身学习动机、行为和结果的充分复盘与反思，进而促进了思维能力的培养。

四、课程设计案例

以数据可视化课程为例，课程组在教学设计方面的具体思路参见图1和图2，其中主要涉及了以下三个关键点：

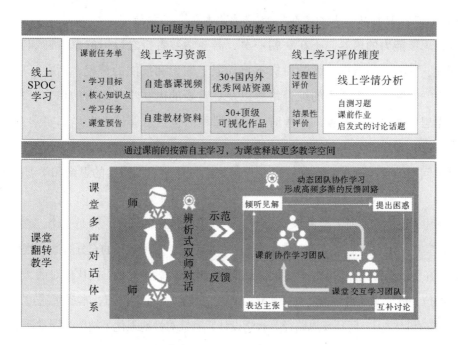

图1 以问题为导向（PBL）的教学内容设计

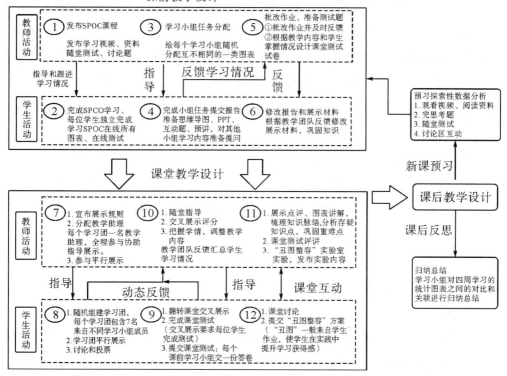

图2 课程整体教学设计

（一）课程目标从"知识本位"到"能力本位"的转换

数据思维能力的培养，不在一朝一夕，需要学习者持之以恒的思考性和实践性投入。因此，任何一门课程的教学目标不再局限于知识和技能的传授，而在于围绕数据的思考力、判断力、表达力的综合培养以及更重要的内在学习动力的培育。本成果在设计数据思维能力培养的系列课程时，每门课程都包含着促进学生"真实学力"提升的教学目标，旨在让学生通过体验问题解决或新意念创生来突破自身思维局限，形成直面复杂问题的勇气和动力，最终形成可信赖、可迁移、可持续的思维和学习能力。

（二）课堂形式从"独白讲授"到"多声对话"的变迁

数据思维能力培养所需要的课堂，不是一种单向传递的场所，而是一个"多声对话"的世界，实现师生之间相互传递、彼此交流、获得创见、变革自我的充分沟通。然而，正如前所述，在传统讲授式课堂中，学生同客观世界对话、同教师对话、同伙伴对话、同自身对话的"四位一体"关系被解体。为了重建"四位一体"的互动学习，本成果通过双师辨析对话、动态团队学习、闭环反思路径等教学设计，有针对性地强化了被传统课堂严重弱化的学生同教师、同伙伴、同自身的对话，让学生在聚光灯下重新成为学习的主人。

（三）授课教师从"讲授主角"到"学习配角"的让位

当课程目标与课堂内涵都发生根本变化时，教师的角色也必然被重新定义。在本成果"以学生为中心"的教学设计中，教师从"传道、授业、解惑"的主角，蜕变成了"认知情境的设计者""多声对话的保障者"和"复盘反思的引导者"。在课前，教师以学生的困惑、差异、冲突为契机，构筑认知形成的情境；在课上，教师与教师、教师与学生、学生与学生之间相互尊重，倾听对方的见解，形成彼此的主张，发现各自的困惑，展开互补的讨论；在课后，教师引导学生客观、理性地开展自我反思，完成思维的深化与完善。

五、教学改革成效

基于对数据思维能力培养路径的思考和相关系列课程设计的探索与实践，课程组主要取得了以下几个方面的成果：

（一）对校内外师生产生了重要影响

参与课程学习的学生，除数据思维能力显著提升外，也实现了从"带耳"上课到"带嘴"上课的巨大转变，表现出很高的学习热情和自我驱动力，主动将课程收获总结推广，并应用到其他课程学习中。以数据可视化课程为例，在首次课程结束时，全班学生共同总结了课程内容和学习经历，撰写了一本 300 余页的《数据可视化游园指南》，为后续学习者提供了全面且实用的参考。与此同时，国内首门"情境对话式"数据可视化慕课首次上线中国大学 MOOC 网就吸引了来自全国多所高校的 2 000 余名教师和学生选课并完成修读。

（二）相关成果获得了充分认可

课程组所建设的致力于数据思维能力培养的数据科学系列课程已多次获评省部级和校级一流课程成果，其中数据可视化于 2021 年获评四川省线上线下混合式教学一流课程，面向商业大数据的智能运营决策分析虚拟仿真实验于 2019 年获评四川省虚拟仿真实验教学项目，基于多源异构大数据的小微企业画像分析虚拟仿真实验于 2021 年被推荐参与国家级虚拟仿真实验教学一流课程评选。

课程组成功编撰国内首本面向财经类专业学生的数据可视化教材，入选了普通高等教育数据科学与大数据技术专业"十三五"规划教材和教育部高等学校统计学类专业教学指导委员会推荐教材。教材首次出版即被多所高等院校选用。

（三）教学经验得到了有效推广

教学团队成员多次受邀参加数据科学、统计学教学研讨会议，与来自清华大学、北京大学、中国科学院大学、中国人民大学、上海交通大学等高校的教学专家分享和交流经验，并获得了多位同行专家的高度认可。

学校教学督导组专家在旁听相关课程后做出了高度评价，认为课程"通过改革教学范式、重构课程组织形式，进行了许多创新性的成功探索，让整个课堂都互动起来，形成了鲜明特色，具有较强示范效应，已将该课程教学范式推荐给其他任课教师"。

成果所积累的教学经验，不仅对数据思维能力培养的其他教学工作起到了一定的示范作用，也为财经人才其他思维能力的培养提供了参考的模板。

参考文献

［1］陈为. 数据可视化［M］. 北京：电子工业出版社，2019.

［2］李伊. 数据可视化［M］. 北京：首都经济贸易大学出版社，2020.

［3］钟启泉. 课堂转型［M］. 上海：华东师范大学出版社，2017.

教改探索与教学实践

智慧资源加持下的线上线下混合式智慧教学改革探讨

——以江西财经大学会计学原理（双语）课程为例[①]

吕晓梅[②] 程淑珍[③]

摘　要：当今中国高等教育迈入新时代，一流大学和一流学科建设如火如荼，教育部陆续推出一流专业"双万计划"、一流本科课程"双万计划"，之后一大批好课获评"国家级一流课程"和"省级一流课程"，发挥了较好的示范引领作用。但是，从目前公布的一流课程目录来看，充分适合国际化专业的一流课程太少，而且由于会计制度规范差异导致相关中外课程的部分内容存在差异，无法直接引入国际化专业课堂教学。如何充分利用中文国家级慕课课程资源来加强国际化专业课程建设，使其服务于智力文化输出和国际交流人才培养；如何采用先进教学理念，嵌入或引用"比较教学模式"，将课堂教学与在线学习相结合，立体化构建智能学习生态，打通线上线下、课内课外、校内校外、虚拟空间与现实空间，拓展国际化专业人才培养的国际化视野和全球胜任力；如何利用大数据技术追踪和辅助学习，充分激发学生自主学习和个性化学习的动力，培养探究能力和科学思辨能力，成为当前高校课堂教学改革与创新的重要实践方式。

关键词：慕课；翻转课堂；混合式；智慧教学；智慧教室；比较教学模式

---

①　【基金项目】江西省高等学校教学改革研究课题"'小班化'课堂教学模式研究与实践"（项目编号：JXJG-18-4-12）、"基于大数据应用的智慧小班教学改革的实现策略与途径"（项目编号：JXJG-18-4-9）、"'翻转课堂'对促进学生科研能力提升的探索与实践"（项目编号：JXJG-19-4-23）。
②　吕晓梅（1971—），女，江西财经大学国际学院，副教授，主要研究方向：智能会计、资本市场会计。
③　程淑珍（1964—），女，江西财经大学会计学院，教授，主要研究方向：企业会计、政府会计理论与实务、财务外包。

一、问题的提出

教育部推出一流专业建设"双万计划"和一流课程"双万计划",目标就是要借助现代信息技术与教育教学的深度融合,实现优质资源的开放共享,以课程改革为根本抓手促进一流专业建设和一流学科建设。计划实施以来,涌现出一大批国家级一流课程和省级一流课程,起到了较好的示范效应,在网络教学平台上,教师的教、学生的学以及教学管理组织形态都发生了重大改变,特别是新冠肺炎疫情期间"停课不停学、停课不停教",使线上的一流课程受到更为广泛的使用。以获批国家级一流线上课程的江西财经大学会计学原理为例,疫情前的选课人数每期在 2 万人左右,疫情期间猛涨到 7 万人,特别值得关注的是,海外的学生(如悉尼大学、墨尔本大学等)选课人数增长非常可观。因此,在恢复线下上课之后,课程组开始了依托江西财经大学的国家级一流课程中文会计学原理,探索本校国际化专业的会计学原理(双语)课程混合式智慧教学改革。如何采用先进的教学理念,有效地将线上一流课程资源与课堂教学有机融合,嵌入或引用"比较教学模式",使学生融会贯通掌握会计学原理(双语)课程的基本原理和基本应用,拓展国际化专业人才培养的国际化视野和全球胜任力?如何打通线上线下、课内课外、校内校外、虚拟空间与现实空间,立体化构建智能学习生态,培养学生的探究能力和科学思辨能力?如何利用大数据技术追踪学习行为并辅助知情学习,充分激发学生自主学习和个性化学习动力?会计学原理(双语)课程组进行了有益的探索。

根据历届学生学习会计学原理(双语)课程的数据分析,学生在完成全英文作业和参加全英文考试的时候,会出现错误或偏差。究其主要原因,主要源自以下几个方面:

(一)专业术语概念不清,语言障碍及背景差异容易导致理解偏差

会计是国际通用的商业语言,是商科的基础课程,经济、金融、商务、管理等学科都会开设会计课程。为保障原汁原味的国际化人才培养,涉外专业的会计课程的所有术语、概念、原理等及其解释全部都是英文。在会计语言体系中,会计术语相当于词汇,会计准则相当于会计的语法,词汇、语法理解偏差和应用偏差,都会导致结果错误。会计学原理(双语)课程是学生首次接触的商科课程,对一些会计专业术语,学生缺乏背景知识、没有实践经验,专业术语的中文理解都存在困难,转换成英文环境中的专业术语,如何定义、如何理解、如何应用以及和术语的中文解释如何对应,对国际化专业商科学生而言,困难是双重的。例如,英文会计里的科目名称是相对自

由命名的，但是中国会计里所有一级科目和部分二级科目命名必须完全遵循中国会计准则。再对比一下组成财务会计报表的基本单位——会计要素，中国会计准则规定的会计要素是六要素——资产、负债、所有者权益、收入、费用和利润，但是美国一般公认会计原则规定的会计要素是十要素——资产、负债、权益、业主投资、派给业主款、营业收入、费用、综合收益、利得、损失，而国际会计准则规定的会计要素是五要素——资产、负债、权益、收益和费用。这些专业术语的概念和内涵在不同准则背景下分别如何解释？中英文如何对照理解？这些都对初识会计的国际化专业学生造成了不小的挑战。

（二）知识点层次关系理不清，分析和解决问题的能力不足

学生在作业或考试中出错，特别是综合题易出错，主要原因在于分析能力不足，不能准确甄别题目是在考察哪几个知识点，对知识点的理解比较零碎、片面，缺乏建立知识点之间的关联与知识体系重构，没有能力构建自己的知识图谱。即使是知晓了正确答案，学生也不是太清楚是哪些知识点掌握出现了问题导致了错误，这些知识点的理解和运用又需要另外补充哪些知识点作为支撑。在理解和掌握知识点的时候，学生不善于结合背景材料进行分析，不善于探究为什么此处要运用这个知识点解决问题，以致换了个情境就又会出错。例如，房产对房地产开发企业而言是存货；制造类企业如果把房产用于制造产品的场所，房产则被划分为固定资产；如果房产是为了持有而获得资本增值或赚取租金，则应划归投资性房地产，而存货、固定资产、投资性房地产的会计处理是不一样的。如果能横向比较存货、固定资产、投资这几个章节，融会贯通地理解和运用，则一系列相关问题就可以迎刃而解了。

（三）学习动力不足，滋生本领恐慌

当今世界正处于新一轮技术革命之中，大数据、人工智能、移动互联、云计算、区块链、物联网等数字技术的应用正在重塑世界经济面貌，财务机器人、电子发票云、税务云等场景应用后，一些基础性的、高度重复的财务工作逐步被会计机器人替代。同时，高级财务人才的工作内容和工作性质也受到数字技术应用的冲击，经济社会的变革对传统会计人才培养提出了严峻挑战。近年来，财经专业招生普遍遇冷，学习会计的学生普遍感到了本领恐慌。有些学生会忧虑当前所学是否适合未来就业和升学，对基础性知识的理解和运用的学习热情有所下降，对会计未来发展感到有些迷茫，有时会产生阶段性学习动力不足，对当下该重点掌握什么、该扩展什么知识和技能感到手足无措。

二、智慧教学的理论基础

(一) 布鲁姆分类法

1956 年，布鲁姆（Bloom）提出了布鲁姆教育目标分类理论。布鲁姆把教育目标分为认知领域、情感领域和动作技能领域，其中认知领域分为知识、领会、运用、分析、综合和评价 6 个维度。2001 年，布鲁姆的学生洛林·W. 安德森提出了布鲁姆教育目标分类学修订版，将认知领域目标分为知识维度和认知过程维度，认知过程维度包括 6 个主类别，具体内容如表 1 所示。

表 1　认知过程维度具体内容

主类别	亚类别	相关词	定义	所属层次
1. 记忆（remember）：从长期记忆中提取有关知识	确认（recognizing）	识别（identifying）	从长期记忆中提取知识与信息并加以比较和确认	低阶认知
	回忆（recalling）	追忆（retrieving）	给定提示时从长期记忆中提起有关知识	
2. 理解（understand）：从口头、书面或图形等交流形式的教学信息中构建意义	诠释（interpreting）	澄清（clarifying）释义（paraphrasing）陈述（representing）翻译（translating）	将一种表征方式转换为另一种方式	
	举例（exemplifying）	举例（illustrating）示例（instantiating）	用具体例子对概念或原则进行说明	
	分类（classifying）	分大类（categorizing）归类（subsuming）	根据概念原则等确定事物归属的类别	
	总结（summarizing）	摘要（abstracting）归纳（generalizing）	呈现信息的主要观点	
	推论（inferring）	推断（concluding）外推（extrapolating）内推（interpolating）预测（predicting）	根据已知信息做出合乎逻辑规则的判断	
	比较（comparing）	对照（contracting）映射（mapping）匹配（matching）	检查两个观点或两个事物的一致性	
	说明（explaining）	建模（constructing models）	建立系统的因果关系模型	
3. 应用（apply）：在给定的情境中执行或运用一种程序	执行（executing）	实行（carrying out）	应用某程序完成已经熟悉的任务	
	实施（implementing）	运用（using）	应用某程序完成不熟悉的任务	

表1（续）

主类别	亚类别	相关词	定义	所属层次
4. 分析（analyze）：将材料分解为各个组成部分，确定各组成部分与整体结构的关系及其相互之间的关系	区分（differentiating）	辨别（discriminating）区别（distinguishing）聚焦（focusing）选择（selecting）	从现有材料中区分出无关和相关、重要或不重要的部分	高阶认知
	组织（organizing）	发现（finding）连贯（coherence）提出纲要（outlining）集成（integrating）剖析（parsing）建构（structuring）	确定结构中各要素间如何作用，形成体系	
	特征归类（attributing）	解构（deconstructing）	确定材料包含的观点、偏见、价值观或意图	
5. 评价（evaluate）：根据原则和标注做出判断	检查（checking）	协调（coordinating）检测（detecting）监视（monitoring）测试（testing）	检查某过程或者结果的矛盾与错误，或者检查其内部的一致性，评判某实施程序的有效性	
	批评（critiquing）	判断（judging）	检查某结果与外部准则的矛盾性，或者确定其外部一致性评判解决问题程序的正当性	
6. 创造（create）：将要素放在一起，形成连贯的有用途的整体；重新组织要素形成一种新的模式，或者新的结构	产出（generating）	提出假设（hypothesiing）	根据规则建立假设，或者提出多种选择方案来解决问题	
	规划（planning）	设计（designing）	设计一种操作程序以完成某项任务	
	创造（producing）	建构（constructing）	发明创造一种产品	

（二）智慧教育

关于什么是智慧教育以及如何实现智慧教育，国际商业机器公司（IBM）认为，智慧教育的五大路标如下：学生的技术沉浸；个性化、多元化的学习路径；服务型经济的知识技能；系统、文化和资源的全球整合以及教育在 21 世纪经济中的关键作用。国内学者祝智庭、尹恩德、杨现明等基于不同视角阐述了对智慧教育的认知。祝智庭（2012）提出，智慧教育是要通过构建智慧学习环境、运用智慧教学法，促进学习者的智慧学习，引导学习者发现、发展、应用、创造自己的智慧。尹恩德（2011）认为，智慧教育体系建立应当依托物联网、云计算等新兴技术，构建网络化、数字化、个性化、智能化、国际化现代教育体系。杨现明（2015）提出了智慧教育体系架构，即"一个中心、两类环境、三个内容库、四种技术、五类用户、六种业务"。"智慧"主要体现在物联网技术提升教育环境与教学活动的感知性，大数据技术提高教育管理、决策与评价的智慧性，云计算技术拓展教育资源与教育服务的共享性，泛在网络技术增强教育网络与多终端的连通性。

（三）翻转课堂升级到智慧课堂

翻转课堂（flipped classroom）将学习过程中的课内知识传授与课外知识内化两个阶段翻转过来（变"先教后学"为"先学后教"），课前布置学生观看事先录制的课程微视频并完成少量小测验，课上由教师讲解重点难点，或者让学生展示学习心得、合作完成项目或研讨探究。但是，根据学习金字塔原理，仅仅观看微视频，所学内容两周后最多只能存留20%，要突破视频学习天花板，就必须变"被动学习"为"主动学习"，增加展示、小组讨论、实操演练、教会别人等各种学习模式，特别是要采用智慧教育理念，借助智慧教育环境，打通线上线下、课内课外、校内校外、虚拟空间与现实空间，完成翻转课堂向智慧课堂的转型升级。翻转课堂向智慧课堂转型升级如图1所示。

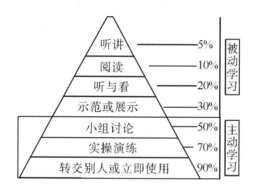

图1　翻转课堂向智慧课堂转型升级

三、智慧教学的实施路径

受到海外高校选修江西财经大学一流线上课程会计学原理数量激增的鼓舞，结合国际化专业的人才培养方案中提出的培养具有国际化视野和全球胜任力的、服务于国际合作与交流领域的国际化专业人才培养目标，课程组依托江西财经大学自建的国家级线上一流课程会计学原理，将布鲁姆分类法、智慧教学和翻转课堂等先进教学理念引入一流课程建设，开展会计学原理（双语）课程的线上线下混合式智慧教学改革。课程组通过对以往会计学原理（双语）课程的网络教学平台上的形成性数据进行提取与分析，以学生为中心，找到其学习过程中感受到的痛点和难点，充分挖掘利用学校智慧校园资源及网络教学平台基础设施，从软件、硬件和管理等各个方面，立体化全面构建智慧学习生态，服务学生智慧学习需求，开发学生智慧学习能力，以生态系统之力赋能学生主动学习和终身学习。

（一）学情分析

目前，本课程教授的对象都是"00 后"学生。"00 后"学生是互联网的原住民，他们自出生以来就成长于互联网、信息化环境中，手机、平板电脑等电子产品陪伴他们长大。这一代人的思维习惯和学习特征都明显与他们的前辈有非常大的差异。他们是双手如飞的"键盘侠"，擅长快速在手机或电脑上处理信息；他们偏爱多任务处理和非线性信息访问，同时执行，自由切换；他们喜欢快速接收信息并得到即时反馈；他们对传统讲授式课堂接受程度下降；他们喜欢按照自己的学习节奏、学习速度、学习时长、学习顺序等开展个性化学习；他们对学术权威的认可度下降，而网上各类资源丰富，他们的知识渠道更多、阅读面更广，更偏爱丰富多元的学习；他们更自我，渴望被关注、渴望发出自己的声音，更偏爱网络社区的专业互动与社会交往，更注重学习伙伴对自己的评价；他们并不排斥电子书籍，而且相当一部分偏爱应用电子书籍和电子笔记。科学的学情分析，为精准的教学改革奠定了基础。

（二）教学资源数字化重构

针对"00 后"学生的学习习惯和认知特点及其在学习中遇到的困难，我们重构了数字化教学资源，希望能激发学生的学习兴趣，启发学生开展主动学习、智慧学习，以学为乐、学用相长。

1. 智慧教室

目前，江西财经大学用友楼建成了集智慧教学、数据采集、学习分析、科学评价、资源共享、智能管控等多种功能于一体的智慧化教室，服务于教师、学生、教学管理部门、教学研究部门、技术支持服务部门等不同主体，融合特色教学空间设计、智慧教学环境控制、支持教学模式互动创新、支持个性化教学策略调整、支持教学管理决策等多个维度的解决方案。智慧教室在物理空间设计上支持小组学习和小组讨论，教室设计淡化了教师的权威地位，将讲台设于中间，学生环绕四周，座椅灵活转动便于自由组合，轨道上自由滑动的插排便于学生随时随地充电，方便了各种电子设备的应用。学生在课堂上可以随时上网搜索资源和发布教学反馈，随时响应教师提问或与学生开展学术讨论。智慧教室还设置了多块屏幕，便于学生在参与讨论的时候，从各个角度都可以看到投屏的内容，方便学生无死角地接收信息和发布信息，实现无障碍交互。

2. 智慧教学平台

目前，江西财经大学应用的网络教学平台就是智慧教学平台的一种。它是智慧教育的核心，具备支持各种教学策略的实施、教学改革方案的执行、执行过程中所有状态数据记录、数据统计分析等功能，为智慧教授与智慧学习的双重变革提供全方位支持。智慧教学平台支持教师分类分层教学，对学有余力的学生可以推送更有挑战度的内容，如应用所学知识参加各类商业大赛，激发学生的学习兴趣和深入探索的欲望；对有特长的学生推送拓宽知识面的内容，如数据可视化、数据挖掘与数分析内容，提升他们学以致用的能力。智慧教学同时还支持学生个性化学习，自主调整学习节奏，自主分析学习数据，通过自主组卷、自动改卷找到不足之处，查漏补缺，强化学习效果。智慧教学平台主要功能子系统包括：第一，互动投屏系统。教师可以通过互联交互大屏、手机投屏、平板电脑和个人电脑投屏等方式，实现多媒体互动教学功能，展示教学内容、学生学习成果。师生屏幕互投和各种系统间、不同终端间屏幕互投，有利于小组讨论、翻转课堂等多种教学模式的开展。教师可以在实体课堂开展线上实时小测验，线上云平台自动改卷，实时投屏反馈每位学生各知识点的掌握情况，便于教师及时调整教学策略，精准施策辅导重点难点。第二，云资源系统。教师可以在云端存储各类教学资源，包括课程视频、习题、作业、考试、书籍等，在云端布置预习任务、课堂教学任务、作业、考试、阅读、写作等，推送给学生，便于开展翻转课堂等教学改革。学生可以利用云端资源，做好预习复习和线上作业。第三，数据分析系统。数据分析系统记录了教学活动中所有形成性数据。例如，学生参与线下课堂的情况，学生线上资源访问的频率，学生在课堂上积极回答问题的情况，学生在论坛提问、回答问题和参与讨论的情况，学生线上作业、测验、考试情况等，教师通过统计数据分析可以及时了解每个学生的学习进度与掌握程度，个性化调整教学策略，因人施策，提高学生的学习效果。

3. 智慧教材

会计学原理课程建立了智慧教材，章节对应的知识点可以在纸质书上扫描二维码，登录中国大学慕课学习视频。依托本校自建的国家级一流课程会计学原理慕课资源，会计学原理（双语）课程组在部分相似程度比较高的章节知识点进行了翻转课堂教学和线上线下混合教学改革。教师在课前要求学生事先观看相关视频，完成课前小测，并且对比学习会计学原理（双语）课程教材相关内容；在课中让学生展示学习成果，并且自行组建英文试卷发布课堂小测，并且根据测试结果向全班重点讲解错题。比较教学法加深了学生对知识点的认知。

4. 智慧题库

要充分发挥网络教学资源的智慧功能，教师必须要在前期完成大量的基础性工作。例如，实现自主命题、自主测试、自动改卷、自动显示错误点对应的知识点，这些都依赖教师的事前基础性设置。智慧题库的建设工作要花费教师大量的时间和精力，特别是第一次建设工程量浩大。

智慧题库建设的第一步，根据课程的章节目标，分别建立每章的概念理解目标、比较分析目标和操作运用目标，确立知识点的内涵与外延以及知识点相互直接的联系，综合每个目标对应的知识点建立知识图谱。第二步，修订整理题库，整理题库中因相关会计准则变更而需要变化的内容，修改答案或补充题目。第三步，给每个题目打上各个类别的标签，比如难易程度标签（难、中、易），又如布鲁姆标签（记忆、理解、应用、分析、评价、创造），再如知识点标签（topic1、topic2、topic3），等等。第四步，修订成符合网络教学平台的格式后，上传到网络教学平台的云端。

自智慧题库建成之后，教师就可以根据标签发布课前视频中的小测验、课堂教学中的小测验、课后作业、期中期末试卷等。网络教学平台是个智慧教学平台，提供自动组卷、自动阅卷功能。在通常情况下，教师安排课前、课中、课后命题，选用题库题目的难度是递进的。智慧的网络教学平台让教师可以自由选择对学生发布哪些题目、是否有组卷权限以及何时可以看到改卷结果。

（三）智慧教与学的生态系统重构

1. 智慧地教

教师的职能是组织教学活动，促进教学资源共建，激发智慧学习。智慧地教意味着发现、发掘、引导、拓展学生智慧发展，应充分运用信息技术激发学生的学习兴趣和主动学习的热情，让学生快乐学习、勤于思考、主动创新、勇于探索；让学生在线上线下的学习过程当中，自发形成坚定的理想信念、道德情操、职业操守、专业品格，养成独立人格和责任担当，让学生能够主动地迎接挑战，适时地调整和确定自己的学习方向。

实现以上目标包括以下五条路径：

（1）精心设计任务和问题，通过线上线下、课内课外、校内校外、虚拟现实等不同通道，促进和引导学生主动学习，促进学生合作学习探究。课程连接国内国外专业网站资源，让学生看到准则制定机构的权威定义，看到真实的企业报表，比较分析和辨别报表项目的异同，真实感受不同准则下的财务信息列报。

（2）营造智慧学习环境，支持学生知情学习。课程要让学生自行测试和自行评价，学生根据自己的弱项知识点进行强化学习。

（3）深入探索分类分层教学，满足不同学生的个性化学习需求。课程不断拓展各类线上学习资源，包括专业讲座、科研论文、调研报告、知识前沿、案例等。例如，面向特许金融分析师 CFA 考证的相关资源、考研的相关资源、海外升学的相关资源等，助力学生不同方向的发展。

（4）加强实践，以赛促学，增强学习动力、增加学习兴趣。学生需要参加本校的各类经管实验项目（本校有国家级经管实验室和国家级虚拟仿真实验室），有意愿的学生还可以报名参加一些经管类相关赛事。学生在实验项目特别是相关赛事中形成问题意识学习目标，学习如何沟通和协作，如何将知识转化成能力，解决实际问题。

（5）育人目标在智慧教育的过程中达成。课程通过任务和项目，促使学生培养职业操守和责任担当，团结合作共同奋进；通过学科竞赛，提高学生抗压能力和应变能力。

2. 智慧地学

教学相长，学生走出舒适圈充分发挥主观能动性开展智慧学习，教师的智慧引导才真正能实现牵引的作用。所谓智慧学习，就是学生能在智慧教学的过程中，不断强化自我管理、自我激励，主动形成高阶思维能力、批判思维能力、创新思维能力。学生需要从被动式接受知识的惯性中走出来，在教师的引导下，完成知识课堂向主动意义构建性课堂的转换，学生要学会做学习的主人，自主完成知识的内化建构。教师引导学生智慧地学，这个过程是有相当阻力的，有的学生会要求教师多讲以免自己学得太累，有的学生会使劲刷题以期提高分数。在这种情况下，就非常需要教师智慧引导。学生在校更需要习得的是主动学习的能力，离开了学校更需要主动学习、终身学习，才能适应当今世界大变局的挑战，何况社会职场没有题库，光有分数是没有竞争力的。因此，课程组经常引导学生从能"解决问题"发展到能"提出问题"，从"完成项目"发展到能"情境创设"，实现知识迁移和创新性应用，采用各种教学手段促进学生智慧思考、智慧学习。

四、智慧教学改革的成效与反思

总体而言，会计学原理（双语）课程组的线上线下混合式智慧教学改革取得了较令人满意的效果。以前，学生在学习时，一边摆着一本英文版教材，另一边摆着一本中文版教材，有时候中文版教材翻译不到位，或者是英文版教材更新较快而中文译本跟不上，学生在理解概念时容易出现偏差，导致应用时就会出现偏差。在教学改革之后，依托国家级一流线上课程会计学原理，通过对照式学习和翻转课堂模式以及网络教学平台上丰富的资源链接，学生普遍反映学习自由度更大了，对知识的理解也加深了。

课程后的问卷调查反馈，学生对网络教学平台的自动组卷、自动阅卷功能评价较高。学生喜欢立测立得，有效地进行查漏补缺。课程后的问卷调查反馈，学生对未来的职业发展与职业前景更有信心了，特别是通过边学边实验、边学边赛，特别有收获。

展望未来，课程改革有必要进一步提升智能化水平。网络教学平台应进一步追踪网站上学生的学习轨迹，分析判断学生的学习行为，以便在学生有学习困难的时候，教师能够施以援手，尽早干预指导。系统的智慧题库水平还有待改进，希望未来系统可以感知不同学生对知识点的掌握情况，针对知识点掌握弱项主动推送题目，也便于学生举一反三，融会贯通，夯实知识基础，也便于全面理解和构建知识体系。评价体系也需要改进提高，题库中多一些非标准化命题，考核方式向考察分析、判断、创新能力倾斜。

参考文献

［1］JIM RUDD. Education for a smarter planet：The future of learning［EB/OL］.（2012-09-09）［2021-09-03］.http：//www.redbooks.ibm.com/redpapers/pdfs/redp4564. pdf.

［2］王玉恒. 智慧教育［EB/OL］.（2012-09-30）［2021-09-03］.http：//www.edu. cn/include/new_zhong_guo_jiao_yu/zhihui.htm.

［3］祝智庭，贺斌. 智慧教育：教育信息化的新境界［J］. 电化教育研究，2012，（12）：5-13.

［4］杨现民，余胜泉. 智慧教育体系架构与关键支撑技术［J］. 中国电化教育，2015（1）：77-84，130.

［5］尹恩德. 加快建设智慧教育推动教育现代化发展：宁波市镇海区教育信息化建设与规划［J］. 浙江教育技术，2011（5）：56-60.

［6］祝智庭，管珏琪.“网络习空间人人通”建设框架［J］. 中国电化教育，2013（10）：1.

［7］KRATHWOHL D R，BLOOM B S，MASIA B B. Axonomy of educational objectives：The classification of educational goals ［J］. Affective Domain，1956，16（15）：58-60.

［8］ANDERSON L W，KRATHWOHL D R，AIRASIAN P W，et al. A taxonomy for learning，teaching and assessing：A revision of bloom's taxonomy of educational objectives ［M］. New York：Longman，2001.

［9］吕婷婷，王娜. 基于SPOC+数字化教学资源平台的翻转课堂教学模式研究：以大学英语为例［J］. 中国电化教育，2016（5）：90-95，136.

［10］STEVE WHEELER. Self organisation and virtual learning［EB/OL］.（2014-05-01）［2021-09-03］. http：//www. slideshare. net/timbuckteeth/self－organisation－and－virtual－learning.

［11］BERRETT D. How flipping the classroom can improve the traditional lecture ［J］. The Chronicle of Higher Education，2012（12）：1-14.

"互联网+教育"背景下课程教学改革探讨

——以土地利用规划教学为例①

杨国华②　崔庆仙③　段永蕙④

摘　要：在"互联网+教育"背景下，土地利用规划如何适应社会发展需求培养适应新时代的国土规划专业人才是亟须研究的课题。本文在分析"互联网+教育"背景下教学出现的新特点和土地利用规划教学中存在问题的基础上，从优化教学大纲、拓宽教学内容、革新教学方法、改革评价制度等方面提出了土地利用规划教学改革措施。

关键词："互联网+"；土地利用规划；教学改革；建构主义

一、"互联网+教育"背景下教学的新特点

"互联网+教育"在推动教育技术手段升级的同时也推动了教育思维、教育理念和教育构成要素的变革。在"互联网+教育"背景下教学呈现出如下新特点：

（一）教的特点

在"互联网+教育"背景下，学生获取知识的渠道日趋多样化，教师不能再以知识权威自居，传统教学模式下学生和教师信息不对称的状况被打破，教师不再是知识传授的主体，教师与学生在更加平等、互动的情境中开展教学。教育技术手段的升级要求教师具备一定的专业知识和教学设计能力的同时，还应能够利用信息技术把海量资源与课程教学进行有机整合，优化教学方案，利用新技术手段分析学生的学习情况相关数据，发现教学中存在的问题，与学生互联互通。教师之间的关系不再仅限于传统

①　【基金项目】山西财经大学校级教育教学改革创新项目"国土空间规划背景下土地利用规划课程设置与教学改革探讨"（项目编号：2020238）。
②　杨国华（1976—），女，山西财经大学资源环境学院，副教授，主要研究方向：区域规划、资源环境管理。
③　崔庆仙（1981—），男，山西财经大学资源环境学院，副教授，主要研究方向：行政区规划。
④　段永蕙（1964—），女，山西财经大学资源环境学院，教授，主要研究方向：资源环境管理。

教学模式下校内老教师对新教师的传帮带,"互联网+教育"为教师提供了虚拟学习社区、专业交流论坛等多样的学习交流平台,教师可以足不出户与本地、全国各地甚至国际同行进行讨论和交流,探讨专业知识或教学过程中的经验和问题。如何利用信息技术合理地创设教学情境,激发学生的求知欲是教师面临的重要挑战。传统教育与"互联网+教育"对比如表1所示。

表1 传统教育与"互联网+教育"对比

对比项目	传统教育	"互联网+教育"
教育思维	教师主导	教学主体平等合作
教育资源	资源有限	整合优化所有教学资源
教育媒介	固定场所,单一	互联网技术应用,多样化
教学方式	讲授为主,机械灌输	灵活多样,自由、互动、思维风暴
教育特点	封闭、僵化	开放、平等、共享

(二)学的特点

互联网提供了丰富多样的学习资源,学生可以通过网络课程、论坛、资源网站等多种渠道获得海量知识,电脑、手机、平板电脑等信息设备为学生学习提供了更多载体。随着大量网络课程的开设和网校的建立,学生可以打破时间和地域进行学习,可以线上和线下互补进行学习,可以根据自身情况自主决定学习进度、内容深度,学习变得更加便捷、灵活。但是,与传统教学模式下有限的学习资源、固定的学习环境不同,在"互联网+教育"背景下,学生学习面临各样的挑战,学生需要具有从海量资源中提取最有价值资源的能力,需要在碎片化的学习中提高学习效率。"互联网+教育"还可能导致传统教育育人功能的弱化。

(三)教学理论更新

"互联网+教育"开放、平等、共享的特点摒弃了传统教育封闭、僵化的缺点,使新时代的教育回归到对教育主体的人文关怀,契合了建构主义理论倡导的以学生为主体的教育思想。同时,互联网海量资源为建构主义学习提供了丰富的资源环境,建构主义成为"互联网+教育"背景下教育发展的重要理论。

建构主义认为,学习的过程不是知识的转移,而是学生在原有知识和经验的基础上,对外部信息进行主动选择、加工、处理,通过一系列分析和思考,把知识变成自己的学识、思想,进而建构自己新知识的过程。因此,基于建构主义的教学过程是以学生为中心,教师通过创设学习情境,组织学生交互学习,引导学生协作思考,学生完成知识迁移,达到意义建构学习的目的。基于建构主义理论的教学以学生为主体,教师为主导，充分调动学生学习的积极性，变被动学习为主动学习，教学质量显著提高的同时培养了学生的综合能力，满足社会对应用型、创新型人才需求，成为教育改革的重要方向（见表2）。建构主义适应了"互联网+教育"背景下的教育需要，成为信息时代教育的核心理论。

表2　传统理论教学与建构主义理论教学对比

对比项目	传统理论教学	建构主义理论教学
教师作用	知识传授	教学组织者和指导者，起主导作用
学生地位	被动接受知识	学生教学的主体
教学重点	知识传授	帮助学生提高思考问题、解决问题的能力
优点	系统讲授知识	学生主动学习，学生认知能力得到提升
缺点	学生被动学习，忽视学生的能动性	强调知识结构的重要性，忽视知识、技能教学
评价	重视知识的学习	重视知识结构的建立，提升学生的知识加工水平

二、"互联网+教育"背景下土地利用规划教学存在的问题

（一）课程特点

土地利用规划是一门以自然科学和社会科学为基础的应用型学科，具有综合性和实践性特点。随着互联网、大数据等信息技术的推广应用，社会实践发展和改革深入进行，土地利用规划方法不断更新，相关领域标准、法规和政策推陈出新，土地利用规划教学内容需要做出相应的调整和更新，其涉及面更加广泛。在有限的课程学习中，教师如何教、学生如何学，才能让学生通过学习该门课的基础知识和基本技能，既具备专业的空间规划知识，又具备一定的管理能力，最终实现对已学习知识的输出，应用于现实的国土规划管理工作中，是该门课应该考虑的问题。

（二）课程教学中存在的问题

"互联网+教育"背景对课程教学提出了新的要求。在新形势下，土地利用规划教学实践和人才培养面临以下问题：

1. 教学方法滞后

随着"互联网+教育"的推广及国土空间管理的实施，土地规划所涉及的领域与学科更加宽泛，传统的灌输式教学方式下，学生被动地学习知识，导致对规划理论与原则理解不透彻，实际开展工作时无从下手。重知识讲授、轻能力培养的课程教学不能

适应新时代社会对创新型、应用型人才培养的需求。

2. 重技术轻理论

国土空间规划的规划空间更广，这就要求规划者具有宏观分析问题的能力、区域协调能力、产业间协调能力，体现规划的控制性和限制性。传统土地利用规划教学中，出于对学生就业的考虑和受传统规划思想中重物质空间设计轻规划管理的影响，课程讲授重视对数据处理、软件使用等技术层面知识的讲授和训练，对学科的理论知识及科学研究方法涉及较少。从人才培养方案到课程设置再到教学大纲，出现了重视知识的应用轻视理论的学习，片面强调应用能力的培养，忽视理论思维能力的培养，导致高层次理论人才培养力度和人才培养质量不容乐观。这都不利于学生成为规划管理者，也不能适应国土空间规划对未来规划师的要求。

3. 讲授知识缺乏系统性

土地利用规划是一门综合性很强的学科，从学科角度讲，涵盖资源学、环境学、生态学、经济学、社会学、管理学等学科；从用地角度讲，涵养农业用地（耕地、园地、林地、牧草地）、建设用地、生态用地等；转向国土空间规划后，又增加了对各类资源的评价和规划。随着大数据和数字化技术迅速发展，国土空间规划体系包含的内容更加丰富多元。这对课程教学的系统性和整体性提出了更高的要求，要求教师在教学中要把庞杂的知识按一定体系组织起来传授给学生，让学生对该课程有整体把握。

三、"互联网+教育"背景下教学改革方向和措施

（一）优化教学大纲

课程教学大纲是该门课程的教学纲要，包括课程目标、教学方法、教学重点难点、课时安排等内容。教学大纲是教师进行课程教学的主要依据，为适应国土空间规划和信息时代对人才培养的新需求，土地利用规划教学大纲也要进行调整和优化。首先，调整课程目标，确立人才培养方向，使学生通过课程学习掌握土地利用规划基本原理与方法，能够分析运用海量国土资源数据创造性地编制土地利用规划方案，并能对土地利用规划方案做出正确评价。其次，确定教学重点难点，从基本理论与原则的学习，到具体的总体规划、详细规划和专项规划对理论和原则的应用，土地利用规划基本理论与原则贯穿课程内容始终。土地利用规划理论与原则是课程学习的重点，理论与原则的应用是课程的难点，如何把理论与原则内化到具体的规划中、应用到国土空间规划工作中是教学难点。作为一门理论与应用相结合的学科，土地利用规划课程应帮助学生建立起自主认知的知识框架和土地利用规划的系统思辨框架，形成对国土空间规

划知识体系的综合思维意识和统筹思辨能力。例如，土地利用规划之初的土地利用战略研究，需要协调农业用地、建设用地和生态用地，满足经济、社会、生态综合效益的最大化。各类用地规划中要统筹协调，根据土地的适宜性进行用地匹配，使土地的适宜性和土地利用类型相协调。规划实施过程中要协调各部门推进，协调好各部门用地。最后，合理分配课时。土地利用规划应理论与实践并重，适当缩短理论课时，通过实践案例实现对理论的应用，加强学生的感性认识，提高教学质量。

（二）拓宽教学内容

土地利用规划是一门兼具自然科学与社会科学特性的交叉学科，国土空间规划体系的实施，更增强了该门课程综合性的特点。为了全面反映该学科的理论和技术方法，教学内容应力求涉及面宽一点，知识覆盖广一点。随着土地利用规划相关领域标准、法规和政策的出台，教学内容需要不断更新，需要把相关学科的最新研究方法和成果充实到教学中，使学生接触学科发展的前沿，掌握最新的理论和技术。课程教学内容庞杂，教学知识体系庞大，这就对教师有选择、有重点地传授提出了要求。

为在有限的教学时间内，完成教学内容并提升学生的学习能力，教师在教学内容上应有以下几个方面的侧重：一是加强理论教学。土地规划相关理论构成了规划的基础，只有对规划相关理论有了深入把握，才能把理论自觉地应用到规划实践中，才能在理论指导下应用一定的规划技术开展规划。因此，教师应重视课程的理论教学，对理论进行精讲，把理论讲透，为课程教学打下坚实的基础。二是强化知识体系和思维方法。该课程内容涉及面广，这就需要教师进行一定的取舍，在上课之初就应该讲清楚课程的知识结构，让学生对课程内容之间的关系有一个宏观把握。教师应通过一定的知识体系系统地向学生传授知识，使学生逐渐建立系统思维。系统思维是分析问题、解决问题的思维框架，能使学生从整体上把握问题，提高分析问题、解决问题的能力。强化思维方法的学习，使学生在学完课程后，对课程研究的问题、研究问题的主要思路和解决问题的基本方法有一个整体的理解与认识。三是重视案例教学。案例不仅可以应用所学理论知识，而且不同类型的知识在案例中能够得到综合体现与应用，可以进一步培养学生的系统思维。案例教学应按学生认知结构序循渐进地进行，整合学生已有的知识体系，构建新的理论知识体系。教师可以运用经典案例、正反案例，对某一案例从单一视角剖析其优点和不足，并引导学生多角度进行优化，培养学生多角度思考问题的能力。教师在教学中应对案例呈现的知识点进行整合，引导学生培养系统思维。

（三）革新教学方法

针对国土空间规划对从业者综合思维能力和统筹思辨能力的需求，土地利用规划教学中要引入建构主义教学法，以学生为主体，充分发挥教师的主导作用，通过创设学习情境、搭建交流平台、调动学生学习的积极性，引导学生知识建构，达到教学目标。建构主义创设的学习情境和教学环境与传统教学方式不同，是以学生为主体，可以进行自主学习和探求知识的场所。教师在课前要根据需要达到的教学目标进行预设，为学生自主学习和知识建构提供一定的时间和空间，通过课堂组织促进学生互动、师生互动，启发学生按一定逻辑深入思考和深度探究，提升学生思维品质。在这一过程中，教师起引导作用，教师设计学生的学习过程，搭建学生与学生、学生与教师交流的平台，引导学生相互协作，在对话中探究反思，培养学生分析问题、解决问题的能力，深化学生对所学知识的理解。通过互动，学生的认知结构得到改组与重建，从而完成意义建构，达到预定的教学目标。

土地利用规划的核心是满足社会经济发展对土地的需求，因此该课程的理论性和操作性较强，与现实结合较紧密，致力于应用已学过的理论知识分析现实问题并解决问题。这给学生学习理论知识和进行实践操作提供了空间。学生可以通过查找资料，结合已学过的知识，参与小组讨论，相互交流，吸纳别人的观点，综合以后形成自己的观点，进而实现意义建构。学生发现问题并解决问题的整个过程对构建知识体系有关键的作用。但是不可否认，传统教学方法具有可以系统讲授知识的优点。在课程讲授的初始阶段，教师应以传统教学方法为主。当学生具备了一定的课程基础知识后，教师可以应用建构教学方法。学生利用本课程所学的知识和已有的知识进行知识的建构，教师讲授的作用应淡化，引导和指导的作用应突出，这样教学效率会更高。

（四）改革评价制度

教学评价在教学中起引导的作用，目前学生的学习成绩仍是评价学生学习效果的重要依据，在就业、升学、出国深造、免试保研等方面都把成绩作为评价学生的重要依据，因此学生普遍对课程分数比较重视，教学评价成为学生学习的指挥棒。随着社会对应用型、综合型人才需求的增长，教学目标应由传授知识变为培养综合能力，如何使学生在已有知识结构的基础上通过教学活动，建构新知识，并内化为学生的综合能力成为重要的教学目标。与教学方法改革相对应，教学评价也应做出相应调整。

泰勒评价模式是对教学评价和教学实践影响最大的评价理论，该理论认为课程目标是教学评价的出发点，是课程评价的决定因素。传统教学评价强调对教师"教"的成果考核，重视对知识的识记，轻视对知识应用的考核，这种评价制度已不能适应新的需求。建构主义重视学生知识的获得过程，因此新的教学评价重点应放在学生"学"的能力的考核，侧重对学生应用知识分析问题、解决问题能力的测试，学生能否灵活应用所学知识解决土地利用规划中遇到的实际问题以及学生的学习能力和创造性思维能力是否得到提升等。

参考文献

［1］解庆福."互联网+教育"时代背景下的未来教育构想［J］.教育导刊，2016（12）：20-23.

［2］秦楠."互联网+教育"背景下互动相融教学模式的建构［J］.郑州师范教育，2016，5（5）：1-6

［3］吴媛.基于"互联网+教育"技术的翻转课堂教学模式研究［J］.中国成人教育，2016（22）：93-95.

［4］尹静雯."互联网+教育"背景下教师信息化教学设计能力研究［D］.重庆：西南大学，2017.

［5］樊丽明."新文科"：时代需求与建设重点［J］.中国大学教学，2020（5）：4-8.

［6］保罗·基尔希纳，约翰·斯维勒，理查德·克拉克，等.为什么"少教不教"不管用：建构教学、发现教学、问题教学、体验教学与探究教学失败析因［J］.开放教育研究，2015，21（2）：16-29，55.

基于翻转课堂理念的
"教学做" 混合式教学模式探索与实践[①]

谷增军[②]

摘　要： 为解决"教学做"一体化课程存在的问题，本文在混合式教学中引入翻转课堂的理念，结合微信、微课、课程网站构建了一种混合式教学模式，并据此模式对 Excel 在会计中应用课程进行了教学设计与实践，结果表明该教学模式有助于解决传统课程教学中存在的问题，并进一步对提高教学质量、促进教学改革起到积极推动作用。最后，本文对混合式教学模式提出了建议，为其他课程实施混合式教学提供了借鉴。

关键词： 混合式教学；教学模式；微课

在教育信息技术和教育理念日新月异的今天，各高校更加重视教育教学改革，推进信息技术与教育教学的深度融合，以促进学生个性化发展及综合素质的提高。混合式教学、翻转课堂顺应了这一教学改革的理念，近年来在教育领域、培训机构等得到了广泛应用。因此，本文将数字化学习与面对面学习优势相结合，在 Excel 在会计中应用课程教学过程中，进行了基于翻转课堂的混合式教学模式实践，促进了优质教学资源的开发与共享，并提高了该课程建设水平和教学效果。

一、问题的提出

随着信息技术在企业中的快速普及运用，企业对从业者计算机知识素养提出了越来越高的要求。高校作为培养人才的摇篮，有必要从教学内容、教学方法等方面进行反思，引入先进教学理念对教学模式进行改革，适应这一时代需求。

[①] 注：本文已发表在《财会月刊》2017 年第 6 期，本次征文投稿略有修改。

[②] 谷增军（1979—），男，山东工商学院，副教授，硕士生导师，主要研究方向：会计信息化、战略管理。

（一）传统教学存在的问题

笔者在 Excel 在会计中应用课程教学中发现，传统教学主要存在以下问题：

首先，学生信息基础知识水平差异较大，传统教学"一刀切"的模式难以满足学生的个性化需求。Excel 在会计中应用属于操作性较强的课程，既涉及 Excel 基础知识的运用，又涉及利用 Excel 工具解决会计专业问题，由于学生的专业基础不同，在上课过程中就遇到对授课内容深度认识不一致的问题，有的学生认为讲的内容简单，要求讲解更高级的应用，而有的学生则认为讲得太多，难以及时领会掌握。

其次，该课程承载的内容越来越多，容量越来越大。Excel 在会计中应用课程涵盖了 Excel 中的多种工具，如数据处理、图表、数据透视表、函数等，并要求学生能熟练利用这些工具解决实际问题，让学生掌握用 Excel 解决问题的方式。因此，该课程承载的内容越来越多，容量越来越大。

再次，课时被一再缩减。为贯彻落实《国家中长期教育改革和发展规划纲要（2010—2020 年）》及《教育部关于全面提高高等教育质量的若干意见》精神，在坚持以能力培养为核心，知识、能力、素质协调发展，通识教育、专业（卓越、应用）教育、创新创业教育并举的大背景下，高校普遍将专业课的课时压缩，Excel 在会计中应用也不例外。目前，课时压缩后，笔者所在高校该课程理论课时为 24 学时，实验课时为 24 学时，课时的变化给传统教学模式带来了一定的挑战。

最后，传统课堂教学模式饱受诟病。Excel 在会计中应用属于操作性较强的课程，技能类的操作项目学习适合边观看边操作，并且需要反复实践练习。现实中，由于课时限制，课堂面授只能讲解重要的项目操作，再加上课堂互动环节不足，课外交流不多，学生学习的效果往往不理想。

（二）实施混合式教学模式的可行性分析

近年来，移动学习发展迅速，微课、开放式课程（open course ware，OCW）、翻转课堂等教学理念不断推陈出新，慕课这一混合式教学模式在新一轮全球学习革命中崭露头角。本文中所提的混合式教学模式侧重在信息化环境中将传统课堂教学和网络教学的优势相结合，吸收翻转课堂的理念，一方面发挥教师在教学过程中的引导、启发、监控等主导作用，另一方面发挥学生在学习过程中的积极性、主动性和创造性，通过课前对教学资源的观看与学习、课堂完成重点知识点的讲解与答疑、课后完成作业等一系列活动，增加学生个性化学习时间，增强师生间的互动，达到扩展学生知识面、提高教学效果的目的。

我们认为，在混合式教学中贯穿翻转课堂的理念，强调多种教学理论（建构主义、行为主义、认知主义等）、多种学习环境（教师教学活动和学生学习活动）、多种教学方式（传统课堂讲授教学与现代网络多媒体教学）、多种教学资源（视频、文本、PPT、音频等）以及多种学习评价（形成性评价与总结性评价）相融合，既能发挥混合式教学的优势，又能改变单一的学习方式，激发学生的学习热情和主动性，有效解决传统教学中存在的难题，提高教学效率。

二、基于翻转课堂理念的混合式教学模式框架设计

Excel 在会计中的应用这门课程是典型的教学做一体化课程，类似的课程在各个本科院校普遍开设，具有广泛的代表性。在传统教学中，为系统、完整地向学生传授 Excel 这一实用工具，我们进行了许多有益的尝试，如按 Excel 知识模块、区分项目（教学示范项目、课堂训练项目、拓展训练项目）进行差异化教学，并让学生有针对性地进行模仿训练、巩固训练和提高训练。但苦于课时的限制，项目驱动的教学方法受到了严峻挑战。因此，本文在引入翻转课堂、混合式教学理念的基础上进行教学模式设计，构建混合式教学模式框架（如图1所示）。借助现代网络和多媒体技术，该模式由课前准备、在线学习和课堂教学三部分构成。

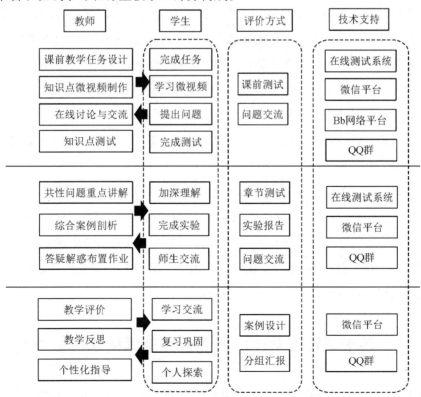

图1 混合式教学模式框架

（一）课前预习环节设计

课前预习阶段，教师对教学知识点进行分析，精心准备混合式的教学资源，科学设计教学过程。根据课堂教学需要，教师可以分专题将相关的电子课件、立体化教材、讲座视频、技术网站、试题库等混合式的教学资源制成微课视频、动画、基于任务需求的在线互动游戏等，并将这些资源通过微信公众号、Bb 平台、QQ 群等工具向学生发布，可以让学生根据自身情况选择不同层次、不同难度的任务，如要求全部学生自主学习基础性操作内容并按要求做课前练习，学有余力的学生可以适当进行课前知识拓展训练。另外，教师要利用碎片化的时间在线答疑，收集学生的学习情况信息。

在此阶段，学生要了解课程信息，熟悉线上学习平台。每节课上课前，学生根据教师发布的课前学习任务通知，通过在线自主学习完成课前练习，遇到问题可以通过网络查找、查阅工具书、向教师或学生请教等方式解决，遇到难度比较大的共性问题要及时记录，以便在课堂教学环节得到解决。

（二）课堂教学环节设计

课堂教学阶段，教师针对课前预习环节学生遇到的共性问题进行重点讲解。由于本课程涉及用 Excel 工具解决会计、财务管理中的具体问题，这就要求教师针对每个专题，设置相应的实际案例，在课堂上向学生讲解具体的解决问题的思路，引导学生学以致用。在实验课堂，教师要求学生完成相应的实验，对专题基础知识进行训练，并完成实验报告。另外，为检验学生综合应用 Excel 的水平，该课程让学生进行创意性的项目实践，通过小组协作形式设计完成一个综合案例项目。学生发现问题可以请教师指导，从而得到及时解决。在最后一次课时，教师要求学生对项目任务的制作流程进行介绍，并完成对该项目的反馈评价，使课程教学以教为主变成以解决问题为主。

（三）课后提升环节设计

课后提升阶段，教师把课堂上讲解的重点、难点、课堂总结发布到微信公众平台或 Bb 平台供学生分析讨论，引导学生向探究的深层次拓展。同时，教师要布置一定数量的相关作业练习供学生上机操作，达到巩固、提高的目的。学生遇到任何疑问，均可以通过微信公众平台或 Bb 平台交流解决。另外，教师要记录学生完成任务的情况，对整个教学过程进行评价，不断完善教学设计。

三、基于翻转课堂理念的混合式教学模式实施方案

如前所述，混合式教学模型以学生为中心、教师为主导，在课前、课中、课后构建不同的学习活动或学习情境，依托信息技术促使学生更好地掌握所学知识。为检验基于翻转课

堂的混合教学模式的效果,笔者结合自身教学经历,以 Excel 在会计中应用课程为例,对 2016 年春季学期会计专业国际注册会计师(ACCA)班 35 人进行了教学改革实践。

(一)教学内容设计

在教学内容设计方面,笔者对课程内容的整体进行梳理,分为 10 个专题(学习任务),根据每个专题的具体内容(若干子任务),将传统的课堂讲授教学、部分翻转课堂和完全翻转课堂相混合,并引导学生采取不同的学习方式,辅以课后测试,促使学生学习效果的最优化。Excel 在会计中应用课程内容安排如表 1 所示。考虑到本课程的特点,为避免翻转课堂教学流于形式或只做到形似翻转课堂,而实际上学生在课外没能完成自学任务,笔者在本次实践中做了有效的尝试,即根据每个专题内容采取传统课堂教学、部分翻转课堂以及完全翻转课堂的做法,既注重了专业知识的教学,又给予学生一定的学习自由度。实践表明,该做法能调动学生学习的积极性,有效避免了由于各种因素导致的翻转课堂形似而神非,提高了教学效果。

表 1　Excel 在会计中应用课程内容安排

混合式教学方式	教学内容安排	理论课时安排/课时	上机课时安排/课时	学习方式	课后测试	考核方式
"课堂讲授+课外拓展资源"	专题 1:Excel 基础操作(工作表基本操作、窗口操作、打印) 专题 2:Excel 图表制作专题(基本图表、双坐标轴图表、动态图表)	4	4	课外阅读教材材料,课外观看微视频,QQ、微信沟通,课堂听课	2 次(章节测试)	1. 过程性评价(50%): ①每个专题课前测试(客观题) ②课后章节测试 2. 总结性评价(50%): ①综合案例设计 ②结课考试
"课堂讲授+部分翻转课堂"	专题 3:Excel 数据处理专题(排序、筛选、分类汇总、合并计算、数据透视表、模拟预算表) 专题 4:Excel 常用函数操作(sumif、sumifs、countif、countifs、D 函数、if、vlookup、match、index、rank、mmult、minverse 等) 专题 5:Excel 财务函数操作(PV、FV、NPV、RATE、PMT、PPMT、IPMT、SYD、DDB、VDB 等) 专题 7:Excel 盈亏平衡分析 专题 8:Excel 投资决策专题 专题 9:Excel 最优化问题	16	16	课前自学课堂听课个人汇报小组汇报师生交流生生交流资源共享	3 次(章节测试)	
完全翻转课堂	专题 6:Excel 在账务处理中应用 专题 10:Excel 综合案例设计	4	4	课前自学、学习小组综合案例汇报、师生交流、资源共享	1 次(结课测试)	

(二)在线教学资源

为便于学生课前预习及课后复习,本课程每个专题均制作了多个图文视频结合的基础性学习资源(微课视频)和 PPT,设置了课前预习项目、课堂训练项目和拓展训练项目,辅以大量的 Excel 练习文件,供学生进行模仿训练、巩固训练和提高训练。通过这些训练,本课程要求学生熟悉并掌握 Excel 的基础操作和专题应用操作,并能使之有效迁移。为加强对学生学习的考核管理，本课程对学生提交作业、教师点评作业、优秀作业予以展示。在课程平台方面，本课程以学校正在使用的 Blackboard 数字化学习平台为主发布课程资源，并以技术论坛（如 Excel Home）、QQ 群、微信等为辅助工具。另外，为掌握学生学习动态和解决学生学习过程中遇到的问题，本课程建立了"会计之家"微信公众号。学生通过该公众号，借助微信公众号的关键词自动回复的"对话即搜索"功能，可以获取课程资源、课程通知，并运用微信同教师进行交流。

（三）作业布置

按照图 1 所示的混合式教学模式框架，课前、课后都需要学生完成一定量的学习任务。在授课过程中，本课程将章节划分为若干专题，再根据专题的知识点细分微型学习模块，在此基础上配套相关微型学习资源，教师通过课程微信公众号的群发功能，以消息推送的形式发给每个学生。学生自关注微信公众号后，会立即收到操作提示，之后根据教师发布的学习任务，通过输入"数字代号"或"关键词"在微信公众号上获取相应作业任务，进而按照教学设计要求完成课前、课中、课后三个阶段的作业练习。学生在自主学习过程中，可以在微信群中与教师、同学讨论，及时解决学习中的疑难点，促进知识理解。

（四）学生考核评价

考虑到翻转课堂在结构上与传统课堂差异较大，教师应转变传统课堂的评价方式，不仅要注重对学生学习结果的评价，还应注重过程性评价。在新的多元评价体系中，教师要尽可能将学生自主学习和课堂学习进行统筹，将形成性评价和终结性评价相结合，在评价空间上不应局限于课堂上或考场内考核，还应包括在线测试、平时在线学习档案等，充分调动学生自主学习的积极性。评价内容既包括学生出勤、平时作业、个人或小组学习的质量和效果、成果展示等方面的评价，也包括学生参与网上互动教学情况、期末考试成绩等评价，进而从整体上考查学生课程学习的整体效果。在 Excel 在会计中应用课程中，笔者基于 Visual FoxPro 研发了 Excel 自动化阅卷程序，并将每次的测试成绩发布到微信公众号上，既便于学生查询成绩，也节省了大量批卷时间，并保证了阅卷的公平。

（五）实施效果情况

笔者通过一学期的实践发现，采用基于翻转课堂的混合式教学模式后，微信公众号的使用率很高，大部分学生学习积极性较高，能按时完成课前及课后作业，积极进行自主学习。针对 Excel 在会计中应用课程，笔者在学期期末采用同一套试卷进行了测试，结果表明学生基础知识比较扎实，在综合利用 Excel 解决会计实务问题能力上有显著提高。另外，笔者还通过调查问卷和随机访谈的方式，了解到学生对混合式教学模式的满意度较高，可以满足学生不同层次的知识需求。

四、基于翻转课堂理念的混合式教学应注意的问题

根据基于翻转课堂理念的混合式教学在实践中的探索，我们提出以下建议：

（一）解决教师"想不想用"的问题

基于翻转课堂理念的混合式教学需要将课程知识碎片化并重新设计编排，要求教师具有较强的教学设计能力，需要教师付出大量时间制作教学资源（PPT、数字化教学资源、作业、测验、讨论、辅助学习资料等），并有时间和精力投入与学生互动答疑的过程中。目前，混合式教学在大多数高校还处于起步阶段，教师和学生对其认识程度有限，观念尚未完全转变，这就需要教师对信息化教学和混合式课程建设要有较高热情，学校也应制定相应的激励策略，形成有效的激励机制，激发并提高师生对混合式教学改革的兴趣。

（二）解决教师"会不会用"的问题

除了思想意识问题外，混合式教学需要教师合理运用教学辅助工具依据混合式教学的特点组织教学。微课制作、课程平台运用以及微信公众号操作等对教师的信息技术素养提出了较高要求。开展翻转式课堂教学活动，需要教师、学生、信息化教学环境三个要素的有效配合，三个条件缺一不可。因此，为扫除教师在现代教育技术应用中的障碍，高校必须建立相应的支持服务体系，加强对教师现代教育信息技术知识的获取、分析、加工、评价、创造、传递信息等核心能力的培养，帮助教师解决"会不会用"的问题。另外，为保证混合式教学改革课程的顺利开展，教师可以按需要组建混合式课程建设团队，团队成员应结构合理、人员稳定，对混合课程建设和教学有较高的热情和责任感，投入时间和精力。

（三）解决教师"用得怎样"的问题

长期在传统教学模式下成长的学生，现有的能力水平有可能难以适应翻转课堂教学模式。因此，教师有必要对实施混合式教学模式的效果进行评估，以判断出哪些课程适宜采用该模式。在现实中，教师可以选择一个班级进行试点，班级人数不宜过多，以便教师可以进行一对一的个性化指导，满足学生的个性化学习需求，较好地体现因材施教的教学理念。通过一学期或一学年的教学实践，教师通过访谈、调查问卷以及考试成绩分析等多种途径对混合式教学模式实施效果进行评价，为下一步教学模式改进方向提供参考。

（四）解决自主学习材料"微"化问题

混合式教学课程建设的内容包括网上学习微视频、讨论、作业、辅导和答疑或实

验、测试等各个教学环节。在将知识点碎片化并重新设计编排过程中，教师需要对自主学习材料进行一定的"微"化处理。教师应熟练掌握屏幕录制工具、绘图软件、课件制作工具等一种或几种微课制作工具，精通微课设计与制作方法。需要说明的是，为便于学生利用碎片化时间进行有效学习，教师录制的教学视频时长宜控制在 3~10 分钟，可以配以动画、音乐等学生喜闻乐见、富有兴趣的因素，从而调动学生观看的积极性。

（五）解决学生学习主观能动性问题

基于翻转课堂理念的混合式教学模式要求学生具备较好的自主学习、信息素养、小组协作、语言表达以及自制力等综合能力。如果学生的主观能动性比较差，在学习中有疑难点未及时攻破，学习容易出现偏差，进而影响后续学习。因此，教师应加强学生主观能动性的培养，一方面要利用学生本身固有的主观能动性，如好奇心及学生对成功、自尊的需要，另一方面所教的内容对学生要有价值。教师要不断钻研教材，研究学生，不断更新知识，掌握新技术，使教学过程变得更具吸引力，激发学生学习的主动性。

（六）解决移动学习平台交互功能问题

移动平台在促进师生交流、满足学生对学习材料及新知识的获取等方面起到了非常重要的作用。为方便学生及时地与教师或同学交流，讨论疑难点，移动学习平台应具有内容交互功能。在选择课程移动平台时，教师一方面要考虑到是否有利于发挥教师引导、启发、监控教学过程的主导作用；另一方面要考虑到是否有利于激发学生学习的主动性、积极性与创造性。

五、结语

基于翻转课堂理念的混合式教学模式把移动教学技术引入"教学做"一体化课程教学，是教学领域的一种创新。一切教学资源、教学方法、教学组织形式和教学情境的设计与实施都必须充分考虑当前课程的教学目标和课程内容特点，并围绕着提高学生自主学习能力来展开。Excel 在会计中应用课程的实践表明，这种教学模式可以有效互联课堂内外，实现师生间的良好互动，充分调动学生自主学习的积极性，提高了教学效率，特别是微课形式的知识点教程和操作视频有效解决了传统课堂教学中课时不足、学生层次不同以及学习效果不佳等难题。

参考文献

［1］赵冬梅，尹伊. 基于 Blackboard 平台的混合式学习模式教学实践探究［J］. 现代教育技术，2012，22（9）：41-44.

［2］范文翔，马燕，李凯，等. 移动学习环境下微信支持的翻转课堂实践探究［J］.开放教育研究，2015（3）：90-97.

［3］韩万江，张笑燕，陆天波，等. 基于 SPOC 的混合式教学模式课程建设初探：以"软件项目管理"课程为例［J］. 工业和信息化教育，2015（11）：38-42，48.

［4］王灿，张莉. 混合式教学模式初探［J］. 当代职业教育，2015（9）：16-18.

［5］张金磊，王颖，张宝辉，等. 翻转课堂教学模式研究［J］. 远程教育杂志，2012，30（4）：46-51.

［6］王萍. 微信移动学习的支持功能与设计原则分析［J］. 远程教育杂志，2013（6）：34-41.

［7］李战杰. 翻转课堂及其有效实施策略刍议［J］. 中国职工教育，2014（20）：173-173.

［8］刘斌，黄浩. 基于翻转课堂理念的 Excel 在财务中的应用课程教学设计研究［J］.现代经济信息，2016（1）：447.

［9］钟晓流，宋述强，焦丽珍，等. 信息化环境中基于翻转课堂理念的教学设计研究［J］. 开放教育研究，2013，19（1）：58-64.

［10］韩庆年. 微信接入教育情境的现状、需求和实践探索［J］. 江苏开放大学学报，2014（5）：22-26，31.

中级财务会计线上线下
混合式教学改革实践研究
——以山西财经大学为例①

杨瑞平②　　王晓亮③　　黄贤环④

摘　要：打造"金课"、淘汰"水课"是全国高等学校本科教育工作会议的基本要求，而要切实提高本科教学质量，教学手段和方法的改革尤为重要。为满足互联网、大数据等信息技术环境下的教学需要、顺应新时代本科教学的规律，线上线下混合式教学作为一种以学生为中心、以教师为主导的混合式教学模式，已经得到了比较广泛的运用。本文以山西财经大学会计学院中级财务会计课程线上线下混合式教学的实践为案例，系统探讨中级财务会计线上线下混合式教学实践的基本内容、中级财务会计线上线下混合式教学改革的实施、中级财务会计线上线下混合式教学改革的创新、中级财务会计线上线下混合式教学改革的成效、线上线下混合式教学改革的经验总结等内容，以期与学术界和实务界同仁共同推动新时代互联网环境下的线上线下混合式教学的发展，进而提升高等学校本科教学和人才培养质量。

关键词：中级财务会计；混合式教学；"1+2+X"；"金课"；"互联网+"

一、引言

2018年6月21日，教育部召开了改革开放以来第一次新时代中国高等学校本科教

---

①　【基金项目】2020年度山西省高等学校教学改革重点项目"基于国标的财经高校会计学专业课程设置研究"（项目编号：J2020144）、山西省哲学社会科学规划项目"财务公司集团财务风险管控功能实现与机制研究：基于山西省集团财务公司的调查"（项目编号：2019B135）。
②　杨瑞平（1964—），女，山西财经大学会计学院，教授，硕士生导师，主要研究方向：财务会计与内部控制。
③　王晓亮（1974—），男，山西财经大学会计学院，副教授，硕士生导师，主要研究方向：财务会计。
④　黄贤环（1989—），男，山西财经大学会计学院，副教授，硕士生导师，主要研究方向：集团财务与公司金融。

育工作会议，提出对大学生要有效"增负"，要真正把"水课"转变成有深度、有难度、有挑战度的"金课"。2018 年 8 月，教育部又印发了《教育部关于狠抓新时代全国高等学校本科教育工作会议精神落实的通知》，提出"各高校要全面梳理各门课程的教学内容，淘汰'水课'、打造'金课'，合理提升学业挑战度、增加课程难度、拓展课程深度，切实提高课程教学质量。"同时，党和国家要求高等教育要努力发展新工科、新医科、新农科、新文科。打造"金课"和努力发展"新文科"，教育教学方法和手段尤为重要。伴随互联网信息技术的发展，教学主体越来越不满足于传统的"教"与"学"关系带来的授课与学习体验，越来越多的高校和教师积极尝试开展线上线下混合式教学。混合式教学作为打造"金课"、努力发展"新文科"的重要手段，学术界和实务界着重关注线上线下混合式教学设计、理论基础、影响因素以及教学体系构建等。

自 2016 年开始，山西财经大学中级财务会计教学团队顺应时代发展的要求，逐步探索和开展线上线下混合式教学，不断提升中级财务会计课程的教学水平和质量，并取得了比较好的效果。本文以山西财经大学中级财务会计课程线上线下混合式教学改革为例，着重阐述混合式教学研究、教学改革、教学建设等方面的相关问题。

二、混合式教学的相关理论研究

混合式教学作为学术界和实务界关注的重要话题，已有文献对其进行了比较持续深入的研究。汤勃等（2018）以"MOOC+微课"在线平台、翻转课堂平台、实践教学平台三大平台构建了在线教学、课堂教学和实践教学的混合式教学模式。冯晓英等（2019）从认识论和方法论的角度，探讨了混合式学习的学习理论基础与教法学基础，为混合式学习提供了教法学基础，为教师如何有效设计混合式学习、促进混合式学习提供了理论与方法框架。罗映红（2019）围绕以学生为中心的教学理念和现代信息技术融入教育教学，构建了"二维三位一体"的混合式教学模式，并创造了课前、课中、课后和线上线下相结合的八阶段混合式教学过程。李逢庆（2016）将掌握学习理论、首要教学原理、深度学习理论和主动学习理论作为混合式教学的理论基础，构建了教学设计模型，阐释了混合式课程的教学设计。王晶心等（2018）通过问卷调查研究发现，基于慕课的混合式教学对大学生学习成效有正向促进作用，教师对混合式教学的态度、准备和应用模式均对学生的混合学习成效产生显著影响。邹燕等（2020）以 ERP 模拟经营沙盘为例，基于线上慕课与线下模拟经营的有机融合，探索了课程设计与应用，并通过线上平台自动统计和问卷调查形成样本数据，从线上、线下和混合实施三个方面对教学设计与应用效果进行了研究。胡科等（2021）运用情境分析法和类属分析法分析师生互动方式，探索课堂中师生互动的影响因素，发现教师采用的混合式教学类型及教学策略、学生学习动机和学习投入均会影响师生互动及其质量。邢丽丽（2020）研究发现，混合式教学能显著提升学生"分析""综合"等高阶思维能力，在促进学生自主学习、独立思考、协作探究等方面起着积极的作用。张策等（2018）通过慕课与其他网络教育课程比较，得出慕课教学的优势所在，给出了重塑教学组织、教与学关系的线上课堂和线下课堂结合的混合式教学范式。马一（2020）研究认为，信息技术与传统课堂相融合的混合式教学模式，提高了教学的实效性，增强了学生的思政课获得感。

综上所述，已有研究对混合式教学的理论基础、混合式教学设计、混合式教学的影响因素以及混合式教学对学术学习体验的影响等方面，进行了比较持续和深入的研究，在一定程度上也体现了当前学术界和实务界对混合式教学改革的关注。本文以山西财经大学会计学院开设的中级财务会计线上线下混合式教学实践为例，探讨线上线下混合式教学改革实践的相关问题。

三、中级财务会计线上线下混合式教学实践的基本内容

（一）以混合式教学改革研究指导改革实践

中级财务会计教学团队先后主持 2 项省级教学改革项目、3 项校级教改项目。2018 年，中级财务会计获批校课程思政教学改革项目。2020 年，中级财务会计被认定为校级优秀思政示范课程。教学团队成员先后主持完成"MOOCs 下中级财务会计研究性教学改革研究：结构、模式与条件"（J2017055）、"地方财经院校卓越会计人才培养的教学改革研究与实践"（J2016051）项目。同时，山西省"1331 工程"会计学教学创新团队项目的研究成果也推动了中级财务会计混合式教学的改革实践。

2018 年 1 月，在教育部教指委指导下，中级财务会计团队成员参与撰写了 2018 版的人才培养方案，在《商业会计》发表《会计学专业人才培养方案的研究与创新》（2020 年第 1 期）。针对中级财务会计课时从 112 学时压缩至 96 学时及教师重知识传授、资源受限、学生学习积极性不高、思政教育薄弱、考核挑战度较低等问题，团队成员顺应信息化、网络化对教育的挑战，探索中级财务会计教学改革方案、模式，以学生为中心，提出中级财务会计科教融合、混合式教学、思政教育、混合式资源构建、卓越人才培养等改革方案，在《财会月刊》发表《通识教育下的中级财务会计教学改革研究》（2019 年第 1 期）；在《会计之友》发表《慕课下中级财务会计研究性教学改

革模式研究》（2019 年第 6 期）等教改论文 7 篇。其中，核心期刊 5 篇，1 篇被人大复印资料全文转载。以上教改论文的研究和写作是山西财经大学中级财务会计课程团队线上线下混合式教学理论探索的重要举措，这些研究有效推动了中级财务会计课程的混合式教学改革实践。

（二）混合式课程教学建设与改革方案

由于受知识本位的影响，传统的中级财务会计教学存在着教师重知识传授、学生自主学习的积极性不高、考核方式单一等问题。针对以上问题，中级财务会计课程团队重新设计了混合式教学整体方案，从制度上、教学理念与教学能力等 6 个方面全方位推进。

1. 从制度上推进混合式教学改革理论研究与实践探索

2017 年，中级财务会计成为山西财经大学首批进行慕课建设的 6 门课程之一。2018 年，中级财务会计慕课建设工作完成并推广运用。为了推进本科教学改革、鼓励教师充分利用信息化教学平台与网络教学资源，推进翻转课堂教学模式改革，2019 年，山西财经大学启动翻转课堂教学模式改革项目。学校层面，在课程建设、教学管理、网络平台使用等方面提供条件保障，对于批准立项课题给予 1 万元建设经费；学院层面，为了支持混合式教学改革，凡立项课题，给予相应配套经费支持。中级财务会计课程获批校级翻转课堂教学模式改革项目，在学习通网络平台上补充与完善教学资源。2019 年，中级财务会计课程被评定为山西省线上精品共享课程。

2. 强化混合式教学理念与教学能力

首先，针对单纯线下实体课堂教学的互动难问题，中级财务会计课程树立以学生为中心的理念，增强师生互动，有效引导学生自主学习；其次，针对所有内容都详细讲解的低效率问题，中级财务会计课程树立注重创新能力培养理念，大力开展案例分析、问题讨论、实际调研等研究性教学；最后，针对只注重知识传授和课后练习、不重视思政教育和创新教育的低阶性与低挑战性的问题，中级财务会计课程树立融合思政教育理念，结合教学内容对学生进行思想品德和政治品质教育。

3. 积极创造混合式教学的条件

针对中级财务会计传统教学的不足，课程团队探索形成了"1+2+X"的混合式教学模式，并积极创造"线下+线上+实践"的混合式教学条件，全方位推进混合式教学模式的改革探索。在线下实体课堂方面，教师利用多媒体教室和智慧教室主要讲授本课程的重难点知识。在线上网络课堂方面，教师利用超星学习通、智慧树平台，课前布置看课程视频等自主学习任务；课后主要进行作业辅导、组织问题讨论、开展案例分析、开展社会调研。此外，教师利用学校实训室和实习基地主要进行业务操作实训与开展社会调研。

4. 混合式教学资源开发

与传统的中级财务会计教学局限于纸质教材和习题集不同，线上线下混合式教学模式顺应互联网信息技术的发展以及当代大学生和学习者对中级财务会计教学模式、教学资源、教学效果等提出的新要求，课程团队不断开发、充实、更新教学资源，目前形成了与混合式教学模式相适应的线上教学资源与线下教学资源。在线上教学资源方面，课程团队录制了 189 个线上共享课视频，时长 1 668 分钟；根据新准则补充了 41 个速课；形成 59 个思政案例和 7 个热点问题实务案例；撰写了 20 篇社会调研报告；编排 1 089 道习题和 30 套试卷；上传了《中级财务会计》第 4 版电子教材。在线下教学资源建设方面，课程团队编写了《中级财务会计》第 4 版纸质教材和习题集，并形成了教案、教学日历、讲义、课件、往届学生读书笔记、调研报告等多样化的线下资源。

5. 混合式教学考核设计

为促进学生自主学习，提高创新能力，确保教学质量，中级财务会计课程提倡对教学内容的关注，提倡"做中学""练中学"，减少验证性或唯一答案的内容，增加综合性、多元化答案的实践内容，学习成绩考核采用形成性评价（线上线下学习表现）与终结性评价（期末笔试和口试）相结合的"3+3+4"模式。其中，"30%"为线上学习测试、讨论、抢答、投票等活动，"30%"为线下互动、实训成果、社会调查报告、读书笔记等，"40%"为期末纸质闭卷考试成绩。

6. 教研室活动制度化

为了更好地保障中级财务会计线上线下混合式教学的需要，教学团队建立了共同备课和教师线上答疑的制度与机制。首先，形成师资团队共同备课的机制。课程团队打破以往教师单打独斗式备课模式，进行团队集体备课，共同研讨教学内容与方法，共享信息和资源。其次，指定教师线上答疑。团队从周一到周日指定一位教师负责答疑，对学生在线上学习中遇到的个性化问题给予及时回答，对共性问题则和典型性问题则搜集起来在课堂上统一解决。

（三）探索并形成了全新的"1+2+X"混合式课程教学模式

为贯彻以学生为中心、注重创新能力培养、融合思政教学和激发学生潜能的理念，课程团队通过整合线上自主学习、课堂面授、课外拓展与协作的方式，设计并实施了"1+2+X"的混合式课程教学模式。课程团队积极开展"线下+线上+实践"的教学，发挥线上线下教学的优势，提高学生分析复杂会计问题和解决新会计问题的能力。

"1"，即课前一周授课教师线上推送学习指导，布置自主学习任务，要求学生线上观看微视频、做章节测试题、查阅讨论资料，教师通过学习通对学生自主学习情况进行有效引导，了解学生学习进度、视频观看和章节测试情况等，搜集、整理学生学习中遇到的问题，每周线上折算 1 课时。

"2"，即针对线上学生存在的代表性和典型性问题，线下课堂有针对性地进行重难点讲解，组织学生进行经典业务处理案例和实务问题讨论，引导学生深入思考，并通过投票、选人、抢答、随堂练习、分组讨论等活动进行师生互动、生生互动，每周线下 2 课时。

"X"，即课后在网络平台开展财务舞弊案例和热点实务问题讨论，通过发布实务练习题、定期组织调研、撰写读书笔记等形式，深化知识理解和技能运用，提高学生创新能力和道德素质。

（四）以学生为中心充分调动学生学习的积极性

针对中级财务会计传统教学过程中学生自主学习积极性不高的问题，从 2017 年 6 月起，课程团队开始进行混合式教学改革，明确以学生为中心，充分调动学生学习的积极性。教师坚持课课考勤点名。对缺勤的学生，教师通过平台发布信息督促。无故缺勤 3 次，教师将与其进行谈话，取消该学期的考勤成绩。教师制定了严格的课程评价标准。为了加强教学设计管理，完善教学设计评价，结合国家一流"金课"标准，教师从教学目标、重难点、信息技术及工具应用、教学资源、方法、过程、课程思政等方面设置教案评分标准。在实体课堂，教师设置了学生学习过程的评分标准，线上成绩权重占比分别为课堂互动 10%（积分 10 分为满分）、签到 10%（按次数累计，每签到一次加 1 分）、课程音视频 20%（单个视频或音频分值平均分配）等。教师设置调研报告评分标准，从标题、中文摘要、调研主体、方法、结论、格式等方面设计评分标准。教师有意识地鼓励和表扬前排就座的学生、经常回答问题的学生以及讲解案例的学生，积极调动学生学习的积极性。

四、中级财务会计线上线下混合式教学改革的实施

（一）成果研究阶段

随着信息与网络技术的不断发展，慕课为教学领域带来了全新革命，中级财务会计课程团队从 2016 年开始关注慕课对传统教学产生的影响，进行慕课教学改革的理论研究。之后，团队成员持续进行慕课的理论研究，主持与参与教改课题 5 项，分别从教学理念、线上线下相结合教学方式、专业课融入思政元素、重构教学内容、改变教学方式等方面进行了理论的深化研究。

（二）线上线下资源建设阶段

2017 年，山西财经大学与超星、智慧树进行合作，启动慕课课程建设工作，中级

财务会计成为学校首批进行慕课建设的 6 门课程之一。课程团队开始在学校网络教学平台进行课程门户、教学基本资源、拓展资源以及资料库资源等慕课资源构建，2018 年完成了中级财务会计Ⅰ、中级财务会计Ⅱ的资源构建工作。同时，课程团队不断完善线下教学资源，包括修订《中级财务会计》教材、习题集，编写符合线上线下教学需要的教案、教学日历、教学大纲等。

（三）混合式教学资源应用阶段

2018 年，慕课资源构建完成之后，课程团队不断进行推广运用。从 2018 年开始，中级财务会计课程在学银在线、智慧树平台运营。2018 年 9 月，中级财务会计首次在校内会计学专业 3 个班启用，至今已在会计学、财务管理学、审计学、资产评估学、税收学等专业 46 个班应用。2019 年 3 月，中级财务会计开始在太原理工大学、天津财经大学等 38 所兄弟院校应用，累计 19 559 人学习该课程，累计互动 159 621 次。

五、中级财务会计线上线下混合式教学改革的创新

（一）形成了"1+2+X"的混合式教学模式

为贯彻以学生为中心、注重创新能力培养、融合思政教学和激发学生潜能的理念，山西财经大学通过整合线上自主学习、课堂面授、课外拓展与协作的方式，设计并实施了"1+2+X"的混合教学模式，探索以学生为中心的互动、翻转、混合教学模式创新，形成每周 1 课时自主学习，每周 2 课时课堂教学，每周 X 课时课外调研、讨论、写作的混合式教学模式。本课程通过统筹"线下+线上+实践"教学，发挥线上、线下教学的优势，提高学生分析复杂会计问题和解决新会计问题的能力，提高了理论教学的高阶性、创新性与挑战度，推动了理论教学与实践教学的良性互动。

（二）开发了新颖的中级财务会计课程教学资源

在传统的《中级财务会计》教材、教案等教学资源的基础上，山西财经大学持续开发了共享课视频，将 21 章内容分割成 189 个知识点，每个知识点配套一个微视频，每个视频控制在 15 分钟之内，共 1 668 分钟（网址为 https://www.xueyinonline.com/detail/214195511）；开发了经典案例库、热点问题集、社会调研方案、延伸阅读材料、新准则速课、综合实务题、在线测试和考试题等线上教学资源；围绕立德树人的根本要求，从政治认同、价值引领、遵纪守法等方面，精心编写和充分运用具有思政教育功能的教学资源，形成了 22 个会计法律法规相关的专业思政教学案例、30 个会计准则解读相关的专业思政教学案例、7 个资本市场相关的专业思政教学案例。

根据课程性质，本课程特别注重理论与实践紧密结合，组建优秀教材建设团队，

体现教材的思想性、科学性与专业性。同类高校教材多是由高校教师组织编写，很少有思政课教师和实务界人士参与。本教材内容涵盖企业经济业务的核算与列报，在组建教材建设团队时，让企业管理人员、会计师事务所人员共同负责会计专业实践知识与财务会计实践案例编写；思政课教师从宏观层面把握思想政治教育的总体要求，为教材建设提供方向引领。

（三）形成了教研与专业思政融合的课程建设要领

山西财经大学坚持教研与科研相结合，专业知识教育与思想政治教育相融合，形成了全新的教学风格和育人环境。团队成员长期从事财务会计等理论与应用研究，近 5 年发表 CSSCI 论文 30 余篇，主持教育部和省部级项目 10 余项，出版专著多部，先后获得山西省社科联"百部（篇）工程"二等奖、山西省哲学社会科学二等奖。同时，团队成员将科研成果融入教学，指导大学生创新创业项目，从项目选题意义、内容、方法、格式编排等方面精心指导。团队成员近 3 年指导的学生获得 1 项国家级大学生创新创业项目——"山西焦煤集团'去杠杆'有效性调查研究"、1 项省级大学生创新创业项目——基于"区块链+大数据"技术的征信共享机制构建与应用研究。

在专业知识传授方面，从 2018 年起，山西财经大学选择与凝练教学内容，选择职业资格考试、考研与实际工作岗位需要的知识与理论，修订了新的收入准则、金融工具准则方面的内容。

六、中级财务会计线上线下混合式教学改革的成效

（一）改革项目的示范推广

中级财务会计线上线下混合式教学按照"先试点、后推广"的原则，由点到面推广实施。在校内实施方面，2018 年 9 月，中级财务会计课程首次在校内会计学专业 3 个班启用，至今已在会计学、财务管理学、审计学、资产评估学、税收学等专业 46 个班应用。在兄弟院校实施方面，2019 年 3 月，中级财务会计课程开始在太原理工大学、天津财经大学等 38 所兄弟院校应用，累计 19 559 人学习该课程，累计互动 159 621 次。在社会服务方面，课程团队先后为潞安集团、水务投资集团等企事业单位做横向课题，提供会计咨询服务，且均取得显著效果。

（二）改革成效明显

课程团队成员曾于 2018 年到中央财经大学等 3 所大学调研，将成果运用于会计学人才培养方案的修订中，撰写了 2018 年人才培养方案。虽然中级财务会计课堂学时压缩了 16 个课时，但学生所学知识不仅没有减少，反而增强了知识理解的广度与深度，

提高了道德素养。

实施混合式教学前，中级财务会计课程教学效果一般，教师不善于线上教学，教学资源有限；学生学习积极性不高，抵触线上学习，认为占用了课外时间和其他课程的学习时间。实施混合式教学后，教学效果显著提升，教师主动补充教学资源，乐于利用线上资源开展教学，教学方式方法得到改善；学生喜欢线上线下混合式教学，学习积极性、主动性提升，考证过关率和考研率等明显提高。

中南财经政法大学张敦力、忻州师范学院侯翠平、太原科技大学田丽娜等教师对课程可复制、可推广、好运用等给予好评；郭振雄、薛丹丹等学生对课程资源、课程内容、教学方法等给予好评。调查问卷显示，混合式教学满意度较高。

（三）教改成果丰硕

为了实现理论与实践的统一，根据财政部等新颁布的会计规范性文件，结合会计理论最新成果，2018 年山西财经大学财务会计教学团队在中国财政经济出版社出版了《中级财务会计》《高级财务会计》教材。围绕着混合式教学改革，近 5 年教学团队成员在《会计之友》《财会通讯》等期刊发表教改论文 5 篇；会计学团队获批第一批省"1331 工程"会计学重点创新团队；会计学、财务管理、审计学 3 个专业获批国家级一流专业。

（四）课程教学改革持续性强

中级财务会计课程经历了持续的建设和改进，2004 年获评山西省精品课程，2014 年获评校级网络资源精品课程，2019 年被认定为山西省首批线上精品共享课程，2020 年被评为校级优秀思政示范课程。近 5 年教学团队指导学生参加学科竞赛获一等奖，荣获 3 项国家级、4 项省级大学生创新创业项目，指导学生考取资产评估师、助理会计师、审计师等证书。

七、线上线下混合式教学改革的经验总结

（一）围绕课程特色与方向，持续推进理论研究

教学团队加强课程思政教育功能，每年补充 3 个课程思政案例；从会计核算智能化以及新经济对会计的影响等方面建立文化自信课程思政资源；积极顺应会计核算智能化的发展要求，增加财务会计核算智能化、业财融合化、大数据分析等教学内容；引入智能化教学手段和基于大数据技术的新教学方法、教学效果分析方法、学业成绩考核方法等，实现课程教学高度智能化、便捷化，进一步提高教学效率和教学质量。

（二）充分利用智能化手段与资源，创新教学改革模式

一是积极探索智能化财务会计教学。教学团队引入智能化教学手段，如虚拟现实

技术、大数据技术，进一步提高课堂教学的生动性和互动性，从根本上解决学生感性认识不足、理性认识不佳、思政教育不实的问题。二是积极推进智能化时代的会计转型。教学团队较早开发和运用财务会计智能化教学内容和资源，编写适合线上线下混合式教学的教材，培养适应智能化时代需要的高端会计人才。

（三）成果运用前景好

中级财务会计课程"1+2+X"的混合式教学改革模式可以显著提高学生运用现代信息技术手段解决复杂的会计问题的能力，使学生具备社会主义核心价值观和勇于担当、乐于奉献、敢为人先的政治素养。该模式可以为工商企业、中介机构、事业单位等相关部门培养胜任会计及相关工作的高素质应用型、复合型、外向型和创新型的专门人才。该模式可以进一步拓展到管理类、经济类等其他专业。该模式还可以进一步拓展到其他高校，使更多学生受益。

（四）深化教育教学改革，完善评价指标体系

评价体系是对中级财务会计教育的效果进行有效监测和客观评价，科学合理的教育评价指标是保证高校课程质量的前提。未来本课程将基于学习产出的教育模式（OBE），以注重学生学习成果为导向，引用OBE教育理念，构建以学生教育效果为导向的指标体系，对照课程培养目标的达成度，从学生主体、成果导向、持续改进三个方面构建一套科学合理、操作性强的评价指标。

参考文献

［1］汤勃，孔建益，曾良才，等."互联网+"混合式教学研究［J］.高教发展与评估，2018（3）：90-99.

［2］冯晓英，孙雨薇，曹洁婷."互联网+"时代的混合式学习：学习理论与教法学基础［J］.中国远程教育，2019（2）：7-16.

［3］罗映红.高校混合式教学模式构建与实践探索［J］.高教探索，2019（12）：48-55.

［4］李逢庆.混合式教学的理论基础与教学设计［J］.现代教育技术，2016（9）：18-24.

［5］王晶心，原帅，赵国栋.混合式教学对大学生学习成效的影响：基于国内一流大学MOOC应用效果的实证研究［J］.现代远距离教育，2018（5）：39-47.

［6］邹燕，冯婷莉，王业億.混合式教学课程设计与应用：以ERP模拟经营沙盘为例［J］.会计研究，2020（7）：181-189.

［7］胡科，刘威童，汪潇潇.混合式教学课堂中生师互动的影响因素分析［J］.高教探索，2021（3）：72-79.

［8］邢丽丽.基于精准教学的混合式教学模式构建与实证研究［J］.中国电化教育，2020（9）：135-141.

［9］张策，徐晓飞，张龙，等.利用 MOOC 优势重塑教学实现线上线下混合式教学新模式［J］.中国大学教学，2018（5）：37-41.

［10］马一.线上线下混合式教学行动研究：信息技术与思政课教学融合创新［J］.教育学术月刊，2020（7）：97-105.

"智能+"教育背景下以学习者自主为中心的学生学业发展体系构建探索[①]

廖春华[②]   欧李梅[③]

摘　要： 智能时代对学生课程学习和学业发展提出了新的要求和挑战，构建以学习者自主为中心的学生学业发展体系，需要立足于"智能+"教育背景带来的新的逻辑样态。本文通过探索构建全面突出以学习者自主为中心的学生学业发展体系，运用信息技术、跨界融合和协同创新，最大限度地调动和激发学生自主学习的可能路径，提升学生的课程学习效果；从学习动机、学习引导、学习评价等层面由浅入深、由知入行唤醒学生学习的主体意识和主体精神，并聚焦特色教学资源挖掘与共享、智能教学管理服务提升、专家指导团队建设形成学业发展体系的支撑，为学生基于自主性的精准学习和学业发展提供全方位支持，强化学生课程学习的体验感。

关键词： "智能+"教育；学习者自主；学业发展体系；课程学习效果

科技革命和产业革命带来的信息技术迅猛发展改变了教师教学、学生学习、教学管理、教育形态，新一代信息技术，尤其是人工智能技术已经成为教育、教学和学习变革的核心驱动力，也对创新人才培养提出了新要求和新挑战。高校学生学业发展体系是实现人才培养的重要抓手。教育领域的智能技术迅猛发展对传统知识观造成了冲击，顺应"智能+"教育背景带来的未来教育范式的转换，应当在智慧化教学空间场域和个性化精准教学之间把握智能范式的逻辑转换。"智能+"时代对学生的自主学习能力提出了更高的要求，学生学业发展更是面临一场大考：如何激发学生主动参与到知

---

①　【基金项目】本文系四川省高等教育人才培养质量和教学改革项目"基于现代学习观的大学生学习效率与学业提升机制探索"和"经管类虚拟仿真实验教学体系的建设与实践"阶段性研究成果。本文以《智能时代以自主学习为中心的学生学业发展体系构建探索》为题发表于《中国大学教学》2020年第10期。原文有修改。

②　廖春华（1978—），女，西南财经大学教务处副处长，副研究员，主要研究方向：高等教育管理、教育经济与管理。

③　欧李梅（1988—），女，西南财经大学教务处，主要研究方向：高等教育管理。

识的意义构建中来？如何在海量教学资源中高效地为学生做好特定内容精准分类遴选分发？如何针对线上学习的实际效果和目标完成情况开展高信度评估？如何突破时间空间分置情境为学生提供实时指导，强化学生课程学习效果？"智能+"教育背景下教育工作者有必要思考促进学生学业发展的新思路，探索构建以学习者自主为中心的学生学业发展体系，以技术性便利、技术性创新推动学习者与培养体系间同步提升互动水平，通过技术场景提升知识技能传播效能，以技术集聚增大知识技能储备密度，以技术协同提振学习者自主学习探索的动力，不断转变优化教育环境、教育策略、教育途径和教育内容。

一、"智能+"教育背景下学生学业发展体系的逻辑转向

顺应信息技术迭代趋优和颠覆式创新的潮流，学生学业发展体系的内涵、特质以及模式正在重塑而生。"智能+"教育背景下传统的学生学业发展体系难以灵活、系统和全面地面对日新月异的信息技术带来的颠覆性方式转变。在"智能+"教育背景下，学生学业发展体系面临着学习动机、发展导向和路径内容的三重转向。学生学业发展体系应更加注重唤醒学习者主体意识，更加主动开放与共享，更加协同智能与个性化。

（一）学习动机：被动学习向主动学习的转向

在自主性学习领域的先驱亨利·霍利克（Henri Holec）的定义里，学习者自主是一种"对自己学习负责的能力"。我国教育心理学家庞维国将自主学习定义为一项在自我意识发展、内在学习动机、一定学习策略和持续努力四大基础上的"能学""想学""会学"和"坚持学"的能力。学习者的主动学习是学习者自我、个体行为和外部环境三者相互作用、互为影响而产生的结果。信息技术融入教育教学，将学习环境、教师教学变革、学生个性化培养等维度进行深度整合，以此塑造学生更强的思维品质，激发更高的学习潜能，从而提升学生的学习获得感。"智能+"教育背景下要实现高水平的学习者自主，关键是激发学习者的内生动力，不断激发与学习者学习相关联的责任感，注重学习引导、推进学习改革，创设有利于自主学习的空间和氛围，让学生实现从以知识为主的学习向以创新创造为主的自主性学习的转变。

（二）发展导向：单一引导向协同发展的转向

信息技术与学习活动的协调互动，通常带来的直接效果就是打通了多主体之间的互动壁垒，降低了技术性、制度性梗阻对关联要素的影响，强化了多主体之间的协调性。教师需要丰富数据素养、生成智慧教学思维，通过混合式教学为学生创建高度参与的个性化学习体验，引导学生自我构建。学生需要在教师引导、同伴协作、自主学

习中探索与反思，逐步养成主动学习的习惯，从而实现"智能+"教育背景下的深度学习。教学管理部门需要瞄准学生学业发展的阶段性、差异化需求，设计贯穿学生大学四年的学业指导项目，为学生提供系统化自律、自主、互助、引导、提高等不同需求路径的联动性学习支持，建立全员参与、全员协同的学业指导机制。

（三）路径内容：传统维度向精准施策的转向

"互联网+教学"和"智能+教学"新形态下的学习指导创新，是教育信息化发展过程中的教改新课题，政策实施的关键在于三个方面问题的破解：一是转变教学理念和思维方式。要在认知体系图谱中强化归零思维、迭代思维、跨界思维和创新思维的权重匹配，教育教学的各环节要将转变教学理念和思维方式作为最基础、最底层的价值根基，教学观、教师观、学生观、学习观和评价观要直接围绕价值根基进行设置、优化和执行，并将这一过程贯穿学习指导的全周期。二是推动学习指导创新应用。没有一种课堂是永恒的，没有一种学习指导是长存的。现代信息技术深刻改变着学习者寻求知识的方式，学生在海量信息中面临选择困惑，在智能学习环境下趋向技术依赖和表层学习，符合互联网特征的学习指导显得尤为关键。三是搭建多维学习支持平台。学习指导创新注重建设精致多元充裕的课程资源，建设信息化、智能化教学管理与服务，建立立体化且可及性强的学业指导专家团队，直接参与学生个性化学习指导和多样共享环境的培育。

有鉴于此，应对教育信息化带来的环境变化需要重新构建以学习者自主为中心的学生学业发展体系（见图1），包含学习动机、学习引导、学习评价三大要素。该体系首先以学习者自主为基础，注重激发学习者潜在的学习动机，提高个体学习责任感；其次注重强化学习过程引导，强化自主学习支持，同时改革学习评价，营造自主学习氛围；最后以课程资源库、智能教学管理、个性化指导三大资源、平台和保障为学生基于自主性的精准学习和学业发展提供全方位支持，从而提升学生课程学习的获得感。

二、以学习者自主为中心的学业发展框架：动机、过程与评价

教育是唤醒人类灵魂的活动。真正的教育不在于传授给学生具体的知识，而在于激发学生自我教育的潜力和提升学生自我学习的能力。智能时代的学业指导体系，更应挖掘并塑造学习者自主学习的能力，注重从学习动机、学习引导、学习评价等层面由浅入深、由知入行唤醒学生的学习主体意识和主体精神，把推进学生喜欢学习、主动学习、善于学习和终身学习的目标嵌入人才培养体系发展过程中，实现学生学业发展体系的全面完善和持续更新。

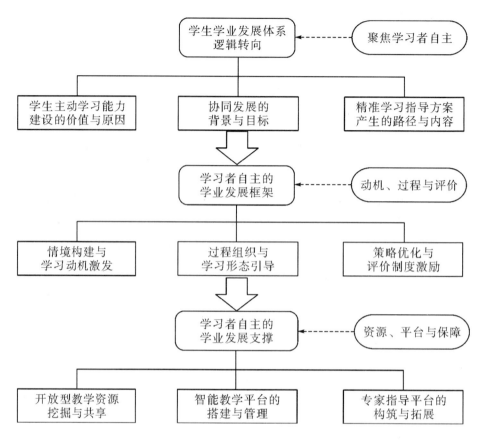

图1 以学习者自主为中心的学生学业发展体系

（一）智能化条件下的情境构建与学习动机激发

学习动机即在意识层面解释了"为什么而学习"。学习动机是推动、维持学习过程的内生动力，是决定学习时间长短、学习效果好坏的关键要素。著名教育心理学家布鲁纳和奥苏贝尔都非常重视内部动机的作用，他们认为学生的主动学习主要受到内部动机的驱使，内部动机相较于外部要素，发挥着更加持续和强烈的驱动作用。有智能化手段介入的学习环境与传统的学习环境相比，容纳适配性更高，更易满足学习者学习中的自我调适。学习者的学习计划、学习进度、内容选择、自我管理等过程都更加依赖于自我决策，这一过程本身也是凸显自我管理、自我评价和自我反思的过程。缺少特定情境、教师干预和其他外部监管指导，学习过程高度依赖于学习者自身的主动性和控制力。一是完善教学设计提升学习者内在学习驱动力。在技术支持的学习环境中，教育者应利用信息技术提供可视化的学习目标达成、设计多样化学习材料呈现方式、创设虚拟的问题情境以及梯度化的课程选择，逐门课程进行深入研究和相机设计，优化教学环节，提高学业挑战度，以学习动机提升为切入点，开发主观能动性导向的学习绩效教育激励制度，鼓励学生自我参与。教学设计中要加大对协作学习、过程性评价的设置权重，以机制设计引导学生逐步内化形成强烈的自主动机，从而实现自主性学习习惯、学习责任的提升固化。二是以突出学习者个体参与提升学习效果。学习者个体参与将原有的灌输式双向教育交互方式转变为学习者与学习内容多向的交互方式，突出了学习者个体自我意识和目标下的知识技能获取与能力构建。借助于信息技术手段，学生突破场景、途径和人际限制，依照自身学业发展目标、兴趣爱好和职业规划制定学习目标、学习计划、学习方式和效果评估，进一步提升学习过程的包容度和人才培养的灵活性。成立本科生课程咨询委员会、读书社、爱学团等学生自主组织团体，开展混合式教学、小班教学、科研能力培养等专项调研，进一步转变学校在教育教学中"大包大揽"式的角色，增强学校与学生之间关系纽带的韧性，保障学生参与本科教学改革的参与效度，促进学生成长自助。三是以榜样教育强化学习者外部学习动机。进一步创新榜样教育模式，在榜样教育革新过程中更加拓展参与主体的覆盖面、协调性，要逐步摆脱已有榜样教育过度说教、缺乏共情说服力的困境，借助现有新媒体、虚拟现实、在线互动等沉浸式活动，用更加鲜活直观的榜样事例、榜样人物激发学生的潜力，强化榜样教育的途径传播力。学生在自我价值的意念驱动下，以面对历史和现实、继承和创新的双重自觉，主动寻求学习和自我全面发展。

（二）数字化约束下的过程组织与学习形态引导

国内外长期的人才培养实践证明，强调个性化的教育才是符合人才培养规律和教育社会效益最大化的路径选择。同样，实践也印证了教师创造性的启迪，师生良性互动、适度的教学管理支持是构建个性化教育最有效的技术手段。"智能+"教育背景下的智慧赋能使得原有的过程组织被打破，数字化的新学习形态逐渐得以构建。这种组织形态主要表现在以下四个方面：一是重构教学师生关系。人工智能赋能的教学情境中，教师要扮演"思维教学设计师、创客教育教练员、学习数据分析师以及学习冰山潜航员"四种核心角色，把以学生为中心作为课堂教学变革的内源性动力和逻辑起点，把教学视为启悟学习者的过程，通过研究导向型教学模式推动引导学生更加主动探索前瞻领域，创造性开展学习。西南财经大学自2009年起在全校范围内推进教学范式改革，提出遵循教学学术观、教学民主观、教学协作观，提倡构建一种在民主平等的教学范围中，师生进行教学沟通和学术讨论，强调构建民主协作的师生关系和开放自由的学习情境。二是重塑学习指导新形态。智慧赋能重视学生在协同网络环境下的自由、交互、多元、共享、个性化的学习过程，强化教师对学生的精准学习策略指导，协助学生开展符合自身学习内容的筛选和学习路径的选择，实现从自主构建到有支持的自适应性学习。教育者应充分运用现有信息技术和互联网信息手段，加大大数据、区块链、人工智能、虚拟现实等技术工具与学业指导支持系统的深层次耦合力度，构建学习者时时能学、处处可学、人人要学的广域学习环境。教育者应进一步优化小班教学、研讨式教育、考核制评估的实施手段和效果评估，鼓励有别于传统的启发、探索、对话式教学方式的运用，逐步构建协同影响、共同提升的学习共同体，有效提升自主学习过程的参与度和协同性。三是重设自主实践新模式。习近平总书记指出："所有知识要转化为能力，都必须躬身实践。"对经管类专业的学生而言，创新实践能力直接影响职业发展前景和社会价值创造，财经类高校应充分运用虚拟仿真技术、大数据、云计算等现代技术通过竞赛、课程、仿真实践等多种方式拓展学生自主实践模式。财经类高校应围绕财经实操能力发展举办竞赛，如德勤税务精英挑战赛、"花旗杯"金融创新应用大赛等，促进竞赛课程化和实践课程化，推进第一、二课堂深度融合，提升学生各类专业知识和技能的融会贯通。财经类高校应拓宽创新创业主题训练营、夏令营、工作坊等教学形势的设置频次，让创新教学方式覆盖更多的学生主体，鼓励并组织学生参加中国"互联网+"大学生创新创业大赛、挑战杯竞赛等系列重大赛事。财经类高校依托现代金融创新实验教学中心、经济管理实验教学中心、现代金融虚拟仿真实验教学中心等各类实验中心，搭建立体化和多维度的虚拟仿真商业社会环境实验平台、仿真教学环境、实验教学场景等，运用虚拟仿真技术实现"把商业社会搬进校园"。财经类高校应设立股份转让平台，构建校内微型"股市"，让金融投资理论在学校得到实践。四是重建教学管理新制度。灵活化专业选择、多元化课程体系等可以为学生提供多样化与自主性兼备的双重制度安排，满足差异性学业要求，在制度设计方面考量学生修读专业选择的容错度，更多鼓励学生跨专业、跨平台、跨领域交叉融合学习。2019 年，国务院学位委员会发布的《学士学位授权与授予管理办法》设置辅修学士学位、双学士学位、联合培养学士学位，为实现培养跨学科创新创造人才和盘活校级优质教学资源创造了良好的政策条件。2020 年，各大高校纷纷开启多层次多主体联合培养模式，通过创新多方协作机制、加强课程与培养方式多样性等，进一步探索"高校-高校""高校-企业"和"高校-部门"人才培养模式改革。西南财经大学与电子科技大学联合开设"金融学+计算机科学与技术"联合学士学位项目，打造"新文科+新工科"的人才培养新模式，旨在发挥双赢优势，共同培养具有跨界创新能力的复合型金融科技精英。

（三）大数据背景下的策略优化与评价制度激励

学习过程是渐进性的、过程化的和个性化的，学习效果的评价并不是为了证明（prove）而是为了改进（improve），要以激发学习动力和促进学习为着力点，构建基于大数据的线上线下全过程动态化学习评价框架。高校应以大数据方法为抓手，打破传统学业评价的单一化维度，构建多元化的评价体系。一是优化多层次学习评价维度。

高校应围绕学习动机、学习过程和学习效果三位一体建构多层次评价体系，倒逼学生主动进入自主学习、强化知识理解为主体的自主学习环境，深化教育教学过程中对学生掌握核心知识、基本技能方法的评价比重。二是重视以学习过程为主的形成性评价。高校应注重线上线下学习过程的动态平衡，通过建立学习者学习内容和表现定向反馈机制，实施弹性动态式的教学方式调整，防止单一学习环境偏废形成的路径依赖；同时，注重学习者学习过程的体验感表达，使学习者在学习中有更加直观和长期的自我实现感、自我获得感，积极享受自主、轻松、有效和持续的学习过程。三是构建多元开放的评价主体体系。高校应利用智能辅助教学系统，完善自评、他评、师评的综合型评价机制，让学习者作为学习的主体和意义构建者参与到学习评价中，为多元主体参与评价提供"扁平化"条件，为学生的学习效果提供全面立体的价值判断。新冠肺炎疫情期间，以大数据为分析工具的在线学习底层数据分析为进行在线学习优化和数据支持提供了客观的决策信息源，在线学习评价的目标更加关注知识建构、批判性思维以及问题解决能力发展，部分高校的在线学习评价逐步实现从学习输入端向学习输出端的转变。

三、以学习者自主为中心的学业发展支撑：资源、平台与保障

在"智能+"教育背景下，以智能技术作为基础的学习环境理念，主张通过信息技术的参与应用统筹谋划数字教学资源的孵化与挖掘，以技术的工具化效能提升教学资源载体的通达性和便利性，创造一个集成体系、便于获取、突破时空、更加智能、能够满足多样化需求的学习环境，为自主拓展学习、完善学生学业发展体系提供保障。

（一）促进开放型教学资源挖掘与共享

高校应推进以互联网为核心的新技术、新业态与教育教学的广泛衔接与深度融合，打好资源建设三张牌，满足学生自主性学习、探索性学习和创新性学习。一是打好特色牌。高校应坚持"人无我有""人有我优""人优我特"思路，以优势学科为主干，加强优质数字化教育资源的积累和提质，以政策导向激励师生加大产出原创性强、前瞻性优、特色鲜明的课程创新方案。西南财经大学重点建设金融数学、博弈论与信息经济学、法务会计、管理经济学等跨学科课程和量化交易、深度学习、区块链技术与加密数字货币、金融智能等新财经核心课程体系，着力拓展相关核心文献库、数据库、案例库、问题库、习题库等配套教学资源储备建设深度，缩短资源库刷新更新时间差，为师生提供可开放、能共享、品类齐、实效强的优秀学习资源。二是打好集聚优势牌。高校应强化名校、名师、名专业效应，强化品牌建设效应，发挥资源优势高地虹吸效

应，深挖并整合内部优质资源，吸纳引进外部差异资源，巩固人才培养平台，发挥教育教学体系的集聚效应，将内外资源的贯通集聚优势转化为资源建设的基础性支撑。当前，教育部提出"五大金课"建设，把大力推动在线开放课程建、用、学作为实现中国高等教育质量特别是人才培养质量"变轨超车"的关键一招。品类齐全、特色鲜明、质量较高的在线课程资源的顺畅供给为高校集聚优势课程的发展提供了重要资源匹配。西南财经大学搭建"大财经"自主学习平台，凸显财经大类及相关专业学生能力素质重点提升，用"会计学在线测试系统"，先行先试国家级精品资源共享课程内容的个性化需求；在货币金融学、投资学等课程中实施问题库、中国金融改革案例库、数据库、文献库、习题库"五个库"课程标准化建设，为学生自主学习提供资源保障；利用信息技术，改造课程模块内容，搭建互动教学与自主学习创新平台，提高学生学习兴趣和效率；在通识基础课程中融合搭建自主学习平台；搭建"数学学习的辅助系统"，帮助学生实时掌握学业进展情况；建设"外研社 i-TEST 平台"，提高学生英语听说读写能力。三是打好共建共享牌。合作共赢是全球高等教育发展的大趋势，高校应坚持共建共享、错位开发教学资源，避免重复开发造成资源浪费。高校应协同区域内高校、其他区域联盟高校等共筹共建，优势互补，突破校与校之间的物理隔离，最大程度盘活现有存量，强化教学资源供给侧与人才培养需求侧的对接。联盟成为目前高校实现优势互补、联合发展、共建共享的强大武器。联盟既有区域性的也有全国性的，又有针对特定专业领域的，如虚拟仿真实验教学创新联盟、中国高校财经慕课联盟等，也有区域间全局性的，如江苏区域高校战略联盟、成渝地区双城经济圈高校联盟等。参与联盟合作的高校依据合作协议，差异化布局资源优势，形成新型竞合关系，在人才培养、队伍建设、科学研究、学科建设、社会服务、国际合作等方面实现公共资源共享、成本共担、成效共用。高校应完善跨校、跨地区的协同合作机制，搭建优质资源共享平台，通过课程共建互选、师资互派、学生互换、学分互认、经验互通等多种合作模式，进一步满足跨高校和跨地域学习者个性化学习、交叉型学习和终身化学习需求，推动实现优质课程资源效益最大化。

（二）智能教学平台的搭建与管理

在传统教学管理过程中，高校一般通过课堂听讲评教、学生评教等活动进行教学监控和管理，效率较低且不能从本质上优化管理、提升质量。数字化教学资源建设和应用为教学改革带来了新机遇，高校要充分利用互联网技术等，搭建智能化教学管理平台，支撑学习者自主学习。一是搭建智能化教-学-管联动平台。高校应以学生学习为中心，构建涵盖教学、学习、教育管理服务与决策的，系统化的，为学生学业发展服务的管理体系，强化学生主观层面对外部学习环境的感知应对和学习支持的响应。

高校应建设智能化本科教学管理系统，推动招生、培养、资助、科研、就业、校友等业务线上线下"一表通"，实现"一门通"的"互联网+"事务办理机制建设，实现业务数据一表通查，通过大数据分析为专业调整、教研教改、政策制定等提供数据支撑和决策依据。高校应统筹全校资源，建成学生大数据库、学生网上办事大厅、学生自助服务站、学生管理服务平台的"一库一厅一站一平台"管理服务体系。二是以全场景线上数据服务线下教学。高校应强化教师线上线下教与学行为的数据挖掘，通过对各类教学状态数据的统计与分析，为线下教学管理与质量监控提供客观、准确的依据，为学生学习策略改进等教学改革提供依据，提升教学水平。高校应建立教师教学发展电子档案，通过对教师专业学习和教学生涯个性化、直观化的鲜活记录，系统分析教师教学行为和教学发展历程，促进教师进行教学反思，提高教师教学能力，提升课程教学质量。三是完善智能学业指导管理体系。高校应通过记录个体学习场景、采集学习数据，分析学习行为，监测学习效果，把握不同特征、类别个体的最佳学习过程，实施教与学的行为轨迹跟踪与诊断改进，开展学习效果即时性评价，帮助学生反思并优化学习方案。高校应建立学生学业发展电子档案，通过大数据系统分析学生学业状态，精准把握学生学业情况，协同校内教务、学工、心理、就业、校友等多个部门从学生学业发展资助、创新创业、职业生涯规划教育和就业指导等全方位联动，通过精细化方案实现对学生学业的精确管理，促进学生学习效果提升和全方位发展。

（三）专家指导平台的搭建与拓展

自主学习是由环境决定的多方面的现实存在，尽管教师不能代替学习者进行学习，但教师的指导不可或缺。《论语》中的"不愤不启，不悱不发"也表明了教师因时制宜的引导与启发的重要性。在"智能+"教育背景下的高等教育中，教师对学生的个性化、灵活化的学习指导变得尤为重要，因此要构建学业导师、科研导师、生活导师和朋辈导师"四导师制"，建立学业指导与咨询专家库，组成理念新、能力强、肯投入的优秀导师集群，形成学业指导常态工作机制。一是以朋辈辅导实现学生自我成长。高校应围绕学生需求，建立以优秀学生、校友为主体的朋辈辅导资源库，发挥朋辈教育新老传承优势和群体协同优势。高校应启发和鼓励学生主动寻找学业互助伙伴，引导和促进学生积极建立互助合作关系，通过朋辈间的相互影响和相互作用来促进大学生的自我成长。高校应推行本科课程教学助理制，实施教学助理与学生同班上课，组织小班讨论、开展案例分析、协助文献读书会、指导参与学科竞赛，搭建朋辈交流平台，以朋辈学习成长经历影响激发学生的志趣，增加学生学习投入，促进学生乐学爱学、共学共进。二是以校内导师队伍定制个性化辅导。高校应汇聚校内优秀专业教师、辅导员以及教学管理人员，针对个性化学习方式、学业规划、生活指导和特色需求的不同，采取坐诊式、临床式、活动式、巡诊式等多种方式，为学生定期、定时、全过程量身定制指导方案，从学习计划制订、职业生涯规划、学术论文撰写、学习方式探讨、生活感悟交流等全方位形成导师对学生潜移默化的浸润。三是以行业协同加强人才培养互动。高校应加大与国家战略性新兴产业、前沿财经科技等相关的一流企业和政府部门合作，通过联合科研、共同开发课程等方式，将外校教师、实务导师等要素整合到学业指导共同体结构内，不断厚植协同培养的优质办学资源，促进多背景、多层次人才培养资源的整合凝聚，实现人才培养过程要素选优汰劣。高校应建设跨年级、跨专业、跨行业、跨区域的校友跨界合作平台，优化校友反哺人才培养机制，推动校友为学校发展献策出力。高校应进一步完善校友参与校园支持网络体系建设，增强校友间社会资本辐射支持效用，推动校友事业发展与学校发展同频共振。

参考文献

［1］HOLEC H. Autonomy and foreign language learning［M］. Oxford：Pergamon，1981.

［2］庞维国. 自主学习：学与教的原理和策略［M］. 上海：华东师范大学出版社，2003.

［3］潘懋元，陈斌. "互联网+教育"是高校教学改革的必然趋势［J］. 重庆高教研究，2017（1）：3-8.

［4］祝智庭，魏非. 面向智慧教育的教师发展创新路径［J］. 中国教育学刊，2017（9）：21-28.

［5］李永强，马骁，廖春华，等. 适应教育信息化进程 持续推进课程教学范式改革［J］. 中国高等教育，2015（5）：42-44.

［6］吴南中. 论在线学习范式的变迁：从自主学习到自适应学习［J］. 现代远距离教育，2016（2）：42-48.

［7］张学立，谢治菊. 大学生学业评价体系改革：动因、问题及对策［J］. 中国大学教学，2017（6）：89-96.

［8］刘礼明. 美国电子教学档案袋对我国教师专业化发展的启示［J］. 外国教育研究，2008（7）：69-73.

基于计量经济学慕课课程的 学生满意度模型评价研究[①]

万建香[②]　于丽霞[③]　罗序斌[④]

摘　要：网络课程越来越大众化，为学生提供了新的学习窗口，使得知识资源的共享更加快速和高效。因为网络课程本身具有虚拟教学的特点，所以学生的学习效果和学习满意度难以感知。基于此，本文通过研究计量经济学慕课的学生满意度和持续学习意愿的影响因素以及两者之间的关系，提出 PCVI 慕课课程满意度的模型假设并运用 SPSS 和 AMOS 进行实证验证。研究结果表明假设成立，同时研究发现：第一，学生满意度的影响因素主要包括平台支持、内容导向、价值导向和交互反馈四个维度；第二，学生满意度对其持续学习的意愿有绝对的影响；第三，学生的持续学习意愿有四种影响路径，平台支持、内容导向更倾向于作为"基础建设"主要发挥间接影响。针对研究结果，本文从慕课平台服务质量的优化、课程内容质量完善和学生交互情感需求的满足等多方面提出相应建议。

关键词：学习满意度；满意度模型；持续学习意愿；结构方程模型

一、引言

随着互联网和移动通信技术的兴起与发展，网络教学应运而生。根据《第 44 次中

---

① 【基金项目】江西财经大学校级课题"我校公共数学'大班教学、小班研讨'的教学模式研究"、江西财经大学校级课题"计量经济学课程 MOOC 教学模式与建设路径探讨"。

② 万建香（1973—），女，江西财经大学，教授，主要研究方向：计量经济学、经济管理与定量分析、区域经济管理研究。

③ 于丽霞（1997—），女，江西财经大学，硕士研究生，主要研究方向：经济决策与定量分析。

④ 罗序斌（1981—），男，江西师范大学，副教授，主要研究方向：经济学基础理论教学与区域经济发展研究。

国互联网络发展状况统计报告》，近年来，我国在线教育发展规模在逐渐扩大，截至2019 年 6 月底，我国在线教育用户量高达 2.32 亿人，占整体网民的 27.2%。网络教学已深刻改变了教师与学生的教学互动方式，消除了时间上的约束，打破了空间上的桎梏，为众多的学习者提供了更加便捷的学习途径和方式，逐渐成为学习的重要阵地之一。网络课程带来便利的同时，随之而来的是由于师生之间的虚拟交互使得学习者缺乏监督，学习效果无法准确测评，甚至会出现学习者的满意度和持续参与度下降的现象。

网络课程用户满意度是学习者对于网络课程的体验感受的反馈。如果将网络课程看成一件"产品"，那么在线学习者就是"消费者"，网络课程作为"产品"本身就应当以"消费者"的需求为导向，优化网络课程本身使其更加贴合学习者的需求才会有助于提高学习者的满意度和持续学习意愿。慕课教学是慕课平台、教师、学生等多方共同参与的过程，其中学生是教学过程中的客体，因此以学生为中心的慕课教学评价是科学的（姚丹丹，2018）。对学生满意度和持续学习的影响因素进行研究也有利于教师、慕课平台和学校更加细致地了解在线学习者的学习诉求，从而有针对性地对慕课平台、教师的教学计划、结构、内容以及高校的管理方式及时地进行优化和调整。

考虑到数据来源的真实性、有效性和可获得性，本文将以江西财经大学在中国大学慕课平台中的计量经济学为例，运用 SPSS 探索影响课程用户满意度的主要因素，并通过结构方程模型进行验证，分析其影响路径，从用户角度出发为以后计量经济学课程的教学调整提供更多可靠和合理的数据支撑，也为其他网络教学课程提供相应的借鉴。

二、慕课课程满意度评价模型

满意度是一种程度，大量专家学者认为顾客满意度是顾客得到产品或服务与自己期望相符或超出后所形成的愉悦的心理状态（刘星浩，2019）。网络课程的学生满意度就是学生付出学费、时间和精力等各方面的成本，通过网络课程学习与心理或预期目标相符后所形成的心理状态，也是对所学课程的一个价值认同的过程（Kuo Y C，2013）。

关于满意度模型，学生作为"消费者"，慕课课程作为"产品"，学生学习慕课课程的过程也就是消费者消费的过程，因此顾客满意度模型也适用于学生满意度模型（刘营军，2018）。国内外的学者从不同的角度出发研究学习满意度的问题。马韦塔（McVeatta，1981）将教学质量、管理质量和师生的互动交流作为影响学生满意度的三个测量维度。孔瑟谷（Koseoglu，2016）认为，平台的直接教学交流和师生之间的相互接纳能影响学生的满意度。泊松-洛佩斯（Pozon-Lopez，2020）发现网络课程质量、娱乐价值和有用性会影响学生对课程的满意度感知。肖翔（2018）构建了课程框架设计、课程教学资源、课程活动与交互、评估与考核、学习者支持、美观与实用性多个维度研究在线学习者的满意度。冯燕芳（2019）从感知有用性与易用性体验、学习满意度等分析慕课持续学习的影响因素。张杰（2019）认为，影响学生满意度的指标主要有技术性指标、界面设计、教学内容与资源和教学的互动性。李莹莹（2020）认为，网络教学质量、学生价值感知、网络自我效能感、网络使用能力、网络交互等对满意度有显著的影响。有研究者（Tawafak，2018）研究发现，学业成绩、学生满意度、有效性和支持度评估这四个因素是影响学生持续学习意愿的主要因素。

综上所述，学术界对于学生满意度的研究已由侧重服务质量的宏观研究转向以学生为研究对象的个体研究，更多地考虑了学生的交互体验等方面的影响。相关研究缺乏满意度影响因素之间相互作用的研究以及学生最终学习行为、持续学习意愿与满意度之间关系的研究。因此，本文根据文献参考并结合慕课课程的特点，将其满意度影响因素划分为多个不同维度，即平台支持、内容导向、价值导向和交互反馈四个维度；同时，考虑到满意度对持续学习意愿的影响，构建了慕课课程学习满意度评价模型（platform support-content orientation-value orientation-interactive feedback model，PCVI）。课程满意度评价模型如图1所示。

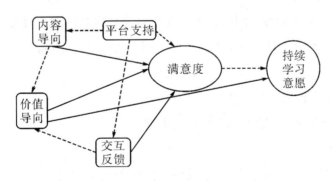

图1　课程满意度评价模型

三、研究设计与实施

（一）研究假设

1. 平台支持

慕课作为一个网络课程学习的平台，其为教师和学生（简称"用户"）提供了沟通的平台与渠道，其本质是为教师授课和学生学习服务的（Valverde-Berrocoso，

2020），因此平台支持对教师和学生之间的交互反馈产生影响（马红亮，2019）。慕课平台页面、操作流程、功能设计和特点（Fianu & Eli，2020）对用户的满意度有最根本的影响（胡莹，2015），学生的最初学习体验效果来自平台的使用感受，因此平台支持对学生的满意度有最基本的影响。平台对课程内容的输出有一定的规范要求，同时也建立了学生学习过程中的单元检测、弹题等监督性设计，因此平台支持对内容导向也产生影响。本文提出假设1至假设3：

假设1：平台支持对学生满意度有正向的影响。

假设2：平台支持对内容导向有正向的影响。

假设3：平台支持对交互反馈有正向的影响。

2. 内容导向

在学习慕课课程的过程中，学生能在学习的过程中感知到课程教学内容的完整合理程度、教学资源的丰富程度（朱连才，2020）。其中，教学内容包括课程视频的内容、质量以及内容设计，这些内容能够影响学生的直接学习效果（马金金，2017），进而影响学生的满意度。教学资源包括文本资源与交流资源，文本资源，如课程的PPT、公告和作业等资料能够帮助学生课前预习和课后复习，及时了解自己的学习状况进而影响学生满意度（Hew，2020）；交流资源主要是增设助教团队帮助答疑，促进学生与学生之间、教师与学生之间的交流（高江江，2018），使学生的学习疑惑得到及时解决，从而使其更有动力学习。同时，学生在学习课程内容的这个过程中，也会获得知识、交流、情感体验等方面价值需求（Romero-Frias，2020）的满足。本文提出假设4、假设5。

假设4：内容导向对学生的满意程度有正向的影响。

假设5：内容导向对价值导向有正向的影响。

3. 价值导向

感知价值指的是用户在使用产品或服务后衡量所获收益的个人主观感受。孙萌（2018）通过研究发现，感知价值可以正向增强用户的满意度，是网络课程真正实现学生满意管理的必要前提。栾碧雅（2000）认为，慕课课程的感知价值可以划分为两个维度：功能价值（知识获取、人际交往等）和情感价值（感到心情愉悦、利于互动评论等）。因此，关于价值导向的影响因素主要包括三个方面：知识获得、能力提升以及情感满足。这些因素都有利于学生从课程学习中受益，进而产生满意度。对一些基于价值导向需求的学生而言，可能满意相对于价值提升是次要影响因素，也可能会直接促进学生持续学习的意愿。本文提出以下假设6、假设7。

假设6：价值导向对满意度有正向的影响。

假设 7：价值导向对持续学习意愿有正向的影响。

4. 交互反馈

交互反馈，即师生、生生之间的交流过程，也是人与人之间最基本的沟通需求。慕课的学习模式也主要集中在师生基于慕课平台的交互教学（于翔，2020），学生的交互对其学习满意度有着显著的影响（王宁，2014）。在沟通的过程中，学生的疑问得到解答、建议得到反馈、与其他同学进行问题探讨（崔国强，2014）都是有利于学生提高学习满意度的方法。学生在交流的过程中，会实现社会交互情感的满足（薄斌，2016；Fang & Jia Ming，2019）、能力的提升等，这也进而影响了学生的价值获得（胡勇，2012）。本文提出假设 8、假设 9。

假设 8：交互反馈对满意度有正向的影响。

假设 9：交互反馈对价值导向有正向的影响。

5. 持续学习意愿

学生的持续学习意愿是检验课程是否足够有"魅力"的最直接体现。学生在起初对课程的接纳并不代表学生会持续地学习该课程（Rabin & Eya，2020）。平台支持、内容导向、价值导向和交互反馈多种因素对学生满意度的影响积累叠加而最终呈现为学生是否继续学习的表现（马金金，2017）。本文提出假设 10。

假设 10：满意度对持续学习意愿有正向的影响。

（二）指标甄选

探究综合计量经济学慕课学生满意度指标特征，进行专家综合考量，其中考量标准为：第一，属于研究假设的相关指标；第二，体现计量经济学网络课程特色的指标；第三，指标语言简洁易懂；第四，指标意思明确。本文通过上述标准筛选后共得到指标 46 项，分别如下：

（1）内容导向 13 项：画面清晰流畅（C1）、普通话标准（C2）、内容逻辑清晰（C3）、实验操作熟练（C4）、解释深入浅出（C5）、配备专题部分（C6）、专题案例典型（C7）、专题案例的延伸和拓展（C8）、实验要点讲解得当（C9）、课件易获取（C10）、课件与章节内容对应（C11）、课件简洁明了（C12）、实验结果易得到（C13）。

（2）平台支持 6 项：弹题吸引注意力（C14）、弹题调动积极性（C15）、单元测验查漏补缺（C16）、难易程度合理（C17）、作业有助于理解（C18）、单元作业加深理解（C19）。

（3）交互反馈 15 项：课程发布公告（C20）、助教团及时回复（C21）、助教团更新学习资源（C22）、教师团师资力量雄厚（C23）、授课教师教风端正（C24）、授课教师答疑具有权威性（C25）、答疑具有引导性（C26）、适当调整教学计划（C27）、设有课堂交流区（C28）、教师鼓励（C29）、设有综合讨论区（C30）、讨论区促进交流互动（C31）、教材具有权威性（C32）、有教学周计划（C33）、考核评价方式灵活（C34）。

（4）价值导向 12 项：提升数据采集能力（J1）、提升数据分析能力（J2）、提升科研能力（J3）、提升竞赛能力（J4）、提升人际交往能力（J5）、得到情感上和心理上的满足（J6）、得到教师的反馈（J7）、具有社区归属感（J8）、费用成本刺激学习（J9）、提升了学习效率（J10）、有吸引力的学习环境（J11）、以学生为中心（J12）。

（三）样本描述

本文选用描述统计、探索性因子分析以及验证性因子分析为主要研究方法，并在此基础上进行问卷调查。整个问卷在江西财经大学慕课计量经济学交流群和平台以公告形式发放，过程历时 1 个月，共回收问卷 320 份，通过有效性筛选，选出 308 份，有效率为 96.3%。笔者将其随机分为两部分（研究为保证样本选择的有效性和随机性），各为 154 份，分别用于探索性因子分析与验证性因子分析。调查问卷人口统计学变量如表 1 所示。主要的学生群体以本科生为主，硕士次之；院校主要集中在普通本科院校，"211 工程"建设院校和"985 工程"建设院校相对较少；各个院校类型都有涉及；经济类和管理类专业的学生居多，学习计量经济学有可能是由于学生专业需求所致。

表1　调查问卷人口统计学变量

探索性分析阶段（$n=154$）				验证性分析阶段（$n=154$）			
项目1	项目2	数量	占比/%	项目1	项目2	数量	占比/%
性别	男	46	29.87	性别	男	50	32.47
	女	108	70.13		女	104	67.53
学历	专科	2	1.30	学历	专科	1	0.65
	本科	123	79.87		本科	131	85.06
	硕士	22	14.29		硕士	19	12.34
	博士	7	4.55		博士	3	1.95
院校	"985 工程"建设	1	0.65	院校	"985 工程"建设	1	0.65
	"211 工程"建设	2	1.30		"211 工程"建设	5	3.25
	普通本科院校	150	97.40		普通本科院校	148	96.10
	高职院校	1	0.65		高职院校	0	0

表 1（续）

探索性分析阶段（$n=154$）				验证性分析阶段（$n=154$）			
项目 1	项目 2	数量	占比/%	项目 1	项目 2	数量	占比/%
院校类型	师范类	40	25.97	院校类型	师范类	53	34.42
	综合类	34	22.08		综合类	29	18.83
	财经类	74	48.05		财经类	63	40.91
	其他	6	3.90		其他	9	5.84
专业	经济类	63	40.91	专业	经济类	79	51.30
	社会学类	2	1.30		社会学类	1	0.65
	管理类	78	50.65		管理类	67	43.51
	其他	11	7.14		其他	7	4.54

四、计量分析与讨论

（一）探索性因子分析

通过前文研究已知用户学习满意度的影响因素共包括 4 个测量条目。在此基础上，研究对已获取的 154 个有效样本进行 KMO 检验和巴特利特（Bartlett）球形检验，检验结果如表 2 所示。KMO 检验值为 0.958，Bartlett 球形检验值为 11 973.477，显著性小于 0.001。可靠性分析结果如表 3 所示，Alpha 值为 0.992。综上所述，量表信度甚佳，符合探索性因子分析标准。

表 2　检验结果

KMO 取样适切性量数		0.958
巴特利特球形度检验	近似卡方	11 973.477
	自由度	1 225
	显著性	0

表 3　可靠性分析结果

克隆巴赫 Alpha	基于标准化项的 克隆巴赫 Alpha	项数
0.991	0.992	50

本文根据项目分析原则进行题项初步筛选，分析原则共包括以下三项：第一，共同因子负荷量需大于 0.50；第二，共同因子载荷量有且只能有 1 个超过 0.50；第三，

各共同因子载荷量应有较大差异。本文基于项目分析原则得出结论：因子分析操作方面，构建协方差矩阵，用主成分分析法提取因子，并通过最大方差法旋转，经过 9 次旋转后收敛，指标呈现出清晰的四因子结构，总方差解释率为 80.084%（见表4）。

表4　计量经济学慕课满意度影响要素的探索性因子分析结果（N=154）

测量题项	因子名称			
	内容导向	价值导向	交互反馈	平台支持
C1 画面清晰流畅	0.701			
C3 内容逻辑清晰	0.619			
C5 解释深入浅出	0.709			
C8 专题案例的延伸和拓展	0.792			
C12 课件简洁明了	0.694			
C13 实验结果易得到	0.659			
C16 单元测验查漏补缺	0.681			
J3 提升科研能力		0.663		
J4 提升竞赛能力		0.727		
J5 提升人际交往能力		0.781		
J7 得到教师的反馈		0.633		
J8 具有社区归属感		0.831		
J10 提升了学习效率		0.717		
J12 以学生为中心		0.592		
C23 教师团师资力量雄厚			0.612	.
C26 答疑具有引导性			0.623	
C27 适当调整教学计划			0.675	
C28 设有课堂交流区			0.604	
C29 教师鼓励			0.574	
C14 弹题吸引注意力				0.66
C15 弹题调动积极性				0.666
特征值	13.43	11.478	9.981	5.153
方差贡献率/%	26.86	22.956	19.962	10.306
累计方差贡献率/%	26.86	49.816	69.778	80.084

　　根据探索性因子分析结果中各测量条码的内涵和意义，对上述四个因子进行归类。因子1（内容导向）包括画面清晰流畅、内容逻辑清晰、解释深入浅出、专题案例的

延伸和拓展、课件简洁明了、实验结果易得到、单元测验查漏补缺 7 个条目，其集体表现为课程内容的质量、内容设计难易程度。

因子 2（价值导向）包括提升科研能力、提升竞赛能力、提升人际交往能力、得到教师的反馈、具有社区归属感、提升了学习效率、以学生为中心 7 个条目，其集中表现为学习者的学习原因与学习效果。

因子 3（交流反馈）包括教师团师资力量雄厚、答疑具有引导性、适当调整教学计划、设有课堂交流区、教师鼓励 5 个条目，其集中表现为教学者与学生之间的反馈以及学生之间的互动交流。

因子 4（平台支持）包括弹题能吸引注意力和弹题调动积极性 2 个条目，其集中表现为以弹题为主的平台监督特点。

（二）验证性因子分析

本文在探索性因子分析的基础上，运用 AMOS24.0 对剩下的 154 份有效问卷进行验证性因子分析（CFA），对满意度评价模型进行拟合分析，结果见表 5。CMIN/DF 为 2.921（<3）表现出较好的检验值；IFI 为 0.922（>0.9），拟合度非常好；NNFI、NFI、CFI 和 RFI 介于 0.8~0.9，拟合度较好；GFI 为 0.774（>0.7）、AGFI 为 0.704（>0.7），拟合度一般；RMR 为 0.047（趋于 0），ECVI 为 2.857，可以看出各项指标整体表现出良好的拟合程度。因此，本文通过验证性因子分析可以判定计量经济学慕课的学习满意度评价模型及要素验证拟合度良好，所有参数有效。

表 5　学生满意度影响要素测量验证模型整体拟合度（$N=154$）

模型拟合度	拟合值	适配标准
CMIN/DF（卡方/自由度）	2.921	小于 3，拟合度非常好
GFI	0.774	介于 0.7~0.8，拟合度一般
AGFI	0.704	介于 0.7~0.8，拟合度一般
CFI	0.922	大于 0.9，拟合度非常好
RFI	0.869	介于 0.8~0.9，拟合度较好
IFI	0.922	大于 0.9，拟合度非常好
NFI	0.889	介于 0.8~0.9，拟合度较好
NNFI（TLI）	0.908	介于 0.9~1，拟合度非常好
ECVI	2.857	越小越好（<3）
RMR	0.047	小于 0.1，拟合度较好

计量经济学慕课学生满意度模型假设结果如表 6 所示。其中，除平台支持对学生满意度、内容导向对学生满意度和价值导向对持续学习意愿的影响呈一般显著性外，

大部分的标准化系数路径均大于0.5，显著性较高，因此假设基本成立。

表6　计量经济学慕课学生满意度模型假设结果

	平台支持	内容导向	交互反馈	价值导向	学生满意度
平台支持	—	—	—	—	—
内容导向	0.84(>0.5)	—	—	—	—
交互反馈	0.81(>0.5)	—	—	—	—
价值导向	—	0.31(0.3~0.5)	0.66(>0.5)	—	—
学生满意度	0.12	0.19	0.66(>0.5)	0.72(>0.5)	—
持续学习意愿	—	—	—	0.19	1(>0.5)

在因子载荷系数的内容导向指标中，画面清晰流畅（C1）、内容逻辑清晰（C3）、解释深入浅出（C5）、专题案例的延伸和拓展（C8）、课件简易明了（C12）、实验结果易得到（C13）、单元测验查漏补缺（C16）的系数都大于0.6，具有较高的显著性；价值导向指标中，提升科研能力（J3）、提升竞赛能力（J4）、提升人际交往能力（J5）、得到教师反馈（J7）、具有社区归属感（J8）、提升了学习效率（J10）、以学生为中心（J12）的系数都大于0.8，具有较高的显著性；平台支持指标中，弹题吸引注意力（C14）和弹题调动积极性（C15）的系数均大于0.9，具有非常高的显著性；交互反馈指标中，教师团师资力量雄厚（C23）、答疑具有引导性（C26）、适当调整教学计划（C27）、设有课堂交流区（C28）和教师鼓励（C29）的系数都大于0.7，具有较高的显著性。慕课满意的系数大于0.9，具有非常高的显著性，学习意愿题项中，继续学习和推荐他人学习的系数均大于0.9，具有非常高的显著性。

（三）研究结论

通过以上研究可知，学生满意度影响因素主要包括平台支持、内容导向、价值导向和交互反馈四个因素。这四个因素都在影响学生满意度中扮演着重要角色。其中，价值导向对学生满意度的影响起主导作用，交互反馈对学生满意度的影响至关重要，平台支持相对于对学生满意度的直接影响，主要是通过内容导向和交互反馈的影响发挥间接作用。内容导向相对于对学生满意度的直接影响，其通过价值导向对学生满意度的间接影响更为显著；交互反馈通过直接和以价值导向作为中介变量的间接两个途径对学生满意度产生影响。学生满意度对其持续学习的意愿有着决定性的影响，学生满意度越高，持续学习意愿越强。

因此学生持续学习意愿的影响路径基于以下四种路径：

路径1：平台支持→内容导向→学生满意度→持续学习意愿。

路径2：平台支持→内容导向→价值导向→学生满意度→持续学习意愿。

路径3：交互反馈→价值导向→学生满意度→持续学习意愿。

路径4：平台支持→交互反馈→价值导向→学生满意度→持续学习意愿。

基于此，我们可以得出以下结论：研究结果与研究假设一致，研究假设成立。

五、大学生慕课课程教学优化建议

在信息资源高效共享的今天，大学生慕课平台为教师教学资源的输出和学生接受知识资源共享的成果提供了渠道。学生网络课程的学习体验效果是慕课平台、课程教师和学生共同作用的结果。以学生的学习诉求和教师的教学需求为基本出发点是当前提升慕课服务水平和质量的核心要求，以学生为本是教师开设网络课程的关键所在，交互反馈是学生在网络课程中学习的必要前提。

（一）提升慕课服务质量，发挥慕课平台的监督作用

研究可知，平台支持在三条持续学习意愿的影响路径中都居于起始位置，可见慕课平台的建设对网络课程的后期教学效果发挥着基础性作用。慕课平台直接作用于学生满意度的效果并不显著，而是间接地通过内容导向和交互反馈两个途径对学生满意度产生影响。慕课作为网络课程的平台，为教师和学生双方提供了一个连接的桥梁。学生满意度是通过对教师课程内容和学习交流过程中的感知得到的，因此慕课作为基础性的建设，更应扮演好自己的角色，适时根据教师和学生双方的需求，优化慕课平台，为两者提供更加有效和高效的授课、学习、沟通交流的渠道，为用户提供更加便捷的交互平台。同时，网络课程的虚拟属性使得学生的学习状态和学习效果难以把控，而弹题为督促学生有效学习提供了保障，也是学生满意度的影响因素。基于此，慕课平台在后期的优化中也应当注重丰富学生学习效果监督的有效手段，借此增强学生的学习满意度和持续学习的欲望，提高慕课课程学习的留存率。

（二）深化专题案例内容，确保良好的学生价值感知

通过研究可知，课程内容不仅影响学生满意度，也通过影响学生的价值感知进而影响学生满意度。课程内容关乎学生后期的知识掌握和能力提升的具体效果，教师作为课程内容的创建者，更要从课程内容的硬质量和软质量两个方面抓起。其中，保障课程视频内容的画面清晰度和课件内容的简洁度作为课程内容的硬件质量要求，也是课程内容质量的基本要求。面向学生的教学，课程内容整体的逻辑性和讲解的清晰度是学生进一步理解课程内容的基础，同时结合课程的特色继续保持专题案例的特色，借此实现学生的深度沉浸式学习。只有以满足学生的价值需求为目标，才能更好地为

学生服务，提升学生学习的满意度，进而保证课程的口碑，打造高质量的金牌课程。

（三）建立丰富的沟通渠道满足学生交互体验需求，增强学生的学习黏性

研究可知，交互反馈是影响学生满意度和持续学习意愿的重要因素之一。根据学生的问答情况安排助教在综合讨论区及时地对学生的疑惑进行解答，同时要保证答疑内容的准确性，避免误导学生。学生在学习的过程中不仅知识需求被满足，精神和情感体验也得到满足。课程教学团队应为学生提供更加便捷的交流平台，除讨论区交流之外，通过QQ、微信等经常使用的社交渠道建立群聊，可以形成一个因计量经济学课程而组成的社群。这种交流方式最大限度地减少了师生及生生之间的交流互动的障碍和降低了时间成本，避免教师因没有及时登录慕课平台答疑而对学生满意度产生消极影响的情况发生。同时，同一兴趣爱好的学习者在一起分享与计量相关的知识和观点，交流各自的学习经验和体会，使得学生更有归属感。

参考文献

[1] 姚丹丹，段琛，武彦妮，等. MOOC 环境下现代教学伦理在教学评价方面的实证性研究及思考 [J]. 中国医学伦理学，2018，31（12）：1581-1586.

[2] 刘星浩. 基于结构方程模型的河北科技大学学生满意度研究 [D]. 石家庄：河北科技大学，2019.

[3] KUO Y C, WALKER A E, BELLAND B R, et al. A predictive study of student satisfaction in online education programs [J]. International Review of Research in Open & Distance Learning, 14（1）：107-127.

[4] 刘营军，许柯. 网络在线课程学习满意度影响因素研究 [J]. 中国农业教育，2018（2）：58-63，95.

[5] MCVEATTA R. Factors contributing to student affect, satisfaction and behivoral intention：Research extension at the community college [C]. //The Eastern Communication Association Convention，1981.

[6] KOSEOGLU S, KOUTROPOULOS A. Teaching presence in MOOCs：Perspectives and learning design strategies [C]. // Proceedings of the 10th International Conference on Networked Learning, 2016.

[7] POZON-LOPEZ I, HIGUERAS-CASTILLO E, MUNOZ-LEIVA F, et al. Perceived user satisfaction and intention to use massive open online courses（MOOCs） [J]. Journal of Computing in Higher Education, 2020（2）：85-120.

[8] 肖翔. 基于模糊综合评价在线课程学生满意度的研究 [J]. 科技资讯，2018，16（22）：186-187.

［9］冯燕芳，陈永平．"互联网+"环境下高职传统教学与 MOOC、SPOC 比较分析［J］.职业技术教育，2019，40（5）：41-46.

［10］张杰，张景安，景雯.网络课程满意度评价模型研究［J］.现代教育技术，2010，20（11）：105-109.

［11］李莹莹，张宏梅，张海洲.疫情期间大学生网络学习满意度模型建构与实证检验：基于上海市 15 所高校的调查［J］.开放教育研究，2020，26（4）：102-111.

［12］TAWAFAK R，ROMLI A B，ARSHAH R. Continued intention to use ucom：Four factors for integrating with a technology acceptance model to moderate the satisfaction of learning［J］. IEEE Access，2018（99）：1.

［13］DAI H M，TEO T，RAPPA N A. Understanding continuance intention among MOOC participants：The role of habit and MOOC performance［J］. Computers in Human Behavior，2020（6）：112.

［14］JESUS VALVERDE-BERROCOSO，MARIA DEL CARMEN，GARRIDO-ARROYO，et al. Trends in educational research about e-learning：A systematic literature review（2009-2018）［J］. Sustainability，2020（12）：1-23.

［15］马红亮，白雪梅，杨艳.基于 MOOC 的课程国际化背景下教学存在实证分析［J］.现代远程教育研究，2019，31（4）：65-74.

［16］FIANU E，BLEWETT C，AMPONG G O. Toward the development of a model of student usage of MOOCs［J］. Education and Training，2020，62（5）：521-541.

［17］胡莹，杨兰妹，陈宝玲.网络课程用户体验满意度结构模型的构建与研究［J］.广州大学学报（自然科学版），2015，14（4）：58-65.

［18］朱连才，王宁，杜亚涛.大学生在线学习满意度及其影响因素与提升策略研究［J］.国家教育行政学院学报，2020（5）：82-88.

［19］马金金.网络课程学习满意度评价模型研究［J］.蚌埠学院学报，2017，6（6）：171-176.

［20］HEW K，HU X，QIAO C. What predicts student satisfaction with MOOCs：A gradient boosting trees supervised machine learning and sentiment analysis approach［J］. Computers & Eeucation，2020（145）：1-16.

［21］高江江，于平.慕课环境下学生虚拟实验学习满意度影响因素研究［J］.实验技术与管理，2018，35（1）：221-225.

［22］FRIAS E R，ARQUERO J L，SALVADOR DEL BARRIO-GARCIA. Exploring how student motivation relates to acceptance and participation in MOOCs［J］. Interactive Learning Environments，2020（20）：1-17.

［23］孙萌，唐雪萍，郑勤华.基于日行为模式的学生行为序列分析［J］.开放学习研究，2019，24（2）：39-45.

［24］栾碧雅，张卫东.基于感知理论的移动有声阅读平台用户满意度研究［J］.图书馆学研究，2020（16）：81-90.

［25］BUHR E E, DANIELS L M, GOEGAN L D. Cognitive appraisals mediate relationships between two basic psychological needs and emotions in a massive open online course［J］.Computers In Human Behavior，2019（96）：85-94.

［26］于翔.大数据背景下在线学习者个性化因素研究［J］.陕西教育（高教），2020（8）：61，65.

［27］王宁，琚向红，葛正鹏.开放教育网络课程学习满意度影响因素［J］.开放教育研究，2014，20（6）：111-118.

［28］崔国强，韩锡斌，王淑艳.学生控制源倾向及其它个体差异对在线学习满意度的影响［J］.中国电化教育，2014（8）：55-61.

［29］薄斌，曹家谋.基于OBTL的高职《市场营销》课程学生满意度测评研究［J］.职教论坛，2016（35）：86-90.

［30］FANG J, TANG L, YANG J. Social interaction in MOOCs：The mediating effects of immersive experience and psychological needs satisfaction［J］. Telematics and Informatics，2019，39：75-91.

［31］胡勇，殷丙山.远程教育中的交互分类研究综述［J］.远程教育杂志，2012，30（6）：100-109.

［32］RABIN E, HENDERIKX M, KALMAN Y M. What are the barriers to learners' satisfaction in MOOCs and what predicts them? The role of age, intention, self-regulation, self-efficacy and motivation［J］. Australasian Journal of Educational Technology，2020，36（3）：119-131.

［33］马金金，郭有强.网络课程用户持续使用意愿影响因素研究［J］.安庆师范大学学报（自然科学版），2017，23（4）：43-48，56.

高校思想政治理论课
混合式教学改革的渊源、实践与反思

姜帆①

摘　要：思想政治理论课教学是高校立德树人的重要渠道。在思想政治理论课教学实践中，我们一直注重引导学生看重守护社会的良心、认识担当民族复兴的重任，使学生在了解新中国革命、建设的历史和现实的基础上，把握处理自身与世界关系的根本立场和方法。当前，为实现思想政治理论课的教学目标和宗旨，我们积极推进思政课程的混合式教学改革。在改革进程中，我们必须要明白自己从哪里来，即厘清改革的渊源，夯实理念基础；必须清楚自己向何处去，即始终坚守思政课程的性质和特点，做好课堂理论教学、线上网络学习、线下研讨教学、线下第二课堂、实践教学的有机融合；必须要认清自己的经验和发展空间，适时总结思政课程的育人成效，在对改革的理性反思中不断前行。

关键词：高校思想政治理论课；混合式教学改革；渊源；实践；反思

一、一个不自觉到自觉的问题

2014 年初夏，在笔者的课堂上获得"思想道德修养与法律基础课优秀学习小组"荣誉称号的学生难掩兴奋之情，要求笔者和他们合影留念。那时，笔者还没有意识到这种基于网络教学平台和现实课堂开展的、线上线下相融合的教学活动会在不久之后被广而告之为翻转课堂教学改革。2015 年 1 月，浙江在线新闻网站、新浪网等社会媒体对宁波财经学院推行翻转课堂试点教学改革进行报道，其中对笔者教授的思想道德

---

① 姜帆（1979—），女，宁波财经学院马克思主义学院副院长，副教授，主要研究方向：思想政治教育、生命教育。

修养与法律基础课的翻转课堂教学实况和改革思路进行了介绍。那时，笔者还没有意识到不久之后将会对翻转课堂教学模式进行"量身定制"。2017 年 9 月，53 节共计 570 分钟的"生命与幸福"微课教学视频在宁波市慕课教学平台上线，我们同时借助学习通和蓝墨云班课应用程序推进"翻转+体验"教学模式在教学活动中的运用。那时，笔者还没有意识到不久之后我们将对翻转课堂教学改革进行反思性的改造。2018 年 9 月，当笔者把"理论课+网络课+研讨课+实践课"相结合的思想道德修养与法律基础课教学图景展示给大一新生的时候，笔者在他们眼中看到迷惑、惊讶，但是更多的是希望之光。

现在是最好的时代，新兴的技术、发达的网络、强大的创新动力使前沿理念与梦想成真之间的距离不断被缩短；现在也是危机四伏的时代，很多时候，我们走得太快了，以致因为只看脚下，常常忘记为什么而出发。当翻转课堂教学模式兴起、渗透、不断被深度应用的时候，作为教师的我们需要驾驭以翻转课堂为手段的教育上的"术"，也要坚守通过翻转课堂实现专业教育或课程教学目的的"道"。因此，在"翻转课堂"教学改革进入深耕细作的新阶段的背景下，在加强和改进思想政治理论课大潮中，梳理思想政治理论课混合式教学改革的理念基础、实践经验，并能够站在高等教育"以本为本、四个回归"的新高度展开批判性反思可能会为思政课程教学实效的不断提升增添新的驱动力。

二、思想政治理论课混合式教学改革的导向渊源

党的十八大以来，以习近平同志为核心的党中央高度重视思想政治理论课建设，做出一系列重大决策部署。

2016 年 12 月，习近平总书记在全国高校思想政治工作会议上指出："做好高校思想政治工作，要因事而化、因时而进、因势而新……要用好课堂教学这个主渠道，思想政治理论课要坚持在改进中加强，提升思想政治教育亲和力和针对性，满足学生成长发展需求和期待……要运用新媒体新技术使工作活起来，推动思想政治工作传统优势同信息技术高度融合，增强时代感和吸引力。"2015 年 7 月 27 日，中央宣传部、教育部发布《普通高校思想政治理论课建设体系创新计划》。该文件指出："实施高校思想政治理论课建设体系创新计划的基本原则是：坚持理论与实际相结合，注重发挥实践环节的育人功能，创新推动学生实践教学和教师实践研修……改革教学方法，创新教学艺术，倡导集体备课和名师引领，强化问题意识和团队攻关，注重发挥教与学两个积极性，形成第一课堂与第二课堂、理论教学与实践教学、课堂教学与网络教学相

互支撑，理念手段先进、方式方法多样、组织管理高效的思想政治理论课教学体系……各地各高校要积极推进专题教学，凝练教学内容，强化问题意识，构建重点突出、贴近实际的教学体系。探索网络教学试点，开发思想政治理论课在线课程，组织大学生开展'同上一堂网络思政课'活动，建设一批名师名家网络示范课，推进优质网络教学资源建设。"2015 年 9 月 10 日，教育部发布《高等学校思想政治理论课建设标准》。该文件要求积极探索教学方法改革、优化教学手段。2017 年 9 月 14 日，教育部发布《高等学校马克思主义学院建设标准（2017 年本）》。该文件要求："系统组织教师开展教学改革，创新教学模式，培育推广形式新颖、效果良好、受学生欢迎的教学方法，培育'配方'新颖、'工艺'精湛、'包装'时尚有特色的品牌课。"2018 年 4 月 12 日，教育部发布《新时代高校思想政治理论课教学工作基本要求》。该文件要求："要鼓励思想政治理论课教师结合教学实际、针对学生思想和认知特点，积极探索行之有效的教学方法……课堂教学方法创新要坚持以学生为主体，以教师为主导，加强生师互动，注重调动学生积极性主动性……要深入研究网络教学的内容设计和功能发挥，不断创新网络教学形式，推动传统教学方式与现代信息技术有机融合。"

中国特色社会主义进入新时代，对高校思想政治理论课发挥育人主渠道作用提出了新的更高要求。顺应"互联网+"时代学习方式的变革，探索提高思想政治理论课质量和水平的新路径，切实增强大学生学习思想政治理论课的获得感，是开展思想政治理论课混合式教学改革的根本原因。

三、思想政治理论课混合式教学改革的学理渊源

（一）生成性育人理念

生成性教学哲学是生成性思维所引导的教育理念的发展成果，主要是批判预成性思维主导下的灌输式教学并对其进行变革。生成性教学哲学的演进是古今中外教育教学理论和实践探索的过程，涉及哲学、教育学、心理学、课程与教学理论和实践等领域。生成性思维非常注重把握知识的动态性与发展性。作为一种教学方法论，生成性教学活动回归生活世界，寻求与学习者的境况、经历、人生相契合。因此，生成性教学指导的课堂教学是培养人的社会活动，其最终目的是生命成长与生命完善。

生成性教学哲学关注教育中人的自我意义的实现。1997 年，华东师范大学的叶澜教授率先提出生成性教学思想并在后继的研究中对其加以充实。在教学研究活动中，如果我们坚持生成性教学思想的根本主张，强调教学中学生的参与性、教学的开放性和思维的创造性，重过程、重关系、重创造的思维方式，教育的人文关怀和培养充满

学习力、创造力、生命力的学生才得以成为可能。

（二）翻转课堂教学理念

《荀子·儒效》有云："不闻不若闻之，闻之不若见之，见之不若知之，知之不若行之，学至于行而止矣。行之，明也。"以上注重学生积极主动参与学习互动的阐述可能是中国传统智慧对"学生是课堂的中心"这种翻转课堂教学理念的最早体现。在翻转课堂中，学生通过讨论和争辩的方式掌握知识，通过参与其中获得了知识。学生在课前学习基础知识，在课中通过教师对基础知识在解答疑难问题中的运用提高知识的掌握程度和专业能力，最终在课后升华知识学习、能力培养、素质养成。

在翻转课堂中，教师和学生之间的关系、开展教学活动的时空、课程教学的内容传达均发生了颠覆性的转变。翻转课堂教学模式的构建可以被视为生成性育人理念在课程教学活动中的主要实践。

（三）体验式教学理念

"体验哲学"一词最早于1999年由美国加州伯克利大学语言学教授莱考夫（Lakoff）和俄勒冈大学哲学系主任约翰逊（Johnson）提出。体验哲学对亚里士多德客观主义关于思维的一些错误观点进行了深刻的批判，提出了用身体感知世界、认知世界的观点。体验哲学强调人类在进行范畴化、形成概念、完成推理、建构语言的过程中主观性所起的重要作用，认为西方客观主义哲学过分强调世界客观性，忽视人的生理结构、身体经验以及认知方式、抽象思维等主客观因素在认知世界中的作用。体验哲学认为，概念是通过身体、大脑和对世界的体验而形成的，并只有通过它们才能被理解。概念是通过体验，特别是通过感知和肌肉运动能力而得到的。

体验式教学模式是基于"体验哲学"理论，在情知教学理论、现代心理学理论和以此为基础的"暗示教学理论"指导下建立起来的启发性与反思性的教学模式。因此，基于构建并熟练掌握网络教学平台和翻转课堂教学组织的技巧非常重要的要求，开发体验式教学活动是混合式教学改革的关键环节。

四、思想政治理论课混合式教学改革的实践对象

目前，我们基于生成性育人的教学理念，利用新媒体新技术，在传统课堂教学中融入翻转课堂教学，并结合实践教学，开展线上线下混合教学、第二课堂结合实践教学混合思想育人、课内课外体验式混合实践，推动思政理论课教师"教法"和学生"学法"的统一改革，打造有吸引力的课堂教学、有补益的网络教学、有实用性的实践教学相融合的混合式教学。这种教学改革主要是将以下问题作为实践对象进行任务攻坚的：

第一，以理论灌输为主的思政理论课传统课堂教学针对性不强、亲和力不够的问题。思政理论课传统教学以教师的"教"为主，教学设计的重点在于教师的"教法"，即教什么、如何教，容易陷入忽视学生的个性化学习需求的理论灌输。因此，根据思想政治理论课的课程教学目标和具体教学目标，整合线下线上两种教学资源，采取专题讲授、在线微课学习、线上即时讨论、线下研讨以及问题精讲的方式以满足学生个性化的学习需求，并通过翻转课堂教学引导学生掌握网络时代主动学习、合作学习和深化学习的方法，较好地解决了思想政治理论课教学内容和方法针对性不强的困境，增强了思想政治理论课的亲和力。

第二，基于各种移动终端、以人机互动为主要运行方式的网络教学消弭思政理论课教学师生间情感交流，导致思想育人优势丧失。网络教学平台开展的思政理论课教学活动具有超时间、空间，可广泛、重复传播马克思主义理论知识的特点。但是，因为师生之间的面对面接触被屏幕和视频所取代，这种教学形式就在师生之间竖起了一道现代化的天然屏障，消弭了思政课教学师生间有效的情感交流，以致影响思政课思想育人优势的发挥。我们将网络教学作为课堂教学的有益补充，在教学设计中既充分发挥网络教学的知识内容和传播形式的优势，又通过教学沙龙、讲座、面对面访谈等第二课堂渗透性思想育人和形式多样的实践教学活动，使思政教师了解学生的思想动态，让学生把思政教师作为榜样和知心人，构建师生之间情感交流的良好机制，达到思想育人的积极效果。

第三，重形式、轻内容的实践教学阻碍实践活动反哺理论学习，降低实践育人效力的问题。实践教学一直被作为解决思想政治教育"最后一公里"问题的重要途径，可以帮助学生巩固课堂学习效果，深化对教学重点难点问题的理解和掌握。但是，一些思政理论课实践教学设计和活动主题与课堂教学目标和内容相脱节，只注重实践教学的外在形式，没有塑造有教学效果的实践活动内容，从而降低了实践育人效力。我们通过分析课堂教学和网络教学中学生的学习情况及相关数据，发现学生的学习兴趣点和尚存的疑惑，根据这些问题选择实践主题和形式，设计实践教学方案、开展课内课外实践教学活动；推动学生在实践中解决自身在学习马克思主义理论过程中遇到的难题，切实通过参与实践有效反哺理论学习。

五、思想政治理论课混合式教学改革的实践路径

"互联网+"时代高校思想政治理论课混合式教学模式是一种既让在线课堂成为知识传授和价值引导的重要渠道，又强化线下面对面的实体课堂互动、提升内化理论的

实践教学效果、融合"课堂教学+网络教学+实践教学"三位一体的全新教学模式。这种混合式教学模式具有超时空性、主体间性、开放生成性等特征。其对教学内容呈现、学习资源获取、师生交往互动、教学空间秩序、课程考核评价等进行了全面重构。坚守实体课堂、打造网络平台、构建教师共同体、建设开放共赢的教育生态系统，是其运行保障。

可见，从线上线下、课内课外、理论实践相融合的几个维度来探索思想政治理论课混合式教学改革的具体路径是切实加强和改进思想政治理论课建设的时代趋势。笔者结合宁波财经学院思想政治理论课建设的实际情况，拟探索以下路径：

第一，以生成性育人理念指导课程设计方案的制订、完善和实施，开展线上平台线下课堂相融合的混合式教学。笔者加强生成性教学哲学研究，用生成性育人理念，即以教师为主导，以学生为主体，通过"预设+生成"的课堂教学引导学生亲近马克思主义理论、培育和践行社会主义核心价值观的教学思想指导思想政治理论课的课程设计、课堂教学设计及实施。

首先，明确思政理论课教学目标，整合线上线下教学内容。笔者仔细研究思政理论课2018年版统编教材和教育部相关文件，明确各门思想政治理论课的教学目标；同时，全面分析智慧树、超星尔雅、中国大学慕课等教学平台上名校思政理论课慕课教学资源，结合各门课程的教学目标对课堂教学的线下教学资源和网络教学的线上教学资源进行分析和筛选，整合成一套符合教学目标的、逻辑自洽、结构完整的马克思主义理论知识和问题体系，即各门思政理论课的核心教学内容。

其次，着力翻转课堂教学研究，制订混合式教学课程设计方案。根据以上研究基础，各门思政理论课制定了混合式教学方案，主要是确定"中班理论讲授+中班分组问题研讨+小班专题研讨+中班专题深度研讨+网络专题讲座学习"的线下和线上学习相融和的教学路线图。

最后，完善和实施混合式教学课程设计方案，以理论讲授为基础，以翻转研讨为提升，实现有针对性的有效教学。实施思政理论混合式教学课程设计方案主要有四条具体线路。线路一：课前线上理论知识学习+课中课堂专题讲授+课中线上研讨交流+课后线下作业；线路二：课前发布学习任务单+课前小组合作研讨+课前教师研讨指导+课中线下研讨分享+课中教师升华点评+课后线上作业；线路三：课前发布专题研讨材料及问题+课前小组合作研讨+课前教师研讨指导+课中线下研讨分享+课中教师升华点评；线路四：课前对优秀专题研讨成果进行完善+课前教师研讨指导+课中线下研讨分享+课中教师评论式讲座。通过这四条线路的运行，我们可以不断完善各门课程的翻转课堂研讨课教学设计，在技术上调整课程学习任务单、学习蓝墨云班课应用程序实际操作、学习通应用程序实际操作；在内容上通过学习通和智慧树网络教学平台的大数据反馈，了解学生的学习需求，结合课堂教学实际更好地摸清思想教育的重点和难点，实现有针对性的、高效的专题讲座、小组问题研讨、小班专题研讨、中班优质研讨教学。

第二，以小雨滴会客厅育人工作室和思想政治理论课社会实践基地为载体，在第二课堂和实践教学活动中充分发挥教师的思想育人作用。

笔者继续精心打造小雨滴会客厅育人工作室和思想政治教育、生命教育、心理健康教育三个校级社会实践基地。小雨滴会客厅作为思想道德修养和法律基础课、思想政治理论课与社会实践课的第二课堂，主办公益讲座、沙龙和开放小雨滴信箱接收学生反应思想困惑的来信和一对一面谈，主持和参与小雨滴会客厅的教师以倾听、陪伴和帮助的角色开展渗透性的隐性思想育人工作。思想政治教育、生命教育、心理健康教育三个校级社会实践基地的指导教师也是主讲思想政治理论课的一线教师，他们将继续和学生一起深入实践基地开展实践活动，就网络学习和课堂学习过程中尚存疑惑的理论问题，联系实际互动交流，使教师走出屏幕、走下讲台，以学生的知心人的身份，用身体力行和思想魅力影响学生、引导学生。

第三，基于学生翻转课堂研讨课的汇报和线上学习大数据分析，设计优化实践教学主题，开展课内课外二元、重在体验、推进反哺理论的实践教学。

增强高校思想政治教育的实践育人功能是高校思想政治教育改革的重要任务，是提高高校思想政治教育实效性的重要途径。推进各门思想政治理论核心课根据学生在翻转课堂研讨过程中展现出来的理论学习难点以及网络教学平台大数据反馈出学生学习的热点来设计和优化实践教学主题，并且根据课程教学特点和教学目标制定不同的实践教学方案。笔者使学生积极体验马克思主义理论在社会实践中的具体应用，并通过自身参与得来的所见所闻、所思所想，解释、解决理论学习中产生的疑惑，形成对理论的反哺，实现马克思主义理论学习的学以致用。

六、思想政治理论课混合式教学改革的反思

复旦大学马克思主义学院的思想政治理论课慕课教学改革开展得如火如荼，有置身其中的学者提出，慕课这一教学形式在思政课领域时间不长的改革实践，对教学改革带来巨大影响的同时，也引起人们对思政课改革取向许多深层次问题的思考，需要追问慕课教学形式是否符合思政课的性质和特点，是否遵循思政课自身的教学规律，是否有利于实现思政课教学改革的目标。提高教学效果和强化队伍建设是衡量教学改

革成功与否的基本导向，两者紧密联系在一起，任何教学改革如果偏离了这两个目标，都不是真正意义上的成功的改革。

高校思想政治理论课混合式教学改革也需要这种"冷思考"样式的反思，唯有始终不偏离高校思政课是课堂教学立德树人的主渠道的性质，坚守思政课在培育和践行社会主义核心价值观、传承马克思主义理论方面的特点，把握思政课在如何做好大学生的思想教育工作方面的相关教学规律，才能朝着通过一支优秀的和开展马克思主义理论研究和教育实践的队伍提升思政课教学实效、培养社会主义合格建设者和接班人的思政课教学改革目标不断迈近。

在继续深化思想政治理论课混合式教学改革的过程中，首先，我们要关注理论讲授的专题内容和网络教学的视频内容必须注重马克思主义理论基本概念、基本原则的精准传递，绝不允许不良社会思潮，尤其是西方意识形态的渗透和侵入。同时，我们在理论教学中要采用贴近社会生活现实和贴合中国革命、建设、发展大势的语言与案例来阐述马克思主义理论，特别是使习近平新时代中国特色社会主义思想在学生群体中入耳、入脑、入心。其次，我们要充分开发线下研讨教学的教学设计、教学资源和教学效果优势。研讨教学为思政理论课教师亲近学生、融入学生思想成长过程创造了更为直接的交流环境，为教师向学生开展面对面的思想教育拓宽了路径。特别是教师可以精心设计研讨问题、研讨专题，选拔优秀研讨成果进行深度点评式的即兴讲座，既能够推动学生之间把真理越辩越明，也能够引导学生形成正向的马克思主义观点和观念体系。同时，研讨教学围绕问题、专题而展开，要求教师必须不断提升马克思主义理论素养，才能为学生答疑解惑，最终对思政教师队伍的发展也大有裨益。最后，我们要围绕"讲好育人实效故事"对现有第二课堂、实践教学资源进行深度整合，以可视、可听、可分享的学生思想成长数据和成果检测思想政治理论课混合式教学改革的实效。

七、结语

当人们论及教育的本质是"一个灵魂触及另一个灵魂"的时候，其实就已经给思想政治理论课赋予了深远的意义。可以说，相较于专业教育，高校思想政治理论课的教学是无用之大用，既教学生看重守护社会的良心，也教学生认识担当民族复兴的重任；既教学生了解新中国革命、建设的历史和现实，也教学生把握处理自身与世界关系的根本立场方法。因此，我们对思政课程的混合式教学改革是在履行神圣的使命，在改革进行中，必须要明白自己从哪里来、向何处去，一定要认清自己的经验和发展空间，在反思中不断前行。

参考文献

[1] VEREZA S C. Philosophy in the flesh：the embodied mind and its challenge to western thought [M]. New York：Basic Books，1999：497.

[2] 王萍霞. "互联网+"时代高校思想政治理论课混合式教学模式探析 [J]. 广西社会科学，2017（4）：211-214.

[3] 顾钰民. 高校思想政治理论课改革 "慕课热" 以后的 "冷思考" [J]. 思想理论教育导刊，2016（1）：115-117，122.

网络新生代：慕课时代数字技术对大学生在线学习效果的影响①

陈涛② 蒲岳③ 巩阅瑄④

摘　要： 进入慕课时代，数字技术和互联网是在线学习的基础，而大学生作为随网络信息技术成长起来的"数字土著"，通常都有较强的数字技术能力。因此，探究数字技术对在线学习效果的影响以及背后的教育社会学内涵具有重要意义。本文使用新冠肺炎疫情期间对 334 所高校在线教育的调查数据，将数字技术分为技术环境、技术知识以及技术技能三类，采用多元排序 Logit 模型检验大学生在线学习的数字技术对学习效果的影响。实证分析发现：第一，三类在线学习的教学技术均显著促进学生有效学习；第二，技术环境、技术知识和技术技能三者具有显著的依存关系；第三，大学生在线学习的技术支持存在"数字鸿沟"和"数字代沟"问题，而"数字学沟"问题并不明显；第四，在线教学互动中存在数字"反哺"行为，即在线教学情境下的学生对教师、高技术学生群体对低技术学生群体起着带动作用。本文提出要提升学生在线学习数字化生存素养，加强对弱势院校学生在线学习的保障，促进师生和生生之间在线教学互动互助。

关键词： 在线学习；数字技术；学习效果；数字化生存；"数字土著"；慕课时代

自 2012 年以来，中国高校慕课教育发展已经走过了近十年的探索之路，特别是随着 2018 年《教育信息化 2.0 行动计划》的出台，积极推进"互联网+教育"成为高等

①　【基金项目】国家社会科学基金教育学重点项目"中国特色、世界水平的一流本科教育建设标准与建设机制研究"（项目编号：AIA190014）、西南财经大学 2020 年教育教学改革一般项目和教师教学发展中心项目、西南财经大学 2021 年教师教学发展项目。本文已发表于《教育发展研究》2020 年第 11 期，本次征文投稿略有修改。

②　陈涛（1984—），男，西南财经大学发展研究院副院长，副教授，主要研究方向：高等教育、区域治理与人才发展研究。

③　蒲岳（1992—），女，西南财经大学国际商学院，讲师，硕士生导师，主要研究方向：高等教育与经济研究。

④　巩阅瑄（1992—），女，西南财经大学经济与管理研究院博士研究生，主要研究方向：高等教育与经济研究。

教育现代化发展的新要求，慕课课程建设自然成为各大高校落地新要求的基础和抓手。然而，慕课时代的高等教育教学仍是教师的教与学生的学的结合，只不过这一教与学的关系是在新的中介——慕课情境中建立完成的。面对这一教育技术的介入，我们首先需要认识和理解慕课情境下教师和学生两大主体及其生成的教学活动，特别是对受教育者"90后""00后"大学生所处时代和生活机遇的重新发现。

本文的数据来自全国高等学校质量保障机构联盟（CIQA）和厦门大学教师发展中心联合组织开展的新冠肺炎疫情期间中国高校线上教学调查。该调查面向全国各类高校发放线上教学情况调查（学生卷），共收集了全国334所高校的251 929个受访学生样本。本文认为，此项研究是对我国教育信息化前期成果的一次集中检验，从而借此调查深刻认识高校在线教学中存在的问题，旨在提升高校在线教育教学质量。在调研分析中，本文发现有多达一半的大学生在新冠肺炎疫情发生前从未涉及在线学习，这使得我们将研究目光聚焦在大学生在线学习的数字技术上。基于此，本文试图通过实证分析大学生在线学习的数字技术对其学习效果的影响，探讨在线学习数字技术的基本机制以及数字技术对有效学习差异性影响的问题根源，提出大学生在线学习数字技术促进有效学习的对策建议。

一、分析框架与研究问题

在远程学习情境下，由于教与学的时空分离，以多媒体计算机为中介的教学交互成为远程教育教与学再度整合的关键。随着人与媒体技术的交互越来越复杂，希尔曼（Hillman，1997）提出，应该把界面（平台技术）分离出来，作为一项单独的因素融入远程教学交互中。陈丽（2003）认为，学生与媒体技术的操作交互（人机交互）是整个远程教学交互的基础，且这一交互与学生对媒体技术的熟悉程度有关。张学军等（2020）提出，在人工智能时代需要构建人机共生理念，即培养学生与人工智能的交往能力，不仅要重新认识自己，更要重新认识人与机器的关系。显然，人机关系及交互水平直接关系学生的学习效果，这也是保障在线教育质量的根本。随着网络2.0（Web2.0）、大数据、云计算和人工智能等信息技术的更迭与应用，教育技术专家希望以新技术来改善人机关系，如构建高校在线课堂有效教学交互分析系统、建立计算机在线协作系统等，从而提高学生在线学习体验与获得。因此，考察大学生在线学习及效果离不开对数字技术的深入探讨。

然而，数字技术所形成的社会环境对人类发展具有重要且不同的影响。著名教育游戏专家马克·普伦斯基（Marc Prensky，2001）以数字技术环境成长背景为划分依据，提出了"数字土著"（digital natives）和"数字移民"（digital immigrants）的概念。

当今"90后""00后"大学生群体是典型的"数字土著"，即与网络信息技术一起成长起来的一代人。与之对应的是"数字移民"，即面对新兴数字技术需要经过相对困难或不顺畅的学习才能掌握技能的群体。显然，普伦斯基（Prensky）的技术群体划分，为人们理解不同人群对数字技术接纳和使用差异提供了新视角。被誉为"数字经济之父"的唐·塔斯考特（Don Tapscott，1999）将出生于数字时代背景的人称为"网络一代"（net generation），他认为这些人时刻被计算机、互联网、视频技术、数字音乐、手机、智能玩具等包围，数字技术和互联网是其日常生活必不可少的组成部分。基于以上认识，可以说当今的大学生群体对数字技术拥有"与生俱来"的认知和内在悟性。在远程学习情境下，这一技术悟性通过迁移和转化影响学生对在线学习技术的掌握和运用。

尽管作为"数字土著"的大学生群体具有数字技术的"先天"优势，但他们还未成为情感和意识成熟、合乎法律和道德规范行为的"数字公民"（digital citizenship）。换言之，大学生正在经历不断提升自身"数字化生存"① 能力的过程，即在数字世界生活的大学生应使用数字技术从事学习、工作、交流等活动。大学生在线学习无疑是其数字化生存和成长过程的具象演绎。为实现可操作化分析，国内学者张立新等（2015）提出促进学生"数字化生存"教育内容的设计框架，从认知层面（知识）、动作层面（技能）和情感层面（意识和道德）展开研究。该框架有助于认识数字技术对大学生在线学习效果的影响。为此，本文借鉴以上思路构建了一个分析大学生在线学习的数字技术与学习效果的理论框架（见图1），包括数字技术环境、数字技术知识和数字技术技能三个方面，其中数字技术环境是考察"数字土著"的重要情境。

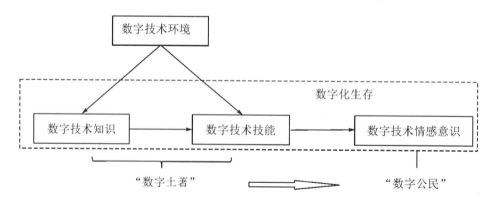

图1 理论框架

---

① 美国计算机科学家尼古拉斯·尼葛洛庞帝（N. Negroponte）在其著作《数字化生存》（*Being Digital*）中提出"数字化生存"的概念，认为电脑通过局域网站并以互联网的形式，使分散在不同地域的人们链接起来形成既独立又串联，既接收又传输信息的网络生存方式（尼葛洛庞帝. 数字化生存 ［M］. 胡泳，范海燕，译. 海口：海南出版社，1997：7.）。

从现有研究看，当探讨"数字土著"问题时，必然涉及"数字鸿沟"和"数字代沟"问题。由于地域、经济和信息技术发展程度不同，"数字土著"的技术认知会存在差异性。"数字代沟"被视为"数字鸿沟"的家庭表现，即父母和子女在新技术接纳和使用等方面的知识差异。在教育场域中，更多体现在师生之间的是"代沟"。此外，在同一群体中，也会产生某种特殊的"代沟"，因为"数字土著"这一代人也并非所有人都具有娴熟的信息技术技能。因此，本文认为，在线学习情境下的大学生群体内部也存在特殊的"代沟"问题，即高技术学生群体与低技术学生群体的差异。除"鸿沟""代沟"外，教育场域还存在"学沟"问题，即学科教学的差异性表现。综合来看，我们可以推断大学生在线学习存在一定程度的"三沟"问题，群体差异会影响学习效果，这将反映深层次上数字技术的社会问题。

综上所述，本文以"数字土著"的大学生群体为研究对象，聚焦在线学习数字技术对学习效果的影响。具体分解为以下四个研究问题：一是大学生在线学习数字技术（数字技术环境、知识和技能）对其学习效果是否起到促进作用；二是大学生在线学习数字技术中的三个要素存在何种关系；三是不同类型大学生群体的数字技术对其学习效果是否存在差异（从数字鸿沟、代沟和学沟三个维度分析）。基于以上问题的研究，本文将进一步探讨第四个问题：大学生在线学习的数字技术是否存在群体间的"反哺"行为，包括学生（"数字土著"）对教师（"数字移民"）的影响以及高技术学生群体对低技术学生群体的影响。总体而言，本文希望从大学生在线学习的数字化生存方式中，认识数字技术对学习效果的影响以及影响背后的教育社会学内涵，从而为大学生在线学习建立数字技术的新认知，促进学生从"数字土著"向"数字公民"的身份转变。

二、样本选取与变量构成

（一）样本选取

本文的数据来自全国高等学校质量保障机构联盟（CIQA）和厦门大学教师发展中心联合组织开展的新冠肺炎疫情期间中国高校在线教学调查。共有来自全国334所高校的256 504名学生参与此次调研，其中有效样本为251 929份，有效率为98.2%。为精确分析学生在线学习情况，本文只保留疫情期间使用在线学习的学生样本，其中249 764（大于99%）名受访高校学生在疫情期间采用在线学习。该问卷分为基本信息、线上学习环境及支持、线上学习体验、线上学习改进四个部分。本文选取问卷中的基本信息和线上学习体验两部分内容。其中，基本信息包括学生性别、出生年份、就读年级、在读学校所在地区、学校类别等内容；线上学习体验包括线上学习效果及影响线上学习效果的主要因素等内容。由于问卷调查样本属于结构性量表，我们必须对样本各变量进行信度和效度分析。首先，本文使用的线上教学情况调查（学生卷）整体的信度克隆巴赫 Alpha 值为 0.972，说明问卷数据有非常好的信度；其次，本文采用因子分析方法检验问卷的结构效度，测得问卷的 KMO 值为 0.982，显著性概率为 0，表明问卷结构效度良好。

（二）变量构成

本文的因变量是学生在线学习效果评价。问卷通过"线上学习比传统线下学习效果好"题项对学生在线学习效果进行评价。样本涵盖的选项即对应的分值："非常赞成"为5分，"赞成"为4分，"一般"为3分，"不太赞成"为2分，"不赞成"为1分。本文的核心自变量是在线学习数字技术。根据相关研究，本文将在线学习数字技术划分为数字技术环境、数字技术知识和数字技术技能三类（以下简称"技术环境""技术知识""技术技能"）。其中，技术环境包括网络速度及稳定性（网络性能）和线上技术服务支持（技术支持）；技术知识包括疫情之前是否使用线上教学（学习经历）和是否接受过在线学习的相关培训（培训经历）；技术技能指学生对线上各种教学平台技术掌握的熟练程度（技术熟练度）。因变量和核心自变量如表1所示。由于上述题目中数字技术知识涉及的两个变量为虚拟变量，为保持一致，本文将数字技术技能和数字技术环境中的5等级的变量处理为虚拟变量，即把"非常不重要""不太重要"和"一般"设置为0，把"非常重要"和"重要"设置为1。

表1　因变量和核心自变量

变量		题项
因变量		线上学习比传统线下学习效果好
自变量	技术环境	网络速度及稳定性（网络性能）
		线上技术服务支持（技术支持）
	技术知识	是否接受过线上学习的相关培训（培训经历）
		疫情之前是否过使用线上教学（学习经历）
	技术技能	线上各种教学平台技术掌握的熟练程度（技术熟悉度）

本研究的控制变量从样本个体特征、就读学校特征、其他影响因素等三个方面选取。其中，样本个体特征包含样本个体的性别、年龄、就读年级；样本的就读学校特征包含学校所在地区和学校类别；其他影响因素分为教师因素、学生因素和内容因素。

教师因素包含教师技术熟悉程度、教师授课方式、评价方式和秩序维持；学生因素包括学生参与度、自主学习能力；内容因素包括配套教学资料和适合的课程内容。教师、学生和内容三项因素设为虚拟变量，处理方式与上文一致（见表 2）。

表 2　控制变量定义方法

控制变量	题项	定义
样本个体特征	性别	虚拟变量，男性设为 1，女性设为 0
	年龄	年龄根据问卷中出生年份的选项计算得出
	就读年级	包括专科、大一、大二、大三、大四和研究生
就读学校特征	所在地区	东部地区赋值 1，中部地区赋值 2，西部地区赋值 3，其他地区赋值为 4
	学校类型	包括研究型大学、一般本科高校、高职院校和其他，分别赋值 1~4
其他影响因素	教师因素	包括教师对工具的熟悉程度、教师的授课方法、评价方式以及维持课堂教学秩序，且分别设为虚拟变量
	学生因素	包括学生积极参与、自主学习能力，且分别设为虚拟变量
	内容因素	包括提供配套电子教学资源、选择适合的课程内容，且设为虚拟变量

三、研究结果

（一）大学生在线学习的数字技术与学习效果现状

从表 3 的描述性分析可知，大学生在线学习效果均值为 3.048，说明有一半的学生认为线上学习比传统线下学习效果好。从技术环境来看，分别有 71% 和 72.8% 的学生认为网络性能和技术支持会促进有效学习，这一较高占比充分说明技术环境在远程学习中的基础作用和重要影响。从技术知识来看，有 45.7% 的学生有在线学习经历，这意味着有一半以上的学生在新冠肺炎疫情发生前没有类似的线上学习经历；有 37.7% 的学生接受过在线学习培训，这一比例也并不是很高。从技术技能来看，有近六成的学生认为具有较高的在线学习技术熟悉度，这说明大多数学生拥有良好的在线学习数字技术操作应用能力。

表3 描述性分析

项目	变量	均值	标准误差	最小值	最大值
项目	在线学习效果	3.048	1.047	1	5
技术环境	网络性能	0.710	0.454	0	1
技术环境	技术支持	0.728	0.445	0	1
技术知识	培训经历	0.377	0.485	0	1
技术知识	学习经历	0.457	0.498	0	1
技术技能	技术熟悉度	0.597	0.490	0	1
样本个体特征	性别	0.431	0.495	0	1
样本个体特征	年龄	20.558	1.580	15	40
样本个体特征	就读年级	2.004	1.057	1	7
样本个体特征	所在地区	1.721	0.718	1	4
样本个体特征	学校类型	2.049	0.315	1	4
学生因素	学生积极参与	0.770	0.421	0	1
学生因素	学生自主学习	0.794	0.405	0	1
教师因素	教师技术熟练度	0.728	0.445	0	1
教师因素	教师授课方式	0.766	0.423	0	1
教师因素	教师评价方式	0.724	0.447	0	1
教师因素	教师维护秩序	0.695	0.461	0	1
内容因素	配套教学资源	0.723	0.448	0	1
内容因素	适切课堂内容	0.746	0.436	0	1

（二）在线学习的数字技术与学习效果的回归分析

1. 数字技术对大学生在线学习学习效果的影响

通过 OLS 回归模型检验，本文发现学生的技术环境对其学习效果的影响均显著为正。当逐步添加技术知识、技术技能、教师因素、学生因素和内容因素后，由回归结果可知，技术环境、技术知识以及技术技能的所有变量均对学生学习效果有显著正向影响。在进一步加入学生个体特征后结果仍然稳健，采用多元排序 Logit 模型的结果仍然稳健。这说明大学生的技术环境、技术知识和技术技能均对学习效果有显著的促进作用（见表4）。

表 4　数字技术对大学生在线学习效果的影响

项目		因变量：在线学习效果				
		OLS	OLS	OLS	OLS	ologit
技术环境	网络性能	0.201***	0.191***	0.171***	0.171***	0.331***
		(0.007)	(0.007)	(0.007)	(0.007)	(0.013)
	技术支持	0.103***	0.084***	0.044***	0.045***	0.086***
		(0.007)	(0.007)	(0.008)	(0.008)	(0.015)
技术知识	培训经历		0.253***	0.167***	0.167***	0.301***
			(0.005)	(0.005)	(0.005)	(0.008)
	学习经历		0.125***	0.109***	0.103***	0.188***
			(0.004)	(0.004)	(0.004)	(0.008)
技术技能	技术熟悉度			0.351***	0.349***	0.624***
				(0.005)	(0.005)	(0.008)
学生因素				控制	控制	控制
教师因素				控制	控制	控制
内容因素				控制	控制	控制
个体特征因素					控制	控制
N		249 764	249 764	245 663	243 743	243 743
调整的 R^2		0.014	0.033	0.060	0.063	
伪 R^2						0.024

2. 对技术环境、技术知识和技术技能三者关系的分析

本文通过实证研究发现：第一，技术环境整体上对技术知识有促进作用，这说明网络性能和技术支持越好，学生有在线学习经历或在线培训经历的概率往往会越高，但网络性能对是否有在线学习经历的影响不显著，而技术支持对其影响则显著为正，这说明网络性能对学生认知来说是一种"外部"影响，而在线技术支持（如教学平台等）对学生知识的获得才具有实质性影响。正如有学者指出的，学生与媒体界面的交互水平将会影响其学习进程。第二，技术环境（网络性能和技术支持）有助于提升学生的技术熟悉度，这说明良好的技术掌握运用与友好的技术环境密切相关（见表5）。第三，技术知识对技术技能的影响显著为正，这说明在促进学生"数字化生存"方面，技术知识是学生适应技术环境最基础的认知储备。只有具备技术知识，才能建立学生个体的技术技能以实现在线教学交互（见表6）。综合来看，技术环境是学生技术知识和技术技能形成的物质基础，而技术知识和技术技能的提升才会让学生更加适应其技

术环境。建立三者良好的互动关联和技术联结，可以促进大学生数字化生存和发展。

表 5　技术环境对技术知识、技术技能的影响

项目		因变量：技术知识		因变量：技术技能
		培训经历	学习经历	技术熟悉度
技术环境	网络性能	0.039 ***	0.004	0.098 ***
		（0.003）	（0.003）	（0.003）
	技术支持	0.056 ***	0.031 ***	0.165 ***
		（0.003）	（0.003）	（0.003）
个体特征因素		控制	控制	控制
N		246 142	246 142	246 142
伪 R^2		0.008	0.012	0.046

表 6　技术知识对技术技能的影响

项目		因变量：技术技能（技术熟悉度）		
		OLS	OLS	ologit
技术知识	培训经历	0.250 ***	0.250 ***	0.248 ***
		（0.002）	（0.002）	（0.002）
	学习经历	0.053 ***	0.052 ***	0.052 ***
		（0.002）	（0.002）	（0.002）
个体特征因素		控制	控制	控制
N		249 764	247 814	247 814
调整的 R^2		0.070	0.076	
伪 R^2				0.059

3. 不同类型学生群体的数字技术对在线学习效果的影响

本文基于文献研究，就不同类型学生群体的数字技术对在线学习效果的影响进行异质性分析，着重从学界关注的数字鸿沟、数字代沟和数字学沟三个方面展开深入讨论。

一是就数字鸿沟而言，本文选取学生所在院校及区域两个方面进行考察。按区域分类来看，本文发现学生的技术环境（网络性能）、技术知识（培训经历和学习经历）以及技术技能（技术熟悉度）对其学习效果的影响并不存在区域之间的差异。但就技术支持来看，只有东部地区高校显著，而中西部地区高校不显著，即东部地区高校的线上技术服务支持对学生学习效果产生重要影响，而中西部地区高校则没有表现出重

要影响。这说明线上技术服务支持存在明显的区域层面的数字鸿沟，东部地区高校拥有较为完善的技术服务支持，而中西部地区高校则对此相对缺乏（见表7）。从这一问题的分析来看，在线学习的技术支持实际上是一种院校选择，也就是说与学生所在院校的关系更加紧密。

表 7　按不同区域分类的回归结果

项目		因变量：在线学习效果		
		东部地区	中部地区	西部地区
技术环境	网络性能	0.705 ***	0.791 ***	0.572 ***
		(0.050)	(0.049)	(0.097)
	技术支持	0.170 ***	0.054	0.009
		(0.060)	(0.061)	(0.110)
技术知识	培训经历	0.410 ***	0.509 ***	0.440 ***
		(0.014)	(0.015)	(0.024)
	学习经历	0.221 ***	0.186 ***	0.303 ***
		(0.014)	(0.014)	(0.024)
技术技能	技术熟悉度	1.250 ***	1.171 ***	1.067 ***
		(0.046)	(0.046)	(0.062)
学生因素		控制	控制	控制
教师因素		控制	控制	控制
内容因素		控制	控制	控制
个体特征因素		控制	控制	控制
N		73 490	69 710	24 878
伪 R^2		0.019	0.020	0.025

从院校性质和类型看，本文发现不同院校性质（研究型大学、一般本科高校和高职院校）和院校类型（公办和民办）的学生在技术技能、技术知识以及网络性能上对学习效果不存在差异性，即学生对在线学习数字技术的掌握和运用与其所在院校性质和类型无关，不存在研究型大学或公办高校学生的数字技术能力就高于一般本科高校和高职院校或民办高校之说，这一实证结果符合常识。然而，本文发现在技术支持方面存在院校性质和类型差异：一方面是研究型大学和一般本科高校学生表现出技术支持对其学习效果的正显著影响，而高职院校则为负显著影响，这意味高职院校学生认为技术支持对其学习效果不重要；另一方面是公办高校学生表现出技术支持对其学习效果影响显著为正，而民办高校则表现为影响不显著（见表8）。这一结果充分证实了

当前在线学习的数字鸿沟问题主要集中在院校层面，即因为院校间在线学习技术支持的差异导致学生学习体验的不同。当然，这也可能与高职院校、民办院校更加突出实践性教学有关，学生根本无法得到在线学习技术的支持，因为当前的线上技术支持主要偏向理论型的课程。

表8 按不同院校性质和类型分类的回归结果

项目		因变量：在线学习效果				
		按院校性质分类			按院校类型分类	
		研究型大学	一般本科高校	高职院校	公办	民办
技术环境	网络性能	0.273***	0.335***	0.228***	0.345***	0.236***
		(0.091)	(0.013)	(0.058)	(0.014)	(0.028)
	技术支持	0.296***	0.092***	−0.155**	0.093***	0.052
		(0.102)	(0.016)	(0.072)	(0.017)	(0.033)
技术知识	培训经历	0.157***	0.304***	0.361***	0.294***	0.299***
		(0.061)	(0.009)	(0.037)	(0.009)	(0.017)
	学习经历	0.184***	0.191***	0.147***	0.184***	0.234***
		(0.057)	(0.008)	(0.036)	(0.009)	(0.017)
技术技能	技术熟悉度	0.524***	0.618***	0.683***	0.623***	0.617***
		(0.063)	(0.009)	(0.038)	(0.009)	(0.018)
学生因素		控制	控制	控制	控制	控制
教师因素		控制	控制	控制	控制	控制
内容因素		控制	控制	控制	控制	控制
个体特征因素		控制	控制	控制	控制	控制
N		4 411	225 092	12 385	188 742	54 382
伪 R^2		0.030	0.037	0.042	0.037	0.037

二是就数字代沟而言，有关研究考察"数字土著"时，多聚焦群体年龄，且即便是数字移民也有"代际"之说。例如，有学者指出，随着网络2.0（Web2.0）的广泛应用，"90后"已成为"数字土著"的第二代群体。由于本文的调查研究涉及专科生、本科生和硕士或博士研究生，年龄跨度较大，因此本文主要从学生年龄分析在线学习技术的"代际"差异。研究发现，不同年龄段学生在技术环境、知识和技能上均对其学习效果产生显著促进作用。此外，随着学生年龄的上升，网络性能对学生在线学习效果的影响效应增强，而技术支持服务对学生在线学习效果的影响效应减弱。这说明

不同年龄段的学生对技术环境支持的需求存在差异性。其中，"网络二代"（"90后"）和"网络三代"（"00后"）学生更重视数字技术环境的技术服务支持，其在线学习处于应用阶段；"网络一代"（"80后"）学生则重视数字技术环境的网络性能，相对处于在线学习的适应阶段。从变量显著性和标准误差看，我们不难发现，随着学生年龄上升，其显著性和标准误差也在变小，而数字技术水平对学习效果拟合的离散程度越来越大。这说明随着学生年龄的增加，对在线学习技术的掌握和运用能力存在递减趋势，从而影响其学习效果（见表9）。由于调查问卷为学生问卷，未涉及教师年龄信息，因此师生代沟无法得到验证。

表9 按不同年龄分类的回归结果

项目		因变量：在线学习效果			
		15~18岁	19~23岁	24~30岁	31~40岁
技术环境	网络性能	0.196**	0.332***	0.387***	0.706***
		(0.076)	(0.013)	(0.088)	(0.200)
	技术支持	0.275***	0.083***	0.065	−0.216
		(0.094)	(0.016)	(0.109)	(0.249)
技术知识	培训经历	0.308***	0.299***	0.291***	0.548***
		(0.053)	(0.008)	(0.057)	(0.147)
	学习经历	0.200***	0.187***	0.234***	0.351**
		(0.051)	(0.008)	(0.055)	(0.140)
技术技能	技术熟悉度	0.623***	0.621***	0.794***	0.496***
		(0.053)	(0.009)	(0.059)	(0.145)
学生因素		控制	控制	控制	控制
教师因素		控制	控制	控制	控制
内容因素		控制	控制	控制	控制
个体特征因素		控制	控制	控制	控制
N		5 899	232 096	4 981	767
伪R^2		0.034	0.026	0.041	0.078

三是就数字学沟而言，本文主要从学科和性别进行异质性分析。本文预想理科生和男生相较于文科生和女生更易于掌握在线学习技术，从而促进其有效学习，因此两类人群存在一定的数字学沟问题。但实证研究发现，无论是学生性别还是所学学科，学生技术技能和技术知识对其学习效果均无差异性影响。这可能与在线学习技术的"低门槛"进入有关。作为"数字土著"的大学生均能较好地运用数字技术进行在线学习（见表10）。

表 10　按不同学科和性别分类的回归结果

项目		因变量：在线学习效果			
		按学科类型分类		按学生性别分类	
		理科	文科	男生	女生
技术环境	网络性能	0.377***	0.277***	0.438***	0.231***
		(0.018)	(0.018)	(0.018)	(0.017)
	技术支持	0.119***	0.047**	0.062***	0.117***
		(0.021)	(0.022)	(0.022)	(0.021)
技术知识	培训经历	0.309***	0.288***	0.370***	0.247***
		(0.012)	(0.011)	(0.013)	(0.011)
	学习经历	0.187***	0.196***	0.167***	0.200***
		(0.011)	(0.011)	(0.012)	(0.010)
技术技能	技术熟悉度	0.627***	0.623***	0.652***	0.600***
		(0.012)	(0.011)	(0.013)	(0.011)
学生因素		控制	控制	控制	控制
教师因素		控制	控制	控制	控制
内容因素		控制	控制	控制	控制
个体特征因素		控制	控制	控制	控制
N		117 005	126 738	104 497	139 246
伪 R^2		0.039	0.036	0.037	0.019

综合数字技术上"鸿沟""代沟"和"学沟"三方面的异质性分析，研究结果发现，线上技术环境尤其是技术支持对学习效果的影响表现出"鸿沟"和"代沟"方面的异质性。具体来说，东部地区、研究型大学和一般本科大学以及公办院校这些技术设备更加完备的区域和院校在线上技术支持方面具有更为显著的学习效果促进优势；不同年龄段的"数字土著"由于对线上技术环境的需求差异，呈现出在线学习不同年龄段差异，"网络一代"（"80后"）处于在线学习适应阶段，而"网络二代""网络三代"（"90后""00后"）处于在线学习应用阶段。但就"学沟"这一类学生群体的技术水平分析没有显著的差异性，可见线上技术支持的"鸿沟"和"代沟"问题是当下亟须关注的重点。

4. 对师生、生生间的数字"反哺"行为分析

教学实质上是教师的教与学生的学的互动过程。在远程学习情境中，教师与学生、学生与学生间的交互是学生社会化发展的核心内容。从数字土著视角看，在线学习的

交互过程必然会建立教师（"移民"）与学生（"土著"）、学生（高技术）与学生（低技术）之间的交互关系。因此，本文认为，这将促使两类群体出现数字"反哺"行为，这是基于数字代沟的认识而提出的。实证研究发现，表11第1列显示学生技术技能（技术熟悉度）对教师技术（技术熟练度）产生"反哺"影响，即加入学生技术技能与教师技术的交互项，发现该交互项显著为正，意味着教师技术对在线学习效果显著为正。这说明随着学生技术技能水平的提升，教师技术对学生学习效果的促进作用也随之增加，从而证实"土著"对"移民"具有数字"反哺"行为。表11第2列显示学生互助（学生之间的交流协作）和学生技术技能的交互项也显著为正。这说明学生技术技能对学习效果的促进作用也会随着学生之间的交流互助频繁而增强。综合来看，以上两类数字"反哺"行为研究均验证学生对教师、高技术学生群体对低技术学生群体的带动和影响。

表 11　教师与学生和高、低技术学生数字反哺的回归结果

项目	因变量：在线学习效果	
	ologit	ologit
技术技能	0.346***	−0.141***
	(0.040)	(0.030)
教师技术×技术技能	0.284***	
	(0.040)	
教师技术	0.148***	0.133***
	(0.014)	(0.009)
技术技能×学生互助		0.133***
		(0.009)
学生互助		0.985***
		(0.007)
数字认知	控制	控制
数字环境	控制	控制
其他变量	控制	控制
N	243 743	243 743
伪 R^2	0.024	0.101

四、结论与建议

（一）结论

本文根据问卷调查数据，通过多元排序 Logit 模型分析大学生在线学习的数字技术对其学习效果的影响，根据"数字土著""数字化生存"等相关理论分析，得出以下主要结论：

第一，大学生在线学习的技术环境、技术知识以及技术技能均对其学习效果有显著正向影响。这说明在远程教学情境下，数字技术无疑是连接教与学的关键性因素，直接影响学生在线学习体验和学习效果。

第二，技术环境、技术知识和技术技能三者具有显著的依存关系。其中，技术环境是技术知识和技能的物质基础，技术知识是技术技能的前提条件。良好的技术环境有助于提升学生的技术知识和技术技能，而技术知识对技术技能也具有显著的促进作用。

第三，从异质性分析看，首先，大学生在线学习的技术支持存在"数字鸿沟"问题。不同区域高校大学生在线学习的技术技能、知识以及网络性能对其学习效果影响并无明显差异，但东部地区高校的技术支持对学生学习效果具有重要影响，而中西部地区高校不显著。不同院校性质和类型学生在技术技能、技术知识以及网络性能上对其学习效果不存在差异性，而高职院校、民办院校学生表现出差异性。其次，大学生在线学习的技术环境存在"数字代沟"问题。不同年龄段学生对技术环境支持的需求存在差异性，其中"网络一代"学生更重视数字技术环境的网络性能，而"网络二代""网络三代"学生则更重视数字技术环境的技术服务支持。再次，不同学科和性别学生的数字技术整体上对其学习效果不存在"学沟"的差异性影响。最后，在线教学互动中存在数字"反哺"行为，在线教学情境下的学生对教师、高技术群体学生对低技术学生群体起着带动作用。

（二）建议

1. 从"土著"到"公民"的身份转变：提升学生在线学习数字化生存素养

从教育社会学看，大学时期是人的社会化过程的重要阶段。在数字社会中，作为网络新生代的大学生就是要从拥有天生信息技术优势的"数字土著"成长为具有数字道德和情感的"数字公民"。当前，远程学习中的学生暴露出了一些"数字土著"的问题，即凭借自身技术优势遮蔽自身的学习失范行为。例如，一些学生会在网上浏览信息，但缺乏高级的信息检索与分析能力，不会使用学习软件或工具，在线学习时注意力不集中等。特别是在非常规教育背景下，远程学习中潜在的学术诚信问题成为高校关注的焦点。例如，美国波士顿学院指出，鼓励学术诚信的常规做法，如考试难以得到延续。显然，提升学生在线学习的数字化生存素养，就是要促使他们从数字技术知识和技能层面上升到数字技术道德和情感层面，因为良好的公民意识和道德是合格数字公民的必备素质。因此，当今大学生在线学习的数字技术是一项综合素养的体现。

正如学者麦克·里布尔（Mike Ribble，2015）在其著作《学校中的数字公民教育》中指出的，数字公民是在应用技术过程中遵循相应规范并表现出适当的、负责任行为的人。他还提出探索在线学习的数字素养问题。为促进大学生数字公民身份成功转变，亟须提升学生在线学习数字化生存素养。需要加以区别的是，正值青春期的大学生不同于中小学生，他们更愿接受同辈群体和学校的影响。因此，本文提出突出学校主导作用下的素养提升策略，促进大学生在线学习数字化生存素养的高阶认知。第一，大学生数字化生存素养是一种综合素养，应将数字技术教育融入整个人才培养体系中，形成对学生学习和生活潜移默化的影响。第二，探索数字技术教育与学科教育的深度融合，如探索开设人工智能金融、人工智能法学等跨学科专业和课程，从课程教学主渠道促进学生的数字技术道德、情感和规范的认知；第三，高校教师应有意识地将数字技术融入教学设计中，引导学生开展批判性思考、道德讨论和媒体创作与决策。总之，基于以上不同层面的实践，旨在让学生建立个体的"文化理解"和"身份认同"，使学生明确自身在数字社会（包括在线学习）的责任与权利。

2. 从"区域"到"院校"的思维转变：加强对弱势院校学生在线学习保障

联合国教科文组织的研究指出，很多高校从一开始就意识到，将传统教学迁移到虚拟情境会带来一定风险，因为很可能会扩大数字鸿沟的影响范围。因此，在线教学的数字鸿沟不仅是一个技术问题，也是一个社会问题，直接关乎学生的受教育权。通常意义上而言，经济和地域是导致数字鸿沟形成的重要原因，特别是经济发展不均衡致使不同地区产生数字鸿沟。基于实证分析，我们可以发现，我国东部地区高校与中西部地区高校在技术支持上对学生学习效果存在差异，说明我国经济社会的"二元特征"深刻折射到学生在线学习中。但教育领域中的数字鸿沟不仅表现在区域层面，更多体现在被遮蔽的院校层面。相关研究指出，那些拥有技术和教学资源的高校与没有技术和教学资源的高校间存在巨大差异。因此，我国高等教育体系存在一定的"两头分化"，一头是研究型大学，另一头是高职院校；一头是公办大学，另一头是民办院校。从根本上看，"两头分化"是优质教育资源分配不均在院校层面的表现。

面对当前在线学习的新问题，我们亟须转变"鸿沟"的区域性思维。换言之，我们不仅要着眼于区域上的数字技术差异，而且要关注院校层面的数字技术差异。就院校层面而言，差异从根本上取决于两个变量：在线教育的院校能力和监管框架。这是保障弱势院校学生在线学习的重要内容。具体来说，一是各地教育行政部门应建立高校在线教育质量标准及保障措施，采用评估机制诊断和检验各高校在线教学质量；二是同类院校可以建立在线教育联盟，增强高等教育系统的弹性，共享优质教学资源和技术解决方案；三是高校应加强与市场化在线教育公司的合作关系，并形成互为补充的教育伙伴关系；四是高校应提升数字化、混合式和泛在学习的规模质量，减少对单一技术的过度依赖，创新在线教学模式，确保学生数字技术的参与度和获得感。总体而言，保障弱势院校学生在线学习质量，对地方政府教育信息化发展、地方教育治理以及院校治理提出了新的挑战。

3. 从"传授"到"反哺"的认知转变：促进师生和生生在线教学互动互助

从传统教育认知看，教师在教学活动中长期扮演着主导角色，承担着传道、授业、解惑的职能。但在远程学习中，这一角色正在发生转变，即相对于"数字土著"的大学生群体，高校教师是典型的"数字移民"，处于数字对话的低技术群体行列，且这一特征会随着教师年龄的增加而愈发凸显。《疫情期间高校教师线上教学调查报告》显示，35 岁及以下青年教师有 1 586 人，占比 29.14%；36~45 岁中青年教师有 2 607 人，占比 47.89%；46~55 岁中年教师有 983 人，占比 18.06%；56 岁及以上教师有 267 人，占 4.91%。从抽样数据可知，中青年教师是此次在线教学的主力。但就整体而言，超过 60% 的教师属于"80 前"群体，这说明当前参与在线教学的教师群体仍以"数字移民"为主。同时，该调查还发现，疫情前有 79.57% 的教师未开展过线上教学[①]。由此看来，我国高校教师和学生间的数字代沟特征仍很明显，这必然会在远程教学交互中形成数字"反哺"行为。

在代际相遇过程中，数字代沟并非一个问题，而是一个相互作用的资源。与一般意义的数字"反哺"不同，远程学习情境下的教与学处于一种分离状态。根据教学交互层次塔模型，教学交互从低到高的多层复杂交互，分为操作交互（人机交互）、信息交互（师生、生生和学生与内容交互）和概念交互（学生新旧概念交互）。人机交互是整个教学交互的基础，表现为教师和学生对媒体技术的熟悉度。只有达到良好的人机交互，才能建立有意义的人际交互。显然，在线学习的数字"反哺"行为是一种建立在人机基础上的人际交互。一方面，教师可以通过建立师生交互提高自身技术水平；另一方面，教师可以通过学生同伴互助（小组交互）方式，引导学生在其同辈群体中开展交流和集体讨论，建立高技术学生群体与低技术学生群体的互助学习模式，从而

---

① 全国高等学校质量保障机构联盟，厦门大学教师发展中心. 疫情期间高校教师线上教学调查报告 [R]. 2020.

实现生生交互的价值最大化。综合来看，数字"反哺"从根本上是一种在线教学的文化"反哺"，数字"反哺"行为越深，师生亲和度就会越高，师生冲突频率和强度相应会越低，师生关系会越和谐，这会改变传统教学的"教师权威"，促进"以学生为中心"理念的建立。

总体来说，新冠肺炎疫情倒逼下的在线教学有效地保障了高校学生的受教育权，实现了"停课不停学、停课不停教"的目标。在这场大规模的在线教学实践中，蕴藏了诸多丰富的在线教育教学规律。其中，拥有数字技术天生优势和内在悟性的大学生群体无疑是教育规律研究的主体对象，因为只有把握好学生特征，才能构建真正意义上的"以学生为中心"的人才培养体系。这就需要将数字公民教育融入人才培养体系中，提升网络新生代大学生的数字化生存能力。同时，本文发现在线学习数字技术不仅是一个重要的教育学问题，而且还是一个深刻的社会学问题，特别是随着在线教育的更新迭代和推广应用，数字鸿沟和代沟问题可能会更加凸显，教育系统内部的不平等和院校"两头分化"成为在线教育今后改革的重要任务。正如《教育信息化2.0行动计划》提出的，要将教育信息化作为教育系统性变革的内生变量。总之，高等教育的伟大之处是面向学生的未来，而不是我们的现在，更不是我们的过去。

参考文献

［1］陈丽. 远程学习中的教学交互［D］. 北京：北京师范大学，2003：22.

［2］HILLMAN D C A, WILLIS D J, GUNAWARDENA C N. Learner-interface interaction in distance education：an extension of contemporary models and strategies for practitioners［J］. American Journal of Distance Education，1997，8（2）：30-42.

［3］陈丽. 远程学习的教学交互模型和教学交互层次塔［J］. 中国远程教育，2004，（5）：24-28，78.

［4］张学军，董晓辉. 人机共生：人工智能时代及其教育的发展趋势［J］. 电化教育研究，2020（4）：35-41.

［5］刘宇，崔华正，吴庭倩. 中美视频公开课有效教学互动分析研究［J］. 电化教育研究，2016，37（1）：103-109，128.

［6］HERNANDEZ-SELLESA N, MUNOZ-CARRILB P C, GONZALEZ-SANMAMED M. Computer-supported collaborative learning：an analysis of the relationship between interaction, emotional support and online collaborative tools［J］. Computers & Education，2019（138）：1-12.

［7］PRENSKY M. Digital natives，digital immigrants part 1 ［J］. On the Horizon，2001，9（5）：1-6.

［8］PRENSKY M. Digital natives，digital immigrants part 2：do they really think differently? ［J］. On the Horizon，2001，9（6）：1-6.

［9］TAPSCOTT D. Educating the net generation ［J］. Educational Leadership，1999，56（5）：6-11.

［10］张立新，张小艳. 论数字原住民向数字公民转化 ［J］. 中国电化教育，2015（10）：11-15.

［11］巫汉祥. 寻找另类空间：网络与生存 ［M］. 厦门：厦门大学出版社，2000：561.

［12］张立新，姚婧娴. 数字化生存：数字时代的挑战与教育应对 ［J］. 浙江师范大学学报（社会科学版），2019（4）：1-8.

［13］范哲. 数字原住民的社会化媒体采纳研究：理论框架与实证探索 ［D］. 南京：南京大学，2016：6-10.

［14］刘江. 数字原住民网络潜水动因实证研究 ［D］. 南京：南京大学，2013：9.

［15］周裕琼. 数字代沟与文化反哺：对家庭内"静悄悄的革命"的量化考察 ［J］.现代传播，2014（2）：117-123.

［16］HELSPER E J，EYNON R. Digital natives：Where is the evidence? ［J］. British Education Research Journal，2010，36（3）：503-520.

［17］LI Y，RANIERI M. Are "digital natives" really digitally competent? —A study on Chinese teenagers ［J］. British Journal of Educational Technology，2010，41（6）：1029-1042.

［18］王志军. 中国远程教育交互十年文献综述 ［J］. 中国远程教育，2013（9）：25-29，61，95.

［19］黄荣怀，汪燕，王欢欢，等. 未来教育之教学新形态：弹性教学与主动学习 ［J］.现代远程教育研究，2020，32（3）：3-14.

［20］Boston College. Emergency Remote Instruction［EB/OL］.（2020-05-29）［2021-09-20］.http://cteresources.bc.edu/documentation/emergency-remote-instruction/.

［21］RIBBLE M. Digital citizenship in schools：nine elements all students should know ［M］.Eugene：International Society for Technology in Education，2015.

［22］戴维·波普诺. 社会学 ［M］. 李强，译. 北京：中国人民大学出版社，2007：129，180-181.

［23］ UNESCO. COVID-19 and higher education today and tomorrow［EB/OL］.（2020-04-23）［2021-08-30］. http://www.iesalc.unesco.org/en/wp-content/uploads/2020/04/COVID-19-EN-090420-2.pdf.

［24］ 王俊松，李诚. 我国数字鸿沟的空间表现及原因分析［J］情报科学，2006，24（11）：1620-1625.

［25］ 万其念. 义务教育数字鸿沟现状及弥合对策研究［D］. 武汉：华中师范大学，2019.

［27］ AARSAND P A. Computer and video games in family life：The digital divide as a resource in intergenerational interactions［J］. Childhood，2007，14（14）：235-256.

［28］ ABRAMI P C，BERNARD R M，BURES E M，et al. Interaction in distance education and online learning：Using evidence and theory to improve practice［M］. NewYork：Springer，2012.

基于慕课的财政学
混合式教学模式改革与创新①

周春英②

摘 要：近年来，互联网、现代信息技术与教育资源深度融合，线上慕课资源与线下课堂教学相融合的混合式教学逐渐成为大学课堂教学的一种主要教学模式。中南财经政法大学的财政学课程在混合式教学模式改革过程中，坚持一切以学生为中心，精选优质教学资源，精心设计混合式教学方案和教学步骤，改革考核机制，提升课堂效率和人才培养质量。为进一步推进财政学混合式教学模式创新，中南财经政法大学在更新完善线上课程资源，提高混合式教学考核质量，校内外SPOC推广，形成教师开发建设慕课、利用慕课的激励机制等方面仍有许多工作需要完善。

关键词：财政学；混合式教学；慕课；翻转课堂

一、引言

近年来，互联网、现代信息技术与教育资源深度融合的进程不断加快，特别是在高校，以慕课为代表的"互联网+教育"这种新型混合教学模式打破了传统教学的时空限制，使高等教育的教与学的环境发生了深刻的变化。慕课是基于连通主义、网络技术的一种大规模在线开放课程（massively open online course，MOOC 或 MOOCs）教学形式，具有开放性、大规模性和便捷性在线学习的特点，已发展成为盛行于许多国家的大学课堂教学的主要方式，是高校教育教学改革的大势，并且其形式日趋多样化。

---

① 【基金项目】湖北省高等学校省级教学研究项目"新时代财经类专业'课程思政'与'思政课程'协同育人机制研究"（项目编号：2020251）。
② 周春英（1973—），女，中南财经政法大学财政税务学院，副教授，硕士生导师，主要研究方向：中外财政思想与制度变迁。

慕课理念由加拿大学者戴夫·科米尔（Dave Cormier）和科恩·亚历山大（Bryan Alexander）于 2008 年提出，是基于将世界上最优质的教育资源送达地球最偏远角落的美好愿望而提出的，目的是解决社会对优质高等教育资源的需求与现有教育资源的不均衡之间日益凸显的矛盾，以推进国际高等教育大众化的进程。2012 年被《纽约时报》称为"慕课元年"，美国哈佛大学、麻省理工学院、斯坦福大学等世界著名大学高度重视慕课建设，于 2012 年分别成立了 edX、Coursera 和 Udacity 平台，后来发展成为全球慕课三巨头。英国牛津大学、剑桥大学也非常重视互联网教育的发展，建立公开课平台，主动向世界推送优质在线开放课程。

慕课所具有的独特的共享优势，使得教育机会、教育过程和教育质量的公平变得现实可行。在我国，慕课发展很快。2013 年，清华大学与北京大学、浙江大学、南京大学、上海交通大学等高校联合发起成立"学堂在线"慕课平台，将部分优质课程以慕课的形式搬上网络，并与哈佛大学、麻省理工学院等高校合作引进 edX 的热门课程，为国内大学在线课程提供开放平台。2014 年，教育部在清华大学成立在线教育研究中心，希望通过由上而下的方式快速把慕课模式广泛应用到高等教育教学中去。之后，MOOC 学院、中国大学 MOOC、文华在线、智慧树、学银在线、超星尔雅、优课聪明等诸多商业网站也搭建了大规模在线教育平台。2015 年 5 月 22 日，习近平总书记在致首届国际教育信息化大会的贺信中提到要"积极推动信息技术与教育融合创新发展"。教育信息化的核心内容是教学信息化。借助先进、强大的互联网和现代信息技术，全国各高校都开始积极进行慕课开发建设，并探索将慕课资源灵活应用到课堂教学上的混合式教学模式。

作为一种新型的教育模式，慕课不仅是传统教育形式、手段、过程的一种变革，更是对传统教育观念、内容、方法的深刻颠覆。本文拟以中南财经政法大学财政学课程混合式教学模式改革为例，深入分析将慕课有机融入课堂教学的优势、混合式教学模式改革的宗旨及实践经验，探讨未来基于慕课进一步推进混合式教学模式创新的路径。

二、财政学混合式教学模式改革的意义

（一）中南财经政法大学财政学慕课的特色

中南财经政法大学财政学慕课为国家精品在线开放课程（2018），在中国大学MOOC 平台上向社会免费开放。在建设过程中，本课程团队一直秉承"讲特色、创一流"的教学理念，以课程资源建设为中心，以提升人才培养质量为重点，逐渐形成了

"一融、二结合、三服务、四精选"的课程特色。

1. "一融"

"一融"，即融教和学于一体的教学模式。本课程所在财政学科拥有国家重点学科（2002）、国家精品课程（2004）、国家优秀教学团队（2008）、国家特色专业（2007）、国家经济管理实验教学示范中心（2007）、国家级精品视频公开课（2013）、国家级本科教学专业综合改革项目立项（2014）、国家级资源共享课（2014）、国家级一流本科专业（2019）、国家级创新引智学科平台（2020）、国家级一流本科课程（2020）等一系列国家高等教育荣誉，本课程团队以这些高层次平台优势为支撑，充分利用其优质教学资源的辐射，将精品视频公开课、精品资源共享课和精品在线开放课程等线上课程建设成果有机融入课堂教学，以课程建设、教学实践与教学研究为牵引，充分运用现代信息技术和高层次、高质量课程资源，改进教学内容和教学方法，提升人才培养质量。

2. "二结合"

"二结合"，即结合财政学线上学习视频不宜时间过长、线下授课过程时间有限而与教学内容庞杂相矛盾的特点，精心设计混合教学内容，把线下课堂教学与线上现代化网络教学的内容、手段、方法有机结合。本课程团队在课程建设过程中，鼓励尽量多的优秀教师将慕课方式融入课堂教学中，提升教学质量。

3. "三服务"

本课程作为经济学类专业的基础课程和部分专业的选修课程，通用性强，受众范围广，具有广泛的社会需求和普遍的应用价值，针对在校大学生、高校教师和财政税务部门工作者三大类预期受众，分解其所需的知识、能力、素质要求、兴趣特点等构建课程资源，力争在课程内容上深入浅出、张弛有度，积极研究专业知识与网络开放课程技术、方法上的融合方式，以多层次和多元化的资源内容满足不同学习对象的需求，既具有普适性，又具有针对性。学员通过学习，可以了解财政、走近财政、运用财政。本课程团队努力把财政学慕课建设成为对外展示中南财经政法大学教学水平和教育质量、具有广泛影响力的品牌课程和窗口。

4. "四精选"

线上课程讲授对师资、课程内容及展示方式的要求是极高的，授课教师不仅要具备扎实的专业知识，熟谙财政税收的基本理论，而且要具备深厚的文化底蕴，能够做到从容、优雅、接地气，把财税基础理论讲活讲透。因此，财政学慕课在开发过程中要注意做到以下"四精选"：

（1）精心筛选师资，优中选优，严格把关，形成了既有丰富的教学科研经验，又具有财税实践经验，以"湖北名师"刘京焕教授为首的教学团队。

（2）精选教学内容和资源，构建内容及表现力丰富的立体化的教学体系。本课程视野开阔，立足中国的实际环境，以政府与市场的关系为主线、以公平与效率的关系为核心、以政府的财政职能理论为基础，同时广泛借鉴世界范围内的财政学先进理论和方法，体现全球趋同思想，融理论性、实践性和应用性于一体，有较强的科学性、先进性和适用性，既适用于本科课程的基本教学要求，又能满足对财政、税收等基础理论和知识感兴趣的社会学习者的需要。

（3）精选慕课制作方。从事慕课制作开发的平台众多，经过公开招标，本课程在制作上选择了北京文华在线教育科技有限公司。该公司成立于 2006 年，致力于信息技术与学科教学深度融合的混合式学习服务课程制作，有丰富的拍摄制作经验。

（4）精选上线平台。本课程制作完成后，选择在国内高校中有较大影响力的中国大学 MOOC 和文华在线两个平台同时上线，受众范围广，影响面大，并不断创造条件做好面向高校和社会的免费开放学习服务。

（二）财政学混合式教学模式改革的宗旨

混合式教学模式是在教学中引入慕课资源，实施线上理论知识学习、课堂专题教师指导、学生讨论的翻转课堂教学模式，是当前教学改革的主要形式之一，其改革宗旨是一切以学生为中心。

人才是创新的根基和核心要素，是推动国家可持续发展之源。培养人才，根本要依靠教育。传统的教育模式主要强调"三个中心"，即以课堂为中心、以教师为中心、以教材为中心的灌输式教育，忽略了课外，忽略了对学生自主性思考能力、创新意识与实践能力、学术素养等综合素质的挖掘和培养。在新文科背景下，财经类专业承担着为国家输送经世济民、诚信服务、德法兼修的新时代治国理财的高素质人才的重任，以推动实现国家治理体系和治理能力现代化。这就需要高校实行知识传授、能力培养和价值塑造三位一体的教育模式，从传统单一的专业能力维度向人文素养、职场胜任力、法律观念、家国情怀、社会责任感等多维度延伸。这在学时有限的课堂上是难以完成的，或者是达不到预期效果的。根据混合式教学，学生通过线上慕课和课下阅读掌握专业理论知识，线下课堂环节由教师讲授为主变为教师引导、学生讨论，教学目标中知识的掌握、探究的方法、社会经济现实问题的审辩式思维、能力的培养、科学的精神等更能够贯穿课程设计当中。学生在讨论的过程中，通过亲身参与，能够厘清所有相关的理论、方法等知识点，增强创新意识、开拓精神、组织能力、协调能力以及团队合作意识，并能够对当下和未来的问题进行较强的专业判断与决策，找到分析问题、解决问题的方法和路径，并提出"中国之治"，进而养成良好的职业道德、塑造高尚的人格和增强社会责任感。

（三）财政学混合式教学模式改革的意义

1. 有利于优化教学内容

财政学是高校经管类专业的一门专业基础核心课，其涵盖经济学、管理学、法学、社会学、统计学等多学科理论，经过科学的分析和研究，为我国实施与社会主义市场经济体制相适应的财政体制、财政政策提供理论基础和现实依据。视专业性质不同，高校一般在人才培养方案中对财政学要求了不同的学时、学分，有 64 学时、4 学分，48 学时、3 学分，32 学时、2 学分。该课程一般为大二、大三学生开设。此时，学生已经学习了经济学相关课程，对其基本理论有了一定认识。财政学是在前设经济学课程的基础上从公共部门的角度分析和阐释政府的经济行为。如果按照传统教学方式，为了逻辑合理和顺畅，教师在课堂讲授环节一般还需花大量时间讲解与以前学生学过的内容有交叉、重复的经济学理论，以使学生加深理解政府和财政的职能，从而产生了教学内容多和学时少的矛盾，特别是 32 学时的课程。教师要么压缩财政学本身的知识量，要么受时间所限赶进度而无法进行深度延伸，从而缺少理论与实践的结合分析。利用慕课平台资源，教师可以对教学内容进行优化设计，让学生在线上对涉及的知识点进行有针对性的学习，课堂上则进一步拓展财政学知识的广度和深度，重点培养学生综合能力，实现仅仅靠课堂教学无法达到的教学目标，提高教学效果。

2. 有利于增强教学内容的趣味性，提升课堂效率

由于财政学内容博大精深，理论性较强，较难理解，满堂灌的"填鸭式"教学会更加重该课程的枯燥感。因此，财政学慕课在制作时，注重运用现代化技术手段，把抽象的理论及知识点运用文字、图表、图像、动画、视频、声音等现代化信息技术手段高清制作综合集成出来，带给受众的是生动、形象、具体和直观的视觉享受，感染力强，表现形式新颖，有利于学生自主学习，具有独特的优势。学生可以利用线上课程吸收和内化相关理论，线下课堂在教师引导下运用理论分析现实中财政政策应用环境、实施效应、实现政策目标的手段机制以及财政政策与其他政策的配合等，提升课堂效率。

3. 有利于加强师生、生生互动交流，提高学生的专业思辨能力和创新能力

把线上课程与线下课程有机结合的混合式教学，突出了教师、学生的双主体地位。学生在线上按照教师的学习任务要求自学或分组协作学习，线下则在教师引领下，将慕课中碎片化的知识点加以运用，进行专题理论或案例讨论，从而实现教学重点由"知识传授"转向"融通应用"和"拓展创造"。这样能够激发学生的探索求知欲，充分调动学生全过程积极参与教学的主动性和创新性，在培养学生获取和处理信息能力，

专业思辨能力，团队协作能力，发现、分析、解决实际问题能力的同时，使学生对理论知识有更加深刻的理解和认识，并掌握解决问题的正确方法，充分发挥学生的创造性。

4. 有利于建立先进、科学、适用的课程考核机制，将教学模式改革效果落到实处

在传统教学中，由于课堂教学任务重，且对学生学习过程管理的统计工作量较大，因此教师设计课程平时成绩权重不高，且以考勤为主要参考标准，更加注重的是考试结果，不利于素质教育向纵深推进。混合式教学模式有利于促进教学全过程的动态化管理，能够对学生学习数据进行全过程采集，通过全景呈现个性数据报表来量化学生线上课程学习全貌、知识掌握情况以及线下参与小组讨论能力表现的情况，从而使知识和能力考核并重，不仅重视了总结性（结果）评价，而且还重视了形成性（过程）评价，强化了考试的正面导向功能，并为以后的教学改革提供精准依据。

三、基于慕课的财政学混合式教学模式构建与实施

（一）明确混合式教学模式改革目标和改革重点

财政学混合式教学模式改革的目标是集聚并优化利用在线优质课程资源，线上自主学习理论知识，线下课堂在教师引导下引入参与式、互动式翻转课堂方式，建立起学生忙起来、教师强起来、管理严起来、教学效果实起来的教学模式，培养出新时代治国理财的高素质人才。基于此，教学改革重点在以下三个方面：

1. 教学方式和评价方法多元化

教学内容的呈现和评价方式，即课程教学方式和考核方法，是教学工作的核心，也是教学模式改革最关键的突破点，因为所希望实现的课程教学目标、教学效果都需要通过教师运用一定的教学手段以线上线下课堂和考核机制来实现。课程考核方式的改革是启动和深化其他教学环节改革的"导航器"，其不仅可以检测、反馈教学质量和教学效果，还可以对学生学习发挥激励和导向作用。因此，考核方法改革是整个教学环节改革的重点和难点，也是课程建设的重要内容之一。

2. 精选优质慕课资源

相对于传统教学，混合式教学对授课教师提出了更高的要求。因此，教师在准备教学设计和课堂展示的过程中，要时刻铭记课堂应当围绕着学生展开，而不是把教师的授课或教学内容作为需要优先考虑的问题。目前，上线的财政学慕课众多，仅中国大学 MOOC 平台就有由不同高校制作的 10 门财政学课程，其中有 3 门为国家精品在线开放课程。每所高校强调的课程重点、展现的内容和方式都有所不同，各有一定的优

势与不足。这就需要比较分析平台上不同财政学慕课课程的优缺点，扬长避短，积累并探索符合本校学生专业实际情况的优质慕课资源。考虑每个教学节段之于整门课程的代表性，教师应将所有节段的教学设计都进行精心打磨，将整门课程的教学理念贯穿于每节课之中，实现线上"源于课堂，高于课堂"和线上线下高质高效。

3. 提高学生的学习兴趣，促进学生全面发展

在整个教学过程中，教师应始终站在学生的角度换位思考，以学生为中心，精心打磨教学方式，将学生关心的热点事件、理论困惑和实践案例融入教学设计中，通过理论思辨、互动讨论、学生参与等模式调动学生的学习兴趣。一方面，教学要与时俱进，运用慕课、翻转课堂等多样化的课堂形式及雨课堂、微助教、Bb 教学平台等功能强大的多媒体教学手段，使教学内容生动有趣；另一方面，教学要通过课堂上的师生、生生交流实现知识的传递共享和运用，培养学生的创新精神和实践能力，特别是通过对我国财政政策实践经验的讨论，增强学生对中国特色社会主义道路的认同感、责任感和使命感，在认识、情感、价值观等多方面给予学生正确的支持和引导，实现传道授业、立德树人，达成人才培养目标。

（二）财政学混合式教学模式实践

1. 制订混合式教学方案

首先，教师根据财政学课程的教学目标、特点和教学要求，合理确定哪些章节比较适合利用慕课资源进行混合式教学。其次，教师依据教学目标和教学要求，搜集、优选与财政学课程相关的优质慕课资源，制订各章节的教学计划，合理设计线上学习任务要求和线下课堂教学讨论的专题及学时分配方案。

中南财经政法大学视学生专业性质不同，在人才培养方案中要求了不同的学时、学分，有 64 学时、4 学分，48 学时、3 学分和 32 学时、2 学分。

如表 1 所示，在教学方案中，教师将总学时的 1/4 设计为线上教学，每学期共有教学周 16 周，其中第 2 周、第 5 周、第 9 周和第 12 周设计为线上教学，其他 12 周为线下教学。这 4 周的线上教学，分别对应着教学内容中的财政基础理论篇、财政支出篇、财政收入篇和财政管理宏观调控篇。每一篇章教学内容的选择既要突出理论知识，又要体现财政学源于生活又服务于生活的特点，从而将理论学习与能力培养有机融合。

表 1 财政学混合式教学模式实施步骤

线下周次	教学计划	线上周次	教学计划
1	宣布课程考核方案、学生分组要求、专题讨论参考题、参考文献、基础理论篇线上学习任务，讲授课程绪论	2	学习线上课程 1~3 讲基础理论篇，查阅文献资料，制作专题讨论PPT
3~4	宣布小组名单及确定讨论选题，专题讨论政府与市场之间的关系、财政的职能、市场失灵与政府治理、政府失灵的原因、政府失灵的表现及治理、我国收入分配差距的成因、调节手段及成效。案例分析：雾霾治理的财税政策及效应比较	5	学习线上课程 4~6 讲财政支出篇，查阅文献资料，制作专题讨论PPT，自学教材第 5 章政府投资支出
6~8	总结与讨论：影响一国财政支出规模和结构的因素；财政支出的经济效应；财政支出案例绩效评价；我国财政支出结构的改革和优化；政府进行科教文卫支出的必要性及我国存在的问题；政府介入基础设施投资的理论依据；我国基础设施投资分析；国际社会保障基金筹资模式比较及经验借鉴；我国社会保险制度的改革和完善	9	学习线上课程 7~9 讲财政收入篇，查阅文献资料，制作专题讨论PPT，自学教材第 9 章非税收入
10~11	总结与讨论：影响一国财政收入规模和结构的因素；税收的经济效应；宏观税负的国际比较；影响一国税制结构的因素；我国税制改革的方向；新时代我国现代税收制度的构建	12	学习线上课程 10~12 讲财政管理与调控篇，查阅文献资料，制作专题讨论PPT，自学教材第 14 章国际财政
13~16	讨论：我国公债负担的现状；国外国债管理经验借鉴；西欧主权债务危机的成因、危害及防范成效、经验借鉴；我国中央或地方政府防范公共财政和债务风险的管理举措及成效；我国政府预算管理制度改革；影响一国财政管理体制的因素；政府间转移支付制度的国际比较；中国财政政策的实践；我国现代财政制度的构建条件。课程总结：实现我国国家财政治理体系和治理能力的现代化		

2. 精心设计混合式具体教学步骤

慕课是多样化的课堂形式和教学手段之一，归根结底是为课堂教学锦上添花的工具，课堂上师生面对面进行沟通交流的默契、温度和情感感染是其他教学形式无法取代的。为提升课堂教学效率和质量，教师应提前做好每一章节的课前、课中和课后全面设计，合理布局教学的不同环节。教师应在课前布置学生预习优质慕课资源的任务和具体要求；在课中将班级学生划分为 6~8 个学习小组，提出协作学习任务，作为资料搜集、信息处理、课堂讨论、调查实践的基本主体，是平时成绩的考核主体，是课堂教学的基础；在课后总结与作业安排，加强课后作业的监督和考核。

在确定教学节段之后，首先，教师需要充分准备材料，从教师和学生两个角度思考每一节段教学内容的重难点、慕课资源引入方式、教学手段、讨论内容等；其次，教师在选择引入方式时需要考虑如何快速吸引学生的注意力；再次，教师需要根据课程教学的进展设计合适的互动、交流和讨论环节，通过紧扣国内外现实生活中的财政现象，提高学生参与讨论式、启发式学习的积极性，培养学生的综合能力；最后，教师对每一节段教学内容实施的教学效果、学生反应做好教学反思，为后面教学改革奠定基础。

3. 改革考核机制，提高考核质量

在考核方式上，混合式教学模式对学生学习效果评价由线上和线下两部分组成。线上成绩占总成绩的 20%，由视频观看（30%）、章后作业（30%）和线上课程测评（40%）三部分组成，体现了线上学生学习的过程性和主动性。线下成绩由两部分组成：课堂专题展示（占总成绩的 20%）和期末闭卷测试（占总成绩的 60%）。其中，课堂专题讨论评分是根据教学要求对小组整体表现水平评定成绩，这种考核形式不是给小组每个成员单独评分，有利于营造一个良好的协作学习氛围，激发每个成员的学习兴趣，激励组内每个成员充分发挥自己的优势，弘扬学生的团队协作精神、增强学生的集体荣誉感。期末考试在题型上既有客观题（占卷面总分的 40%），又有主观题（占卷面总分的 40%），但在内容上，不断减少知识记忆形式的名词解释题和简答题，加大侧重应用理论解决实际问题的选择题、判断题、案例分析题和材料论述题的分量，既考察了学生基本知识点的掌握情况，又考察了学生运用理论分析问题、解决问题的能力。

四、进一步推进财政学混合式教学模式创新的路径

混合式教学模式改革是一项系统工程，涉及教学和管理工作的方方面面。

（一）不断优化、改进和更新线上课程资源

财政学属于应用经济学科，是一门理论性、实践性、创新性和应用性较强的专业性课程，本着理论密切联系实际的精神，在慕课建设中要持续更新、改进和完善部分

已有教学视频，其中的教学内容、案例分析、讨论平台的讨论专题设计、单元后测验练习题、试题库和文献资料库建设等都要与时俱进，并要注意内容的规范性、知识结构的衔接度、现实生活中新出现的社会关注度较高的财政税收问题的专业引导等，及时补录理论界前瞻性教学内容，实现课程内容更新的持续性。例如，本课程拟于2022年就时下社会关注的构建中国现代财政制度问题，以案例讨论和情境分析为主，对当前财税改革的热点和难点问题，制作8~12个高质量的视频，目前正在进行脚本设计、图片、数据、音像视频等资料搜集，内容涉及我国税制结构演变、财税体制改革、房地产税立法及开征、国际税收协定四个专题，从而体现学界的最新研究成果和发展动态，跟踪财税制度与政策的国际改革方向。

在课程建设的同时，课程维护也要并重，需要专门委派专业教师、实验室技术人员和助教，负责网络、课程技术维护和线上学员疑问及时解答，审阅学生的网上互评评论和笔记，及时解决学员学习过程中遇到的困惑，矫正不恰当观点，使学员与课程团队更好地交流和沟通。

（二）精心设计线下课程

财政学混合式教学模式继续沿着"理论讲授-互动练习-实践展示-案例分析-情境模拟"的建设脉络，线上进行理论讲授，线下本着挖掘和培养学生综合能力的宗旨，继续探索专题案例剖析、情境模拟、实践教学等启发式、探究式、讨论式、参与式等教学方式，构建多元化、多层次课程教学体系，形成线上理论学习与线下理论应用的深度融合和衔接机制。

（三）做好校内外SPOC的推广工作

线上线下相结合的混合式教学模式"私播课"（small private online course，SPOC）正成为目前盛行的一种新颖的教学模式，是在慕课基础上生成的小规模定制型在线课程。采用此教学模式，学生可以灵活利用手机、电脑等网络终端自由选择学习时间、地点、内容进行学习；教师可利用网络平台的技术和资源，开展线上或线下的教学活动。本课程自2017年上线以来，连续四年在校内开设SPOC，并认定学分。面授课上教师讲授慕课体系没有覆盖的内容，讲授学界研究性和前沿性内容，并安排学生参与案例讨论、专题展示、问题解答、梳理知识点等教学活动，但并不是所有财政学任课教师都采取了这种混合式教学模式。今后应进一步做好校内外SPOC的推广工作，争取有更多的高校使用本课程SPOC教学，提高课程资源的使用效率，提升教学质量。

（四）改革教学管理制度，形成教师积极建设和利用慕课的激励机制

混合式教学模式对现有教学方式和教师素质提出了巨大挑战，要求教师敢于直面挑战，加强主动学习，积极提升自身的信息技术素质，积极进行基于慕课平台的教学

改革。首先，教师在授课的起始点就要将培养、训练与提高学生的创新意识、协作精神和社会实践能力作为自己的自觉意识与教学目标。教师需要提前广泛搜集、研究优质的慕课资源，全面布局课程教学方案，精心钻研各节段的教学方法和衔接技巧，不断累积建设慕课、利用慕课的经验。在翻转课堂环节，教师要灵活调整角色转变，由主导者、讲授者转变为启发式和讨论式教学的组织者、引导者。多维度的考核方式也要求教师投入极大的精力。高校重科研、轻教学的考核和奖励机制，必然影响教师从事混合式教学的主动性和积极性。高校可以通过增加课程系数的方式激励更多教师采取混合式教学模式，以教改立项的方式保障慕课开发建设经费，鼓励教师探索、研究混合式教学模式，并将教学课题研究作为职称评聘的条件之一。高校还要注意集聚优势力量和优质资源，加强慕课的教学师资队伍和培训制度建设，完善混合式教学质量评价体系。

总之，基于慕课的多元化混合式教学，是现阶段顺应信息技术与教育教学深度融合发展趋势要求以及全球化教学模式创新的重要教学改革方式。在新时代新文科背景下，与时俱进地转变与创新人才培养模式，充分利用优质教学资源共享的有效机制，以更加合理的教学方法因材施教，从根本上提升教学效率和教学质量，把自主研究型学习、综合素质、能力教育融入人才培养全过程，才能把学生培养成适应我国经济社会发展战略需要的全面发展的应用型、复合型高素质人才。

参考文献

[1] 张绍东，黄明东，肖安东. 依托慕课课程 共享教学资源 优化教学模式 [J]. 中国高等教育，2015（24）：11-12.

[2] 严三九，钟瑞. 教育资源的公平共享与可持续发展：慕课 [J]. 中国人口·资源与环境，2015（2）：176-178.

[3] 郭英剑. "慕课"与中国高等教育的未来 [J]. 高校教育管理，2014（9）：29-33.

[4] 闫杰，强国令. 雨课堂在《财政学》课程教学改革中的应用 [J]. 时代经贸，2020（8）：93-95.

[5] 周双艳. 基于 MOOC 的多元化混合教学模式和课程改革探索：以财政学为例 [J]. 现代商贸工业，2019（20）：187-188.

"慕课平台+翻转课堂" 教学模式设计研究

——以金融工程学为例①

崔婕②　蔡源③　周钧地④

摘　要：近年来，基于慕课的翻转课堂已经成为现代教育改革创新的新形式，为高校教学模式的现代化创新打开了一扇窗。本文以山西财经大学金融工程学为研究对象，对"慕课平台+翻转课堂"的基本内涵、教学模式设计、实践成效以及存在的基本问题展开了深入的分析研究。结论表明：与传统教学课堂相比，基于慕课的翻转课堂使得教师将更多的精力投入学生具有差异化的疑问和难点上，提高了教学质量和教学活动效率，教学方式更加丰富多样；在教学过程中可以根据学生之间存在的差异和学习进度进行灵活的调整，最大限度地满足学生的个性化需求，激发学生学习的主观能动性；教师始终以解惑者和促进者的角色开展教学，充分体现了教师的主导地位和学生的主体地位。

关键词：慕课平台；翻转课堂；金融工程学；教学模式；实践成效

一、引言

慕课以强大的信息技术为手段、丰富的教学视频资源为优势，利用互联网平台开展在线教学，弥补了传统教学的缺陷。然而，慕课的发展与现有传统课程的结合存在一定的难度，主要表现在以下几个方面：第一，慕课的教学视频资源更多的是面向

---

①　【基金项目】2018 年山西省高等学校教学改革创新项目"慕课平台+翻转课堂教学模式设计研究——以《金融工程学》为例"（项目编号：J2018109）、2018 年教育部人文社会科学研究青年基金项目"货币政策的风险承担：宏观审慎介入与中央银行独立性研究"（项目编号：18YJC790020）。
②　崔婕（1981—），女，山西财经大学，教授，主要研究方向：金融风险管理。
③　蔡源（1996—），女，山西财经大学，主要研究方向：金融风险管理。
④　周钧地（1998—），男，英国布里斯托大学，主要研究方向：经济金融与管理。

"外行"学习者，知识含量和严谨度不足，难以与传统课程的教学对象、课程目标和在校学生已有的知识积累完全匹配；第二，部分视频资源混合了不同阶段的专业知识体系，难以因材施教。"慕课平台+翻转课堂"教学模式的提出可以很好地解决慕课所存在的以上问题，这种教学模式一方面充分发挥了教师和学生的主观能动性，另一方面通过充分利用丰富的慕课资源和结合翻转课堂教学模式的优势，倒逼教师教学能力的提升，调动学生课堂参与的积极性，最终实现教学设计的优化。本文通过调查研究考察师生对"慕课平台+翻转课堂"教学模式的了解及评价，探索其在各类学生的教学中的应用价值，指导其在教学实践中的具体实施。

二、文献综述

国内外有关"翻转课堂"教学的研究主要集中在教学模式（Maureen Lage et al，2000；祝智庭，2016；肖寒和陈达，2018）、教学设计（Kim et al，2014；吕晓娟，2015；陈子超，2017）以及教学效果（Enfield，2013；何琳洁，2017；何超，2018）三个方面。关于慕课平台的研究，国内外文献重点集中在内涵阐述并重点研究慕课与传统院校高等教育融合。例如，范逸洲等（2018）研究了通过改进评价量规来提高同伴互评的可靠性和准确性，并提出了相应的设计原则及使用建议；邓东元等（2018）提出了建立市场化运作机制、加强"全人教育"，完善监督评估习题，构建国际化的中国高等教育慕课发展策略。关于"慕课平台+翻转课堂"教学模式研究现状，已有文献重点集中在与传统课堂差异比较及实践运用上。例如，曾明星等（2015）指出翻转课堂是慕课的一种模式，慕课中的课程内容恰恰是翻转课堂教学模式中所需要学生课下完成的任务；李立等（2017）针对高等教育教学模式的改革，通过对实验班数据的分析，肯定了慕课理念与翻转教学相互结合的可行性；张永鑫（2018）指出，翻转课堂改变了传统课堂的教学过程，由教师的一味灌输转变为学生的自学与探究，这就能充分调动学生的积极性，是学生知识内化和能力提升的有效途径；陈传侦和周威（2017）认为，慕课与翻转课堂本质上属于混合式教学模式，在这种混合式的教学模式下，可以发挥出两者的优势，弥补各自的不足，增加师生之间的交流互动，发挥学生的主观能动性，丰富教师的教学方式。还有一部分学者研究"慕课+翻转课堂"的应用成效。例如，冯菲和于青青（2019）通过对北京大学翻转课堂教学的案例分析，归纳出基于慕课开展翻转课堂教学的教学理念和成功经验；刘擘（2021）初步探讨慕课结合翻转课堂在临床医学留学生肾内科见习教学中的应用；周蕾（2021）以职业院校高等数学课程为载体，对基于课程平台的慕课与翻转课堂教学应用展开探讨，分析了其在应用过程中存在的问题并提出解决措施。

综上所述，翻转课堂和慕课在教育的各个领域所展现出来的优势和价值得到了广大学者的认可。其中，单独研究翻转课堂和慕课在学科领域的研究较为广泛，重点集中在初中、高中等教学领域，但将两者结合研究以及将其应用在传统课堂的相关研究较少，并鲜有以金融工程学为例研究"慕课平台+翻转课堂"教学模式改革的文献。因此，本文以金融工程学为例开展"慕课平台+翻转课堂"教学模式设计研究具有十分重要的理论与现实意义。

三、"慕课平台+翻转课堂"教学模式设计

"慕课平台+翻转课堂"教学模式通过线上知识学习与线下课堂教学相结合的教学方式颠覆现有传统课程，创新教学模式，让优质教育资源全民共享，使得个性化、互动式、自主式学习成为可能。教师的教学模式和学生的学习过程分为以下三步：

（一）前端设计

前端设计包括教学理念、教学结构设计以及相关教育资源的现状分析等。各学校可以结合本校的实际情况，在不同的学习时期开放不同的线上课程资源。教师可以采取"慕课平台优质视频+自制视频+在线测试"的方式开展教学，根据教学需求，将慕课中已有的优质教育资源以链接的形式嵌入整体的教学方案中，通过本地上传自制视频、课程文字资料（如 Word、PPT 等），并对文字资料中的内容进行必要的讲解。自制视频的长短要在学生可持续的专心时长范围内，以提高学生的知识接受程度。学生依据学习目标和知识积累程度提前在慕课平台上自学。教师一方面根据课程体系设置教学内容，收集与本章节内容相关的教学资料，对教学重点和难点进行解析；另一方面根据学生在平台上提前学习的情况，对学生在线上的学习进行及时的总结和归纳，分析学生自学存在的难点和问题，精心设计课堂学习和讨论的内容，在翻转课堂上针对这些难点和问题进行讲解，或者与学生交流讨论，满足学生的需要，促成学生的个性化学习。

（二）活动设计

1. 课前

如图 1 所示，学生通过扫码登录进入需要学习的课程界面。学生可以通过阅读每一章节前的本章学习目标来了解自己是否需要进行这一章节的学习，如果认为本章节的学习目标在以往的学习中已经掌握，可以选择跳过该章节，但是必须在完成本章节

的课后测试，并达到合格后才能进入下一章节的学习。这样就能达到教学的个性化、差异化。

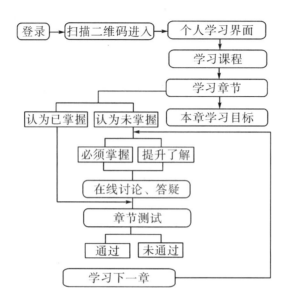

图1　慕课教学活动流程图

每一章节的学习都被分为必须掌握的部分和提升了解的部分，这两部分中都包括丰富的慕课视频资源链接、PPT、教师上传的自制讲解视频等。每个学生都要学习必须掌握的部分，而在提升了解部分可以进行自助式学习，根据自己的需求选择不同的教学资源，进行线上知识的学习。在学习的过程中，学生需要记录下自己在观看视频中存在的疑点，进行在线提问和讨论。教师可以组建学生讨论区，对学生存在的共性疑惑进行了解和解答。最后学生进行本次知识点的综合测试，通过测试后完成本次知识点的学习；若未通过，则对前面的知识点进行选择性学习。

在这一过程中要注意两点：第一，任务表分阶段设计。在必须掌握部分设置的任务表在不同的阶段应有不同的详略程度。在课程的初始学习阶段，任务安排应尽可能细化，引导学生明确学习目标，提高学生对知识的接受度。第二，测试题目多元化。章节测试题目要达到多元化，包括多种题型。因为不同的题型考查学生不同方面的能力，如填空题考查学生对核心知识的快速学习能力，简答题考查学生对单个知识点的理解能力，论述题考查学生的逻辑思维能力和对知识点学习的充分程度。

2. 课上

课上学习是翻转课堂的核心部分。翻转课堂与传统的课堂教学模式有很大的不同，强调建立"以学生为中心"的课堂，学生通过提问、讨论、辩论的方式来解决在课前线上学习遗留的问题，并以报告的形式分享自己对问题的疑惑、解决过程以及最终结论，帮助其他学生更全面地了解所学知识点。教师在此过程中充当一个引导者和策划者，由传统的"授人以鱼"转变为"授人以渔"，通过向有疑问的学生提供分析问题和解决问题的思路，引导其在一个问题上的发散性思维，产生更多的问题来增加课堂内容的丰富度。以上方法可以提高课堂的互动性和学习过程中的体验性，增强学生看待、分析和解决问题的能力，丰富学生思考问题的维度。

在课上开展活动应注意的问题如下：第一，开展分组课堂交流讨论，难免形成"乱局"，使得课堂的内容过于分散，教师在开展课堂互动的过程中要注意对课堂有效时间的把握、对整个课程的进度以及各环节占比的调整。教师应根据不同课程的知识量、灵活性，合理安排课堂互动结构。第二，教学活动的安排应尽量与学生已有的知识积累相挂钩，并在已有内容的基础上进行适度的拔高，或者提出具有发散性和开放性的问题以供学生在课后思考。这样做有助于提升学生的学习兴趣，丰富课堂内容。学生可以通过课后的交流讨论、查阅资料建立自己对问题的辩证性思维。

3. 课后

学生在课后以总结和提升为主。通过课上的提问和讨论，学生对已有的疑问已经有了一定程度的把握。学生在课后即可将这些知识整理总结成文，并上传到线上学习讨论区，从而加深学习记忆，供日后学习者参考和使用。

在课后总结环节应注意的问题如下：第一，课后总结应详细阐述问题的发现和分析过程、解决方法以及研究该问题的意义等。对一些解决方法还不明朗的问题，学生应该将课堂上讨论过程中产生的不同观点和支持该观点的思维过程列示出来，供日后学习者继续研究。第二，教师应该将课后总结结果的质量列入成绩考核体系用以督促学生完成高质量的作业，考核可以包括观点的丰富性和多维性、相应观点论述的逻辑性、语言组织的严密性、行文的流畅度以及文章总体思路的清晰度等。同时，这种考核体系可以反作用于课堂，使得学生在课上学习过程中注意多维度观点的积累，提高课堂学习的效率。第三，总结的形式不局限于文章，应丰富多彩。针对不同的问题采取不同的阐明方式，以更清楚明了地解释和阐述问题为目的，学生可以将学习到的知识以绘图、视频、语音等多种形式呈现，也可以组合运用不同的形式来解决同一个问题。当然，如果技术条件不允许，学生可以借助微信、邮箱、论坛等第三方平台完成，最后以链接的方式放入学习讨论区。第四，总结结果上传至学习评论区后要注意开放评论区，日后其他学习者在学习参考过程中，如果发现问题可以进行评论纠正，也可以与"题主"共同探讨更好的解决方式，分享不同的见解。后续学习者也可以采用多种方式对"题主"的总结进行补充和完善。

（三）学生成绩考核

"慕课平台+翻转课堂"教学模式在形成学生的课程成绩时应分为两个部分：学生的课程学习记录和期末考试成绩。

其中，课程学习记录部分的成绩应考虑线上和线下两个环节。

线上环节包括：第一，学习频繁程度，如每周至少两次。第二，学习时长，如每周5小时以上。教师应将不同的学习时长分为不同的等级，不同的等级匹配不同的分数。当分数达到某一上限时为满分。第三，章末综合测试的参与度。教师应注意将章末综合测试的参与度而非章末测试的正确率列入考核体系，这是因为章末测试更多是为了帮助学生进行线上学习，引导学生思考问题、加深记忆，而不是检测学生学习的最终效果。第四，在线提问、讨论参与度。教师应注意要更多地考虑学生提问、讨论内容的含金量和充实度，不能仅仅以频繁度来下定论。

线下环节包括：第一，课上活动的参与度。教师每节课都应对学生的课堂讨论参与度和展示内容充实度进行评分，并将此评分实时更新在学习界面上，便于学生之间形成良性的竞争，督促课堂参与度低的学生积极参与活动。第二，总结结果的质量。这一点上文中已经有过介绍，在此不再赘述。此外，在总结结果中进行补充的学生也可以获得一定的评分。

除了课程学习记录部分的分数外，考核体系还包括期末考试成绩部分。期末考试成绩也分为两个部分：慕课线上终考和书面考试成绩。慕课线上终考多以开放性题目为主，而书面考试成绩以基础知识为主。

四、应用情况

为深入了解"慕课平台+翻转课堂"教学模式的实践效果及过程中存在的问题，本文通过活动组织、课堂检验、问卷调查、定性分析与课下探讨相结合的研究方法，以课题组成员所在的山西财经大学为调研范围，以此次纳入山西财经大学慕课体系建设的金融工程学为主要研究对象，对参与课程、使用该慕课教学的班级进行了调查研究。调查自2019年11月开始至2020年1月结束，共有274名相关专业学生参与此次问卷调查，回收问卷274份，有效问卷274份。

（一）学生参与基本情况

本次调查共有274名学生参与，专业涵盖金融工程专业、保险学专业、金融学专业、金融数学专业以及金融工程实验班等，其中男生64名，占总参与人数的23.36%，女生 210 名，占总参与人数的 76.64%。

本次调查对本学期学生每周使用金融工程学慕课时间进行统计，有 228 名学生每周使用该慕课时间少于 3 小时，占调查总人数的 83.21%；每周使用该慕课时长为 3~7 小时的学生有 34 名，占调查总人数的 12.41%；每周使用该慕课超过 7 小时，即平均每天使用时长超过 1 小时的学生有 12 名，仅占调查总人数的 4.38%。学生每周平均使用慕课时长分布如图 2 所示。

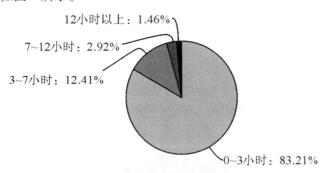

图 2　学生每周平均使用慕课时长分布

（二）学生对"慕课平台+翻转课堂"模式的看法

1. 对慕课内容的看法

对学生在慕课平台上观看慕课后对内容的评价进行的调查结果显示，对于单节慕课的时长，认为时长应设置在 10~20 分钟和 20~30 分钟的学生分别有 135 名和 106 名，分别占总调查人数的 49.27% 和 38.69%，认为时长应设置在 5~10 分钟的学生占 6.93%，而认为时长应设置在 30 分钟以上的学生占 5.11%。学生认为单节视频较为合适的时长分布如图 3 所示。

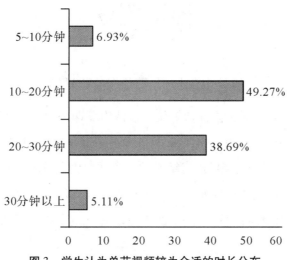

图 3　学生认为单节视频较为合适的时长分布

2. 对慕课学习平台上教师辅导的看法

调查结果表明，对于慕课中的教师辅导需求程度，65.33%的学生认为教师辅导是"有时需要"的，29.56%的学生认为教师辅导是"非常需要"的，只有2.55%的学生认为教师辅导是"不需要"的，其余2.55%的学生选择了"不知道"（见图4）。对于现有慕课平台上教师辅导的充分程度来说，认为现有辅导"充分"的学生占30.29%，认为现有辅导"一般"的学生占60.22%，而认为现有辅导"不充分"的学生占8.03%（见图5）。这两组数据反映了学生对慕课辅导的需求程度和现有慕课辅导的充分程度的匹配适应性。

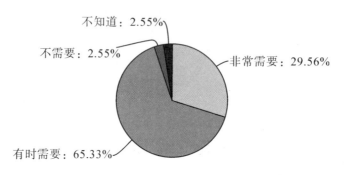

图4　对于慕课中的教师辅导需求

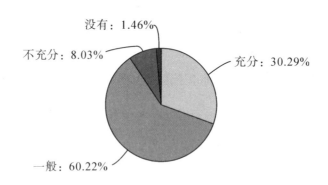

图5　认为平台上现有辅导的充分程度

对于学习情况考察方面，调查结果显示，认为慕课平台上"需要"对学生进行学习情况考察的占78.1%，认为"不需要"和"不知道"的分别占14.6%和7.3%（见图6）。将上述结果与课堂、课后探讨结果结合可知，大部分学生认为在此模式下该课程的教学需要慕课平台教师辅导及考察。这种学习模式增加了师生间的互动，使学生和教师更能了解到学生在各课程节点中的不足之处，便于在接下来的学习过程中着重加强练习。

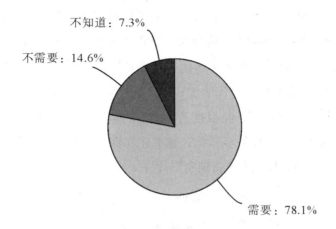

图6 是否需要对学习情况进行考察

3. 慕课内容与课堂内容的结合

从整个教学过程来看,调查结果显示,对于金融工程学这门课程,希望教师"及时解决学生提出的问题"和"参与学生讨论,引导学生积极思考"这两点是学生提出的最主要的问题,所有参与调查的学生中分别有72.99%和66.79%的学生选择了这两项。提出的其他要求还有希望教师"及时反馈作业情况"和"监督学习情况",这两项均有超过三成的学生选择(见图7)。此外,学生提出的问题还有希望改善课堂提问方式、提高练习频率、多增添书本外的知识等。

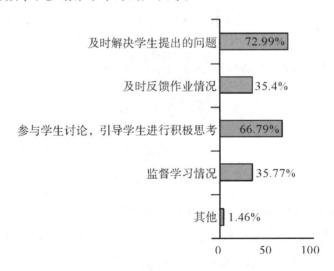

图7 学习过程中需要教师起到的作用

对于现有课堂模式,本次研究主要从课堂讨论、慕课归纳、课堂多样化三个方面进行了调查分析。第一,对课堂讨论来说,问卷调查结果显示,64.96%的学生认为现有课堂中的讨论对学生的学习需求满足情况为"一般",认为该情况"满足"和"不满足"的分别占17.88%和16.06%，有3名同学选择了"不知道"（见图8）。第二，调查问卷结果显示，73.36%的学生认为课堂模式"有必要"更多样化，21.9%的学生认为课堂"保持现状"即可，认为多样化"没必要"和"无所谓"的分别仅占2.55%和2.19%（见图9）。随着信息时代的加速发展，学生可以接收到的信息越来越丰富，传统的"知识传授"课堂模式已经很难满足学生的学习需求和当下的技术发展，为了丰富课堂内容，教学模式应更加多样化，如上述在课堂中增加慕课答疑、学生自主探讨慕课疑点章节等环节，以此来丰富课堂形式。

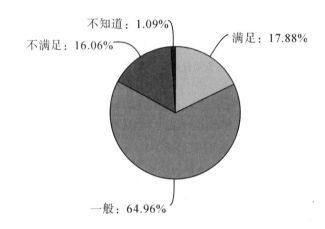

图8　课堂中单纯讨论是否满足学习需求

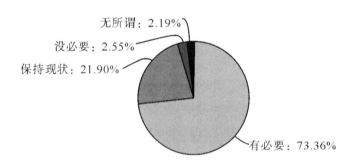

图9　课堂模式是否有必要多样化

（三）"慕课平台+翻转课堂"实施中存在的问题

学生使用慕课学习平台的过程中会遇到一系列操作问题。由于学生使用慕课的设备不同、网络环境不同，遇到的问题有一定的差异性。

调查结果显示，45.26%的学生选择了"视频观看不流畅"，44.89%的学生选择了"平台响应过慢"，25.91%的学生选择了"暂时未遇到操作问题"，其他在观看中发生过的问题还有网站经常打不开或闪退、文件无法下载、难以找到教师消息提醒、时常无法登录平台、不能同步观看进度等（见图10）。我们后续将对这些问题进行集中处理。

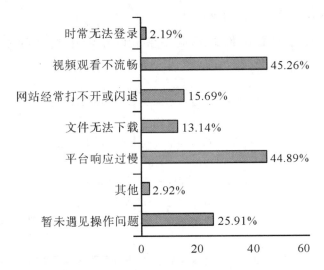

图 10　学生使用慕课学习平台过程中遇到的操作问题

（四）慕课学习平台存在的问题

调查问卷中，选择"学习资源不够丰富、比较枯燥、影响学习兴趣""缺乏师生交互""缺乏有效的网络学习过程评价、监督体系""缺乏全面、及时、便捷的学习支持服务"这四个选项的学生占比均接近40%，形成了该慕课的主要问题来源，涉及慕课内容、学习反馈、师生交互、模式丰富性这几个方面。另外，9.49%的学生认为"学习内容对自己没有很大帮助"，11.68%的学生认为"课程内容比较难、不想学"。提出的其他问题还有"觉得慕课内容语气略生硬""应向同类产品学习"。另外，23.72%的学生认为"挺好的，我还希望继续使用"。慕课学习平台可能存在的问题分布情况如图11所示。

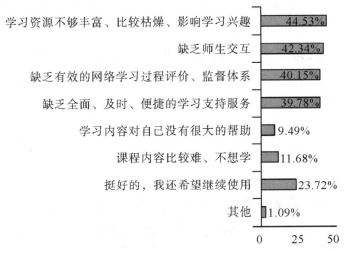

图 11　慕课学习平台可能存在的问题分布情况

（五）学生在慕课学习中的困难

根据学生自身各方面条件的不同，在慕课学习中遇到的困难有以下内容（见图12）。

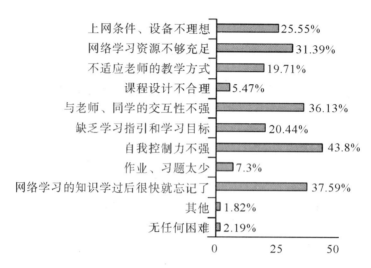

图12　学生在慕课学习中遇到的困难

在硬件设备方面，25.55%的学生认为"上网条件、设备不理想"，关于慕课内容，36.13%的学生认为"与老师、同学的交互性不强"，31.39%的学生认为"网络学习资源不够充足"，5.47%的学生认为"课程设计不合理"，7.3%的学生认为"作业、习题太少"。此外，提出的其他问题还有"课程缺乏案例分析""缺乏与时事结合"。

在学习过程方面，"自我控制力不强"和"网络学习的知识学过后很快就忘记了"是两个主要问题，分别有43.8%和37.59%的学生选择，有19.71%的学生觉得"不适应老师的教学方式"，有20.44%的学生选择了"缺乏学习指引和学习目标"。此外，提出的其他问题还有"课程缺少重点""不习惯视频学习"。

"慕课平台+翻转课堂"这一模式的采用，使学生在学习中更能充分地提前准备，更愿意投入学习过程中去尝试新的学习方法。这一原因也正是"慕课平台+翻转课堂"有效性的理论支撑。因此，解决问卷中出现的问题，将对学生的学习效果产生较大的提升。

（六）学生对"慕课平台+翻转课堂"教学模式的看法

1. 学生对"慕课平台+翻转课堂"模式的态度

学生对"慕课平台+翻转课堂"教学模式的态度如图13所示。22.63%的学生表示"非常喜欢"该教学模式，74.09%的学生认为这种教学模式"一般"，3.28%的学生表示"不喜欢"该教学模式。

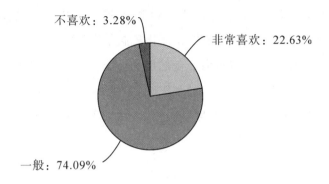

图13　学生对"慕课平台+翻转课堂"教学模式的态度

2. 学生对各种教学模式的倾向性

关于学生更倾向于哪种教学模式的调查显示，有117名学生认为"课堂模式：传统教学方式，以教师讲授为主"更适合他们，占总体的42.7%；倾向于"网络教学：教师通过网络授课和布置作业、提供学习资料、答疑"的学生有77人，占28.1%；18.25%的学生表示喜欢"'慕课平台+翻转课堂'模式：基于慕课的翻转课堂教学方式"，其余少部分学生选择了"自主学习：基本靠自己进行网络自学"（见图14）。

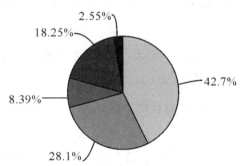

■课堂模式：传统教学方式，以教师讲授为主
■网络教学：教师通过网络授课和布置作业、提供学习资料、答疑
■自主学习：基本靠自己进行网络自学
■"慕课平台+翻转课堂"模式：基于慕课的翻转课堂教学方式
■其他

图14　学生对各种教学模式的偏好程度

五、教学模式研究展望

"慕课平台+翻转课堂"教学模式能丰富学生的学习体验，提升学生的学习积极性，提高教师的教学质量，因此我们建议将这种混合式教学模式推广至更多高校，促进高校教学的现代化变革与创新。第一，高校应注重培养教师的创新能力，重视教学理念的转变。高校要不断督促教师形成新的教师观，使教师自觉转变角色，在教学过程中

尊重学生的主体地位。第二，高校应注重培养教师多方面的能力。"慕课平台+翻转课堂"教学模式不仅需要教师具备管理课堂的组织能力及熟练的教学能力，还需要教师具备熟练运用现代化教学设备和网络平台的能力。第三，高校应开发更多慕课资源，给予开展慕课教学的教师更多的支持。对于慕课资源不够完善的高校来说，其需要投入一定的资本和更多的精力，给予开展慕课教学的教师更多的资金支持。

参考文献

［1］CHEN JIN-AO, WU DI, CHENG JIN-NA et al. Application of MOOC Teaching in Sports Course Teaching Practice ［J］. Eurasia Journal of Mathematics, Science and Technology Education, 2017, 13（12）：89-97.

［2］KIM MIN KYU, KIM SO MI, KHERA OTTO, et al. The experience of three flipped classrooms in an urban universuty：An exploation of dign principles ［J］. The Internet and Higher Education, 2014, 22：37-50.

［3］LAGE M J, PLATT G J, TREGLI A M. Inverting the classroom：A gateway to creatingan inclusive learning environment ［J］. The Journal of Economic Education, 2000（1）：30-43.

［4］陈传侦，周威. 大学羽毛球"慕课+翻转课堂"教学模式的构建与应用 ［J］. 体育学刊，2017, 24（5）：98-101.

［5］陈子超. 基于微课和慕课的翻转课堂教育教学设计研究 ［J］. 中国电化教育，2017（9）：130-134.

［6］邓东元，王庆奖，段虹. 中美高等教育慕课（MOOC）发展的国际化审思 ［J］.昆明理工大学学报（社会科学版），2018（2）：76-81.

［7］冯菲，于青青. 基于慕课的翻转课堂教学模式研究 ［J］. 中国大学教学，2019（6）：44-51.

［8］范逸洲，冯菲，刘玉，等. 评价量规设计对慕课同伴互评有效性的影响研究 ［J］.电化教育研究，2018（11）：45-51.

［9］何超. 基于翻转课堂的中职计算机理论课教学模式及效果研究 ［D］. 武汉：华中师范大学，2018.

［10］何琳洁，贺辰衍，戴娜. 大学翻转课堂教育教学效果的实验研究：以货币银行学为例 ［J］. 大学教育科学，2017（6）：69-74.

［11］李立，李玉红，赵佳，等. 基于 MOOC 理念的翻转课堂教学模式的研究 ［J］.教育现代化，2017, 4（49）：320-322.

[12] 刘擘，许冰，罗颖嘉，等. 慕课和翻转课堂在 MBBS 留学生见习教学中的探索 [J]. 中国继续医学教育，2021，13（17）：34-38.

[13] 吕晓娟. 基于学生学习力的翻转课堂教育教学设计 [J]. 电化教育研究，2015，36（12）：98-102.

[14] 肖晗，陈达. 翻转课堂模式下的大学英语阅读教育教学模式研究「J]. 外国语文，2018，34（1）：147-154.

[15] 周蕾. 基于课程平台的慕课与翻转课堂教学应用探索 [J]. 黑龙江科学，2021，12（7）：37-38，41.

[16] 曾明星，周清平，蔡国民，等. 基于 MOOC 的翻转课堂教学模式研究 [J]. 中国电化教育，2015（4）：102-108.

[17] 张永鑫. MOOC 应用于翻转课堂的教学模式研究 [J]. 产业与科技论坛，2018，17（22）：201-202.

[18] 祝智庭，管压琪，邱慧娴. 翻转课堂国内应用实践与反思 [J]. 电化教育研究，2015，36（6）：66-72.

"互联网+教育"背景下互动教学模式对学习者学习行为效果的影响分析

——以国际贸易实务课程为例

刘欣①

摘　要：学习者的学习行为及学习效果会受到教学设计的显著影响，特别是互动模式的采用，这一点已被众多教学研究者证实。互动模式的开展会积极推动知识获取后的认知升级，助推学习者的思维从低阶向高阶转换。与此同时，现代化教学手段不断发展，"互联网+"的教学环境越来越融入教学过程之中。在这样的背景下，笔者在长期教学实践的基础上，提出了"互联网+"环境下的"三层次互动模式"，在突出专业思政教育深度融合的同时，实现学生认知水平的提升，培养学生的主动学习能力、综合运用能力和知识再创造能力，从而达到"立德树人"人才培养的高阶育人目标。

关键词：学习行为；"互联网+"；互动教学模式

一、问题的提出

（一）教学过程中的痛点

教学过程中的主要痛点，普遍源于教师的持续讲授和学生的被动学习，这种教学模式缺少师生互动、生生互动，教学效率低、成果转化慢，不利于对学习者学习行为的锻炼与塑造，对学习者学习能力、应用能力和研究创造能力的培养严重缺失。教师不应仅仅是教学过程的执行者，而更应该成为教学过程的设计者。教师要让学生借助教师的课堂教学模式设计，实现通过自主的学习行为来完成对知识的获取和能力的锻

---

① 刘欣（1984—），女，天津财经大学经济学院，讲师，硕士生导师，主要研究方向：国际经济合作理论与政策研究、国际贸易实务。

炼（Biggs 2003）。

解决教学过程中的痛点，需要教师秉持以学生为中心的理念，针对不同学习层次的教学目标，设计不同的教学模式和互动体验，逐渐淡化教师的课堂主导作用，从而引导学生完成对知识认知能力的优化提升，不断挖掘和培养学生的主动学习、自主研究和综合运用能力。

（二）学习者知识获取行为对获取效果的影响作用

很多教育学者的研究表明，人类对于所接收信息在一段时间后的记忆程度与该信息的获取行为有着密切的关系。这一理念被广泛应用在众多教学方法的改进中，埃德加·戴尔（Edgar Dale，1969）将其进行量化研究。在他看来，信息记忆最深刻的获取行为源于学生曾经"表达"（say）、和"表现"（do），其记忆程度高达90%，是所有接收信息形式中记忆程度最高的。反观来自传统的读、听和看的单一信息获取渠道，两周后的记忆程度仅有10%~30%。也就是说，通过自主的实践行为而广泛且深度参与到信息的获取过程中，是掌握知识最有效的方式，这也正体现了一般常常被提到的自学方式——"做中学"（learning by doing）。除此以外，多种信息获取行为的综合使用，通常比单一获取行为的效率更高、获取结果更优，也就是给学习者留下了更深刻的印象。

由此可以推论，通过学习者的自主实践行为所获取的信息，将会是其获取效率最高、获取结果最优的学习行为路径。因为在实践过程中，不仅仅涉及对信息的听、说、读，说和做更是所有获取信息方式的综合锻炼。可见，实践是硬道理，自主行为是掌握信息最有效的方式。

二、学习者学习行为效果的理论分析

（一）知识获取效果的层次分类

知识能力分类（Bloom's taxonomy）由美国著名教育学家、心理学家布鲁姆（Bloom）于1956年在芝加哥大学提出，是一种对知识认知能力水平由低至高的排序分类法（见图1）。基于此，教师可以将教学目标细分并与教学内容相对应，以便采取不同的教学模式，更有效地达成各个层次的教学目标。

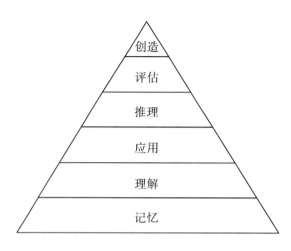

图1 知识能力分类的主要内容

知识能力分类认为知识的最低层次思维是记忆，是对概念的准确描述和事实的重复再现。第二层是理解，即对概念进行适当的解释，明确与其他相关信息间的联系和区别，继而建立起知识体系的初步思维框架。第三层是应用，即将知识运用到实际环境中去解决问题，强调对知识的操作性。第四层是推理，即分析应用所产生的结果，反思其与预期之间的差异、存在的问题，重新审视之前的认知。第五层是评估，即对所建立起来的知识建构和现有认知进行自我反思，或者通过批判和辩护的论证过程，推动思维能力走向升级。最高层是创造，即在反思或调查后，借助新概念、新信息的介入打破原有认知框架，在新环境中重新设计并建立知识点间的相互联系，赋予新内涵和认知，从而实现从低阶思维到高阶思维能力的锻炼。

（二）低阶思维到高阶思维能力提升的设计理念

伯恩斯（Burns，2010）提出的"行为研究教学方法"，已被广泛应用到教学设计中。埃夫隆和拉韦德（Efron & Ravid，2013）将行为研究理解为教育工作者通过制订旨在探讨辨析或解决问题的行动计划后，针对授课对象在教学过程中对该计划所采取的行动进行观测和评价，促进学习者对知识内容的理解和把握。教师的教学设计应充分调动学习者的学习主动性，通过提出问题引发思考，制订一个解决某问题的行动计划。在计划实施过程中，教育者观测学习者课堂行为表现的相关信息，记录其表现出来的主要问题和认知缺陷，并及时给予反馈和评价。

教学设计是学习者实现思维能力提升、教育者实现各层次教育目标的强劲推动力。教育者在通过"表达"和"表现"实现对知识信息的初步记忆、完成初级层次的教育目标后，应当引导学习者强化对知识体系的把握和对知识内涵的深入理解，从而推动认知向高阶思维深入。

（三）学习者学习行为效果的教学模式设计理念

综上所述，学习最有效的方式不是一味听别人的讲解，而是学习者要和别人分享自身已经获得的信息，通过赋予知识间的连贯性，学习者需要再反思在信息指导下的行为，只有如此才意味着学到了（Roland Barth，2013）。作为教育工作者，教师反思的目的是在收集和分析目前教学过程情况相关资料后，通过研究其面临的问题来改进教育实践（Creswell，2012）。可见，教育者以知识能力分类的教育层级目标为依据，通过有效的教学模式设计和结果反馈，实现对学习者的行为研究。在此过程中，学习者可以凭借自主学习能力的加强，通过反思不断深化对知识的认识，甚至再创造。

由此可见，在通过"表达"和"表现"实现对知识信息的初步记忆、完成初级层次的教育目标后，教育者应当引导学习者强化对知识体系的把握和对知识内涵的深入理解。此时，教学模式设计以及针对结果所进行的合理反馈，是推动学习者从低阶思维逐渐走向高阶思维，从而实现思维能力提升的重要途径，是实现知识体系最高教育目标的重要措施。

三、"互联网+"背景下优化学习行为效果的互动模式设计——以国际贸易实务课程为例

（一）"互联网+"互动模式设计的整体框架

以"互联网+"的现代化教学手段为依托，以知识能力分类不同层次教育目标为参考，以学习行为的认知升级为目标，教学团队在教学计划中针对学习者的知识认知水平升级所设计的"三层次互动模式"整体思路（见图2），助力学生实现对专业知识认知的思维升级，培养具有自主学习能力、综合应用能力和创新能力的优秀人才。

1. 课堂教学中"互联网+"环境下的师生互动与生生互动

通过"线上+线下"的混合式教学模式的实施，学生提前通过线上学习新知识点，授课教师在线下课堂通过师生互动、生生互动的模式剖析重难点知识，与学生充分讨论国际贸易的前沿热点问题，开展经典案例分析、线下翻转课堂讨论，进一步提高学生的参与度，增进学生对课程的完整体验，激发学生的学习兴趣，提高学生的学习效率，加深学生对知识的理解，增强学生的知识应用能力。

线下课堂以学生为中心，以问题导向为起点，通过教师点评、生生互评的方式提问、深究、破题、反思和再创造的教学设计，以解决问题和发现新问题为循环的节点，不断深入培养学生对知识的综合运用能力。线下课堂借助反馈的双向思维模式，在提升学生对知识掌握能力的同时，改进教学方法，提高教学效果。

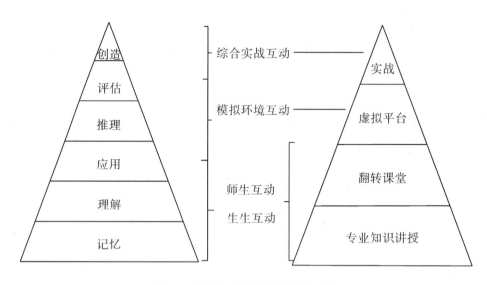

图 2 "三层次互动模式"整体思路

2. 实验室虚拟互联网平台下的模拟环境互动

针对国际贸易实务类课程实践性强的特点，教学团队通过国际贸易实务、跨境电子商务和国际物流的实训平台，开设虚拟仿真实验课程，为学生提供全面仿真的国际经贸实践环境。虚拟平台真实地呈现了国际贸易开展过程中所面临的各种常规和突发性问题，且紧跟国际经贸发展环境，与时俱进。学生通过课程完成数次贸易模拟实战，利用课堂讲授的知识解决现实国际贸易中所遇到的问题。在此教学过程中，教师的角色不再是课堂上强势的主讲者，而是在共享知识的同时"引导"学生解决现实问题。这里的"引导"并不是简单回答学生在实践中遇到的问题，而是特别强调带动学生在实践中对已经理解的知识进行反思，从而主动发现问题并解决问题，提升自主学习的能力，实现对基础专业知识的综合应用和推理评估。

3. 大赛中的综合实战互动

综合实战互动主要是指在教学计划以外的实践教学活动，如大学生创新创业、学科竞赛、技能竞赛、实践调研和企业实训等，这是课堂与模拟互动的有效延伸和拓展，重点培养学生的综合专业技能。教学团队以赛促教、以赛促研，通过从校内到校外的各种综合实战互动，完成对知识的重组，在竞技和工作中实现知识的再创造，从而达成教育的最高目标，培养优秀的国际经贸人才。

总体来说，教学团队以知识能力分类的教育互动模式为依据，通过有效的教学模式设计，增强学生自主学习能力，通过不断反思深化对知识的认识。"三层次互动模式"的教学机制设计，旨在深化学生对知识的认知水平，实现从低阶思维向高阶思维模式的转变。同时，教学团队通过坚持"以赛代练，以练促学"的实践教学宗旨，探索教学模式创新，丰富教学方法和完善教学设计，提高教学水平，增强学生的学习行为获取效果。

（二）"互联网+"环境下的教学互动模式设计

基于上述"三层次互动模式"的整体设计思路，体现在具体的教学过程中，高校应充分利用"互联网+"下的慕课教学资源，将教学过程细化为课前、课中和课后，主要教学角色包括教师、学生和"互联网+"的慕课资源。教师的教学工作重点更多地体现在课前的教学内容安排、互动模式设计、互动任务发布以及前期课程反馈；学生的任务重点更多集中于课堂之上，以教师的教学互动任务为依托，在师生互动、生生互动的任务执行过程中深化对知识的认知，在教师点评、生生互评的反思中培养再创造能力。"互联网+"的教学环境贯穿教学设计始终，为各种互动模式的设计、执行和调整提供了现代化的平台和丰富的资源。"互联网+"环境下的教学互动模式设计如图3所示。

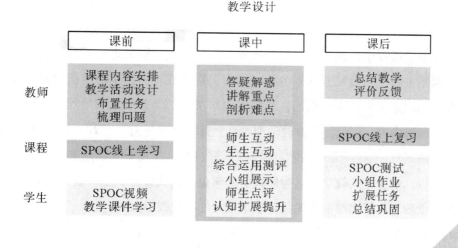

图3 "互联网+"环境下的教学互动模式设计

四、"互联网+"背景下互动模式设计的具体举措

（一）利用丰富的慕课资源，实现"线上+线下"教学资源组合

教师以"互联网+"的现代化教学手段为依托，形成一套较为完整的"线上+线下"混合教学模式。课堂教学前，教师利用慕课和SPOC课程资源安排课前预习和课后复习内容；督促学生带着基础知识参与课堂讨论与翻转，深化对知识的理解和认知；增进学生对课程的完整体验，激发学生的学习兴趣，提高其学习效率。学生通过线上学习，可以预习和回顾相关知识点。课程建设后，授课教师在线下课堂也有更多时间

讲解难点知识，与学生充分讨论国际贸易的前沿热点问题，开展经典案例分析。教师通过结合线下翻转课堂讨论，进一步提高学生的参与度，加深学生对于知识的理解，增强学生对知识的综合应用能力，培养学生分析问题和解决问题的能力，进而提升创新性思维和批判性思维能力。

（二）以学生为中心，创新课堂教学方式方法

教师在课堂教学过程中，充分利用多种现代化教学手段，导入案例，引发思考。教师的备课量与传统的单纯讲授相比确实大幅增加，但从多渠道学生评价来看，课程的创新受到学生广为认可与欢迎。

（三）形成"导入-转折-深入-破题-对策-反观"六步递进式教学模式

在课堂教学前，教师利用慕课和SPOC课程资源，开展"线上+线下"混合教学；安排课前预习和课后复习内容；督促学生带着基础知识参与课堂讨论与翻转，深化对知识的理解和认知；提倡学生课后线上检验学习成果，教师及时反馈并设计开放性问题研讨。

在课堂教学过程中，教师首先导入案例，提出问题，引发思考；其次重新审视主要问题，揭示主题；然后展开深入分析，指出关键所在，引出下一层次问题；再次揭示问题背后的理论逻辑和现实成因；最后提出解决之道，并反观初始问题，设计专业性、开放性研讨内容。可见，课堂教学中始终坚持"问题导向"，帮助学生寻找并解决学习过程中的痛点，通过不断寻找、解决的反思过程，实现对知识认知的升级和再创造。由此，以六步递进式教学模式为形式的教学创新模式设计，是实现人才培养目标、推动学生从低阶思维模式逐渐走向高阶思维模式的有效教学方式。

（四）发挥课程优势构建专业思政案例库，持续融入思政教育

国际贸易实务课程的特色主要体现在以国际贸易合同为框架，以交易风险管理为核心，依据国际贸易惯例和法律规则，结合我国对外贸易方针政策及相关法律，系统讲授合同条款、交易磋商和履约基本环节的理论知识，培养学生把握进出口业务规律，提升识别和评估国际贸易风险、降低交易不确定性、预防与解决争议的能力。国际贸易实务课程的案例教学优势，可以积极体现"三层次互动模式"的优越性，同时以案例库为依托，深度融合专业思政教育。

由此，教师以案例库建设为载体，以国家利益、民族使命为思政教育融入点，发挥国际贸易实务课程案例教学优势，遵循国际贸易专业的学科归属和专业属性，通过"三层次互动模式"教学，充分调动学生的学习主动性，培养创造能力，使学生了解世情和国情，从开展贸易的角度树立从中国看世界的全球观，了解国际贸易规则的基本构成及其重要性，培养大国担当的意识。

五、结论

教师基于"互联网+"教学环境，利用丰富的慕课教学资源和现代化教学手段，通过"线上+线下"混合式教学模式的实施，增进学生对知识从认知到运用，再到创造的完整体验；通过"三层次互动模式"提高学生参与度，加深学生对知识的理解，增强学生的知识应用能力，提升学生分析问题和解决问题的能力，提高创新性思维和批判性思维能力，认识中国发展，体会中国优势，增强民族自信。

参考文献

［1］DALE E. Audiovisual methods in teaching［M］. New York：Dryden Press，1969.

［2］BURNS A，ROUTLEDGE. Doing action research in english language teaching：A guide for practitioners［J］. System，2010，38（3）：506-507.

［3］EFRON，RAVID R. Action research in education：A practical guide［M］. New York：The Guilford Press，2013.

［4］KORTHAGEN F，VASALOS A. Levels in reflection：Core reflection as a means to enhance professional growth［J］. Teachers & Teaching Theory & Proctice，2005，11（1）：47-71.

［5］BARTH R，BERGNER R，BISSMANN W，et al. Optical coherence reflectometry with depth resolution［M］. NewYork：Springer，2013.

基于 SPOC 的课业挑战度提升模式研究①

张敏②　吴欣洋③

摘　要：SPOC 教学模式是大数据时代下高校教学变革的主要方向之一。本文以提升高校课业挑战度作为出发点，构建了可行的 SPOC 教学模式，将教学过程划分为课前分析准备、课中学习互动、课后评价反思三个阶段，并以整合营销传播课程为例，介绍了该模式的具体应用。本文对 SPOC 教学模式的未来发展和挑战作出总结，希望为我国高校教学创新与改革提供可参考的模式。

关键词：SPOC 教学模式；课业挑战度；整合营销传播

一、引言

2019 年 10 月发布的《教育部关于深化本科教育教学改革 全面提高人才培养质量的意见》明确指出，新时代背景下要提升学业挑战度，增加大学生学习投入，激励学生刻苦学习，逐步改变我国高校"严进宽出"的局面，使人才培养工作的质量和效果在每一位学生身上得以体现。在大数据时代下，信息技术发展的最新成果逐渐渗透进人们日常的工作与学习之中，也为高校课业挑战度的提升模式提供了崭新的思路。作为近年来影响力较强的教学模式之一，小规模限制性在线课程（small private online course，SPOC）充分整合了线上教育与线下教育的优势，在囊括丰富的教学资源的同

① 【基金项目】中国高等教育学会 2020 年专项课题"高校营销专业类课程数字化教学资源设计与质量评价研究"（项目编号：2020SZYB07）、江苏省教育科学"十三五"规划 2020 年度课题"'新媒体'背景下市场营销专业课程体系创新与整合研究"（项目编号：D/2020/01/32）、2020 年江苏省"高校专业课程群和高校学生工作研究"专项课题"大学生创新创业教育课程体系建设研究"（项目编号：2020NDKT012）、南京财经大学教学成果培育项目"新媒体背景下《整合营销传播》精品课程培育研究"（项目编号：JXCG1908）。
② 张敏（1970—），男，南京财经大学营销与物流管理学院，教授，硕士生导师，主要研究方向：市场营销、消费者行为。
③ 吴欣洋（2000—），女，南京财经大学营销与物流管理学院，硕士研究生，主要研究方向：市场营销、消费者行为。

时，也能够满足课堂深入学习的要求，而在整合营销传播、市场营销等强调实践性的课程教学建设中起到的作用尤为明显。

二、SPOC 教学模式及其特点

信息化是高等教育改革的必经之路，互联网的高速发展使得高校课程的开展不再受到空间与时间的制约，而能够以更加灵活多变的形式进行。继风靡全球的慕课时代之后，如今 SPOC 的发展得到相当的肯定。在对慕课体系进行全面改进的基础上，SPOC 充分整合了线上与线下的教学资源，使得混合式教学的实施成为可能。经梳理，我们总结出 SPOC 的优势特点如下：

（一）小众教学管理，实现深度学习

慕课以其开放性和大众性得到广大学习者的认可，但也正因其规模庞大的学习人数，导致教学管理缺乏应有的约束力，学生能否保质保量地完成学习任务主要在于其个人的态度和努力。因此，慕课的教学效果并没有达到预期的高水平。反观 SPOC，限制性和小众性的特点就为深度高质量学习创造了前提条件。SPOC 的学习者通常要达到一定的准入水平，教学规模限定在几十人到几百人不等，教师能够借助平台数据及时掌握学生的学习情况（如在线学习时间、任务完成进度等），并据此对教学内容和进度作出调整。同时，限制性的 SPOC 模式更易形成内部积极的学习氛围，激发学生的主动性与创造性，使得学生能够获得完整而深入的学习体验。

（二）资源获取便捷，教学效率提升

SPOC 模式下，教师在进行备课工作时有多种选择。一方面，作为汇集各大高校优质课程的线上平台，SPOC 能够为教师提供丰富的教学资源，教师可以根据教学的实际需要，选择跟进一门正在进行的课程建立同步 SPOC，或者是对一门已完结课程进行修改完善建立异步 SPOC。线上资源体系也为教师提供了学习交流的平台，教师在教学或专业方面的问题都能够得到帮助和解答。另一方面，教师可以选择自行制作教学资源，通过与教学团队中的其他教师进行分工协作，各自发挥优势，共同建设线上课程，不仅有助于教学体系的完善，而且避免了重复劳动，减轻了教师个人的负担。如此一来，SPOC 模式下教师的时间利用更加高效，能够将更多的精力用于课堂教学和学生管理上，大大提升了教学效率。

（三）颠覆传统课堂，学做融会贯通

尽管慕课将诸多鲜明的互联网时代特点带进了高校这座象牙塔，但有研究表明，传统课堂上的师生互动和部分学习方式仍具有不可替代性。传统教学和慕课之间的这一矛盾，在 SPOC 出现后得到了有效解决。在基于 SPOC 形成的混合式教学模式中，教师的角色从传授者转变为促进者和帮助者，课堂开展的模式也从"一对多"讲授转变为"多对多"探讨，参与 SPOC 学习的学生在完成线上课程、拥有相关理论知识储备之后，将其实际应用于线下课堂的讨论和实践之中，在教师、学生和教学环境三者交互中习得专业知识和技能。例如，清华大学"学堂在线"的 SPOC 试点课程要求学生在线下课堂中以小组为单位为真实客户开发应用程序，并利用自己所学知识，在迭代的过程中逐渐完善应用程序的相关功能。通过这种方式，学生的学习不再是"纸上谈兵"，而是在教师的引导和帮助下，充分发挥创造力和能动性，实现专业知识的应用迁移，在学中做，更是在做中学，通过学与做的结合实现融会贯通。

三、整合营销传播课程教学现状分析

整合营销传播（integrated marketing communication，IMC）的相关理论起源于 20 世纪 80 年代的美国，自 20 世纪 90 年代开始进入我国学者的视野，并逐渐成为高校课程体系的组成部分。1997 年，南开大学商学院在工商管理硕士（MBA）的教学中首次开设整合营销传播课程。2003 年，复旦大学首次将这一课程引入本科层次的培养方案当中。随后，整合营销传播课程陆续在我国各大高校中普及开来，并成为营销类专业的专业核心课之一，其课程核心是围绕消费者的市场需求，对现有的一切传播形式进行整合与管理，并将品牌与产品信息准确无误地传达给消费者，以与消费者建立长期、稳定的联系。

作为发展时间较短的一门课程，尽管整合营销传播课程开设的必要性有目共睹，但在这些年的教学过程中，各高校普遍存在课业挑战度设置较低的现象。首先，大部分高校通常将市场营销类专业开设在经济与管理类学院，这些学生对于基础的管理理论、营销理论有着一定程度的掌握。然而，整合营销传播的实质更侧重传播而非营销，传播学知识的缺乏使得学生对该门课程的认知较为片面，无法满足其深入学习的要求。其次，整合营销传播课程的教学往往以理论讲授为主，辅之以经典案例分析。然而，教师在该过程中容易忽视的一点是，随着时代的发展，整合营销传播的内涵和外延都在发生着较大的改变，而学生获取专业知识的渠道和内容都较为单一，影响其学习的主动性和探索性，导致学生只想简单应付课业，而失去对专业知识的兴趣。最后，目前整合营销传播课程的考核大多以开卷或闭卷考试的形式进行，无论对课程内容是否有深刻的理解，学生通过短时间内的背诵记忆就能得到高分。我们认为，整合营销传播是一门实践性较强的课程，课程考核应当以理论的应用迁移为主，若仅以一张试卷进行考核，不利于学生综合能力的培养，对其个人发展起到的作用也比较有限。

四、基于 SPOC 的整合营销传播课业挑战度提升模式设计

针对整合营销传播课程目前存在的问题，我们在已有研究的基础上，构建了基于 SPOC 的课业挑战度提升模式（如图 1 所示）。该模式主要分为课前分析准备、课中学习互动、课后评价反思三个阶段。在该模式下，三个阶段形成环环相扣、循环促进的稳定关系，教师的主导性和学生的能动性同时得到充分发挥。

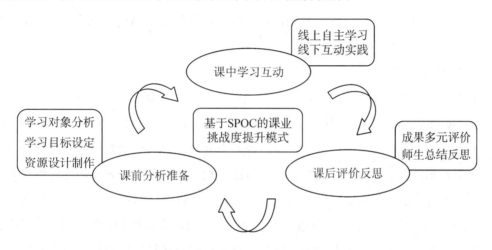

图 1　基于 SPOC 的课业挑战度提升模式

（一）课前分析准备

1. 学习对象分析

学习对象是课程模式的主要体验者，对学习对象的特点分析也是进行课前准备工作的前提条件。首先，一般来说，整合营销传播课程是针对市场营销类专业高年级学生开展的专业核心课。在此之前，学生应已具备经济学、管理学相关的理论基础，对营销领域已有初步了解，可以为后续的专业课程学习提供必要的知识储备。其次，与低年级学生相比，高年级学生已经适应大学校园的学习方式，形成了一定程度的学习自主性，对学习辅助平台的使用更加熟悉，这也为 SPOC 的开展提供了有利条件。最后，随着年级的增长，学生对于所学知识的要求逐渐从广泛性和系统性过渡到针对性和实践性。因此，在课前准备过程中，教师应当注意如何在提升课业挑战度的同时凸显课程的实践价值。

2. 学习目标设定

学习目标的设定直接关系到课业挑战度的适当与否。在这里，"适当"一词涵盖两

个方面的含义，即"不可缺失"和"不可过度"。一方面，学习目标的设定不可缺失挑战度，应以专业培养需求为导向，要求学生把与课程相关的知识和技能学精学透；另一方面，学习内容并非越难越好，过度的课业挑战度会给学生带来较大的压力，甚至会打击学生学习的兴趣。因此，教师应当为学生设置具有一定难度又能充分调动学生积极性的学习要求与目标，引导学生获得超出知识本身的积累与成长。在这一阶段，一方面，教师应确定课程整体的学习目标，据此制定教学主线，将分散的知识点有序串联起来，使学生对课程的架构有清晰的把握；另一方面，教师应根据学习的不同阶段、不同层次设定差异化的目标，在实际教学工作中，可以考虑对课程进行模块化的划分，对每一知识点，相应推出基础模块、进阶模块和拓展模块，由浅入深、层层递进，以满足各学习水平学生的需求。

3. 资源设计制作

教学资源是保证教学效果的关键所在，将对教学质量与教学效率产生直接的影响。因此，在设定明确目标后，课程团队应根据学科整体架构进行教学资源的设计与制作，结合线上与线下教学的特点，确定资源的种类与展现形式。线上教学应以理论铺垫为主，强调资源的广泛易懂。作为整合营销传播课程的必要基础，教学内容应涉及管理学、消费者行为学、传播学等相关领域理论，教师可以充分利用国内已经发展成熟的SPOC平台进行备课工作，有选择性地对共享的教学资源进行整合升级，也可以根据需要自行制作教学视频，准备不同层次的教学材料以配合各模块的目标。线下教学应以实践互动为主，强调资源的专业深入。因此，教师应就课堂开展的形式，设计准备相关的案例讨论与情境模拟，为课堂活动提供充实的支持材料，涵盖整合营销传播方案的设计、运作、组织与管理等一系列流程。课业挑战度的提升要求实践互动不能仅局限于传统的理想化情境，而是要争取还原现实情境，使学生在复杂的环境中深刻体会整合营销传播的内涵。

（二）课中学习互动

1. 线上自主学习

在完成注册班级、上传资源等一系列基础准备工作之后，教师就可以通过发布学习任务的方式要求学生在SPOC平台上进行学习。在线上教学活动中，师生之间的实时互动相对较少，教师可以在任务介绍中给出相应的导入问题与学习框架，如"如何理解整合营销传播对品牌资产的作用"等，间接发挥引导作用。据调查，学生普遍愿意接受的线上学习时长为15～30分钟。因此，每次线上学习任务包含的视频不宜过长，要做到对知识点的高度提炼，相关的知识拓展和实践交流可以放在线下教学活动中进一步展开。作为学生，其应当对线上学习任务进行拆解和分析，明确学习的重难点，有针对性地进行学习。在这一阶段实行弹性的学习方式，学生可以视情况灵活安排自己的学习时间与地点，将碎片化的时间充分利用起来，也可以根据自己的理论基础和知识掌握水平选择反复观看或是加速观看。同时，学生还可以在 SPOC 平台的讨论区里进行交流讨论，对自己在学习过程中的问题与困惑进行总结记录。在大数据的帮助下，教师也能经常关注学生的学习状态与进度，对学生反馈的疑难点进行整理并及时给予解答，必要时也可以通过小测验的方式了解学生对知识的掌握情况。

2. 线下互动实践

线下教学阶段应当注重对理论知识的应用迁移。在这一过程中，教师往往结合理论知识的学习进度组织开展各种形式的实践应用，可选择的形式也比较广泛，如案例问题探究、辩论讨论、头脑风暴、小组协作等，根据具体情况合理选择相对应的学习方式，甚至可以将多种方式混合使用以最优化知识内化的效果。在该过程中，教师一般充当组织者和主导者的角色，将课堂时间充分交由学生进行展示和交流，鼓励学生有创造性的方案和观点，在必要时给予引导和个性化辅导。学生能够在该阶段充分享受展示自己的舞台，积极参与体验各种活动，尝试利用自己所学的知识和技能提交方案作品、解决实际问题，实现融会贯通。基于提升课业挑战度这一出发点，我们在整合营销传播课程的设计中融入了多个应用迁移环节。例如，教师带领学生对国内外企业整合营销传播的案例进行解读，分析它们成功或失败的原因，并要求学生进行讨论和撰写学习报告；又如，教师给出紧贴实际的任务情境，让学生进行分组协作，利用几天时间进行资料收集与方案商讨，最后以小组为单位提交一份可行性较强的整合营销传播方案，并以 PPT 的形式进行展示和汇报。在具备一定的知识基础之后，通过这种方式，学生会在线下的讨论与实践中获得更多有意义的体验。当然，应用迁移对教学硬件设施的配置要求也比较高，像电脑、投影仪甚至圆桌教室都是经常使用的辅助设施，这样一来，线下教学的开展会有更丰富的形式。

（三）课后评价反思

1. 成果多元评价

在 SPOC 教学模式下，为了合理提升课业挑战度，教师应当改变传统的"考试决定分数"的考核方式，在整个学习过程的不同阶段建立起多元评价机制，将线上评价与线下评价进行结合，以更全面地反映学生的学习成果。线上评价主要借助平台数据分析进行，包括学生的在线学习时长、讨论区发帖次数和质量、章节测验等；线下评价由教师进行，评价依据包括学生的讨论发言、个人或小组展示、学习报告的撰写以及考试成绩等。教师可以在每个教学单元结束后，选择 3~5 名表现突出的学生进行简短点评，为今后学生参与教学活动提供明确的方向指引。教师应当根据实际教学安排合理设置各成绩组成部分的权重。一般来说，课程评分体系应凸显学生互动学习探讨的成果，并有针对性地设置激励手段，以评促学，最终实现学习效果的有效提升。

2. 师生总结反思

在课程结束后，及时总结和反思也是必须进行的关键环节之一，能够为以后的课程开展提供宝贵的经验。在这一环节，师生双方都应当从自身教学或学习体验出发，思考具有可行性的改进思路。对教师来说，SPOC 教学模式为课程设计的完善提供了前所未有的便捷。基于学生在学习过程中生成的大规模行为数据，教师能够以快速、准确的途径获取各种有意义的参考信息，如学生的学习习惯、认知误区等。这些学习行为的真实数据通常可以用于教学问题诊断、教学干预等分析决策活动中。学生在获取评价报告后，应当结合实际学习情况，对自身的不足进行深刻思考，改进学习态度与学习方法。同时，学生也可以就学习内容、目标、难度等方面向教师提出教学意见，供教师参考和反思，通过如此循环促进的方式，逐渐形成教学相长的稳定局面。

五、未来发展与挑战

（一）专业教学队伍的培养与建设

在 SPOC 教学模式下，教师的角色发生了很大的转变，教师的教学理念和相关技能的要求也相应提升。作为 SPOC 教学模式开展的主要阵地，各高校在学科建设中应当注重打造一支专业的 SPOC 教学队伍。一方面，高校可以通过外出学习、定期培训、专家讲座等形式，对教师进行 SPOC 教学模式的宣传和讲解，引导教师在培训过程中思考如何将 SPOC 运用到现有的教学课程中，相应地提升课业挑战度。教师也要重视改进传统课堂中"填鸭式"的授课方式，在自身知识的深度和广度上进行挖掘和延伸，做好答疑解惑的准备，引导和点评学生在课堂上的交流与互动。另一方面，SPOC 教学模式的顺利开展需要信息技术的底层支持，因此高校应加强对教师信息化技能的相关培训，使教师能够熟练运用 SPOC 教学平台及相关的功能为课程教学提供辅助，提升教学效率和教学质量。

（二）教学资源的持续深入与更新

相较于传统课堂教学，SPOC 教学模式对教学资源的设计与开发要求更高，会给教师的教学工作带来一定程度的挑战。在 SPOC 教学模式下，教学内容不再局限于书本，而是涵盖了从理论框架到实际应用的一系列过程。因此，教师应在原先教学准备工作的基础上，做到对教学资源的持续更新和深入，尤其要注意结合学生学习的特点与需求设计相应的教学资源。在具备优质完善的线上教学资源和与时俱进的线下教学资源之后，教师可以视学生接受水平开发后续拓展学习的内容，如分享对最新社会热点问题专业视角透析的视频或在企业进行短期调查实践等。这样不仅能够帮助学生更好地建立知识体系，而且能在教学资源的吸收和消化过程中，提升学科知识的系统化程度。

（三）SPOC 的大面积推广与校际合作

任何领域的改革与创新都需要结合时代发展的特点来进行，并借助可以获得的技术来服务于我们日常的学习和生活。虽然大数据时代已经悄然来临，但从省内甚至全国范围内来看，大数据在教育领域内的应用还比较有限，作为"大数据+教育"典型代表之一的 SPOC 也没有得到充分的重视。在这一时代背景下，高校教学方法和教学模式的改革需要更广泛的改革主体和参与主体，同一学科的校际合作也能为 SPOC 教学模式的大面积推广起到锦上添花的作用。各高校可以通过充分发挥各自的专业优势，共享教学资源，共同进行学科建设，必要时可以建立教学成果及学分互认机制，逐渐形成深度合作，最终呈现出一个服务于区域内高校学生的共同学习平台。因此，SPOC 教学模式的应用潜力还是相当广泛的，成熟完善的 SPOC 教学体系能够促进校际合作和区域内高校教育的长远发展。

参考文献

［1］何欣忆，张小洪，罗仕建，等. 基于 SPOC 的混合式翻转课堂模式探索［J］. 高等建筑教育，2019（3）：137-143.

［2］陈夕军，贺振，郭网红，等. SPOC 课程建设及其在农科专业教学中的应用研究［J］. 高等理科教育，2019（5）：114-119.

［3］刘晶晶，王艳波，王莹. "新经管"战略下基于 SPOC 的混合式教学模式研究：以创业基础课程为例［J］. 鸡西大学学报，2020（2）：64-67.

［4］张敏，张国军. 整合营销传播［M］. 南京：南京大学出版社，2017.

［5］余红剑，邵凯希，周芷衣. 基于翻转课堂的消费者行为学案例教学设计与实践［J］. 黑龙江教师发展学院学报，2021（5）：32-36.

［6］叶阳梅，陈川. 基于 SPOC 的新教师信息素养提升策略研究［J］. 中国信息技术教育，2020（19）：106-109.

［7］徐永其，隋福利. 应用型高校创新创业理论与实践教学融通机制的构建［J］. 创新与创业教育，2020（1）：121-125.

"立体化生态教学闭环"模式创新与教学实践[①]

孙晓芳[②]　赵红梅[③]

摘　要：课程是高校教学改革和高等教育质量革命的核心与关键，微观经济学课程团队通过长期教学实践和改革创新，摸索出一套"立体化生态教学闭环"的混合式课程改革新模式。该教学模式基于三维课程目标和多维教学时空展开立体化教学设计，形成学生全程参与、师生双向互动的教学生态，同时辅之以闭环教学评价体系，对教学过程实施及时反馈和动态调整，有效保障教学效果，实现"两性一度"课程建设目标。常态化的师资培训、信息化的技术支持和科学化的制度建设是保障混合式教学模式推广实施的必要条件。

关键词：慕课；混合式课程；生态教学闭环

2020 年，教育部首批 5 118 门国家级一流本科课程公布，带动高校课程体系、内容和教学模式改革，引导线上线下融合的课程建设质量标杆。马特·里德利在《自下而上——万物进化简史》中，用其进化思维揭示了一个演化逻辑："人类文明都是自下而上自然演变的产物，而非自上而下的设计！"较之于自上而下的推动，我们更认可自下而上的内在动力在经济社会变革中的决定性作用。

由互联网引发的教育革命掀起了全球慕课、翻转课堂、混合式课程等教学改革浪潮，从思想、制度、行为和效果上给传统教学带来前所未有的冲击和影响。新技术为教育革命创造了契机、带来了可能，如何破旧立新、在改革中成就一流需要教育工作者在实践中持续摸索和总结。山西财经大学微观经济学课程团队大胆改革、勇于创新，

---

①　【基金项目】山西省教育科学"十三五"规划 2020 年度"互联网+教育"专项课题"微观经济学混合式教学评价研究与实践"（课题编号：HLW-20044）、山西财经大学 2019 年度"翻转课堂"教学模式改革和 2020 年度"非标准答案考试"课程项目。
②　孙晓芳（1979—），女，山西财经大学，副教授，主要研究方向：人口与劳动经济学。
③　赵红梅（1967—），女，山西财经大学，教授，主要研究方向：制度变迁与经济发展。

基于团队自建慕课平台，持续动态更新和完善教学资源，利用数字化教学手段，创新教学方式，走出了一条混合式课改的特色之路——立体化生态闭环的教学模式。该模式深度融合线上线下教学资源，有效利用课前-课中-课后教学环节，提高学生自主学习能力，培养学生创新性思维和个性化知识构建的素养，全面实现以课育人的目标。

一、慕课激起多层浪：从困惑回归初心

（一）"互联网+教育"引发教学困惑

作为山西省首批慕课，微观经济学课程于 2017 年组建慕课团队，全力投身于互联网背景下的一流课程建设。团队成员虽然已认定教学改革之大势，但是也心怀困惑和疑虑。

困惑一：知识点分解，打破教学体系？慕课需要考虑线上观看视频的最佳时长，将课程知识体系细化分解，以相对独立的知识点分别制作视频，供学习者完成线上学习。由于视频相对课堂讲授较短且相对独立，会导致课程体系的逻辑性和知识的内在关联性受到影响，学生完成视频学习，获取的是零散的知识点，无法形成具有严密逻辑的课程知识链或知识网。

困惑二：慕课替代讲授，传统课堂受到挑战？当制作好的课程视频上线慕课平台后，传统课堂讲授的知识点，学生可以在线上完成，教师无须在课堂上进行讲解，教师在课堂上该讲什么？学生该学什么？如何基于慕课组织课堂教学？显然，传统的教学模式已行不通，课堂改革迫在眉睫。

困惑三：线上加线下，教学工作量翻倍？慕课平台使教学时空从课上延伸至课下，从有限课堂拓展至无限互动。平台上的作业、互动和讨论，都需要教师及时批阅、回答、评价和管理维护，相较于传统课堂讲授而言，一个有效课堂学时可能需要延伸出数倍的线上教学活动与之匹配，才能切实完成线上线下混合式教学的全过程，教师和学生均需要投入更多的时间和精力。

（二）慕课助力教育回归初心

慕课对传统课堂造成冲击，但又不能完全取代面对面教学。线上线下混合式教学应该充分发挥各自优势，服务于教学全程，实现课程建设"两性一度"的目标。在不断探索的教学实践中，我们逐渐体会到：基于慕课的混合式课程和翻转课堂改革，不仅有助于我们走出教学困境，而且为课程质量提升提供了先进的数字化手段和广阔的教学时空，再次帮助我们回归初心。

初心一：混合设计实现以课育人。教书育人贯穿课程教学全过程，传统课堂面授时空有限，教师在完成教学大纲基本内容讲授之后，基本没有用于互动和拓展的教学时间。实施混合式教学将一部分基础知识讲解移到线上慕课平台，学生利用课下自主选择学习，这就为教师课堂深入和拓展提供了可能。除了知识传授外，教师可以在教学中实现学生能力培养和素养提升的育人目标。

初心二：翻转教学有益教学相长。"满堂灌"和"沉默式课堂"的问题在于教学设计中教师讲授比重过高，学生参与互动和自主学习比重较低，翻转教学以学生为中心的课堂理念，强调教师在教学中的引导作用、教师重构的教学流程和教学内容，为学生完成知识建构的全过程提供支持和帮助。教师教的内容围绕教材深度开发，学生学的内容基于知识点个性化拓展，教师与学生在翻转教学的深度互动中各有收获、共同成长。

初心三："金课"先导助力质量革命。课程作为专业建设和人才培养的核心变量，是高等教育教学主体互动的关键环节，高等教育质量革命必须是基于一流课程建设，优质课程培养优质人才，建设一流专业和一流学科，才能在新时期走出中国之路、复兴之路。

二、立体化设计：三维目标和多维时空的育人体系

课程是实现高等教育质量革命的重要载体。我们认为，混合式一流课程的设计理念绝非局限于线上线下的物理混合，而是时空观、资源观、价值观和目标观的多元混合。为此，我们结合慕课教学资源和移动学习终端等数字化教学手段与互联网技术，将课程目标、教学资源、教学环境、教学流程、教学方式等进行混合式重组与设计，构建了一套以学生为中心的立体化育人体系——"三维课程目标"+"多维教学时空"的立体化育人体系（如图 1 所示）。

（一）三维课程目标：知识-能力-素养

课程建设结合本校创新型和复合型经济类人才培养目标，坚持"以学为本、立德树人"，确立"知识-能力-素养"三维课程目标。

首先，引导学生主动完成知识建构。教师要求学生系统掌握"市场供需规律""消费者选择和生产者决策""市场结构理论""经济效率评价"的知识体系。教师在教学中始终围绕课程知识地图展开，不断强化各个知识点在整个教学体系中的地位和作用，引导学生在课前、课中、课后的学习中自主完成个性化知识构建，将所学知识内化、固化、活化。

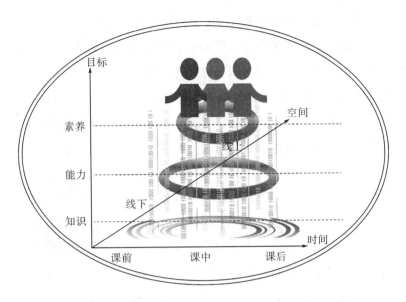

图1 "三维课程目标"+"多维教学时空"的立体化育人体系

其次，培养知识迁移和创新能力。教师带动学生全程翻转、深度拓展，形成将资源配置知识应用到个体决策、区域发展、国家战略等多层面分析的能力。微观经济学课程围绕资源配置的问题展开研究和讨论，其理论、思维和研究方法均可以推广应用于各类经济社会发展以及个人决策问题上。因此，混合式教学的第二个目标就是培养学生将经济资源配置的知识迁移到各类决策问题中，将经济社会资源、合理、使用的能力转化为学生个体的基本能力。

最后，提升合理利用自然资源、充分积累人力资源和积极维护社会资源的经济素养。以课育人的目标最终一定要落实到个人素养的提升方面，充分挖掘微观经济学课程与经济现实的联系，引入现实经济问题和前沿话题，坚持以中国特色社会主义思想为指导，通过师生共同交流研讨和深度拓展等教学环节，融合资源观、价值观和人生观于教学中，培养学生科学合理高效的资源利用观，并养成与时俱进、开拓进取的健康人格。

（二）多维教学时空："课前-课中-课后"和"线上-线下"

第一，教学时间延伸。传统大学课堂是完成课程学习的主要场所，所有的教学环节都在课堂上完成。以3个学分的课程为例，每周1次、每次3课时的课堂，是教师和学生共同完成课程学习的唯一时间。慕课平台的出现，首先在教学时间上有了灵活度和延伸性，部分教学内容可以在课前以慕课视频学习的形式完成，教师和学生可以将课堂上未完成或未深入的内容延续至课后，在课程平台继续讨论和交流。教学活动从时间维度上向前后均有所延伸，这也必然要求改变传统课堂教学形式与内容。

第二，教学空间拓展。慕课出现之前，我们的教学空间主要在教室或线下，以师生面对面的形式完成，而慕课平台将教学主体以课程为核心汇聚在网络空间，这大大拓展了教学的物理空间的局限。原本只有在课堂上才有可能解决的问题，现在在课下以云端互动的方式随时均可得以解决。空间的拓展也从时间上为教学活动赢得了自由，教学双方可以在线上随时交流，不受时空所限，知识的传授和生产穿越时空得以完成，这为深度学习提供了可能与条件。

第三，多维时空重构教学环境。教学时间从课堂延伸至课前、课中、课后，教学空间从线下拓展至线上和线上相结合，教学环境以多时空维度呈现。教师在课前就可以通过线上发放导学单，引导学生自主学习。在课前，学生在线上可以自主完成慕课导学视频观看和章节测验习题，在线下可以基于教材展开预习和知识初步构建。在课堂上，教师和学生既可以面对面展开交流讨论和互动，也可以借助网络平台实时进行线上互动，将线上教学资源引入课堂教学。多元互动既可以活跃课堂气氛，也可以加深学生课堂的参与度。在课后，教师通过线上发放作业和主题讨论，仍可以就知识进行深化，推动学生个性化拓展学习活动的展开，师生还可以就课堂讲授内容展开线上的个性化答疑和共性问题解答。可见，立体化的教学活动随多维时空自然形成。

三、生态化教学：学生全程参与、师生双向互动

（一）教学内容模块化

课程基于"基础-主体-市场-效率"四大模块，将教材9章内容划分为4个知识模块（见图2），对应慕课制作，细化为63个知识点（63个导学视频），每个视频配以5道测验题，共配套315道测验题，辅助学生课前自主学习或课后巩固学习。教师通过设计课程导学单，每周提前发放。导学单主要引导学生完成课前学习任务，并为课堂教学活动做好准备。导学单有效激活线上线下教学资源，包括慕课视频、习题和教材内容。学生在任务驱动下自主完成预习，积极参与互动，主动实施拓展。模块化的教学内容有助于教学活动的有序开展和学生知识掌握的逻辑性与系统性，将线上线下教学资源和教学活动有机融合为一体。

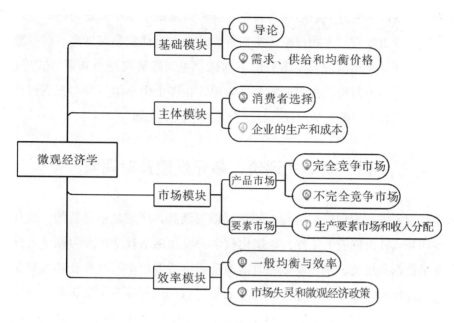

图2 微观经济学教学内容模块化结构

（二）教学资源迭代优化

我们在教学过程中持续完善自建慕课平台，师生共建优质教学资源，创新性教学日新月异。

第一，资源动态更新。自2018年慕课平台建成，我们在寒暑假定期对视频、章节测验以及慕课资源进行补充完善。截至2021年5月底，课程共有63个知识点、703.8分钟教学视频，315道测验题、1 382道题库试题、402项非视频学习资源及相关图书资料等链接。

第二，内容与时俱进。我们将最新经济资讯、新闻报道、评论文章、科研课题等引入教学，针对学生共性问题，动态上传经典例题讲解音（视）频。

第三，鼓励学生原创。我们发布非标作业，鼓励多元知识解读，提倡团队合作，学生以视频、音乐、绘画、小说、打油诗等形式解读经济学知识，非标教学成果极大丰富了课程资源库。

（三）翻转课堂深度有效

我们创造"线上-线下""课前-课中-课后"多维教学时空环境，运用数字化工具创新教学方法，实施以学生为中心的交互式翻转教学，打破"满堂灌"和"沉默式课堂"，解决了"学生参与度不高、创新性不足"的教学痛点。线上线下多维时空密切衔接，师生互动有深度。我们引入学习通网络教学平台，发挥混合式教学优势，组织线上自主学习，完成预习、作业以及个性化拓展，"课前-课中-课后"一以贯之。交互式翻转教学实现以学生为中心的成功转变。翻转课堂赋予学生知识构建的主动权，通过随机选人、自由发言、主题讨论、抢答等方式，学生课堂参与度高、获得感强、气氛热烈活跃。任务驱动型的导学单有助于训练学生问题解决能力和审辩式思维能力。教师围绕模块化知识结构，在课前发放导学单，在课上引导学生参与案例讨论、经典例题解析、重点难点突破等学习任务，混合式教学高效实施。

四、闭环式评价：多元反馈及时调整

教学过程若仅有知识输出过程，缺乏反馈与调整，注定是不完整的。混合式教学为课程的闭环式评价创造了条件：数字化教学手段和网络教学平台为教学过程积攒和记录了全部数据和痕迹，便于教师随时回溯观测学习者的学习过程和学习成果。基于数据的过程评价和管理是整个混合式教学效果得以保障和提升的关键环节（见图3）。每个教学单元、每项学习任务、每名学生均处于闭环评价体系中，从导学视频开始，学习痕迹、测验题的准确率、课堂重难点设计、案例设计、主题讨论、课后作业以及单元考试等都围绕教学单元的知识多角度展开，每一项学习任务完成度及每名学生的参与度，也在评价体系中一一留痕。

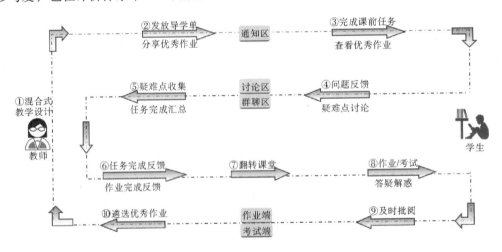

图3　微观经济学"生态教学闭环"：基于学习通的混合式教学组织与实施路线图

导学单激活学习主体。翻转教学的一个关键要素就是导学单的设计和发放。我们按照教学单元设计和定期发放，一般提前5~7天以通知形式发放，主要将下次课前需要完成的学习任务（包括视频观看、教材预习、章节测验、疑难点反馈、自学笔记整理）以表单形式告知学生，并预告下次课堂教学安排。学生在完成课前任务的基础上，可以对课堂案例和讨论提前做好准备，有利于课堂的高效参与。

问题反馈引起学生共鸣。课前自主学习环节为学生开放问题反馈渠道，对于共性问题以课堂集中解答为主，这样的问题解答往往容易引起学生的共鸣，也往往是本部分内容的重难点知识。由于学生已经对这类问题有过思考，课堂的讲解和点拨效果极为显著。

课堂互动提高参与度。我们围绕教学单元的重难点知识设计案例讨论或经典例题求解，恰当设计和引入互动环节，层层递进式将问题深入剖析，带动学生全程参与发现问题、分析问题、解答问题，由简入难，引导学生将所学知识恰当应用在理论和现实问题分析中，帮助学生在突破中有所收获、有所感悟。

课后作业定期发放、及时批阅。课后作业一方面是对所学内容的巩固和提升，另一方面是养成学生及时内化知识的习惯。作业的发放要定期定量，学生在课程学习中会很快养成及时巩固的习惯。同时，教师的即时批阅也是非常必要的环节，这样教师可以尽快了解和掌握学生的知识掌握情况，便于下次课教学内容的安排，而且即时批阅课后作业对学生也是一种有效的鼓励和约束。

非标作品鼓励个性多元。我们鼓励学生结合个人兴趣爱好将经济学所学知识以丰富多元的方式解读和呈现。非标准化作业的定期发放，有助于活跃和丰富学生课后对课程的学习和交流，也对提升学生对课程的学习兴趣大有帮助。学生创作了大量的经济学知识小视频、音频、漫画、诗词、打油诗等优秀作品，课程作品融合了积极的人生观、价值观、资源观和合作观，优秀作业分享成为课程思政教育的最佳时机。

五、政策激励和制度建设

高等教育质量革命势在必行，我们将实现用课程改革促进高校学习革命，用学习革命推动高等教育质量革命。高校教学改革的最深处即是课程改革，最痛处即是高校教师，科学合理的政策激励和制度建设是保障课程改革顺利实施的必要条件。

常态化教师培训和提升。教学管理部门应定期为教师提供有关混合式教学理念和技能方面的交流与培训，结合课程特色和教学要求，鼓励和支持教师参加各级各类教学创新大赛和教学展示活动，致力于培养一线教师的创新思维、提升其教改技能，将多年教学经验和新的教学模式有效融合，在教学实践应用中不断开拓特色化教学模式，实现国家一流课程建设目标。

信息化技术服务和支持。互联网、云技术、智慧教学终端等数字化技术，在普通高等学校的应用仍需加强。教育管理部门在教育经费投入和使用方面应适当向教学场所软硬件提升方面倾斜，提升各级各类教学服务部门的服务意识和服务质量，为混合式课程的有效实施和运行提供必要的教学环境支持。

科学化制度建设和保障。改革现有高校教师年度考核及职称晋升制度应充分考虑混合式课程教学实际，科学计量线上课时和线下课时，充分尊重教师教学改革的付出，鼓励混合式教学模式的推广和应用。高校应尽快建立混合式教学效果评价指标体系和评价机制，有效保障混合式教学效果。

参考文献

[1] 宋专茂，刘荣华. 课程教学"两性一度"的操作性分析 [J]. 教育理论与实践，2021，41（12）：48-51.

[2] 郭建鹏. 翻转课堂教学模式：变式与统一 [J]. 中国高教研究，2019（6）：8-14.

[3] 刘振天，俞兆达. 新时代中国高等教育质量革命：观念转变与行动路线 [J]. 高等教育研究，2021，42（4）：1-4.

[4] 张季. 线上线下混合式教学探索与创新：评《混合式教学设计与实践》[J]. 中国教育学刊，2020（11）：136.

[5] 晋欣泉，姜强，梁芮铭，等. 深度学习视域下认知偏差对知识建构的影响机制研究 [J]. 电化教育研究，2021，42（7）：75-82.

[6] 张瑜，金哲. 指向深度融合的思想政治理论课混合式教学模式探索：以"思想道德修养与法律基础"课程为例 [J]. 思想教育研究，2020（12）：94-98.

[7] 沈小碚，罗章. 课堂教学的"学科味"：困惑及解蔽 [J]. 教育科学研究，2021（7）：23-28.

[8] 曹海艳，孙跃东，罗尧成，等. "以学生为中心"的高校混合式教学课程学习设计思考 [J]. 高等工程教育研究，2021（1）：187-192.

[9] 李海东，吴昊. 基于全过程的混合式教学质量评价体系研究：以国家级线上线下混合式一流课程为例 [J]. 中国大学教学，2021（5）：65-71，91.

线上线下混合式案例教学的设计与实施

——以管理会计课程为例①

吉伟莉②　刘淑华③

摘　要： 案例教学是管理会计教学中普遍应用的方法，但在实践中案例的选取和教学设计都存在一定的不足，影响教学效果。混合式教学具有线上线下相结合、教学手段更加丰富的优势，便于以课堂为中心、向课前课后两端延伸案例教学过程，以学生为主体、形成良性互动的案例教学氛围，真正发挥案例教学的作用。

关键词： 混合式；案例教学；管理会计

在强调以学生为主体、培养学生独立思考的教学理念及教学模式中，案例教学有利于激发学生的学习需求，提高学生的学习兴趣。管理会计学科是在企业实践基础之上发展起来的，案例教学可以有效弥补理论与现实之间的脱节，让学生更好地理解管理会计的基本理论和方法，培养学生的实践能力。传统管理会计教学案例的选取和教学设计都存在一定的不足，影响了教学效果。因此，在当前各高校都在大力推行混合式教学的背景下，高校有必要充分利用混合式教学线上线下相结合、教学手段更加丰富的优势，进一步完善管理会计的案例教学模式。

一、管理会计案例教学存在的问题

管理会计实践性强，几乎每一个理论和方法都需要用到企业案例来进行说明和验证。这种特性决定了案例教学是管理会计普遍应用的一种教学方法。但在教学实践中，

---

① 【基金项目】2020 年江西省高等学校教学改革研究课题 "'金课'建设背景下的'多师协同+多元互动'混合式教学模式研究——以管理会计课程为例"（项目编号：JXJG-20-4-20）。

② 吉伟莉（1975—），女，江西财经大学会计学院，副教授，主要研究方向：管理会计。

③ 刘淑华（1972—），女，江西财经大学会计学院，副教授，主要研究方向：财务会计。

现有的案例教学却往往容易流于形式，问题主要体现在以下几个方面：

（一）案例选取不成体系，难以支撑整体知识架构

管理会计的理论和方法是围绕企业的经营管理活动来建立的，成体系的案例教学应该能够把各种管理活动所涉及的理论知识串联起来，完整地呈现管理会计知识体系的逻辑结构。每个知识点需要根据学生的认知规律，针对不同学习环节设计不同作用的案例，便于学生系统掌握理论知识。但是，目前在管理会计教学实践中，很多案例的选取主要只考虑了与某一个或几个特定知识点的结合，忽略了各章节理论之间的逻辑联系，导致整门课程的案例较为分散零乱，难以支撑起整门课程的系统性教学，也不利于学生建立起完整的知识架构。

（二）案例分析停留在浅表，难以引发深度学习

对管理会计课程来讲，成功的案例教学要求任课教师充分掌握研究对象的详细信息并能够引领学生深度参与到案例分析中。例如，从了解案例公司的背景入手，将公司的主要经营活动与内外环境分析相结合，运用恰当的管理会计分析工具深度挖掘可能存在的问题并寻找解决方案。但是，由于课堂时间有限，为了方便教学组织，教师往往只是截取公司某一方面的有用信息，加上获取公司深层次信息难度大，因此教学中就只能点到为止，大大削弱了案例教学的效果。

（三）学生整体参与度不够，难以实现能力提升目标

学生参与是实现教学目标的重要环节，也是案例教学的重要组成部分，这对学生的知识背景和经验提出了较高的要求。大多数学生的学习和生活环境较为单一，普遍缺乏企业实践经历和社会经验，仅对自己日常生活中接触过的公司有所认识。因此，在课堂有限的时间内，即使教师进行引导，学生也往往很难参与到对案例的深度讨论中，于是对案例的关键分析也往往以教师讲授为主。这在一定程度上违背了案例教学的初衷。为了提高学生的参与性以及团队合作和沟通能力，案例教学也常常采用小组案例报告的形式，将学生分组并让学生自行选取目标案例公司，根据教学进度确定任务，收集资料、整理分析，再到课堂上汇报讨论。由于学生选择的案例往往分散，获取信息不全面，因此很难有深度分析。每个小组的学生仅熟悉自己选择的案例公司，对其他小组的研究对象了解粗浅，小组汇报时难以真正参与到其他小组的分析和讨论中。在这样的情况下，通过案例教学全面提升学生管理会计实践能力的效果大打折扣。

二、线上线下混合式案例教学的典型特征

混合式案例教学模式从外在表现形式上，是采用线上和线下两种途径来开展案例教学。这种混合不是简单地做加法，而是充分发挥线上和线下两种教学的优势改造我们的传统案例教学，将线上和线下教学活动融合运用，以提高学生的兴趣和参与度。混合式案例教学在案例设计、实施过程、教学主体等方面具有以下典型特征：

（一）具有系统性、专业性、代表性的案例设计

案例教学中具有系统性、专业性、代表性的案例设计是关键。过于零散的案例设计很难帮助学生建立起管理会计理论和方法的系统思维。企业的管理活动是一个有机体，各部门和各类活动是相互联系、相互制约的。因此，针对不同知识点的案例应具有一定的连续性，能构成体系，从而使学生能够形成系统思维。同时，案例设计一定要反映管理会计专业知识，具有较强的专业性，才能让学生从案例教学中提升专业水平。案例设计需要注意大型案例和小型案例的比例及难易程度的结合，满足学生不同阶段的学习需求；既要注重案例本身的显性教学价值，也要注重深度挖掘案例的隐形教学价值。

（二）以课堂为中心，向课前、课后两端延伸案例教学模式

管理会计案例教学一方面不能离开课堂这个中心环节，另一方面又不能仅停留在课堂这个中心环节，而是应充分利用混合式教学的优势，将案例教学延伸到课前和课后阶段，充分发挥不同阶段的优势。在课前阶段，任课教师通过线上设置导学案例和引导性问题，让学生自行检索案例资料或开展案例调查，提前对案例涉及的知识要点有一个初步了解。在线下课中阶段，任课教师可以根据教学案例的内容和特点，选择圆桌讨论、分组讨论、双方辩论、角色扮演等适当的讨论方式，控制案例讨论的过程和节奏。在课后阶段，任课教师可以布置线上案例反思作业和新的拓展性案例，进一步巩固学生对知识点的掌握并引发新的思考。教师应撰写案例教学的分析报告，总结经验，分析得失。由此，教师以课堂为中心，将课前课后两端结合起来，充分发挥案例教学功能。

（三）以学生为主体，形成良性互动的案例教学氛围

案例教学既要发挥教师的引导功能，也要发挥学生的主体功能，用"师生合唱"替代"教师独唱"。案例教学让学生成为真正的主角，使学生充分融入案例教学的全过程，最大限度地激发学生对案例的好奇心、求知欲，并使学生养成独立思考的习惯。线上线下相结合的教学模式大大延展了案例交流的时间和空间，能使师生、生生产生

良性互动，同时能让学生在互动中了解整个知识体系的逻辑，提高解决问题的能力。

（四）以应用为导向，注重提高学生的实践能力

管理会计是一门应用型学科，应坚持以应用为导向，切实通过案例教学提高学生的实践能力。这也是管理会计案例教学的任课教师选择教学案例的一个重要衡量标准。当然，案例教学与现场教学、传统讲授教学等其他教学方式之间具有密切的联系。因此，教师需要坚持系统思维，将能提高实践能力的案例教学融入整个教学过程中，通过各类案例的运用，使学生正确理解并运用相关理论和方法，解决各种复杂实务中的问题，从而提升自身理论应用与实践的能力。

三、线上线下混合式案例教学的设计与实施

（一）基于线上线下混合式教学模式的案例体系设计

基于混合式教学模式的案例体系需要根据教学环节的不同来设计：

1. 课前导学案例设计

这类案例教学的作用在于激发学生的学习兴趣，让学生作为主导者，根据教师的设问进行真实世界的案例调查和资料检索，结合课程资料进行自主学习，解决比较浅显的问题。例如，笔者在讲授成本性态分析这个知识点时，给学生布置了一个课前案例调查任务——去了解校园附近某个便利店或餐馆的成本构成，并判断每个成本项目是否与营业额有关联；在讲授定价决策这个知识点时，让学生课前去了解苹果手机和小米手机定价策略的不同，思考定价决策中需要考虑哪些因素。在网络教学平台上，学生们的反馈十分踊跃，显示出对调查了解企业现实状况的浓厚兴趣。

2. 课堂上模拟企业管理活动的仿真案例设计

这类案例由教师整理、设计，并用于课堂教学，涉及的教学内容为本课程的基础知识和重点、难点，旨在使学生掌握相关理论知识。例如，现实中企业全面预算的编制和执行是一项复杂的系统工程，作为教学案例，就需要进行高度的简化和抽象，设计为一个仿真案例来呈现整个预算管理流程和多种预算编制方法的结合应用。案例设计既要考虑案例的完整性，又要考虑学生的认知水平和数据处理能力的局限。

3. 引发学生深度思考的开放性拓展案例设计

这类案例通常是没有标准答案的，但存在讨论空间，促使学生进一步思考，巩固和拓展所学知识、学以致用。例如，笔者以"华为芯片断供事件"为例，引导学生思考企业在零部件自制或外购决策中需要考虑哪些短期和长期因素、定量和定性因素等。

笔者将这三种类型的案例恰当地嵌入混合式教学的全过程，并且注意不同章节之

间案例的连续性，形成案例体系，串联起整个知识框架，帮助学生系统学习。案例体系设计应该与课程教材的知识系统结构具有一致性，必须能够服务教学内容。任课教师应精选或自编案例素材，入选案例之间、案例与教材之间以及案例与培养目标之间应该构成一个有机整体，以便更好地服务教学。在功能上，案例的设计应有针对性地培养学生的实践能力和创新能力，强调知识的应用、问题的解决和能力的培养。例如，教师可以选择一个贴近学生学习和生活体验的行业，选取几个有代表性的公司作为研究对象，让这些公司的案例贯穿整个教学过程，结合不同知识点深度分析这些公司的相关资料，完成相应教学任务。

（二）混合式案例教学的实施

案例教学的实施过程应与混合式教学模式相匹配，是一个互动、开放的过程。针对课前、课中、课后三个环节，采用线上线下不同方式来进行案例教学。

1. 课前线上导学环节

教师应通过设置导入案例、结合相关知识点提出问题，引导学生围绕案例和课程资料做好有针对性的检索收集资料、开展阅读、认真思考等课前准备工作，有利于弥补学生在知识基础上存在的差异性，并为后续教学环节做好铺垫。

2. 课中线下深度学习环节

教师应通过具有连续性的企业仿真案例展开课堂教学。教师在课堂上提炼出案例存在的争议焦点，分小组进行广泛的思考和讨论，引导学生厘清处理该争议焦点的思路和具体对策。教师应以案例教学特有的问题呈现和分析方式，弥补传统教学方式的不足，鼓励学生积极发言，发挥各自专业背景优势，从不同的专业角度切入，展开对某个具体管理会计问题的分析，引发学生之间的思维碰撞。教师应动态把握节奏，及时概括总结。

3. 课后线上巩固拓展环节

课后线上巩固拓展环节通过课后开放性案例的设置，进一步巩固学生通过课堂环节掌握的知识点，并能对没有定论的内容，结合当前经济形势和企业面临的内外部环境进一步思考，完成相应练习和形成案例分析报告，最终完成案例教学。学生需要能够利用各类网络平台进行资料收集、分析，及时巩固基础知识，并能主动拓展思路，实现学以致用。

三类案例在课前、课中、课后三个环节中的应用，均需要充分发挥学生的自主性和积极性，有利于提高学生利用专业知识处理管理会计实际问题的能力和水平。混合式案例教学模式设计与实施如图 1 所示。

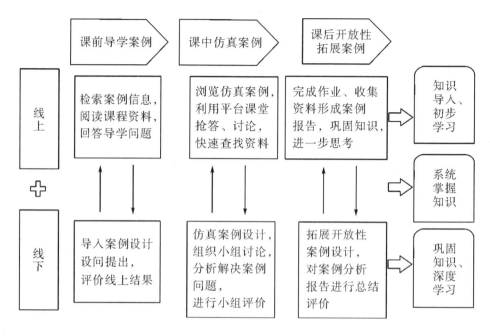

图 1　混合式案例教学模式设计与实施

（三）混合式案例教学的考核评价

提升混合式案例教学的教学质量离不开科学合理的考核评价体系。如果评价体系不合理，就会影响学生参与案例分析的积极性和存在主动性，也无法真正在整个案例教学过程中了解学生的学习情况，不能及时发现教学中存在的问题。混合式案例教学的考评应采用线上线下多维度的综合评价方式，其结果以一定的权重纳入课程考核中。具体主要包括结果性评价和过程性评价两大类：结果性评价为"线上导入问题完成情况+案例分析报告"；过程性评价为"线上讨论的活跃度+课堂案例讨论表现"。案例分析报告有助于学生从整体角度对案例再次进行学习和思考，一方面帮助学生掌握课程的重要知识，另一方面锻炼学生的概括技能和实践能力。经过训练，学生的案例分析技能得到很大的提升，以后还能把这种方法应用到其他课程和工作中。同时，学生撰写的优秀研究报告还可以丰富课程的案例库，为后期的案例教学储备资源。

四、思考与讨论

混合式教学模式下的案例教学要取得较好的效果，在教学过程中还有以下几点应该注意：

第一，案例设计需要能够结合管理会计课程特点，最大限度地拟合真实的企业管理情境，最大限度地激发学生的兴趣，引导学生主动思考，从而提升学生分析问题和解决问题的能力。这对任课教师提出了更高的要求。笔者建议推进校企合作，鼓励任课教师深入企业，真正了解企业面临的实际管理会计问题，在发现问题、解决问题的过程中积累案例素材，避免老旧案例引发的过时、雷同等现象。

第二，转变传统教学的思维模式，提高网络教学平台的利用率，加大自主学习的工作量。教师应通过设置多样化的线上任务，引导学生自主学习，形成良好的师生、生生互动，让学生感受到学习的乐趣，获得学习的成就感。教师在互动中需要采用恰当的方法和手段加以引导，并及时纠偏，帮助学生拓展思路，提高学生自主学习能力，增加学生之间的交流合作机会。

第三，案例教学过程需要让学生充分了解熟悉案例教学的步骤、内容、要求以及考核，布置提前阅读案例的任务，组织课堂案例讨论环节应多设置案例情境或背景介绍，增强其代入感。教师应根据教学总目标进行分解，落实到每个知识点，确定每一次案例教学的目标。教师和学生都要确定一个案例要说明什么理论或知识，通过案例提出什么主题或问题、完成什么教学任务，检查每一个案例是否能紧贴相应教学目标。

参考文献

［1］莫李龙，余爱明，朱鹏飞．"后疫情时代"高校线上线下混合式教学思考［J］．东南大学学报（哲学社会科学版），2021，23（S1）：120-122．

［2］丁华．混合式教学模式下大学生学业评价改革研究［J］．中国大学教学，2021（5）：72-76．

［3］李利，高燕红．促进深度学习的高校混合式教学设计研究［J］．黑龙江高教研究，2021（5）：148-153．

［4］胡科，刘威童，汪潇潇．混合式教学课堂中生师互动的影响因素分析［J］．高教探索，2021（3）：72-79．

［5］方略．"MOOC+FCM"混合式教学模式的改革深化与瓶颈突破：兼论财会类本科与MPAcc课程教学设计差异［J］．财会通讯，2021（3）：163-166，171．

［6］张倩，马秀鹏．后疫情时期高校混合式教学模式的构建与建议［J］．江苏高教，2021（2）：93-97．

［7］冯晓英，吴怡君，庞晓阳，等．混合式教学改革：教师准备好了吗——教师混合式教学改革发展框架及准备度研究［J］．中国电化教育，2021（1）：110-117．

［8］曹立波，刘川江．MOOC+讲台课、慕课堂、见面课"三位一体"的混合式教学实践：以"《红楼梦》经典章回评讲"为例［J］．中国大学教学，2020（12）：46-51．

［9］王伟，胡俊娟.线上线下混合式案例教学的课堂设计：以"精算分析技术及应用"为例［J］.浙江科技学院学报，2020，32（5）：475-480.

［10］邹燕，冯婷莉，王业億.混合式教学课程设计与应用：以 ERP 模拟经营沙盘为例［J］.会计研究，2020（7）：181-189.

［11］朱靖.本科管理会计案例教学之我见［J］.财会月刊，2010（12）：100-101.

线上线下教学模式改革中
高校教学团队激励机制研究[①]

余光英[②]

摘　要： 相对于传统线下教学模式，高校线上线下教学要求教师具有混合式教学设计能力、信息技术使用能力和授课能力等，这对授课教师的备课与授课提出了更高的要求。在线上线下教学过程中，教学团队的合作共享非常重要，但是在团队合作中存在的"藏拙"及"搭便车"等行为影响教学团队效能。本文以教学院部、教学团队效用最大化为目标，以教师参与及激励为约束条件，建立激励机制模型，分析自上而下、自下而上以及上下同时进行线上线下教学改革时各参与主体的努力程度。本文结论为适当的激励机制、全员同时参与改革更有利于推动线上线下教学模式的改革。

关键词： 线上线下混合教学；教学团队；激励机制

一、引言

线上线下混合教学模式在高校比较普遍开展起来。作为一种教学模式改革，线上线下混合教学的实施需实现线上线下的融合，单个教师单独完成课程教学任务所有环节难度较大，也会影响教学效果，因此需要教学团队的合作。线上线下教学团队的建设既面临旧的困难，又面临新的挑战。旧的困难是指团队建设中的貌合神离，新的挑战是指对教学团队的建设提出了新要求，即随着互联网的发展以及共享资料可获得性逐渐容易，在授课中对教师知识技能、素质素养、授课方式等方面的要求不断提高。在线上线下教学团队运作时，如何明确团队成员分工、激励教师积极努力参与合作、

① 【基金项目】广西壮族自治区教育厅哲学社会科学项目"基于博弈及全面质量管理视角的金融学本科专业教育质量保障体系研究"（项目编号：19G104）、广西财经学院"双一流背景下金融学课程线上线下混合教学模式运用研究"教改课题。
② 余光英（1972—），女，广西财经学院，副教授，主要研究方向：低碳对经济金融、绿色经济金融。

实现"1+1>2"的效应是亟待解决的问题。

二、文献综述

高校教学团队建设的目的是通过共享知识、共享资源、共享技能等来达到整体效果大于部分之和。共享是高校教学团队建设的核心内容之一，但是在现实的教学团队建设中共享的广度、深度不足。研究者从工商管理专业教学团队、金融学专业教学团队、英语专业教学团队等不同专业的教学团队建设中分析了该问题；研究者也从双师双能型教学团队建设、学徒教学团队建设、产教融合教学团队建设、创客式工匠型教学团队建设等不同专业能力的教学团队建设中分析了该问题（李梦卿和陈佩云，2020；李宏策，2020）。究其原因，教师个体的"藏拙"行为及"搭便车"行为，教学团队的管理不力，学校的教师绩效管理、奖惩管理等不完善都会造成教学团队的共享不足。高校教学团队的建设是一项系统工程，不仅团队内部激励机制影响其建设，外部环境、政策支持、资源投入等因素也会影响团队建设的质量（张笑涛，2008）。

线上线下混合教学模式相对于传统教学模式，教学的角色发生转变，教师的教学设计、授课方式对学生学习的评价方法都发生了变化。线上线下教学模式需要教师拓宽知识的广度与深度，需要教师及时关注学科、专业、课程的最新前沿信息与相关的技术（王爱侠等，2018）。由于线上线下混合教学团队面临着建设的一般共性难题，共享程度不够，还有高校课堂教学前期管理对教学设计的指导、控制机制不足（高校一般期初教学检查由系主任或专业负责人收集资料进行审核，由于时间约束，这种审核多半是形式上的），再加上线上线下混合教学模式下的相应教学要求的转变，线上线下混合教学需要比传统教学更多的时间和精力付出、更多更广的知识储蓄、更多的技能与技术掌握，更需要教学团队的合作。线上线下混合教学团队如何建设？参考传统教学团队建设的经验，考虑线上线下混合教学的新要求，线上线下混合教学团队的建设需要教师提高自身素质，需要学校改革完善绩效奖励等制度，需要团队负责人提高综合能力以及需要文化建设、制度环境、资源等方面的支持（姚继军，2003；冀鸿和霍明奎，2013；谭佐军和肖湘平，2015）。

高校教学团队的建设对线上线下混合教学模式改革成效影响大。教学团队的建设面临现实困境与瓶颈等，瓶颈的突破需要系统协调进行，也需要教师努力。为此，本文在借鉴已有研究成果的基础上，试图基于教师、二级教学管理单位、教学团队的合作共赢，通过建立激励兼容模型来探讨激励机制问题。

三、假设与模型

（一）假设

教师、教学团队、教学院部以及学生等是提高教学质量的共同体，本文在此假设学校二级管理单位鼓励提高教学质量、学生喜欢高质量的课堂、教师是理性的、教师受到教学团队以及教学管理两部门（教学院部）的激励。学校用规章制度明示了偏好，学生用对教师的评价表明了其满意程度。具体假设条件如假设1至假设10所示。

假设1：参与主体中教学院部、教学团队是风险中性的，教师是风险规避者，参与主体都是理性的。

假设2：教师报酬由基本工资和绩效工资两部分组成，其中绩效工资与工作任务数量及其任务质量有关，工作任务数量及任务质量与教师的努力程度有关。

假设3：假设教师在教学中的努力程度为 θ。

假设4：团队建设中教师的努力成本为 $C_t = k_t \theta^2$，其中 k_t 表示努力的成本系数。

假设5：教师的教学效果与其努力程度有关。一般而言，教师越努力，其教学效果越好，对其教学评价就越高。用 x 表示教学效果，用 ε 表示随机扰动项，则教学效果为 $x = \theta + \varepsilon$。

假设6：团队建设中教师努力的收益为 $U_t = \beta_t x$，其中 β_t 表示收益系数。

假设7：教学院部对教师的激励构成了教学院部在管理中的成本。激励部分用 π_u 表示，$\pi_u = \alpha_u + \beta_u(x - x_0)$，$\alpha_u$ 表示工作任务量得到的报酬，β_u 表示考核等级的激励系数，x_0 表示基本的达标教学效果。

假设8：教学团队对团队成员有一定的激励，这部分激励是教学团队的成本。假设 $\pi_d = \beta_d(x - x_0)$，π_d 表示教师在教学团队中得到的奖励，β_d 表示奖励系数。

假设9：教学越努力，教学团队建设得越好，教学院部的效用就越高。这种效用对教学院部的声誉、社会的评价、学校的评级和对毕业生就业以及招生工作产生影响。假设 $U_u = m_u x^2$，U_u 表示教学院部得到的效用，m_u 表示教学院部的声誉系数。

假设10：团队建设中教师越努力，教学团队的效用越高，这种效用用 U_d 表示。假设 $U_d = m_d x^2$，m_d 表示教学团队的效用系数。

（二）模型构建

教学院部、教学团队、教师的期望收益等于效用减去成本，分别用 w_u 表示教学院部的效用，w_d 表示教学团队的效用，w_t 表示教师的效用。期望效用为：

$$E w_u = m_u \theta^2 + m_u \sigma^2 - \beta_u(\theta - x_0) - \alpha_u$$

$$E\, w_d = m_d\, \sigma^2 - \beta_d(\theta - x_0)$$

$$w_t = \beta_t x + \beta_u(x - x_0) + \alpha_u + \beta_d(x - x_0) - k_t\, \theta^2$$

教师是风险规避的，假如教师风险规避度为 ρ 且不变，教师的期望效用为：

$$EV = E\, e^{-\rho w_t}$$

$$EV = \beta_t \theta + \beta_u(\theta - x_0) + \alpha_u + \beta_d(\theta - x_0) - k_t\, \theta^2 - \frac{1}{2}\rho\, \sigma^2 (\beta_t + \beta_u + \beta_d)^2$$

建立激励机制模型，以教学院部及教师团队效用最大化为目标函数，以教师参与约束及激励约束为约束条件。其中，目标函数为：

$$\max_{(\beta_u,\ \alpha_u)} [m_u\theta^2 + m_u\, \sigma^2 - \beta_u(\theta - x_0) - \alpha_u] \tag{1}$$

$$\max_{\beta_d} [m_d\sigma^2 - \beta_d(\theta - x_0)] \tag{2}$$

参与约束为：

$$\beta_t \theta + \beta_u(\theta - x_0) + \alpha_u + \beta_d(\theta - x_0) - k_t\, \theta^2 - \frac{1}{2}\rho\, \sigma^2 (\beta_t + \beta_u + \beta_d)^2 \geqslant 0 \tag{3}$$

激励约束为：

$$\max_{\theta}\ \beta_t \theta + \beta_u(\theta - x_0) + \alpha_u + \beta_d(\theta - x_0) - k_t\, \theta^2 - \frac{1}{2}\rho\, \sigma^2 (\beta_t + \beta_u + \beta_d)^2 \tag{4}$$

（三）模型求解

联合（1）式、（2）式、（3）式、（4）式解得：

$$\beta_d = \frac{(m_d - k_t)(\beta_t + 2k_t x_0)}{2k_t + 2k_t^2\rho\, \sigma^2 - m_u - m_d} + 2k_t x_0 \tag{5}$$

$$\beta_u = \frac{(m_u - 2k_t^2\rho\, \sigma^2)(\beta_t + 2k_t x_0)}{2k_t + 2k_t^2\rho\, \sigma^2 - m_u - m_d} + 2k_t x_0 \tag{6}$$

$$\theta = \frac{(\beta_t + 2k_t x_0)}{2\ 2k_t + 2k_t^2\rho\, \sigma^2 - m_u - m_d} \tag{7}$$

四、实证分析

（一）数据说明

模型中的有关指标是比较稳定的，作为一个组织、部门或群体，其相关定位是比较稳定的，因此取值比较稳定。在此，假设模型服从标准正态分布，σ 取值为 1。一般而言，教师群体的风险规避系数比较稳定，风险规避系数 ρ 取值为 0.8。x_0 值表示学校规定的应该达到的教学效果，至少是学生满意等。这个效果取中性的数值 0.9 为好，意思是指假如 1 是满分，教学效果中教师的平均满意度达到 0.9 为好。

模型中容易变动的、比较有弹性的指标主要是涉及个体的指标。团队建设中教师努力的成本系数与教师努力的时间、教师自身的素质和知识技能相关，与提供给教师学习的平台及机会相关。k_t 值分为好、中、差三种情况。教学团队建设影响到教师的教学成效，不同情况下教学成效给教师带来的教学效用不同，β_t 值分为好、中、差三种情况。根据"二八原理"，一般状况取值为 0.8，好状况取值为 1，差状况取值为 0.2。努力的成本系数与努力效果系数综合成 9 种情况，分情况数据赋值如表 1 所示。

表 1　分情况数据赋值

状况	k_t	β_t	m_u	m_d	x_0	ρ	σ	状况	k_t	β_t	m_u	m_d	x_0	ρ	σ
11	0.8	0.8	0.8	0.8	0.9	0.8	1	31	0.8	0.8	0.8	0.95	0.9	0.8	1
12	1	1	0.8	0.8	0.9	0.8	1	32	1	1	0.8	0.95	0.9	0.8	1
13	0.2	0.2	0.8	0.8	0.9	0.8	1	33	0.2	0.2	0.8	0.95	0.9	0.8	1
14	0.8	1	0.8	0.8	0.9	0.8	1	34	0.8	1	0.8	0.95	0.9	0.8	1
15	1	0.8	0.8	0.8	0.9	0.8	1	35	1	0.8	0.8	0.95	0.9	0.8	1
16	0.8	0.2	0.8	0.8	0.9	0.8	1	36	0.8	0.2	0.8	0.95	0.9	0.8	1
17	0.2	0.8	0.8	0.8	0.9	0.8	1	37	0.2	0.8	0.8	0.95	0.9	0.8	1
18	1	0.2	0.8	0.8	0.9	0.8	1	38	1	0.2	0.8	0.95	0.9	0.8	1
19	0.2	1	0.8	0.8	0.9	0.8	1	39	0.2	1	0.8	0.95	0.9	0.8	1
21	0.8	0.8	0.95	0.8	0.9	0.8	1	41	0.8	0.8	0.95	0.95	0.9	0.8	1
22	1	1	0.95	0.8	0.9	0.8	1	42	1	1	0.95	0.95	0.9	0.8	1
23	0.2	0.2	0.95	0.8	0.9	0.8	1	43	0.2	0.2	0.95	0.95	0.9	0.8	1
24	0.8	1	0.95	0.8	0.9	0.8	1	44	0.8	1	0.95	0.95	0.9	0.8	1
25	1	0.8	0.95	0.8	0.9	0.8	1	45	1	0.8	0.95	0.95	0.9	0.8	1
26	0.8	0.2	0.95	0.8	0.9	0.8	1	46	0.8	0.2	0.95	0.95	0.9	0.8	1
27	0.2	0.8	0.95	0.8	0.9	0.8	1	47	0.2	0.8	0.95	0.95	0.9	0.8	1
28	1	0.2	0.95	0.8	0.9	0.8	1	48	1	0.2	0.95	0.95	0.9	0.8	1
29	0.2	1	0.95	0.8	0.9	0.8	1	49	0.2	1	0.95	0.95	0.9	0.8	1

教师团队效用系数的数值一般比较稳定，这和教学院部的发展目标与定位有关，也和学校的定位有关，在比较偏重科研的大环境下，在此 m_d 取值为 0.8。教学管理单位因为教师团队建设质量提高而最终使得教学管理单位从中获得效用的系数和学校的定位有关，m_u 值一般比较稳定，在此取值为 0.8。此种情况为原始状况，具体 11~19 的 9 种子状况下的数据赋值见表 1。现在因为高校教育改革，高度重视教学质量，教学管理部门教学质量效用系数提高了，假设 m_u 值变为 0.95。由于路径依赖、教学管理部门的激励线上线下改革措施还没有建立或还在建立过程中等原因，此时教学团队的教学

效用系数仍然维持在原有水平上，即 m_d 取值为 0.8。在此，我们把此种情况称为自上而下的混合教学改革，具体 21~29 的 9 种状况下的数据赋值参见表 1。现在假定在提高教学质量、以本为本的大环境下，教学团队对教学质量更加重视了，学校的规章制度还没有出台或还在制定的过程中，教学团队的教学效用系数提高了，教学管理部门暂时还没有提高，我们把这种情况称为自下而上的改革。此时 m_d 取值为 0.95，m_u 取值为 0.8，具体 31~39 的 9 种状况下的数据赋值参见表 1。现在假设学校高度重视教学质量，其教学质量效用系数 m_u 的取值为 0.95，教学团队也提高了教学效用系数。此时 m_d 取值为 0.95。把这种情况称为自上而下与自下而上同时进行的改革，或者全员参与的改革，具体 41~49 的 9 种状况下的数据赋值参见表 1。

（二）实证结果

根据赋值数据，计算四种情况下不同状态的教师努力程度、团队的努力程度、教学管理部门的努力程度，绘制图 1。在原始状态下，从图 1 中可以看出，状况 13、状况 17、状况 19 是明显的负激励，在这三种情况下，教师、教学团队、教学管理单位都是负激励的，这些状况是我们不希望看见的。从表 1 中观察出三种情况下 k_t 的值都是 0.2。最好的状况是状况 11、状况 14、状况 16 这三种，在这三种情况下 k_t 值均为 0.8。状况 12、状况 15、状况 18 处于居中状态，此时的 k_t 值均为 1。在自上而下的改革情况下，从图 1 中可以看出，状况 23、状况 27、状况 29 是明显的负激励，在这三种情况下，教师、教学团队、教学管理单位都是负激励的，这些状况是我们不希望看见的。从表 1 中观察出三种情况下 k_t 值都是 0.2。最好的状况是状况 21、状况 24、状况 26 这三种，在这三种情况下 k_t 值均是 0.8。状况 22、状况 25、状况 28 处于居中状态，此时的 k_t 值均为 1。在自下而上的改革情况下，从图 1 中可以看出，状况 33、状况 37、状况 39 是明显的负激励，在这三种情况下，教师、教学团队、教学管理单位都是负激励的，这些状况是我们不希望看见的。从表 1 中观察出三种情况下 k_t 值都是 0.2；最好的状况是状况 31、状况 34、状况 36 这三种，在这三种情况下 k_t 值均是 0.8。状况 32、状况 35、状况 38 处于居中状态，此时的 k_t 值均为 1。在自上而下与自下而上同时改革的情况下，即在全员参与改革的情况下，从图 1 中可以看出，状况 43、状况 47、状况 49 是明显的负激励，在这三种情况下，教师、教学团队、教学管理单位都是负激励的，这些状况是我们不希望看见的。从表 1 中观察出三种情况下 k_t 的值都是 0.2。最好的状况是状况 41、状况 44、状况 46 这三种状况，k_t 在这三种情况下的值均是 0.8。状况 42、状况 45、状况 48 处于居中状态，此时的 k_t 的值均为 1。

综合图 1 的结果，从整体状况来看，状况 13、状况 17、状况 19 的激励效果最差，此时的 k_t 值均为 0.2；最好的状况是 21、状况 24、状况 26 这三种，在这三种情况下 k_t

值均是 0.8；状况 32、状况 35、状况 38 处于居中状态，此时的 k_t 值均为 1。

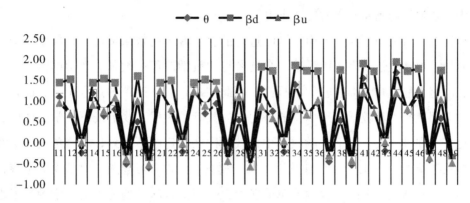

图 1　不同状况下 θ、β_d、β_u

从图 1 中状况 21~29 与状况 31~39 的比较结果来看，从自上而下的教学改革与自下而上的教学改革的措施对教师、教学团队、教学管理单位等各参与主体的激励影响来看，均会对激励产生正向的影响，会使得各参与主体的努力程度更大，但是效果差别不大。

从图 1 中状况 21~29、状况 31~39 与状况 41~49 的比较结果来看，从自上而下的教学改革、自下而上的教学改革、自上而下与自下而上同时进行的改革措施对教师、教学团队、教学管理单位等各参与主体的激励影响来看，均会对激励产生正向的影响，会使得各参与主体的努力程度更大，但是自上而下与自下而上同时改革的效果最好。

从图 1 中状况 11~19 与状况 41~49 的比较结果来看，状况 41~49 相对状况 11~19 而言其数值更大，教师、教学团队、教学管理单位各参与主体的努力程度更大，因此全体参与的教学改革对各参与主体的激励作用起到很大的作用。

五、结论及不足

（一）结论

结论一：教师的努力成本系数在线上线下教学改革团队建设中的激励效果大。教师在团队建设中的努力成本系数与其收益系数相比，努力的成本系数更影响教师的努力结果 θ、教学团队激励系数 β_d、教学管理单位激励系数 β_u。其中，中性的努力成本系数是最理想的状况。在此种情况下，教师、教学团队、教学管理单位的积极性相对其他是最好的。合适的努力成本可以提高线上线下混合教学团队建设质量，实现教师、教学团队以及教学管理单位效用最大化。适当的激励机制更有利于线上线下教学改革中教学团队"1+1>2"效应的发挥，在教学团队的建设中营造适当的竞争机制、在教学管理中实行适当的奖惩机制，实行留有一定的弹性政策措施会对线上线下教学模式改革中团队建设起到非常大的促进作用。

结论二：自上而下与自下而上同时进行的教学改革的效果最好。相较于全面重视教学质量、提高教学效果效用系数，全员参与的教学改革中教师、教学团队、教学管理部门的努力程度相对都有较大的提高，因此在进行教学改革的过程中，以课程为单位的教学团队努力和教学管理单位的努力齐抓共管的时候，线上线下教学团队的建设效果更好。在进行线上线下教学改革中，教学团队制定改革规划，严格落实线上线下教学模式改革的各项工作，修订教学大纲、教案、课件、习题库、对学生的考核评价体系等，团队增强线上线下教学改革的实力，提高混合教学的能力与教学效果。教学管理部门要增加对线上线下教学的投入与支持，为线上教学资料的利用提供财力，建立完善的线上线下教学中教师工作量的考核机制，改革教学监管模式等。

结论三：无论是自上而下的狠抓教学改革，还是自下而上的狠抓教学改革，均会产生正向激励。只要是狠抓教学质量的措施，无论是自上而下还是自下而上的改革都具有好的效果，无论是从教学团队做起还是从教学管理单位做起，教师、教学团队、教学管理单位都对各参与主体的激励产生正向的影响。在受客观条件限制、无法全员参与的情况下，教学团队以及教学管理部门任何一方面的改革努力，都会对线上线下教学模式改革起到促进作用，需要动员各个部门或团体率先行动起来。

（二）不足之处

由于在进行实证分析时，数据是根据经验假设而得的，因此实证的结果在精准度上有待进一步检验。另外，本文在选取数据时只选取了 4 种情况下各 9 种状况的数据，属于离散型的分析，没有做立体与连续的模拟，因此结论可能存在不收敛结论的情况。因此，本文的结论是一般情况下进行模糊分析的结论，有无特殊情况尚待检验。

参考文献

［1］刘建凤，武宝林. 高校教学团队建设与管理探析［J］. 中国大学教学，2013（4）：80-82.

［2］张芳，邹俊. 后 MOOC 时代 SPOC 线上线下混合教学模式的实践与探索［J］. 湖北经济学院学报（人文社会科学版），2018，15（11）：148-151.

［3］谭永平. 混合式教学模式的基本特征及实施策略［J］. 中国职业技术教育，2018（32）：5-9.

［4］徐晓丹，刘华文，段正杰. 线上线下混合式教学中学习评价机制研究［J］. 中国信息技术教育，2018（8）：95-97.

［5］卓进，蔡春. 混合教育趋势下的未来教师：慕课时代的教师分流、转型与教师教育思考［J］. 高教探索，2015（4）：105-110.

［6］徐玉玲，刘达玉，胡一冰，等. 质量管理视角下的高等教育教学质量保障体系构建研究［J］. 教育与教学研究，2017，31（5）：45-49，63.

［7］刘强. 论我国高校教学质量保障体系价值理念与行为模式的重构［J］. 江苏高教，2018（2）：12-17.

"互联网+"背景下高校
课堂互动模式与教学效果研究

——以图书情报专业硕士必修课情报分析工具为例

于凌南[①]

摘　要：随着信息技术的快速发展，相对于传统教学，不仅教学环境复杂化了，学习者的需求也多样化了。为了应对这种变化，相应地，教学模式也需要改进。本文采用案例研究法，使用改进的弗兰德斯互动分析编码、课堂观察法与课后问卷调查分别分析了课堂上的学习者行为与互动模式以及学习者对该模式的参与意愿与满意度。本文通过对数据的汇总，提炼出有利于硕士生培养的新型教学模式，促进学生能力的全面发展。

关键词：课堂互动；教学模式；学习行为

一、引言

随着互联网的出现，各种在线资源通过网络进行传播，信息化教学成为教学的热点，也成为国家、高校提升教学质量的主要措施。为了更好地分析学习者的学习行为，提供更有针对性的学习服务，实现个性化学习，近年来，大数据和人工智能技术开始运用于在线课程。移动网络、智能终端设备、大数据、人工智能、在线课程等，构成了以"互联网+"为核心的现代信息化教学生态系统。然而，从教学与人才培养的视角而言，在线课程无法代替全部的教学，课堂教学仍然是教学活动的主阵地。首先，"互联网+"环境下的课堂教学通过课堂教学活动，实现线上学习与线下教学活动的结合。其次，"互联网+技术"融入课堂教学活动构建形成智慧课堂，可以有效支持教师开展"让课堂动起来"的教学活动，能够让学生便捷地参与教学的过程，促进学生深度学

[①] 于凌南（1998—），女，山西财经大学信息学院，硕士研究生，主要研究方向：电子商务服务。

习。可以看出,"互联网+"构建形成了新的教学环境,学习环境的变化、学习者学习习惯的变化,需要相应地变革教学模式与教学方式方法。

近年来,随着我国经济的不断发展,社会对应用型人才的需求呈现激增态势。基于这种外部环境,我国专业硕士的招生规模也在不断扩大。对于专业硕士的培养,实践与应用能力的提升无疑是重中之重。显然,传统课堂的"填鸭式"教学难以满足当前专业硕士的培养要求,仅仅依靠教师单向的知识灌输,难以有效促进学生创造性思维、创新意识、解决问题的能力等的全面发展。在此背景下,国家提出了以提高人才质量为核心的内涵式发展思路,并提出要求:一是创新教学理念和模式,二是创新教学方法与手段,三是创新学习方式。要实现上述的发展,课堂教学的变革是关键,教学模式的变革是前提。同样,以"互联网+"为核心的现代信息技术是最有利的支撑点。

与此同时,随着"互联网+教育"的推进,信息技术正促使教育发生着多方面的改变。在以前,学习者在学习过程中遇到问题时,只能咨询教师,请求教师给予解答,学习的时间与地点都受到了极大的限制。而现在,随着各种在线学习资源,如慕课课程及在线直播的出现与普及,学习者学习的方式方法越来越多元。学习者可以在课前通过功能强大的在线学习平台快速地获取与问题相关的各种信息,有针对性地解决理论、实践方面的疑问,大大节约了宝贵的课堂时间。因此,当教师不是知识的唯一来源时,教学不再是教师的独角戏,教师在教学活动中的角色和功能、采用的教学模式及方式方法也要发生改变。因此,基于现代信息技术,推动互动交流,实现师生互动和生生互动,指导学生运用现代信息技术进行有效学习,实现学生知识体系构建,促进学生思维、能力的发展,对专业硕士教育教学质量的提高是十分重要的。

二、已有研究

(一)教学互动研究

技术的进步使得课堂教学的互动模式趋于多样化。从宏观的角度看,周付安(2021)将教学中的全部互动方式分为三种类型,分别是教学与内容的互动、教学与共同体的互动以及教学与已有概念体系的互动。其在此基础上详细阐释了每种互动类型的设计要义。陈曦(2021)基于高校在线教学的实际情况,详细归纳了在线教学模式下师生互动的特点,进而上升到高校在线教学互动所面临的挑战,主要包括师生双方交流片面化、信息素养不够高等问题。

从微观角度看,已有不少学者基于不同的学科案例对不同的教学互动模式的有效性进行了分析与验证。杨琳琳(2021)阐述了大学英语课堂中信息技术多元多模块互动的教学模式,并对课前、课中、课后三个阶段的实践进行详细说明,指出多模块互动相较于传统教学模式的进步性。张蕾等（2021）使用控制变量的方法，通过比较实验组学生与对照组学生的成绩、学生自主学习能力以及学生满意度，得出将翻转课堂与传统教学模式结合作用于课堂有利于提高学生的综合素质与教学质量的结论。徐金燕（2021）对湖南省各大高校的公共管理专业师生进行了访谈和问卷调查，通过对调查结果的分析，不仅总结了高校公共管理类专业网络互动教学模式存在的问题，还进一步探讨了存在这些问题的原因及对策。郭远慧（2014）使用多元互动教学与传统教学分别对实验班与控制班进行了为期一学年的实验，通过比较、分析两个班级在实验前与实验后的成绩，得出多元互动教学的引入有利于提高学生大学英语自主学习的能力的结论。

（二）弗兰德斯互动分析

弗兰德斯互动分析系统是一种描述和量化课堂中教师与学生之间互动的技术，它由编码系统、课堂分析矩阵图、课堂分析构成。随着教学形式与师生行为的多样化，弗兰德斯互动分析系统的局限性日益凸显。基于许多研究者在不同阶段所提出的问题，国内学者顾小清等（2004）对弗兰德斯互动分析系统进行了改良。然而，仅仅通过编码，并不能全面评价课堂教学效果。一方面，从实际情况来看，即使是改良后的编码，也不能完全反映课堂上师生的行为。于是，在此基础上许多研究者对这一研究工具做了完善。牛彦（2020）在进行化学课堂教学研究时，由于化学实验操作占据了课堂教学时间的很大比重，因此对编码进行了补充与细化。此外，通过同课异构案例，陈秀娟、汪小勇（2014）提出，脱离课堂实际现象的量化是弗兰德斯互动分析系统的局限性之一，课堂观察可以在一定程度上弥补这一缺陷。

三、研究设计

（一）研究方法

1. 文献研究法

研究者通过检索、整理与课堂教学互动相关的文献、资料等，学习、借鉴针对不同课程的研究方法，进而思考适合学习情报分析工具这类对实践要求较高的课程的方法。同时，研究者通过阅读文献，了解目前教学互动的优势与不足。

2. 案例研究法

本文运用案例分析法，从图书情报专业硕士的专业必修课情报分析工具中选择一例最具有代表性的课堂教学视频，基于改进的弗兰德斯互动分析编码，对该课堂上的师生互动、生生互动以及师生与教学环境的互动进行编码，辅之以课堂情况描述，结合学生自我评价与最终成绩，综合评价该互动模式对该课程教学的促进作用。

3. 课堂观察法

在编码过程中，对 50 多位倾听的学生，研究者将其视作一个整体，这显然是与真实情况不符合的。同时，有限的编码也难以全面反映课堂上的实际情况。因此，研究者对教师、分享者、倾听者在课堂上的行为进行了观察、记录，试图将倾听者的行为细化，以减小实验误差，得出更为精确的研究结果。

（二）研究工具

1. 基于弗兰德斯互动分析的改进式编码

传统的弗兰德斯互动编码将学生视作整体，对教师语言、学生语言与沉寂或混乱进行编码。显然，这不适用于当前"互联网+"教学背景下学生为主体的教学模式，忽略了学生与学生之间个性化的互动。因此，在原有的弗兰德斯互动编码的基础上，研究者针对不同学习者的行为对其进行了角色的细分：课堂上分享、讲解知识的学生角色为分享者；讲台下倾听的学生为倾听者；向教师或分享者提问的学生为提问者。除了划分角色之外，研究者还对教师、学生的互动行为进行了细化，改进了编码的记录形式，即以"teacher"表示教师，以学号标记课堂上每一位学生。研究者将教师、学生的编码分别罗列在编码表的首行与首列，表中每格记录课堂某个时间段内主体间的互动行为，表示该行主体对该列主体做出的行为。这些行为包括讲授（js）、收集问题（wt）、操作技术（cz）、指导（zd）、回答（hd）、提问（tw）和鼓励（gl）。需要说明的是，若某主体的行为是"广播"式的，即没有确切的互动对象，则将该行为的编码记录在该主体相应行的对角线上。

2. 学生课堂学习效果调查问卷

为了更精准地评估学生的掌握情况与参与互动教学的意愿，研究者在每堂课结束后在线上对学生进行掌握情况的调查，将其分为 7 个等级：完全没掌握、基本没掌握、差不多没掌握、一般、基本掌握、掌握得较好、完全掌握。在整个课程结束后，研究者在线上发布问卷，调查学生对此课程教学模式的满意度、收获以及对教师的建议与意见，全面评价该课程教学模式的可行性。

（三）研究过程

首先，研究者对图书情报专业硕士课程情报分析工具的所有课堂教学进行录像，尽可能将课堂主体的学习行为与互动情况全面地记录下来，以备查看；其次，在每堂课下课后，研究者邀请全体学生在线上以投票的方式反映当堂课程的掌握程度，通过线上学习软件对每一位学生的选择进行记录及汇总；再次，研究者反复观看视频，筛选出最具有代表性的一堂课，对其进行编码，归纳出每种行为的时间分布规律与总时长，并对学习者的学习状态与学习行为进行描述，全面分析学习者在课堂上的学习行为与互动模式；最后，研究者通过问卷调查的形式收集全体学生对教学过程的态度与建议。

四、数据分析

（一）编码结果

研究者按照前述改进方法对案例课堂进行编码，每个编码后的括号内表示该行为持续的时间段。在实际编码中，因学号为 2~22、26~62 号学生均只有听讲行为，并无互动行为，研究者将他们进行了"折叠"；对小于 3 秒的沉寂，研究者做了忽略。课堂主体行为编码如表 1 所示。

表 1　课堂主体行为编码

编号	teacher	01	23	24	25
teacher	(js, 04：54~07：45) (js, 11：57~12：48) (js, 12：54~13：15) (js, 13：21~16：57) (js, 24：00~24：45) (js, 26：00~26：48) (js, 26：54~28：24) (wt, 28：24~29：24) (js, 39：18~40：51) (js, 42：21~44：33) (js, 44：39~45：54)	(gl, 38：03~38：09)			(zd, 04：45~04：54) (zd, 07：45~07：51) (zd, 11：27~11：57) (zd, 17：09~17：27) (zd, 21：51~22：15) (zd, 22：27~22：39) (zd, 23：03~23：15) (zd, 25：00~25：09) (zd, 36：33~37：33)
01					(tw, 37：51~38：03)
23					(tw, 40：51~41：00) (tw, 41：09~41：24) (tw, 41：27~41：30) (tw, 41：51~41：54)
24					
25	(hd, 26：48~26：54)	(hd, 38：09~39：18)	(tw, 41：00~41：09) (hd, 41：24~41：27) (hd, 41：30~41：51) (hd, 41：54~42：21)		(js, 00：00~02：18) (cz, 02：18~04：12) (wt, 04：12~04：21) (js, 04：21~04：45) (cz, 07：51~11：27) (cz, 12：48~12：54) (cz, 13：15~13：21) (js, 16：57~17：09) (js, 17：27~21：06) (cz, 21：06~21：51) (cz, 22：15~22：27) (js, 22：39~23：03) (js, 23：15~24：00) (cz, 24：45~25：00) (cz, 25：09~25：21) (js, 25：21~26：00) (js, 29：24~36：18) (wt, 36：18~36：33) (wt, 37：33~37：51) (cz, 44：33~44：39) (js, 45：54~46：54) (wt, 46：54~47：00) (js, 47：00~48：00)

根据表 1，研究者对课堂上教师、分享者、提问者等主体的行为所持续的时间分别做了汇总。课堂主体行为汇总表如表 2 所示。

表 2　课堂主体行为汇总表

主体	行为	持续时间/分钟	占比/%
分享者	讲授	17.25	35.9
	操作	7.2	15
	收集问题	0.8	1.7
	回答	2.1	4.4
教师	讲授	15.7	32.7
	指导	3	6.3
	收集问题	1	2.1
	鼓励	0.1	0.2
提问者	提问	0.85	1.8
合计		48	100

（二）课堂观察结果

本节课的教学内容为多分支结构与异常处理，总时长为 48 分钟。

分享者先讲解理论知识，紧接着通过操纵技术演示知识的实际运用。若知识较为简单、易于理解，分享者会在示例完毕后稍作停留，收集倾听者的问题，无人提问则进行下一知识点的讲解。对一些难度较高的、易出错的重点知识，分享者示例完毕后，教师对其未涉及之处进行补充、对重点进行强调、对讲解有误之处进行指正。由于情报分析工具是一门对实践要求非常高的课程，对一些重点知识，教师在完善分享者的理论讲解后，紧接着会引入相关知识的实际应用案例。在叙述案例的过程中，教师会抛出问题引导分享者与倾听者一步一步深入思考，同时让分享者现场操作。在分享者操作的过程中，遇到尚未学过的知识点或分享者想不起来的内容，教师会给予必要的指导，避免花费过多的课堂时间。分享者输入代码即将运行时，教师对每行代码进行详细解释。分享者将程序运行成功后，教师会再次通过言语行为对该重点知识复盘，总结提炼实际应用知识时的经验，加深倾听者与分享者对知识的印象。

在这一知识讲解过程中，多数倾听者紧跟分享者与教师的节奏认真倾听。其中，部分倾听者一边倾听讲解，一边通过个人自带的移动终端查看对应课件等资料；还有部分倾听者在教师提出经典案例后，与分享者同步在自带的移动终端进行代码编写、运行，即学即练，实现了与信息环境的交互，加深了对理论知识的理解；也有少数倾听者游离于课堂之外，做着与课堂无关的事情。

演示与讲解完成后，教师会停留一小段时间向倾听者收集问题，主要通过线上软件辅助收集，包括"抢问"和掌握情况投票两种形式。倾听者在线上做出相应选择后，软件会将相应的学生名单反馈给教师形成提问者名单，同时自动为学生记录积分。教师按照名单顺序请提问者提问，先由分享者做出解答。在本节课中，教师对所有提问者都进行了鼓励与表扬，肯定了他们在接受知识的过程中善于思考的习惯。在本节课中，分享者应对问题的表现十分出色。对每一个提问，分享者除了进行理论知识的解答外，还配合了代码的讲解与运行，尤其是面对第二位提问者的再三追问，分享者依然能有条理地罗列知识点，列举更贴切、直观的例子进行运行、验证，最终解决了所有提问者的问题。确保所有倾听者都理解该知识点后，分享者继续进行下一知识点的讲授。

此外，在本节课中，相较于教师课前在学习软件上发布的教学大纲，分享者对知识点的讲解顺序做了微调，教师简单地询问了其原因后，采纳了分享者的想法，给予了学生课堂分享充分的自由度。

（三）课堂风格分析

在本节课中，教师讲授时长为 15.7 分钟，分享者讲授时长为 17.25 分钟，两者相差不大，初步判定本节课为民主型课堂。进一步根据课堂主体行为在时间上的分布可以发现，与传统课堂不同，本节课以知识点为导向，对每一个知识点，大致可以概括为"分享者讲解+分享者操作+教师讲解+倾听者提问+分享者或教师回答"这一套过程。

在知识讲解过程中，分享者与教师的行为时长几乎各占一半：

（1）分享者讲解、演示完毕后，教师进行补充、强调与指正。

（2）分享者从学生的角度帮助倾听者理解知识，教师根据教学经验，对易出错的、常用的知识点进行补充与强调。

（3）分享者操作技术行为与教师指导行为相间。

（4）知识点讲授完毕后教师或分享者向倾听者收集问题。

这种讲解过程中，分享者与教师的行为是交叉的和多次进行的，这种互动不仅全方位巩固了分享者与倾听者的知识，而且使课堂也变得不再枯燥。

在答疑环节，由于分享者掌握程度较好，且懂得结合技术操作验证知识，教师并未做过多的干预，仅充当主持人的角色，统计名单并邀请提问，给予了分享者与倾听者足够的思考空间。这一环节运行较为平稳，倾听者提问行为与分享者回答行为同样交叉进行，倾听者的问题与分享者的回答均是高质量的，这也反映了这位分享者与这两位提问者在课前做了充分的预习与思考。同时，教师的鼓励行为也使得课堂氛围更为融洽。

（四）问卷调查结果

学生当堂掌握情况汇总如表 3 所示。

表3　学生当堂掌握情况汇总

掌握情况	人数/人	占比/%
完全没掌握	0	0
基本没掌握	0	0
差不多没掌握	0	0
一般	5	11.1
基本掌握	29	64.4
掌握得较好	9	20
完全掌握	2	4.4

其中，本节课的分享者与第二位提问者均选择"完全掌握"，第一位提问者的选择为"基本掌握"，可见这种交叉的、多次的生生互动模式可以极大地促进学生对知识的掌握。此外，根据调查结果，选择"基本掌握"的学生人数过半，约有25%的学生掌握情况良好。这说明本堂课教学效果较好，本堂课的教学模式是有效的。

课程结束后，对全体学生进行的问卷调查显示，针对"该课程的教学模式对知识的掌握有帮助"这一观点，有2人表示"不同意"，9人表示"一般"，32人表示"比较同意"，15人表示"同意"。由此可以看出，大部分学生对本课程的互动模式较为认可，小部分学生对该教学模式仍存在一些不同意见。针对"该课程的教学模式更能锻炼和测试自己的学习能力"这一观点，1人表示"不同意"，1人表示"基本不同意"，6人表示"一般"，30人表示"基本同意"，20人表示"同意"。可见，大部分学生通过课上的学习，学习能力得到了提升与锻炼，而小部分学生并不完全认同这一观点。根据学生的反馈，"问题答疑"是整个教学过程中最受益的方面。在遇到问题无法解决时，学生获取帮助的途径趋于多样化，包括"与同学交流""直接向老师提问""从网络上查找资料自己解决""在慕课网站或专业论坛里学习"。在最后一项"对任课老师的意见与建议"中，大多数学生较为支持该课程的教学模式，部分学生也提出了一些建议，如"增加实操课""增加平时作业"等，以期完善该教学模式；同时，一些不认可该教学模式的学生也表示，"主讲学生能力的参差不齐难以保证教学质量"。

从问卷调查结果可以看出，学生对"互联网+"环境下的课堂互动模式的参与意愿与满意度较高，但由于情报分析工具这门课程本身对实践的要求极强，该模式仍存在需要完善之处。

五、结论与建议

本文通过分析图书情报专业硕士情报分析工具课程的教学案例，得出师生之间、生生之间以及学生与环境之间的交叉的、多次的互动有利于教学质量的提升这一结论。学生总体参与这种互动教学模式的积极性较高，说明这种教学模式是值得推广与完善的。但是本文的研究还存在一些不足之处，如忽略了"课程难度"这一要素对互动与教学效果的影响。总而言之，随着技术的发展，针对不同类型的课程，关于课堂互动模式的研究仍有很大空间。

参考文献

[1] 周付安. 教学中的三种基本互动类型及其设计要义 [J]. 北京教育（高教），2021（3）：50-52.

[2] 陈曦. 在线教学模式下高校生师互动的演进 [J]. 安顺学院学报，2021，23（2）：80-85.

[3] 杨琳琳. 信息技术多元多模块互动教学的应用 [J]. 电子技术，2021，50（8）：110-111.

[4] 张蕾，任宏. 基于翻转课堂的混合式教学模式在院前急救、转运相关培训中的应用 [J]. 中国高等医学教育，2021（6）：53-54.

[5] 徐金燕. "互联网"时代高校公共管理类专业互动教学模式的问题及对策 [J]. 当代教育理论与实践，2021，13（2）：32-37.

[6] 郭远慧. 多元互动教学对提高学生大学英语自主学习能力的研究 [D]. 重庆：四川外国语大学，2014.

[7] 陈秀娟，汪小勇. 对弗兰德斯互动分析系统应用的探讨：以同课异构为例 [J]. 电化教育研究，2014，35（11）：83-88.

[8] 顾小清，王炜. 支持教师专业发展的课堂分析技术新探索 [J]. 中国电化教育，2004（7）：18-20.

[9] 牛彦. 弗兰德斯互动分析系统在高中化学课堂教学中的应用研究 [D]. 昆明：云南师范大学，2020.